Rudolf Steiner Schule Dietzenbach

Wir sind eine einzügige Schule im Aufbau mit derzeit 11 Klassen. Unser Einzugsgebiet liegt zwischen Frankfurt a. M. und dem Odenwald.

Wir suchen eine/n

Fachlehrer/in

für Musik.

Eine sofortige Einstellung ist möglich. Bei der Wohnungssuche sind wir gerne behilflich.

Ihre Bewerbung richten Sie bitte an das

Kollegium der Rudolf Steiner Schule Dietzenbach,
An der Vogelhecke 1,
63128 Dietzenbach,
Tel. 0 60 74/4 40 83 (Schulbüro)

KURKLINIK
FÜRDYNAMISCHE THERAPIE
Studenhof – Südschwarzwald

Für unsere allgemeine und physikalische Therapie suchen wir eine

Krankenschwester

zur Ablösung unserer aus Altersgründen ausscheidenden Mitarbeiterin.

79874 Dachsberg-Urberg,
Tel. 0 76 72/7 39.

Freie Waldorfschule Niederrhein

Wir sind eine einzügige Schule mit zur Zeit 8 Klassen und suchen **engagierte Kollegen/innen**, die uns beim Aufbau unserer **Oberstufe** tatkräftig mithelfen wollen:

Geographie, Mathematik, Physik, Chemie, Biologie, Geschichte, Musik,
gerne auch in Fächerkombinationen.

Außerdem suchen wir für das Schuljahr 95/96 **eine/n Klassenlehrer/in** für unsere kommende 1. Klasse sowie eine/n Lehrer/in für **Gartenbau**.

Richten Sie Ihre Bewerbungen bitte an:

Freie Waldorfschule Niederrhein,
Am Nünninghof 11,
47178 Duisburg (Walsum),
oder rufen Sie uns an:
02 03/47 48 66.

Impressum

Herausgeber:
VWO – Ring und Simon GbR,
Jahnstraße 24, 63075 Offenbach,
Tel.: 0 69/86 68 88, Fax: 0 69/86 50 33.
Auflage: 5.000 Stück
Erscheint: 11 mal / Jahr, jeweils am 2. des Monats (außer 2.8.)
Anzeigenschluß: 23. des Vormaonats
Anzeigenpreis: **DM 1,50 je Spalten-mm, inclusive Satz, zuzgl. MwSt.**
Erhältlich: im anthroposophisch orientierten Buchhandel, als Beilage der Flensburger Hefte, oder direkt beim Herausgeber pro Ausgabe gegen DM 2,– in Briefmarken (für den Versand). Außerdem wird das Stellen-Magazin der Flensburger Hefte kostenlos an alle anthroposophischen Schulen und Einrichtungen gesandt. (Sollte Ihre Einrichtung das Heft nicht bekommen, so teilen Sie uns bitte die Anschrift mit).

Die unendliche Geschichte

Der folgende Textauszug ist einem Interview mit Hans-Jürgen Bader entnommen, daß Sie in voller Länge im Sonderheft 13 „Waldorfschulen in Not“ finden können (siehe dazu auch die Anzeige auf der letzten Seite).

Die Errichtungsgarantie für freie Schulen

Klaus-Dieter Neumann: In den letzten Jahren mußten sich die Schulen in freier Trägerschaft immer wieder gegen drohende Restriktionen durch neue Landesschulgesetze in verschiedenen Bundesländern zur Wehr setzen. Bei den Diskussionen, die in den Parlamenten und in den Medien mit der Novellierung der jeweiligen Schulgesetze einhergehen, ist immer wieder zu bemerken, daß in der Öffentlichkeit, aber auch bei manchen Politikern das Bewußtsein nicht hinreichend ausgebildet ist, daß es sich bei der Errichtung und dem Betreiben freier Schulen um die Wahrnehmung von Grundrechten handelt. Welche Rahmenbedingungen sind durch das Grundgesetz für die Errichtung freier Schulen vorgegeben?

Hans-Jürgen Bader: In Art. 7 Abs. 4 GG ist zunächst das Recht auf die Errichtung freier Schulen garantiert. Aber obwohl es im Art. 7 eindeutig heißt: „Das Recht zur Errichtung von privaten Schulen wird gewährleistet“, wird immer wieder versucht, dieses Recht in irgendeiner Weise einzuschränken. Es hat schon in den 60er Jahren eine Entscheidung des Bundesverwaltungsgerichts gegeben, aus der ganz klar hervorgeht, daß etwa eine Bedürfnisprüfung bei der Genehmigung einer freien Schule nicht zulässig ist. Die Schulverwaltung eines Landes hat lediglich festzustellen, ob die Genehmigungsbedingungen, die im Art. 7 genannt sind, von dem Schulträger erfüllt werden. Außer den im Art. 7 Abs. 4 GG genannten Genehmigungsbedingungen darf es keine zusätzlichen Bedingungen geben.

Trotzdem werden auch heute noch immer neue Hemmnisse erfunden, um das Errichtungsrecht durch zusätzliche Bedingungen einzuschränken. Ich will nur ein Beispiel nennen: Das Kultusministerium in Mecklenburg-Vorpommern ist auf die Idee gekommen, die Sache so auszulegen, daß zwar ein Grundrecht auf Errichtung freier Schulen bestehe, daß aber die Entscheidung darüber, an welchem Ort dieses Recht ausgeübt werden dürfe, dem Ministerium vorbehalten sein müsse. Das ist nichts anderes als eine neue Bedürfnisprüfung durch die Hintertür.

Ersatzschule und Ergänzungsschule

K.-D.N.: Aus der Formulierung im Art. 7 Abs. 4 GG „private Schulen als Ersatz für öffentliche Schulen“ ergibt sich der oft umstrittene Begriff der Ersatzschule. Was ist mit diesem Begriff genau gemeint?

H.-J. Bader: In vielen Ländergesetzen werden als Ersatzschulen diejenigen Schulen bezeichnet, die in einem Land grundsätzlich vorgesehen sind oder bestehenden staatlichen Schulen, gemeint sind Schularten, entsprechen. Die Frage ist immer, inwieweit die Ersatzschulen von diesen Schularten in ihrer inneren und äußeren Ausgestaltung abweichen dürfen. Da gibt es große Unterschiede in der Auslegung dieses Begriffs. Das geht so weit, daß gesagt wird, daß die Ersatzschulen eigentlich in allen wesentlichen Punkten den staatlichen Schulen entsprechen müßten. Auf der anderen Seite gibt es die Auffassung, daß darunter auch völlig andersartige Schulen zu verstehen seien, die es so im staatlichen Schulwesen gar nicht gibt.

K.-D.N.: Wann spricht man demgegenüber von einer Ergänzungsschule, als die die Landesgesetzgeber in Baden-Württemberg und Schleswig-Holstein die Waldorfschulen gerne bezeichnet und eingestuft hätten?

H.-J. Bader: Bei Ergänzungsschulen handelt es sich um Schulen, die von ihrem Ausbildungsziel her keine Entsprechung im staatlichen Schulwesen finden. Ein gern genanntes Beispiel dafür sind Kosmetikfachschulen. Schulen für Kosmetiker gibt es im staatlichen Bereich eben nicht.

Die Waldorfschulen wollte man dagegen als Ergänzungsschule ansehen, weil die Schul-

verwaltung in den Waldorfschulen einfach zu wenig fand, was sie aus den staatlichen Schulen kannte. Man hat dann die Waldorfschulen per Deklaration zu Ersatzschulen gemacht, weil man anders keine Möglichkeit sah, den Waldorfschulen überhaupt Finanzhilfe zu leisten. In der Tat haben nur Ersatzschulen Anspruch auf Finanzhilfe, nicht aber Ergänzungsschulen. Im Verfahren vor dem Bundesverfassungsgericht hat Baden-Württemberg behauptet, Waldorfschulen seien eben in Wirklichkeit keine Ersatzschulen und deshalb stünde ihnen auch nicht der verfassungsrechtliche Schutz des Art. 7 Abs. 4 GG zu.

Durch das Urteil des Bundesverfassungsgerichts vom 09.03.1994 ist hier eine wichtige Klarstellung erfolgt. Demnach sind alle diejenigen Schulen Ersatzschulen, die nach dem in ihrer Errichtung verfolgten Gesamtzweck als Ersatz für vorhandene staatliche Schulen dienen sollen. Der Gesamtzweck wird dabei nach den Abschlüssen bestimmt, zu denen allgemeinbildende Schulen führen. Wenn eine Schule in freier Trägerschaft zu einer staatlichen Abschlußprüfung, z.B. dem Abitur, führt und das in einem vergleichbaren Rahmen geschieht, dann ist schon dadurch die Ersatzschuleigenschaft gegeben.

Anerkannte Abschlüsse als Bedingung

K.-D.N.: Sind die Waldorfschulen dadurch festgelegt, zu staatlichen Abschlüssen wie dem Abitur zu führen?

H.-J. Bader: Es muß ein Abschluß sein, der im Rahmen allgemeinbildender Schulen vorgesehen ist. Eine Ersatzschule sein zu wollen, ohne zu einem anerkannten Abschluß zu führen, wäre völlig illusorisch. Für die Waldorfschulen resultiert daraus das Problem, daß die Abschlüsse gleichförmig sind und die besonderen Inhalte der Waldorfpädagogik wenig oder gar nicht berücksichtigt werden. Das ist aber ein Problem, das man innerhalb der Abschlüsse, im Rahmen ihrer Ausgestaltung klären muß. Da kommt es darauf an, daß der Grundsatz durchgesetzt wird, daß in den Abschlußprüfungen dasjenige geprüft wird, was auch gelehrt wird. Auch für das Abitur müßte also der Waldorflehrplan zugrundegelegt werden, damit die Schüler und Lehrer nicht gezwungen sind, nach zwei verschiedenen Lehrplänen zu arbeiten. Dies wird im übrigen in der Literatur als verfassungsrechtlich nicht haltbare „Aushöhlung der Privatschulgarantie“ angesehen.

K.-D.N.: So sieht aber derzeit die Wirklichkeit an den Waldorfschulen aus, weil es noch kein waldorfspezifisches Abitur gibt, das staatlich anerkannt ist.

H.-J. Bader: Ja. Da gibt es in den einzelnen Bundesländern zwar einige Unterschiede – die einen gewähren mehr, die anderen weniger Freiheit –, aber grundsätzlich wird ein Abitur verlangt, das sich am staatlichen Lehrplan orientiert.

K.-D.N.: Wäre dieses Ersatzschulkriterium – Gleichwertigkeit in den Abschlüssen – auch erfüllt, wenn man ein waldorfspezifisches Abitur einführen würde?

H.-J. Bader: Ja, die Voraussetzung wäre nur, daß ein solches Abitur von dem jeweiligen Kultusministerium anerkannt würde. Die Waldorfschulen streben natürlich an, dieses Ziel irgendwann zu erreichen.

Genehmigungsbedingungen

K.-D.N.: Bleiben wir zunächst beim Art. 7 Abs. 4 GG. Welche Genehmigungsbedingungen sind dort an das Errichtungsrecht geknüpft?

H.-J. Bader: Die Gleichwertigkeit in den Lehrzielen haben wir jetzt bereits angesprochen. Desweiteren wird eine Gleichwertigkeit in den Einrichtungen und in der wissenschaftlichen Ausbildung der Lehrer verlangt. Darüber hinaus muß die rechtliche und wirtschaftliche Sicherung der Lehrer durch den Schulträger gewährleistet sein. Und das sogenannte Sonderungsverbot besagt schließlich, daß bei der Aufnahme keine Sonderung der Schüler nach den Besitz- und Einkommensverhältnissen der Eltern vorgenommen werden darf.

K.-D.N.: Die freien Schulen sind also durch das Grundgesetz an zwei Ausgabenver-

pflichtungen und eine Einnahmebeschränkung gebunden. Was heißt nun „Gleichwertigkeit", die sie im Ausgabenbereich herzustellen haben, im Gegensatz zu „Gleichartigkeit", wie sie z.B. in Baden-Württemberg dem Sinn nach als Kriterium für eine Ersatzschule gefordert wurde?

H.-J. Bader: In Baden-Württemberg wurde, im Gegensatz zu allen anderen Bundesländern, diese Interpretation vorgenommen, um die Waldorfschulen als Ergänzungsschulen einzustufen und ihre finanzielle Förderung zu beschneiden. Wenn etwa eine Bindung an staatliche Versetzungs- und Prüfungsordnungen vorliegt, wie das z.B. bei den konfessionellen Ersatzschulen der Fall ist, dann liegt hier eine weitgehende Gleichartigkeit und nicht nur eine Gleichwertigkeit vor. Eine Gleichartigkeit ist aber vom Grundgesetz nicht verlangt. Die konfessionellen Ersatzschulen legen die Abschlußprüfungen in derselben Form ab, wie das staatliche Schulen auch tun. An den Waldorfschulen entspricht das Abitur aber weitgehend der „Reifeprüfung für Nichtschüler", dem sogenannten Schulfremdenabitur, welches erheblich schwerer als das „Normalabitur" ist.

Sonderungsverbot und verfassungsrechtlich zulässige Schulgeldhöhe

K.-D.N.: Ist eine Sonderung nach dem Besitzstand der Eltern – realistisch betrachtet – an den Waldorfschulen oder vergleichbaren freien Schulen, hinter denen keine finanzkräftigen Organisationen wie z.B. die Kirche stehen, überhaupt zu vermeiden? Denken wir nur an das Millionenheer der Arbeitslosen und Sozialhilfeempfänger und an die geforderte Eigenleistung der Schulträger und Eltern von mindestens 15 % – faktisch in einigen Bundesländern bis zu 30 oder gar 40 % – an den ständig steigenden Kosten des Schulbetriebs.

H.-J. Bader: An allen Waldorfschulen wird so gut es irgend geht Rücksicht auf die Einkommensverhältnisse der Eltern genommen. Das heißt, daß vom Einkommen her schlechtergestellte Eltern ein ermäßigtes oder sogar gar kein Schulgeld bezahlen. Allerdings sind hier jeder einzelnen Schule natürlich auch Grenzen gesetzt. Und das Schulgeld wird auch nicht von der Sozialhilfe übernommen, weil die Sozialämter mit Deckung durch die Rechtsprechung auf die kostenfreien staatlichen Schulen verweisen dürfen.

K.-D.N.: Der Handlungsspielraum einer Schule ist begrenzt, da der Ausgleich für gewährte Ermäßigung nicht unbegrenzt den übrigen Eltern aufgebürdet werden kann. Denn auch bei ihnen sind natürlich Belastungsgrenzen gegeben. Auf Dauer wird man der Gefahr einer Sonderung nur begegnen können, wenn die staatliche Finanzhilfe aufgestockt wird.

H.-J. Bader: Das ist richtig. Wenn die Elternbelastung zu hoch wird, dann muß der Staat mehr Finanzhilfe leisten. Das ist auch die eigentliche Kernfrage des Finanzhilferechts. Man muß ganz klar konstatieren, daß bei konsequenter Auslegung das Sonderungsverbot unter den heute gültigen Finanzhilferegelungen nicht zu befolgen ist. Das ist aber eine Einsicht, zu der sich natürlich kein Kultusminister bekennen würde.

Interessant ist in diesem Zusammenhang, daß das renommierte Max Planck-Institut für Bildungsforschung in Berlin in der Neuauflage seines Berichts über die Struktur des Bildungswesens in Deutschland festgestellt hat, daß der Auftrag des Grundgesetzes im Hinblick auf das Sonderungsverbot nicht erfüllt ist. Das Bundesverfassungsgericht hat in seiner jüngsten Entscheidung vom 09.03 1994 in dem bayerischen Verfahren in bezug auf das Sonderungsverbot erstmals eine Marke gesetzt, insofern dort gesagt wird, daß ein Schulgeld in Höhe von 170 bis 190 DM in jedem Fall das Sonderungsverbot verletze. Verfassungsrechtlich zulässig ist also nur ein Schulgeld, das im Durchschnitt *unter 170 DM* liegt. Das ist eine Festlegung, mit der man etwas anfangen kann und die in der Zukunft noch ihre Berücksichtigung durch die Kultusministerien finden muß.

K.-D.N.: Heide Simonis ist da ganz anderer Ansicht als das Bundesverfassungsgericht.

In einem Brief vom 03.08.1994 beruft sie sich auf Urteile des Bundesverwaltungsgerichts von 1988, in denen bezweifelt werde, ob ein Schulgeld in Höhe von 190 DM den heutigen Voraussetzungen noch entspreche. Sie interpretiert dann jedoch, daß hier nur vom Schulgeld für eine Halbtagsschule die Rede sei und zusätzliche Beteiligungen an zumutbaren Eigenleistungen damit noch nicht erfaßt seien. Sie meint, es sei erlaubt, daß für eine Ganztagsbetreuung und weitergehende schulische Angebote höhere Schulgeldbeiträge vom Elternhaus zu erbringen sind. Sie hält also ein Schulgeld von über 190 DM und weitere Beteiligungen an den Eigenleistungen – z.B. Bau- und Investitionskosten – für zumutbar. Nun spricht das von Ihnen genannte Urteil aber eindeutig von „Beträgen" und nicht nur von Schulgeld, meint also die monatliche Gesamtbelastung eines Elternhauses.

H.-J. Bader: Ja, und Frau Simonis kann sich auch nicht auf die Urteile des Bundesverwaltungsgerichts berufen. Denn das sind gerade die Entscheidungen, die das Bundesverfassungsgericht auf ihre Verfassungsmäßigkeit überprüft hat. Es gilt jetzt nur noch das, was das Bundesverfassungsgericht dazu gesagt hat.

Während das Bundesverwaltungsgericht erklärt hat, es sei verfassungsrechtlich zweifelhaft, ob ein Schulgeld in Höhe von 190 DM (im Falle der Waldorfschule Würzburg) bzw. in Höhe von 172 DM (im Falle der Waldorfschule Augsburg) noch mit dem Sonderungsverbot zu vereinbaren sei, hat das Bundesverfassungsgericht diese Aussage deutlich verschärft. Es sagt nämlich, es liege auf der Hand, daß ein Schulgeld in Höhe von 170 DM das Sonderungsverbot verletze. Nur für die Dauer der Wartefrist ist eine Ausnahme gemacht: Das Bundesverfassungsgericht hält es für zulässig, daß den Gründungseltern während der Wartefrist wegen der Verfolgung eigener bildungspolitischer Ziele ein höheres Schulgeld zumutbar sei. Eine Belastung also, die über das hinausgeht, was das Sonderungsverbot eigentlich erlaubt. Wir haben es hier also mit einem Dispens von Grundrechtgenehmigungsbedingungen während einer Wartefrist zu tun.

Zum Begriff der Weltanschauungsschule

K.-D.N.: Einerseits wurde in der Vergangenheit versucht – z.B. in Bayern –, den Waldorfschulen eine erleichterte Zulassung für den Primarbereich schmackhaft zu machen, wenn sie sich als Weltanschauungsschulen deklarieren würden, andererseits sehen sie sich – besonders von kirchlicher Seite – oft der Kritik ausgesetzt, Weltanschauungsschulen zu sein. In einem Urteil des Bundesverwaltungsgerichts, das am 19.02.1992 verkündet wurde und durch das die Scientologen mit ihrem Antrag auf Genehmigung einer Grundschule letztinstanzlich scheiterten, ist nun eine bindende Definition des Begriffs der Weltanschauungsschule vorgenommen worden. Was besagt diese Definition? Ist es nach diesem Urteil noch gerechtfertigt, den Waldorfschulen den Vorwurf zu machen, sie seien Weltanschauungsschulen?

H.-J. Bader: Das Bundesverwaltungsgericht hat in diesem Urteil klargestellt, daß eine Schule nur dann unter den Begriff der Weltanschauungsschule im Sinne des Art. 7 Abs. 5 GG fällt, wenn einerseits der gesamte Unterricht an einer Schule von einer einheitlichen Weltanschauung bestimmt wird, und andererseits – das ist der wichtigere Teil – Eltern, Schüler und Lehrer eine gemeinsame Weltanschauung haben oder anstreben. Als Weltanschauungsschule wäre eine Schule also bereits dann schon nicht mehr zu bezeichnen, wenn ein nicht unerheblicher Teil der Eltern diese Weltanschauung nicht teilen würde. Das sind Kriterien, die die Waldorfschulen eindeutig nicht erfüllen. Der Anteil der anthroposophisch gebundenen Elternhäuser an den Waldorfschulen ist, wie auch Untersuchungen belegt haben, sehr gering. Wenn ich es richtig entsinne, dürfte er bei weniger als 5 % liegen.

Ein weiteres Kriterium, das in dem Urteil genannt wurde, ist, daß ein Minimum an Organisationsgrad einer Weltanschauungsgemeinschaft als Bekenntnisgemeinschaft exi-

stieren müsse, die hinter dieser Schule steht. Auch dieses Kriterium trifft auf die Waldorfschulen nicht zu, denn die Anthroposophische Gesellschaft, die man hier vielleicht als Weltanschauungsgemeinschaft anführen könnte, ist weder der Träger der Schulen, und auch die Eltern sind nur zu einem sehr geringen Teil der Anthroposophischen Gesellschaft nahestehend. Dann wäre noch darauf hinzuweisen, daß Anthroposophie ja nicht auf dem Lehrplan der Waldorfschulen steht.

K.-D.N.: Einige Kritiker behaupten, daß im Unterricht der Waldorfschulen eine verborgene Indoktrination mit Anthroposophie geschehe.

H.-J. Bader: Die Definition der Weltanschauungsschule verlangt ein offenes Bekenntnis zur Weltanschauung, die an der betreffenden Schule vertreten und gelehrt wird. Die Waldorfschule ist dagegen eine Methodenschule. Die Vermittlung der anthroposophischen Weltsicht ist gerade nicht Ziel der Waldorfpädagogik. Das wäre im Sinne Rudolf Steiners das „Allerverkehrteste". Sie ist vielmehr nur methodisches Hilfsmittel für die Pädagogik. Der Lehrer muß damit umgehen können, etwa durch die phänomenologische Art in der Behandlung des Stoffes. Übrigens ist es seit Eduard Spranger pädagogisches Allgemeingut, daß Erziehung und Unterricht ohne weltanschauliche Stellungnahme überhaupt nicht möglich ist. Das gilt für die staatlichen Schulen also genauso.

Schutz- und Förderpflicht des Staates

K.-D.N.: Wie begründet das Bundesverfassungsgericht die festgestellte Schutz- und Förderpflicht, die Finanzierungspflicht des Staates?

H.-J. Bader: Auch hier möchte ich wieder ein Zitat aus der Begründung voranstellen:

„Der Staat darf sich aber nicht darauf zurückziehen, die Tätigkeit der privaten Ersatzschulen lediglich zuzulassen. Vielmehr muß er ihnen die Möglichkeit geben, sich ihrer Eigenart entsprechend zu verwirklichen. Ohne Selbstbestimmung im schulischen Wirkungsbereich bleibt das Recht zur Errichtung von privaten Ersatzschulen inhaltslos. Unter den von der Verfassung vorgegebenen Bedingungen ist eine solche Selbstbestimmung ohne staatlichen Beistand nicht möglich. [...]

Der Staat muß den schulischen Pluralismus auch gegen sich selbst in der Weise garantieren, daß er auf eigenen Akten beruhende Beeinträchtigungen dieses Pluralismus durch staatliche Förderung in ihrer Wirkung neutralisiert [...]."

Das Bundesverfassungsgericht sagt also, daß der Staat verpflichtet ist, seine gesetzlichen Regelungen so zu schaffen, daß die Wahrnehmung des Grundrechtes aus Art. 7 zur Errichtung von privaten Schulen möglich ist und nicht beeinträchtigt wird. Das ist eine sogenannte Interventionsgarantie, d.h. wenn feststellbar ist, daß ein Grundrecht nicht wahrgenommen werden kann – aus welchen Gründen auch immer, in diesem Fall aus finanziellen Gründen, weil heute niemand in der Lage ist, aus Eigenmitteln Schule zu finanzieren –, dann entsteht die Schutz- und Förderpflicht, die beinhaltet, daß eine Finanzhilfe zu leisten ist, um allen, die den Willen haben, eine freie Schule zu gründen, und die Genehmigungsbedingungen des Art. 7 Abs. 4 erfüllen, die Wahrnehmung dieses Grundrechts zu ermöglichen. Sie haben einen Anspruch auf Finanzhilfe, weil sie sonst ihr Grundrecht nicht wahrnehmen könnten.

Wartefrist

K.-D.N.: Zu den Wartefristen findet sich in den jüngsten Urteilen eine ganz merkwürdige Argumentation. Wartefristen seien dann zulässig und verstießen nicht gegen die Verfassung, wenn durch sie keine faktische Errichtungssperre bewirkt werden würde. Nun wurde im Fall der klageführenden Schulen festgestellt, daß eine Errichtungssperre hier nicht wirksam geworden sei, weil die Schulen ja nach wie vor existieren würden. Demnach wäre eine durch die Wartefrist bewirkte Errichtungssperre nur dann festzustellen, wenn eine klageführende Schule während der Zeit des Verfahrens, auf dem Weg durch die Instanzen, ihre Existenz aufgeben müßte. Für

diese Schule käme ein Urteil auf jeden Fall zu spät. Das wäre doch widersinnig! Es macht doch keinen Sinn, nach Jahren gerichtlich feststellen zu lassen, daß die Wartefrist sich als faktische Errichtungssperre ausgewirkt hat, wenn es die Schule gar nicht mehr gibt.

H.-J. Bader: So ist es. Die Entscheidung entfaltet dann nur Wirkung für neue Schulen. Das Gericht interessiert eigentlich nur die abstrakte Situation. Es hat die bayerische Situation ausgewertet und die Gesamtheit aller Leistungen für neue Schulen herangezogen. Es ist dann zu der Überzeugung gekommen, daß es verschiedene Leistungen gibt, die insgesamt genommen ausreichen müßten, um eine neue Schule gründen zu können. Eine faktische Errichtungssperre sei aus diesen ganzen Bedingungen heraus noch nicht abzulesen. Die Tatsache, daß die klageführenden Schulen noch Bestand hatten und inzwischen auch weitere neue Schulen hinzugekommen waren, hat natürlich mit dazu beigetragen, das Verfassungsgericht in dieser Auffassung zu stützen.

K.-D.N.: In meinen Augen bleibt die Wartefrist ein widersinniges Instrument, nicht nur weil es die im Grundgesetz garantierte Errichtungsfreiheit erheblich erschwert, sondern weil es auch – wie schon angesprochen – das Sonderungsverbot zeitweilig aufhebt. Den Eltern wird wegen ihrer besonderen bildungspolitischen Ziele eine Eigenleistung zugemutet, die eindeutig nicht mit dem Sonderungsverbot in Einklang zu bringen ist.

H.-J. Bader: Diese höheren Leistungen betreffen nicht nur die Eltern, sondern auch die Lehrer, denn sie sollen während der Gründungszeit ebenfalls weniger verdienen dürfen. Die wirtschaftliche Sicherung der Lehrer, wie sie vom Grundgesetz gefordert ist, wird hier zurückgestellt.

K.-D.N.: Wie ist es möglich, daß das Bundesverfassungsgericht in seiner Logik dem Art. 7 Abs. 4 GG widerspricht?

H.-J. Bader: Das ist ein Punkt, an dem die Rechtsgelehrten jetzt herumrätseln. Das ist durchaus ungewöhnlich, daß das Bundesverfassungsgericht für einen gewissen Zeitraum einen Dispens von Grundrechten für zulässig erklärt. Es wird demnächst ein Folgeband zu dem Buch „Zukunftsperspektiven der Freien Schule“ (Hg. Friedrich Müller, Berlin 1988) erscheinen, in dem man sich mit dieser Frage auseinandersetzen wird.

K.-D.N.: Kann man hinter solchen Urteilen auch politischen Willen vermuten?

H.-J. Bader: Deutlich ist auf jeden Fall, daß die Entscheidungen in einer politisch ungünstigen Zeit gekommen sind, weil die schlechte Haushaltslage des Staates natürlich in aller Munde ist und auch in der Tat ja immer schlechter wird. Ein Verfassungsgericht wird davon nicht unbeeindruckt bleiben. Das ist dem Urteil in den Formulierungen auch durchaus anzumerken, wenn es immer wieder darauf hinweist, daß der Staat sich bei der Förderung freier Schulen ja auch mal übernehmen könne. Dies ist allerdings noch nirgendwo vorgekommen, denn die Kultusministerien wachen sehr genau darüber, daß sie nur ja keinen Pfennig Geld zuviel zahlen, vielmehr zahlen sie ja in vielen Fällen nicht einmal das, was überhaupt notwendig bzw. verfassungsrechtlich erforderlich ist, auf jeden Fall zahlen sie deutlich weniger als das, was staatliche Schulen kosten.

Ausgleichsanspruch nach einer Wartefrist

K.-D.N.: Was sagt das Bundesverfassungsgericht zu einem Ausgleichsanspruch nach einer Wartefrist?

H.-J. Bader: Die Wartefrist gibt es in Schleswig-Holstein seit 1990. Sie soll jetzt durch das Haushaltsbegleitgesetz von drei auf vier Jahre verlängert werden. Da hat man nichts Eiligeres zu tun, als die Konsequenz aus den Entscheidungen sofort zu ziehen, den Ausgleichsanspruch nach Ablauf der Wartefrist aber hat man einfach weggelassen. Einen solchen Anspruch hat das Bundesverfassungsgericht aber in seiner Entscheidung kreiert. Ebenso bei den Baukosten: Kaum hat das Bundesverfassungsgericht die Länder zur Baukostenfinanzierung verpflichtet, wird die bisherige Bauförderung in Schleswig-Holstein faktisch eingestellt.

Anzeigenschluß für die Dezember-Ausgabe ist der 23.11.94

Auflage: 5.000 Exemplare

Anzeigenpreis je Spalten-mm DM 1,50 zuzüglich MwSt.

Abbildung umseitig:
Loslösung
Edvard Munch, 1894

FLENSBURGER HEFT

Scheidung – warum?

FLENSBURGER HEFTE

Stellen

MAGAZIN

Enthält **Stellenangebote** von Einrichtungen und Initiativen auf anthroposophischer Grundlage sowie einen **redaktionellen** Teil.

November 94

FLENSBURGER HEFTE

Stellen

MAGAZIN

Enthält Stellenangebote von Einrichtungen und Initiativen auf anthroposophischer Grundlage sowie einen redaktionellen Teil.

Dezember 94

Impressum

VWO – Ring und Simon GbR,
Jahnstraße 24,
63075 Offenbach,
Tel.: 0 69/86 68 88,
Fax: 0 69/86 50 33.

Herausgeber: VWO – Ring und Simon GbR
Auflage: 5.000 Stück
Erscheint: 11 mal / Jahr, jeweils am 2. des Monats (außer 2.8.)
Anzeigenschluß: 23. des Vormonats
Anzeigenpreis: DM 1,50 je Spalten-mm, inclusive Satz, zuzgl. MwSt.
Erhältlich: im anthroposophisch orientierten Buchhandel, als Beilage der Flensburger Hefte, oder direkt beim Herausgeber pro Ausgabe gegen DM 2,– in Briefmarken (für den Versand).
Außerdem wird das Stellen-Magazin der Flensburger Hefte kostenlos an alle anthroposophischen Schulen und Einrichtungen gesandt. (Sollte Ihre Einrichtung das Heft nicht bekommen, so teilen Sie uns bitte die Anschrift mit).

Nächster Anzeigenschluß:
23. Dezember 1994

Rudolf Steiner Schule Dietzenbach

Wir sind eine einzügige Schule im Aufbau mit derzeit 11 Klassen. Unser Einzugsgebiet liegt zwischen Frankfurt a. M. und dem Odenwald.

Wir suchen eine/n

Fachlehrer/in

für Musik.

Eine sofortige Einstellung ist möglich. Bei der Wohnungssuche sind wir gerne behilflich.

Ihre Bewerbung richten Sie bitte an das

Kollegium der Rudolf Steiner Schule Dietzenbach,
An der Vogelhecke 1,
63128 Dietzenbach,
Tel. 0 60 74/4 40 83 (Schulbüro)

Welche

Waldorfkindergärtnerin

möchte als Ergänzungskraft in unserer 2-gruppigen Einrichtung mitarbeiten?

Eine aufgeschlossenes Kollegium erwartet Sie.

Bewerbung:

An das Kollegium des
Waldorfkindergartens Bonn e.V.,
Stettiner Straße 21,
53119 Bonn,
Tel. 02 28/6 68 07 40.

Heilstätte Sieben Zwerge
Therapieeinrichtung für
Drogenkrankheiten,

sucht zum sofortigen Eintritt eine

Hauswirtschafterin

Bitte richten Sie Ihre
Bewerbung an:
Heilstätte Sieben Zwerge
Grünwanger Straße 4
88682 Salem-Oberstenweiler
Telefon: 0 75 44/5 07-0

Da unsere langjährige Kindergärtnerin ein Kind erwartet, suchen wir für unseren Waldorfkindergarten (zwei Gruppen à 15 Kinder) in Berlin-Wilmersdorf **ab 1.4.95** oder später

eine/n Gruppenleiter/in.

Außerdem suchen wir

eine Praktikantin.

Wer hat Lust und Interesse, in einer lebendigen und bewegten Großstadt gemeinsam mit den Kindern einen ihnen gemäßen Raum zu schaffen und zu gestalten?

Es erwartet Sie eine harmonische Kindergruppe, ein erfahrenes Kollegium und eine aufgeschlossene Elternschaft.

Bitte richten Sie ihre Bewerbung an:
Waldorfkindergarten Tomte e.V.
Schweidnitzer Straße 3,
10709 Berlin
Tel.: 0 30/8 92 81 20.

Waldorfschulen im Würgegriff

Kurz vor den Sommerferien 1994 wurde vom Bildungsministerium der schleswig-holsteinischen Landesregierung der Entwurf eines Haushaltsbegleitgesetzes 1995 vorgelegt, der so erhebliche Kürzungen für die Waldorfschulvereine des Landes vorsah, daß der finanzielle Ruin der meisten Schulen vorprogrammiert schien. Inzwischen wurde der Entwurf abgeschwächt, was aber an der grundsätzlichen Situation der Schulen und der Politik des Landes kaum etwas ändert. Denn auch ohne diese Kürzungen ist die wirtschaftliche Lage der Schulen bedrohlich genug.

Ein Beispiel: Seit der Schulgesetznovellierung 1990 wird hinsichtlich der Beschussung der Waldorfschulen durch das Land ein kameralistisches Defizitdeckungsverfahren angewandt, was unter anderem Ursache für sich aufstauende Haushaltsdefizite ist.

Ein anderes Beispiel: Durch einen Erlaß des Bundesministers der Finanzen vom 04.01.1991 werden sämtliche Elternbeiträge, ob Schulgeld, Spende oder Investitionsbeitrag, als Leistungsentgelt bewertet. Dies steht nicht nur in unauflöslichem Widerspruch zum Schulrecht des Landes Schleswig-Holstein, sondern verschärft die wirtschaftliche Situation der Schulvereine abermals. Viele Waldorfschulen befinden sich so in den Fängen einer Schuldenspirale, die mit beängstigender Geschwindigkeit abwärts weist.

Daß überall gespart werden muß, ist angesichts leerer Kassen selbstverständlich. Dies darf aber nicht dazu führen, daß die Waldorfschulen in ihrer Existenzfähigkeit gefährdet werden oder der Gleichheitsgrundsatz verletzt wird, indem die Waldorfschulen gegenüber staatlichen Schulen oder Schulen anderer freier Träger wirtschaftlich erheblich benachteiligt werden. Die Maßnahmen des Landes und des Bundes zur Beschneidung der Finanzmittel der Waldorfschulen lassen vermuten, daß mehr als nur Sparmaßnahmen dahintersteckt.

Anläßlich dieser akuten Notsituation hat der FLENSBURGER HEFTE Verlag am 25. Oktober 1994 das Buch „Waldorfschulen in Not" veröffentlicht (vergleiche Anzeige letzte Seite), in dem wir uns bemühen, die unterschiedlichen Standpunkte der Landesregierung Schleswig-Holstein und der Freien Waldorfschulen deutlich zu machen.

Das Thema ist gründlich aufgearbeitet und hat über den Rahmen Schleswig-Holsteins hinaus bundesweit exemplarische Bedeutung für das Verständnis der Situation der Freien Waldorfschulen. Wir hoffen, daß unser Buch als ein Beitrag zur Bewußtseinsbildung hinsichtlich der Situation freier Schulen und staatlicher Eingriffe ins Schulwesen verstanden und genutzt wird.

Die folgende Stellungnahme zum Entwurf eines Haushaltsbegleitgesetzes 1995 in Schleswig-Holstein der Arbeitsgemeinschaft Freier Schulen ist unserem Buch entnommen.

Der Entwurf eines schleswig-holsteinischen Haushaltsbegleitgesetzes 1995 sieht Änderungen des Schulgesetzes und des Finanzausgleichsgesetzes vor, die im wesentlichen die Finanzhilfebestimmungen für Ersatzschulen betreffen. Mit den Änderungen sollen von der Finanzhilfe für die Ersatzschulen insgesamt 6 Mio. DM abgezogen werden:

– durch die Änderung der Ankoppelung an den Aufwand der staatlichen Schulen (Wegfall § 65 SchulG) 1,5 Mio. DM,

- durch die faktische Streichung der Finanzhilfe zu den Baukosten (§ 60 Abs. 4 SchulG) 2,1 Mio. DM,
- durch die Änerung des Schülerkopfsatzes an Waldorfschulen (§ 63 Abs. 2 SchulG) 2,4 Mio. DM,
- durch die Streichung des Zuschusses für Lehrerbildung (§ 63 Abs. 4 SchulG) 300.000 DM.

Lediglich den Schulen für Geistigbehinderte in freier Trägerschaft werden zusätzlich 450.000 DM hinzugeschlagen.

Die Arbeitsgemeinschaft wendet sich mit Entschiedenheit gegen Kürzungen. Sie sind zum einen innerhalb des gesamten Schuletats unverhältnismäßig und sie sind zum anderen weitgehend verfassungsrechtlich hoch bedenklich.

Ständige Änderungen des Schulgesetzes zu Lasten der Ersatzschulen

Der Entwurf eines Haushaltsbegleitgesetzes ist das bisher letzte Glied in einer Kette von Änderungen der Finanzhilfebestimmungen seit 1990. Während die öffentliche Förderung durch gesetzliche Änderungen und Änderungen der Gesetzesinterpretation immer wieder gekürzt wurde, wurde ihre Berechnungsweise zusätzlich immer undurchsichtiger und unberechenbarer. Die Regelung von 1990 erfüllte bereits zwei verfassungsrechtliche Erfordernisse nicht:

- Der Grundsatz der Gleichbehandlung der Ersatzschulen wurde durch die deutliche Schlechterstellung der berufsbildenden Schulen mißachtet; die Schlechterstellung hat noch zugenommen.
- Der Grundsatz der Kalkulierbarkeit der öffentlichen Förderung für die Begünstigten wurde durch Einführung eines komplizierten Defizitdeckungssystems aufgehoben; die systembedingte Unkalkulierbarkeit wurde noch dadurch verstärkt, daß die Endabrechnungen der Schulbehörde über Jahre verschleppt wurde.

Wenn jetzt mit dem Haushaltsbegleitgesetz erneut öffentliche Leistungen gekürzt und die Berechnungsgrundlage geändert werden sollen, häufen sich die verfassungsrechtlichen Bedenklichkeiten der Regelung. Dem kann die Arbeitsgemeinschaft nicht zustimmen.

Eine Verfassungspflicht kann nicht unproportional gekürzt werden

Daß das Land angesichts knapper Mittel sparen muß, sieht auch die Arbeitsgemeinschaft. Wogegen sie sich aber wendet, sind die unproportional hohen Sparmaßnahmen gegenüber den Ersatzschulen.

Die öffentliche Leistungspflicht des Staates gegenüber Ersatzschulen hat ihren Grund in der verfassungsrechtlichen Errichtungsgarantie des Art. 7 Abs. 4 GG. Sie ist keine Subvention im Sinne einer Finanzhilfe aus politischen Opportunitätsgesichtspunkten, sondern ein verbindlicher Verfassungsauftrag. Dieser ist nicht beliebig disponabel. Nach Maßgabe des Bundesverfassungsgerichts können auch hier Einsparungen vorgenommen werden, aber nur proportional zu den Einsparungen an den staatlichen Schulen.

Der staatliche Schulhaushalt wird, soweit ersichtlich, nicht gekürzt; schlechtestens bleibt es bei den bisherigen Aufwendungen für Personal- und Sachkosten. Würden hier Kürzungen vorgenommen, so würde sich dies auch nach geltender Regelung automatisch in einer Kürzung der Finanzhilfe niederschlagen, da sich diese an den Kosten der staatlichen Schulen orientiert (§ 61

SchulG). Es besteht also kein Grund, an der Finanzhilfe durch zusätzliche Kürzungsmaßnahmen ein zweites Mal zu sparen. Die doppelten Sparmaßnahmen sind verfassungswidrig.

Es muß daran erinnert werden, daß die Finanzhilfe schon 1990 von 85 auf 80 %, bei berufsbildenden Schulen von 60 auf 50 % der Berechnungsgrundlage gesenkt worden ist. Wenn dazu vorgetragen wird, daß diese Kürzungen die Schulen nicht betroffen hätten, weil die Schulen ohnehin die Finanzhilfe nicht ausgeschöpft hätten, so zeigt dies nur die Unkalkulierbarkeit des derzeitigen Berechnungssystems. Die Schulen konnten und können nicht riskieren, so viele notwendige Ausgaben zu machen, wie sie müßten, um die volle Finanzhilfe in Anspruch nehmen zu können, weil sie nicht kalkulieren können, ob bei der Schlußberechnung der vermutete Betrag auch herauskommt. Deshalb stehen die Finanzhilfeleistungen im Gesetz nur auf dem Papier. Wird der Höchstbetrag von 85 auf 80 % herabgesenkt, sinkt die tatsächliche Finanzhilfe wegen ihrer Unkalkulierbarkeit tatsächlich auf unter 80 %.

Zur gleichen Zeit (1990) fand eine nicht unerhebliche Erhöhung der Mittel für staatliche Schulen zum Zwecke der Einführung der Gesamtschule statt.

Das Bundesverfassungsgericht hat die Eigenleistung der Ersatzschulträger begrenzt. Das Schulgeld soll sozial so bemessen sein, daß die freie Zugänglichkeit der Ersatzschulen ohne Rücksicht auf die finanziellen Verhältnisse des Schülers/der Eltern möglich ist. 1987 hat es ein Schulgeld von „mehreren hundert Mark" für verfassungswidrig angesehen. 1994 hat es dies präzisiert: Ein Schulgeld von monatlich 170 DM bis 190 DM behindert die geforderte freie Zugänglichkeit. Es nützt nichts, wenn dies bestritten wird; man kann es wörtlich nachlesen.

Das zur Deckung der notwendigen Kosten erforderliche Schulgeld lag schon bisher über dieser Grenze; es würde, wenn das Haushaltsbegleitgesetz in Kraft träte, beträchtlich steigen. Die Eltern der relativ wenigen deutschen Ersatzschulen in Schleswig-Holstein sollen zusätzlich die vom Staat gesparten 6 Mio. DM jährlich aufbringen. Da eine derartige Belastung der Eltern nicht möglich ist, werden die Lehrerbezüge gekürzt werden müssen. An staatlichen Schulen findet eine derartige Maßnahme selbstverständlich nicht statt.

Baukosten und Wartefrist

Das Bundesverfassungsgericht hat mit Beschluß vom 09.03.1994 gefordert, daß im Rahmen der Finanzhilfe auch die Baukosten berücksichtigt werden müßten. Mit dem Haushaltsbegleitgesetz wird der bisher mögliche Baukostenzuschuß von ca. 2,1 Mio. DM jährlich gestrichen. Zwar wird er nominell in das Finanzausgleichsgesetz verschoben (§ 60 Abs. 4); die in § 21 Finanzausgleichsgesetz bisher für staatliche Schulen vorgesehenen Mittel werden aber nicht über das bisherige Maß erhöht, so daß tatsächlich keine Mittel für Ersatzschulen vorhanden sind (die in der Begründung dazu zu lesenden Ausführungen erreichen die Qualität einer Täuschung). Es bleibt festzuhalten: Das Bundesverfassungsgericht verurteilt im März 1994 die Länder zur Berücksichtigung der Baukosten an Ersatzschulen; das Land Schleswig-Holstein stellt mit Gesetzentwurf vom Juni 1994 die Finanzhilfe für Baukosten ein. Die Verfassungstreue des Landes darf bezweifelt werden.

In einem anderen Punkt wird die Rechtsprechung des Bundesverfassungsgerichts sofort befolgt: Die Wartefrist zwischen Genehmigung und Finanzhilfe soll um ein Jahr auf vier Jahre verlängert werden (§ 60 Abs. 1). Von einem finanziellen „Ausgleich", den das Bundesverfassungsgericht im Zusammenhang mit Wartefristen fordert, damit keine Errichtungssperre eintritt, ist allerdings keine Rede. Der Wille des Bundesverfassungsgerichts wird also nur hinsichtlich der für die Ersatzschulträger ungünstigen Aussage befolgt; die positiven Aussagen werden übergangen.

Die Änderung des Schülerkopfsatzes an Waldorfschulen

Die Neuregelung des § 65 SchulG, bei der 1,5 Mio. DM gespart werden sollen, trifft die Waldorfschulen wie die anderen Ersatzschulen. Zusätzlich soll die Berechnung des Schülerkopfsatzes an Waldorfschulen geändert werden (§ 63 Abs. 2): dabei sollen 2,4 Mio. DM gespart, d.h. zusätzlich auf Eltern und Lehrer der 10 Waldorfschulen im Lande abgewälzt werden. Die Sparphantasie der Landesregierung erreicht hier ihren Höhepunkt.

- Vor 1984 wurden Waldorfschüler der Klassen 5–13 wie Gymnasiasten berechnet.
- 1984 wurde der Schülerkopfsatz zu gleichen Teilen gemischt in einem Durchschnittsbetrag aus Grund- und Hauptschüler, Realschüler, Gymnasiasten und Förderschüler.
- Mit dem Haushaltsbegleitgesetz soll in dieser Mischung der (teurere) Förderschüler nur noch 5 % statt 25 % ausmachen, während der (billige) Grund- und Hauptschüler-Anteil von 25 % auf 32 % steigen soll.
- Gleichzeitig will sich das Land von den Gemeinden nach § 77a SchulG jeden Waldorfschüler der Klassen 5–13 als (vermutlich teureren) Gesamtschüler erstatten lassen.

Die Waldorfschulen haben immer die Auffassung vertreten, daß ihre Schulform in Annäherung an staatliche Schulformen am ehesten der Gesamtschule entspricht. Dies wird nun in § 77a bestätigt, aber aus nicht erkennbaren Gründen bei der Berechnung der Finanzhilfe in § 63 Abs. 2 nicht gleichermaßen gehandhabt. Eine solche Regelung ist unverständlich.

Streichung der Finanzhilfe für die Lehrerfortbildung

Zusätzlich werden dann die Waldorfschulen noch ein drittes Mal getroffen: Durch die Streichung der Zuschußmöglichkeit bei Lehrerfortbildungsmaßnahmen (§ 63 Abs. 4) verliert das Waldorfseminar in Kiel den staatlichen Zuschuß. Auch diese ausfallenden 300.000 DM müssen letzten Endes die Eltern der Waldorfschulen zusätzlich aufbringen.

Die Arbeitsgemeinschaft bedauert, daß der dem Landtag vorliegende Gesetzentwurf der Fraktion der FDP, Drucksache 13/1079, bisher nur im Bildungsausschuß des Landtages behandelt worden ist und offensichtlich durch das Haushaltsbegleitgesetz ersetzt werden soll. Der Gesetzgeber könnte ja hier auch anders verfahren: Wenn schon erneut gespart werden muß, dann könnten wenigstens die vernünftigen Vorschläge der FDP als Grundlage einer Reform der Finanzhilfebestimmungen verwendet werden und ggf. zulässige Kürzungsmaßnahmen an diesem neuen Modell vorgenommen werden. Man könnte dann, wenn schon Mittel gespart werden müssen, wenigstens von einer politischen Konzeption sprechen.

SOS

Freie Waldorfschule Niederrhein

Wir sind eine einzügige Schule mit zur Zeit 8 Klassen und suchen:

ab sofort **Französischlehrer/in**
Klassenlehrer/in
7. Klasse

zum Schuljahr 95/96
Oberstufen-lehrer/innen
Gartenbaulehrer/in
Klassenlehrer/in
1. Klasse

Richten Sie Ihre Bewerbung bitte an:
Freie Waldorfschule Niederrhein,
Am Nünninghof 11,
47178 Duisburg (Walsum),
oder rufen Sie uns an:
02 03/47 48 66.

Freie Waldorfschule
Freiburg-Wiehre

Wir suchen per sofort

Fachlehrer/innen für
Englisch/Volldeputat,
Turnen, weiblich,
wenn möglich in Kombination
mit Schneidern

sowie

Klassen-lehrer/innen.

Bewerbungen mit den üblichen Unterlagen richten Sie bitte an die

Freie Waldorfschule
Freiburg-Wiehre,
Schwimmbadstr. 29,
79100 Freiburg,
Tel. 07 61-7 70 17,
Fax 07 61-7 70 19.

Stellengesuch

Trotz «Rotstift» im öffentlichen Dienst!
Wer stellt ein?

Schreiner,
päd. Werktherapeut,
Hausmeister

in sozialtherapeutischer Einrichtung mit Werkstätten, evtl. Schule, langfristige Verantwortung gesucht, von erfahrenen, vielseitig begabten Menschen, geb. 44

Großraum Bremen und Hamburg

Chiffre 1-1294

Chiffreantworten bitte nur an:
Ring und Simon GbR,
Jahnstraße 24, 63075 Offenbach

Aus- und Weiterbildung

Aus dem Inhalt

Liebe Leserinnen und Leser!

Die romantische Vorstellung, daß zwei Menschen durch die Liebe, die sie füreinander empfinden, zusammengeführt werden und auf der Basis dieser – vermeintlich immerwährenden – Liebe eine dauerhafte Beziehung, getragen von ewiger Treue, aufbauen könnten, ist weit verbreitet. In unzähligen Filmen und Romanen, in Gedichten und Liedern wird sie dargestellt; sie ist eines der werbewirksamsten Klischees überhaupt. Doch die Lebenswirklichkeit sieht anders aus!

Alle Erfahrung lehrt, daß die romantische Liebe nicht von Bestand ist. Kaum ein Paar ist in der Lage, sie über die höchstens dreijährige Verliebheitsphase zu Beginn einer Beziehung hinaus zu retten. Auch bei Paaren, die nach außen ein harmonisches Bild vermitteln, zeigt ein tieferer Blick, daß Entfremdungsprozesse zwischen den Partnern stattgefunden haben, daß die Harmonie gestört ist. Über 30 % aller Ehen werden wieder geschieden. 80 % der Frauen vermissen nach wenigen Jahren Ehe jegliches Interesse des Mannes an ihrer Gedanken- und Gefühlswelt. Nach sechs Jahren Ehe sprechen Ehepartner durchschnittlich noch neun Minuten pro Tag miteinander. 30 % aller Gewalttaten mit Todesfolge werden von Ehemännern oder -frauen an ihren Partnern verübt. Mindestens 50 % aller Selbstmorde sind die Folge von Liebeskummer. Durchschnittlich 60 % aller Ehepartner sind untreu, Männer häufiger als Frauen. (Vgl.: Michael Cöllen: Das Paar. München 1989, S.34 f.)

Die Verliebtheit kommt von allein und überbrückt für einen begrenzten Zeitraum alle Gegensätze und Eigenarten. Doch wie es weitergeht, wenn die Verliebtheit nicht mehr trägt, darüber macht sich kaum jemand Gedanken.

Heute gibt es verschiedene Formen, Partnerschaft zu leben, ob mit oder ohne Trauschein, mit oder ohne religiösen oder traditionellen Hintergrund, mit Partnern der gleichen oder auch fremder Kulturen. Es gibt eine Unmenge an Vorstellungen darüber, wie Partner miteinander umgehen sollten, wie eine Beziehung zu führen ist.

„Wie im 19. Jahrhundert jeder Architekt aus einem Fundus von antiken, gotischen, renaissancehaften und barocken Formen wählte, um ein Mietshaus oder einen Vorstadtbahnhof zu gestalten, so müssen die Paare der Gegenwart aus einem breiten Angebot traditioneller, konfessioneller, emanzipierter, nostalgischer, progressiver, feministischer Vorstellungen wählen, wenn sie ihre Beziehung gestalten. Das setzt sehr viel mehr Verständigung und sehr viel mehr Verständnis für die Eigenart des jeweils anderen Geschlechts voraus, als es sich unsere Eltern hätten träumen lassen. Es gibt nicht mehr eine Norm, ein Vorbild, das von Müttern und Vätern übernommen und unter dem Segen der Kirche in der eigenen Ehe verwirklicht werden kann, sondern einen Baukasten mit ganz verschiedenen Modellen und Rezepten, die von Situation zu Situation ausgehandelt sein wollen. Manchmal werden sie in einer Spirale von sich steigernder Hektik durchprobiert, weil jedes Konzept zunächst eine glückliche Lösung verspricht, dann aber Nachteile und Schattenseiten entfaltet, die von der nächsten Lösung wiederum überwunden werden sollen. Häufig trennen sich Paare, wenn die Harmonie-Illusion der Verliebtheit zerplatzt und unterschiedliche Vorstellungen von Liebe und Bildung ausgehandelt werden müßten. Andere zahlen einen so hohen Preis für die wechselseitige Anpassung, daß sie bis an das lange hinausgeschobene Beziehungsende wie überschuldete Hausbesitzer drückende Zinsen in Form latenter Wut, heimlicher Verweigerung oder dauernder Schuldgefühle tragen. [...] Die bisherige Ordnung der Beziehung erweist sich als brüchig, ohne daß eine neue Ordnung auch nur gemeinsam diskutiert werden kann – so schmerzlich sind die Kränkungen." (Wolfgang Schmidbauer: „Du verstehst mich nicht!" Reinbek 1991, S.18 f.)

Bleibt wirklich nur die Scheidung oder Trennung oder die Resignation in der Beziehung? „Ist das allmähliche Brüchigwerden, das schleichende Scheitern, ist der Zerfall einer Liebe so zwangsläufig wie das Altern, wie der Tod?" (Ulrike Bauer, Bodo Kirchhoff: Unaufhaltsame Entzweiung. Frankfurt a.M. 1993, S.7)

Mit dem vorliegenden Heft versuchen wir zu zeigen, daß die Entzweiung in der Partnerschaft wirklich unaufhaltsam ist, wenn die Partner sich nicht aktiv um den Erhalt der Beziehung bemühen. Die Naturen von Mann und Frau sind so gegensätzlich, daß sie, läßt man ihnen freien Lauf, Beziehung zerstören. Mann und Frau müssen sich bewußt darum bemühen, in der Beziehung anders zu handeln, als sie es unreflektiert täten. Wir möchten darstellen, wie es zur Entfremdung der Partner kommt, welche verhängnisvollen Automatismen ablaufen und wie man ihnen entgegenwirken kann. Wir beschäftigen uns mit dem Prozeß der Ehescheidung, mit Scheidungsfolgen und den Konsequenzen für die Kinder.

Den Anfang des Heftes macht ein Interview mit Wolfgang Gädeke, Priester der Christengemeinschaft, Kiel, über Scheidungsgründe, typische Eheprobleme sowie über Ehepflege und Scheidungsvermeidung.

Es schließt sich ein Interview mit Michael Cöllen, Paartherapeut, Hamburg, an, in dem es um die Psycholgie des Paares, um Gesetzmäßigkeiten in der Entwicklung von Partnerschaften, typische Konflikte in Partnerschaften und Paartherapie geht.

Prof. Dr. Horst Petri, Hochschullehrer für Psychotherapie und Psychosomatik, Berlin, plädiert in seinem Artikel für einen vorurteilsfreien und sozial unterstützenden Umgang mit Scheidungspaaren und -kindern.

In Ihrem Artikel zeigt Marietta Biermann, Diplom-Psychologin und (Heil-)Eurythmistin, Flensburg, die psychologische Struktur von Scheidungsprozessen auf und stellt ein Modell vor, nach dem ehemalige Partner um der gemeinsamen Kinder willen zu einem sachlichen und neutralen Umgang miteinander finden können.

Das sich anschließende Interview mit Dr. med. Klaus Hadamovsky, anthroposophischer Arzt und Schularzt, Flintbek, thematisiert die Situation von Scheidungskindern aus ärztlicher und pädagogischer Sicht und wirft die Frage nach neuen sozialen Formen auf, die die Folgen für Scheidungskinder abfedern können.

Yvonne Benkelmann geht in ihrem Artkel der Frage nach, wie man mit Kindern und Jugendlichen in Scheidungskonflikten umgeht.

Michael Alberts wendet sich in einem Artikel und einem Interview mit der Rechtsanwältin Christiane Malonek, Flensburg-Harrislee, der rechtlichen Seite des Scheidungsverfahrens zu.

Im Interview mit Ingolf Schulz, Rechtsanwalt, Notar und Mediator, Ahrensburg, wird darüber hinaus das Verfahren der Mediation vorgestellt, das eine Alternative zur rechtlichen Bewältigung von Scheidungsfolgen darstellt.

Bei allem geht es uns weniger um Scheidung, als vielmehr um Scheidungsvermeidung. Leitend kann der Gedanke sein, den Michael Cöllen in diesem Heft äußert: „Es macht gar keinen Sinn, den Partner zu wechseln, es lohnt sich nicht. Je häufiger ich den Partner wechsle, desto öfter muß ich die partnerbedingten Probleme und Krisen bewältigen. Die meisten Partnerprobleme haben weniger mit den Eigenarten der Menschen zu tun, als vielmehr mit den inneren Gesetzmäßigkeiten des Zusammenlebens und Zusammenwachsens."

Es grüßt Sie
Ihre
FLENSBURGER HEFTE-Redaktion

Von der Ehe

Dann sprach Almitra abermals und sagte: Und was ist mit der Ehe, Meister?
Und er antwortete und sprach:
Ihr wurdet zusammen geboren, und ihr werdet auf immer zusammen sein.
Ihr werdet zusammen sein, wenn die weißen Flügel des Todes eure Tage scheiden.
Ja, ihr werdet selbst im stummen Gedenken Gottes zusammen sein.
Aber laßt Raum zwischen euch.
Und laßt die Winde des Himmels zwischen euch tanzen.
Liebt einander, aber macht die Liebe nicht zur Fessel:
Laßt sie eher ein wogendes Meer zwischen den Ufern eurer Seelen sein.
Füllt einander den Becher, aber trinkt nicht aus einem Becher.
Gebt einander von eurem Brot, aber eßt nicht vom selben Laib.
Singt und tanzt zusammen und seid fröhlich, aber laßt jeden von euch allein sein,
So wie die Saiten einer Laute allein sind und doch von derselben Musik erzittern.
Gebt eure Herzen, aber nicht in des anderen Obhut.
Denn nur die Hand des Lebens kann eure
Herzen umfassen.
Und steht zusammen, doch nicht zu nah:
Denn die Säulen des Tempels stehen für sich,
Und die Eiche und die Zypresse wachsen nicht im Schatten der anderen.

(Khalil Gibran: Der Prophet. Solothurn, Düsseldorf ^{28}1993, S.15 f.)

Ehe alles zerbricht

Interview mit Wolfgang Gädeke

von Klaus-Dieter Neumann und Wolfgang Weirauch

Wolfgang C. Gädeke, *geb. 1943 in Bremen. Studium am Priesterseminar der Christengemeinschaft, Stuttgart, und Studium der evangelischen und katholischen Theologie, Geschichte und Psychologie in Marburg und Tübingen. 1968 Priesterweihe. Pfarrer der Christengemeinschaft in Ulm, Kiel, Hamburg und seit 1982 wieder in Kiel. Dozent am Priesterseminar der Christengemeinschaft in Stuttgart. Tätigkeit als Eheberater. Kurse über Ehe für Jugendliche und Erwachsene. Seit 1990 Lenker der Christengemeinschaft in Norddeutschland.*

Veröffentlichungen: „Anthroposophie und die Fortbildung der Religion", Flensburg 1990 (zusammen mit Rudolf und Wilhelm Gädeke). Beiträge und Interviews in verschiedenen FLENSBURGER HEFTEN, *insbesondere Sonderheft 1: „Partnerschaft und Ehe", ^{4}1992; FH 20: „Sexualität, Aids, Prostitution", ^{2}1989; FH 35: „Die Christengemeinschaft heute – Anspruch und Wirklichkeit", 1991; Sonderheft 9: „Zehn Jahre realexistierendes freies Geistesleben. Zur Geschichte der Gädeke-Studie. Hintergründe, Fakten", 1991; und Sonderheft 10: „Biographiearbeit II. Grundlagen, Praxis, Ausbildungen", 1992.*

Wer kennt es nicht, das Ohnmachtsgefühl, die brennende Leere des Verlustes, wenn die geliebte Partnerin oder der geliebte Partner einen verläßt? Wer hat noch nicht erlebt, wie schwer es fällt, sich nach unzähligen Konfliktlösungs- und Versöhnungsversuchen in einem bewußten Trennungsakt von dem einst geliebten Partner zu trennen? Wer läßt nicht in den Phasen der Trennung seinen Blick in die Vergangenheit schweifen und erinnert sich der Phase der Verliebtheit und fragt sich, was man seitdem eigentlich alles falsch gemacht hat?

Zwischen einem Viertel und einem Drittel aller Ehen in den westlichen Industrieländern werden bereits aufgelöst, in Kalifornien gilt dies schon für jede zweite Ehe. Daraus könnte man schließen, daß Ehen heute sehr viel leichtfertiger geschieden werden. Aber das ist ein Vorurteil.

Aus einer wissenschaftlichen Studie von Rosemarie Nave-Herz und anderen („Scheidungsursachen im Wandel", Bielefeld 1990) geht hervor, daß die Ursache für den Anstieg der Ehescheidungsquoten vor allem in einem Wertewandel der Institution Ehe zu sehen ist. Aufgrund von umfangreichen schriftlichen und mündlichen Interviews mit größtenteils Geschiedenen beiderlei Geschlechts ergibt sich, daß die Ehe keineswegs zu einem bedeutungslosen Faktor geworden ist, sondern daß zunehmend stärkere Ansprüche, vor allem in der Sexualität, an den Partner gestellt werden und daß durch diese bewußt gesuchte Qualität einer Partnerbeziehung etliche Konflikte vorprogrammiert sind und entstehen, die letztlich auch eher zu einer Scheidung führen können. Oftmals geht es auch mit einer Idealisierung der Ehe einher, woraus ebenfalls wegen der Nichterfüllung Spannungen resultieren.

Selbstverständlich muß man zu den Gründen für die erhöhte Scheidungsquote auch die zunehmende Bedeutungslosigkeit traditioneller Vorgaben zählen: der zu begrüßende Zerfall der einseitigen Rollenverteilung – Mann im Beruf, Frau im Haus –, die zunehmende berufliche Selbständigkeit, wirtschaftliche und rechtliche Unabhängigkeit der Frau, woraus resultiert, daß Frauen weit häufiger die Partizipation des Mannes im hauswirtschaftlichen Bereich einfordern. Hier liegen auch die Gründe, weswegen 70 bis 80 % der Scheidungsklagen von Frauen eingereicht werden.

Daß die Forderung bzw. der Wunsch nach einer qualitativ-gehaltvollen Ehe, der erhöhte Anspruch an den Ehepartner in den letzten Jahrzehnten immer weiter ansteigt, läßt aufhorchen. Selbst wenn man voraussetzen würde, daß man den gleichen Anspruch auch an sich selber stellt, so fehlt doch etwas ganz Entscheidendes: das Ziel, die Sinngebung der Ehe, das gemeinsam Angestrebte, die Idee der Ehe.

Ohne diese Eheidee – so Wolfgang Gädeke – sei jede Ehe und Partnerbeziehung auf Dauer zum Scheitern verurteilt. Wir sprachen mit Wolfgang Gädeke in folgendem umfangreichen Interview in Anknüpfung an die drei Interviews über Ehe und Partnerschaft sowie Sexualität (FLENSBURGER HEFTE Nr.20 und Sonderheft 1). Manches wird wiederholt aufgegriffen, weil es zum Ganzen gehört, aber der Schwerpunkt liegt auf den inner- und zwischenmenschlichen Bereichen, die der Anlaß für die sich immer weiter verstärkenden Partnerschaftsprobleme sind.

Es geht uns dabei vor allem darum, zu ergründen, warum die Menschen es heutzutage so schwer miteinander haben, warum sie sich gegenseitig so sehr verletzen, aber auch um die mögliche Lösung der Partnerschaftsprobleme durch eine sinnstiftende Eheidee.

1. Scheidungsgründe allgemein

Ehe und Scheidung sind keine Naturereignisse

Wolfgang Weirauch: Sie sind der einzige Mensch in der anthroposophischen Bewegung, über dem das Damokles-Schwert schwebt, sich nicht scheiden lassen zu dürfen. Wie fühlen Sie sich dabei?

Wolfgang Gädeke: Hin und wieder sage ich scherzhaft zu meiner Frau, daß wir unter enormem Erfolgszwang stehen. Trotzdem nehme ich es sehr gelassen, denn nachdem wir etwa 25 Jahre verheiratet sind, denke ich, daß uns nicht mehr furchtbar viel passieren kann.

W.W.: Genauso wie manche Menschen der irrigen Auffassung huldigen, die Ehen würden im Himmel geschlossen, seien karmisch vorbestimmt usw., meinen andere, Ehen seien unauflöslich. Wie sehen Sie das?

W. Gädeke: Ich denke, daß bereits die Voraussetzung – Ehen würden im Himmel geschlossen – falsch ist, denn es klingt nach einer unumstößlichen Tatsache. Vielleicht hat so etwas einmal in früheren Zeiten gegolten, als die Eheschließung noch nicht von dem Willen und den subjektiven Gefühlen der Beteiligten abhing, weil sie durch die gesellschaftlichen Verhältnisse, z.B. durch die Eltern oder in früheren Zeiten sogar durch die Orakel- und Mysterienbefragung zusammengeführt worden sind. Man kann z.B. an die Legende von Maria und Joseph denken, wie sie zueinander geführt wurden. Damals gab es durchaus noch so etwas, daß Ehen im Himmel, also von geistigen Wesen für Menschen geschlossen worden sind. Eine solche Lebensgemeinschaft war ein Schicksal, das über das Bewußtsein der Beteiligten weit hinaus ging.

Aber heutzutage wird kaum noch eine Ehe im Himmel geschlossen, sondern aufgrund von subjektiven Bedürfnissen und Empfindungen, also ganz handfester seelischer und körperlicher Bedürfnisse. Und es wäre eine Art Zukunftsmusik, einen Entschluß zu fassen – so wie es im Trausakrament der Christengemeinschaft heißt – , mit dem man in der Geistwelt wandelt. Das wäre nämlich etwas Entsprechendes.

Zur Frage der Auflöslichkeit bzw. Unauflöslichkeit von Ehen muß man sich klar machen, wer denn überhaupt eine Ehe als aufgelöst erklären kann. Faktum ist, daß sie aufgelöst werden. Sehr schwierig ist es natürlich, wenn sich der Papst – auch Luther kam in eine ähnliche Schwierigkeit – anmaßt, eine Ehe für aufgelöst zu erklären oder nicht. Mit der Unauflöslichkeit der Ehe ist es etwas höchst Problematisches, weil es dann nämlich so aussieht, als wäre die Ehe ein Naturereignis, was aber nicht der Fall ist. Menschen können heute lediglich Ehen unauflöslich machen, aber das ist etwas ganz anderes.

W.W.: Weil Ehe eine Kulturtat ist.
W. Gädeke: Ja.

Noch nie war der Anspruch an persönliches Glück so eng mit Partnerschaft verbunden

W.W.: Es gibt die verschiedensten Statistiken für die beständig steigende Zahl von Scheidungen in den Industrieländern. Ich beziehe dies keineswegs nur auf die Ehen, die mit Trauschein geschlossen worden sind, sondern auf alle längerfristigen Partnerschaften. Dies gilt für das ganze folgende Interview. Worin sehen Sie die hauptsächlichsten Gründe für die Scheidung?

W. Gädeke: Sie haben mir zur Vorbereitung dieses Interviews eine Untersuchung von Rosemarie Nave-Herz („Scheidungsursachen im Wandel", Bielefeld 1990) mitgegeben. Sie kommt unter anderem zu dem Ergebnis, daß Scheidungen vorgenommen werden, weil die Beziehung nicht mehr die Qualität hat, die sich einer oder beide Partner erhofft hatten, und weil man mit den Eigenschaften des Partners unzufrieden ist. Daraus zieht sie den Schluß, daß Ehen unter anderem gerade deswegen scheitern, weil der Anspruch an den anderen und an die Ehe sehr hoch ist. Daran ist viel Wahres. Noch nie war der Anspruch an persönliches Glück so eng mit der Partnerschaft verbunden wie heute, weil Ehe früher in allererster Linie immer ein Zweckbündnis war: eine Fortpflanzungsgemeinschaft, eine Art Sozial- und Rentenversicherungsgemeinschaft und vieles mehr. All dies ist die Ehe heutzutage nicht mehr. Etwa seit der Zeit der Romantik ist sie der Ort der am allerweitesten gespannten Glückserwartungen des einzelnen geworden. Vielleicht hängt das auch damit zusammen, daß die christliche Utopie für die Menschen keine Realität mehr hat und sie statt dessen ihr Glück in einer Partnerschaft suchen.

Weitere Hauptgründe sind natürlich, daß Menschen die Ehe immer noch als Naturtatsache ansehen, aber das führt eben zu den allerunmöglichsten Konsequenzen. Man macht sich nicht klar, warum man überhaupt verheiratet sein will, man lernt nicht, was zur Eheführung notwendig ist. Aber das sind alles die Gründe, die man schon in FLENSBURGER HEFTE Sonderheft 1, „Partnerschaft und Ehe", findet. Nach wie vor fallen die Menschen aus allen Wolken, wenn man ihnen sagt, daß die Ehe nichts Natürliches ist. Allein eine derart einfache Grundtatsache stößt bei vielen die gesamte Empfindungsgrundlage um. Daß Ehe etwas Natürliches sei, sitzt ganz tief in den Menschen.

W.W.: Mit welchem Verständnis in bezug auf die Natürlichkeit einer Ehe leben denn diese Menschen?

W. Gädeke: Sie haben nur ein nebelhaftes Gefühl von der Ehe. Das Natürliche ist aber lediglich, mit einem Menschen anderen Geschlechts – bei den meisten zumindest – zusammen leben zu wollen. Die Art und Weise, *wie* dieses Bedürfnis befriedigt wird, ist ganz und gar nicht natürlich, denn natürlich ist nur das, was von alleine funktioniert. Die Lebensgemeinschaft der Löwen und Schwäne ist natürlich, denn sie haben nicht nur ein Bedürfnis nach dem anderen Partner, sondern auch einen Instinkt, wie diesem Bedürfnis nachzukommen ist. Der Mensch hat dies nicht. Deshalb muß man sich als Mann und Frau klarmachen, daß man nicht darauf hoffen darf, daß Ehe von Natur, also von alleine klappt. Wenn der Mensch atmet, so ist das etwas Natürliches, er braucht nicht daran zu denken, er braucht es nicht zu planen, denn es geschieht von alleine. Eine vegetative Ehe gibt es aber nicht, und deshalb muß man mit dieser Illusion erst einmal aufräumen.

Konflikte führen heutzutage eher zur Scheidung

W.W.: Noch bis ins 20. Jahrhundert galt eine Scheidung als moralische Verfehlung. Seit der Reform des Scheidungsgesetzes (1977) gibt es kein Verschuldungsprinzip mehr. Gehört das zu den Auslösern für die immer höheren Scheidungsraten? Konflikte innerhalb der Ehe wird es immer gegeben haben, aber warum führen sie heute häufiger zur Scheidung?

W. Gädeke: Zuerst gebe ich einmal eine chauvinistische Antwort: Das liegt natürlich an den Frauen! Denn wenn die Frauen genauso genügsam wären wie früher und sich mit dem begnügen würden, was der Mann tun und lassen will, dann würden die Ehen auch weiterhin Bestand haben.

W.W.: Über 70 % der Scheidungsklagen werden aber von den Frauen eingereicht!

W. Gädeke: Genau. Das hängt mit der objektiven Tatsache zusammen, daß die Frauen eben nicht mehr so sind wie noch im letzten Jahrhundert und daß sie immer mehr zu einem selbstbewußten, selbständigen Individualwesen geworden sind. Selbstverständlich ist das richtig, notwendig und zu begrüßen, aber die alte Ehe war eben auf andere Voraussetzungen begründet. Der Mann war das Haupt der Familie, und die Frau hatte sich danach zu richten. Deshalb hatten die Ehen früher Bestand, wenn auch unter den Schmerzen der Frau. Aber sie hatte keine Alternative. Die meisten Frauen lernen heutzutage einen Beruf und nehmen selbst eine Stellung als alleinerziehende Mutter eher in Kauf, als unter derartigen Verhältnissen der Unterdrückung zu leben. Frauen, die die Scheidung beantragen, wählen damit das geringere Übel. Frauen können sich das heute leisten, weil sie wirtschaftlich unabhängig sind, weil sie einen Rentenanspruch haben, meistens auch einen Beruf. Auch wenn sie eine Minderung des Lebensstandards in Kauf nehmen müssen, so fallen sie nicht mehr derart ins Bodenlose, wie eine Frau früher, die schuldig geschieden wurde.

Zum Glück sind Frauen heutzutage längst nicht mehr so bereit, all das an Demütigungen, Übervorteilung und Gewalt hinzunehmen, was ihnen von Männern angetan worden ist und noch angetan wird. Insofern ist die steigende Scheidungsrate – so absurd das klingt – ein zu begrüßendes Ereignis. Denn sie zeigt, daß Frauen endlich sich selber, ihre Bedürfnisse und ihre Empfindungen zur Geltung bringen, statt sie zu verleugnen. Diese Verleugnung hat allerdings auch heute noch am Beginn einer Beziehung ein starkes Gewicht.

Ferner sind die allgemeinen Kulturbedingungen nicht so, daß sie eine Ehe begünstigen, sondern alles läuft immer mehr in die Richtung des Individualismus, auch des Einzelgängertums und der Bindungsangst. Auch das sind Tatsachen, die die Scheidungsrate steigen lassen.

2. Verliebtheit

W.W.: Jemand verliebt sich in einen anderen. Das hat oft eine derartige Vehemenz, daß Partner und Kinder abrupt verlassen werden. Was geht prozessual in einem Menschen vor, der verliebt ist?

W. Gädeke: Es gibt verschiedene Modelle, sich diesen Zustand vorzustellen. Plato charakterisiert ihn als einen besonderen Zustand des Wahnsinns. Ich habe ein Buch von Shirley Eskapa, „Eine Andere. Ehefrau kontra Geliebte“, deren Aussage darin gipfelt, daß Verliebtheit – besonders dann, wenn man schon in einer Beziehung drinnensteht – eine Form von Ekstase sei. Beides hat starke verwandtschaftliche Beziehungen zu der mehr mythologischen Auffassung, die bei den Griechen und Römern vorhanden war, daß nämlich ein kleiner neckischer Göttersprößling namens Amor wahllos und ohne jede erkennbare Regel Pfeile auf Menschen abschießt und sie dadurch in die Flammen der Verliebtheit versetzt. So dumm ist dieser Mythos gar nicht, denn die Erscheinungen, die man an Verliebten wahrnehmen kann, sind manchmal so, daß man sich an den Kopf fassen muß. Daß dabei ein irrationales Element eine ganz große Rolle spielt, ist unübersehbar.

Das Verliebtheitshormon

W.W.: Wenn man es vorerst noch einmal rein physisch betrachtet, gibt es eine Art Verliebtheitshormon?

W. Gädeke: Wenn man genau forschen würde, so bin ich überzeugt, daß man für alle seelischen Zustände auch ein körperlich-physisches Korrelat findet. Die Frage ist natürlich nur, ob der Nachweis eines solchen Korrelats auch gleichzeitig der Beweis dafür ist, daß dieses Hormon bzw. das physische Korrelat gleichzeitig die Ursache der Verliebtheit ist. Das allerdings bezweifle ich. Aber selbstverständlich gibt es so etwas wie ein Verliebtheitshormon, da zwischen Leib und Seele immer ein Wechselspiel vorhanden ist.

Sogar schweigsame Männer beginnen zu reden

W.W.: Betrachten wir diesen Zustand mit der anthroposophischen Geisteswissenschaft: Was geht im Seelen- bzw. Astralleib eines Menschen vor, der verliebt ist?

W. Gädeke: Wahrscheinlich liegt eine Art Lockerung der Wesensglieder vor. Jemand, der verliebt ist, zeigt bis in die äußere Erscheinung Veränderungen, z.B. geht er beschwingter. In Jugendlagern habe ich das immer wieder erlebt. Da kann jemand eine Art Mauerblümchen sein oder zumindest einen verschlossenen oder verhangenen Charakter und Gesichtsausdruck haben, aber in dem Moment, in dem er verliebt ist, blüht er auf, bis in den Blick, die Gestik, die Sprache. Es ist ein Vorgang der Öffnung, der Erhebung, der Erleichterung und der Belebung. Das ist mit Händen zu greifen. Dem muß eine stärkere Beweglichkeit der Wesensglieder zugrunde liegen. Das kann sogar so weit gehen, daß schweigsame junge Männer in der Phase der Verliebtheit zu reden beginnen. Siegfried Lenz hat das in „So zärtlich war Suleyken" in eine Kurzgeschichte gebracht, auch dort beginnt der Schweigsame plötzlich zu reden.

Klaus-Dieter Neumann: Würden Sie auch sagen, daß mit der Verliebtheit ein Zustand der Reinigung verbunden ist, daß man sich also mehr den wahren und schönen Dingen des Lebens gegenüber öffnet?

W. Gädeke: Das kann sein. Es gibt ja diese merkwürdige Polarität der beiden Sprichwörter: „Liebe macht blind. Liebe macht sehend." Es stimmt nämlich beides. Zum einen findet die Erhebung statt, daß der Mensch nämlich ein wenig von dem Alltäglichen, dem Schweren enthoben ist, vor allem auch von dem Problematischen seines Selbst. Natürlich ist das keine echte Verwandlung, denn durch den Zustand der Verliebtheit ist man schließlich nicht weniger problematisch, sondern es ist eine Art Reinigung auf Probe, zeitlich begrenzt, die die Chance in sich birgt, den anderen Partner deutlicher, klarer und idealistischer, d.h. aber auch geistiger zu sehen als im Alltag. In der Karikatur ist das dann die „rosa Brille", durch die man alles toll findet. Die Verliebtheit hat also die Qualität in sich, den geliebten Partner so wahrnehmen zu können, wie er einmal werden kann. Natürlich wird dabei vieles ausgeblendet, was die oder der andere an kritischen Seiten hat. Es kann sogar so weit gehen, daß Menschen einen anderen lieben, obwohl dieser ein ausgemachter Schurke ist. Aber sie sehen eben nur seine positiven Seiten.

Auf der anderen Seite wird man natürlich auch blind durch Verliebtheit. – Diese Erhebung kann sich selbstverständlich auch auf die übrige Welt übertragen, so daß man zur gesamten Wahrnehmungswelt ein verändertes Verhältnis hat.

K.-D.N.: Oder daß man auch erneut zu seinen eigenen Idealen erwacht!

W.W.: Und bei Liebeskummer die ganze übrige Welt durch die negative Brille sieht.

W. Gädeke: Das finden wir auch in Goethes „Werthers Leiden", der seine Verliebtheit auf alle Gräslein und Mücklein überträgt, sich also mit der Welt auf eine Weise verbindet, die ohne Verliebtheit überhaupt nicht eintreten kann.

Die negative Form der Verliebtheit wäre dann, daß man nur noch auf den geliebten Menschen fixiert ist, so daß sich der Sehumkreis verengt, auch das Bewußtsein enger und nicht weiter wird. Eine derartige Verliebtheit hat in mancher Hinsicht bereits eine Art Suchtcharakter. Insofern wäre Verliebtheit eine natürliche Form von Sucht.

Seelische Vereinigungen und Ätherküsse

W.W.: Ich denke dabei auch an zwei Astralformen, die sich bei verliebten Menschen eher verbinden und durchdringen als bei Menschen, die sich fremd gegenüberstehen. Eine analoge Vorstellung kann man sich vielleicht anhand Rudolf Steiners Darstellungen über die Lüge machen: Von einem Ereignis steige eine Astralform auf. Spreche ein Mensch über dieses Ereignis die Wahrheit, steige eine gleiche Astralform auf, die sich mit der anderen verbinde. Spreche er eine Lüge über dieses Ereignis, so entstehe durch diese Lüge eine verzerrte Astralform, die die andere zerstöre. Etwas ähnliches wie bei den harmonierenden Astralformen – wenn man die Wahrheit spricht – könnte ich mir in bezug auf die Astralleiber von verliebten Menschen vorstellen.

W. Gädeke: Ich denke, daß die Vorstellung, die Sie jetzt entwickelt haben, ganz sachgemäß ist. Man kann das bis in die Physiognomie bei Jugendlichen, die ineinander verliebt sind, beobachten. Es entsteht ein seelisches Aufeinanderzuwachsen, eine seelische Verbindung, vielleicht sogar eine seelische Vereinigung. Bei Verliebten erlebt man z.B. oftmals, daß der eine oder der andere sagt: „Das wollte ich auch gerade sagen." Oder sie sagen im selben Moment direkt denselben Satz. Intensive Träume können diesen Zustand auch begleiten.

Nur muß man hinzudenken, daß der bewußten Nähe im Seelischen ein polarer Prozeß im Unbewußten gegenübersteht. Immer wenn ich im Bewußtsein einen sympathischen Akt zu einem anderen Menschen auslebe, steht dem im Unbewußten ein antipathischer gegenüber.

W.W.: Denken Sie mit dem Unbewußten an den ätherischen Bereich? Wenn sich zwei Menschen küssen, so streben ihre Ätherköpfe voneinander weg, stehen sich zwei Menschen in Antipathie gegenüber, so küssen sich mehr oder weniger ihre Ätherköpfe. Denken Sie dabei an diesen Vorgang?

W. Gädeke: Sicherlich gehört das mit dazu. Allgemein muß man aber damit rechnen, daß immer im Unterbewußten eine Art Gegenbewegung stattfindet. Das hängt auch mit dem zusammen, was einst Jörgen Smit berichtet hat: Rudolf Steiner hat seiner Tante dargestellt, was geschieht, wenn sich zwei Menschen ehelich verbinden. Es war während einer Tagung in Dornach, bei der es in meiner Gesprächsgruppe um ein spezifisches pastoralmedizinisches Problem ging. Jörgen Smit nahm daran teil. Im wesentlichen ging es auch um Sexualität. Dabei hat Jörgen Smit berichtet, daß seine Tante einst mit Rudolf Steiner gesprochen habe und Steiner sich ihr gegenüber folgendermaßen geäußert habe: „In dem Augenblick, wo sich zwei Menschen eng verbinden, auch sexuell, beginnt ein Kampf um Unterjochung oder Unterjochtwerden. Nur bei einem physischen oder geistigen Kind tritt Befreiung ein." Nun ist dies nur eine Überlieferung, und Rudolf Steiner hat es vielleicht noch ein wenig anders gesagt, aber es paßt in vielerlei Hinsicht zu dem, was er auch anderweitig darstellt. Wenn Menschen sich eng verbinden, entsteht – und ich füge hinzu: im Unterbewußten – eine derartige Konfrontation.

W.W.: Aber was genau meinen Sie jetzt mit dem Unterbewußten?

W. Gädeke: Wenn ich es genau charakterisieren würde, so denke ich dabei an den Seelenleib bzw. Empfindungsleib. Der ist dem Menschen unbewußt. In diesem Teil, der noch zum Leib gehört, aber doch schon seelenorientiert ist, vollziehen sich diese Prozesse. Aber das ist jetzt meine Vermutung. Es ist der Bereich, den die Psychologen das Unbewußte nennen. Wenn während der Verliebtheit im Oberbewußtsein eine starke Verschmelzung eintritt, vollzieht sich im Unterbewußtsein das Gegenteil und klingt mit dem zusammen, was Sie über den Ätherleib dargestellt haben.

Geistige Wesen öffnen Verliebte füreinander

W.W.: Wie wirken die Engel bei Verliebten mit? Schließlich kann Verliebtheit nicht durch sich selbst entstehen. Nehmen wir ein Beispiel: Zwei Menschen begegnen sich, haben also Kontakt zueinander aufgenommen. Sie verlieren sich wieder aus den Augen, aber bei beiden entsteht gleichzeitig die Verliebtheit wie von selbst und beim nächsten Treffen knallen sie zusammen. Da muß doch jemand, z.B. ein Engel, mitgemischt haben.

K.-D.N.: Ich kann ja einmal ein ähnliches Beispiel aus dem wirklichen Leben erzählen. Ich sitze mit einem Freund nach der Uni nachmittags in einem Lokal in Berlin und esse. Er hatte Probleme mit Frauen insofern, als daß er selten eine fand, wohl aber stark auf der Suche war. Er wunderte sich immer darüber, daß andere Menschen damit keine Probleme haben. Ich sagte ihm damals, daß er nicht danach suchen solle, je mehr er danach suche, desto weniger werde er eine Freundin finden. So etwas komme von selbst. – In dem Moment kam eine junge Frau an unseren Tisch und wollte Kerzen verkaufen. Zuerst beachteten wir sie nicht weiter, da wir kein Interesse an ihren Kerzen hatten, aber als sie bereits am Nebentisch war, hatte ich plötzlich den Impuls, aufzustehen und sie zu fragen, was die Kerzen eigentlich kosten sollten. Als sie mir den Preis nannte, schimpfte ich gleich mit ihr, da mir dieser viel zu hoch erschien. Sie guckte mich mit großen Augen an, und ich ging wieder zurück an meinen Tisch. Während sie das Lokal verließ, sagte ich zu meinem Freund: „Übrigens, ich habe mich soeben verliebt. Jetzt brauche ich nur noch darauf zu warten, bis ich ihr wieder begegne.“ Ich war der festen Überzeugung, daß ich mich darum überhaupt nicht zu kümmern brauche.

Es vergingen etwa zwei Wochen, in denen ich verliebt war und immer an diese Frau dachte, bis ich in eine Kneipe am Nollendorfplatz ging. Ich machte die Tür auf, und am Thresen stand besagte Frau. Als sie mich erblickte, rannte sie auf mich zu, sprang mir um den Hals und küßte mich.

W.W.: Ist das nicht toll? So ein Beispiel hatte ich als Hintergrund meiner Frage. Die physische Begegnung reicht nicht aus, daß eine derartige seelische Öffnung zueinander bei beiden entsteht.

W. Gädeke: Richtig. Das Beispiel ist herrlich. Verliebtheit ist so offenkundig ein Naturereignis, also ein Ereignis, daß nicht von Menschen geplant, gewollt, gemacht oder erarbeitet ist, sondern was einfach eintritt wie ein schöner Wintertag. So einen

Tag wie heute habe ich mir seit Jahren gewünscht, also daß der Teich nebenan zufriert und meine Kinder Schlittschuh laufen können, aber ich muß warten, bis er kommt. Alles, was von Natur aus geschieht, ist so, daß man davon ausgehen kann, daß geistige Wesen mitwirken. Allerdings ist es mir eine Frage, ob das immer Engel sein müssen. Aber daß es von geistigen Wesen bewirkt wird, ist unverkennbar. Vorsichtig wäre ich dagegen mit der etwaigen Behauptung, daß das Verliebtheitsstadium von den beiden Engeln der betreffenden Personen ausgelöst wird. Allerdings möchte ich auch nicht sagen, daß es nicht durch sie ausgelöst wird. Es könnten nämlich auch noch andere Wesen mitwirken.

W.W.: An welche denken Sie dabei?

W. Gädeke: Es gibt auch luziferische Engelwesenheiten, und zwar solche, die ein Interesse daran haben, daß die Schicksale der Menschen durcheinandergeraten. Aber nehmen wir einmal an, die beiden betreffenden Menschen stehen nicht bereits in anderen Beziehungen, es ist also eine originäre Verliebtheit, dann kann das natürlich auch von den richtigen Engeln der beiden betreffenden Menschen ausgelöst werden, weil diese beiden Menschen sich aus karmischen Gesichtspunkten begegnen müssen und etwas miteinander auszumachen haben, weil z.B. aus dem vergangenen Erdenleben ein Karma fortzuführen ist. In so einem Fall ist es vollkommen in Ordnung, wenn die dadurch bedingte Verliebtheit von den Engeln angestoßen wird.

W.W.: Betrachten wir es einmal von der anderen Seite: Ist Verliebtheit immer ein Ausdruck einer karmischen Beziehung?

W. Gädeke: Natürlich, insofern als daß alles, was geschieht, eine Wirkung in die Zukunft hat.

W.W.: Ich dachte an vergangenes Karma.

W. Gädeke: Das kann man wohl nicht für jeden Fall sagen, obwohl es sicherlich für die meisten Fälle anzunehmen ist, weil es natürlich ist.

W.W.: Wenn ein oder mehrere geistige Wesen zwei Menschen füreinander öffnen, so daß sie sich auf natürliche Weise ineinander verlieben, geht das dann nur bei solchen Menschen, die schon eine karmische Beziehung haben, oder geht es bei allen Menschen?

W. Gädeke: Ich denke, daß letzteres auch möglich ist, obwohl Verliebtheiten im allgemeinen bei denjenigen Menschen auftreten werden, die schon miteinander verbunden sind. Es kann aber auch ein völlig neues Schicksal sein. Das kann man nicht an der Verliebtheit selber messen bzw. empfinden, sondern man sieht es oft erst im Verlauf der Beziehung, die daraus entsteht. Ob es ein vergangenes Schicksal oder ein neues ist, ist nicht allein aus der Tatsache der Verliebtheit ablesbar.

Die Dreierbeziehung

W.W.: Nehmen wir einmal ein praktisches Beispiel. Seit vielen Jahren besteht eine Beziehung, der Mann verliebt sich in eine Neue, weil sie ihm wesentlich attraktiver erscheint. Warum ist das so?

W. Gädeke: Meine Erfahrung ist es, daß, wenn jemand seit längerer Zeit in einer Partnerschaft lebt und sich dann in einen Dritten bzw. in eine Dritte verliebt, immer irgendwelche Mängel in der Beziehung zu finden sind. Irgend etwas ist nicht gepflegt, nicht beachtet oder verdrängt worden, irgend etwas ist nicht ausgesprochen, nicht ausgelebt oder ist unausgegoren. Diese Art von Verliebtheit ist deshalb meist Ausdruck eines Mangels innerhalb der Partnerschaft.

Erst ein einziges Mal habe ich ein menschlich sehr reifes Paar kennengelernt, wo er sich in eine andere Frau verliebte, aber gleichzeitig seine Ehe aufrechterhalten wollte und will. Beide stammen aus der 68er-Generation, haben diese Dreierbeziehung in Kauf genommen und wollten sie gemeinsam tragen. Er wollte auch nie seine Frau und seine Kinder verlassen und hat genau wie seine Frau mit viel Idealismus versucht, dieses Dreierverhältnis im vollen Einverständnis mit seiner ihr zu leben. Aber nach zwei Jahren merkte sie, daß es nicht geht, daß sie es doch nicht schafft. Das ist der einzige Fall, bei dem beide Partner für mich glaubhaft versichert haben, daß sie kein Defizit in ihrer Partnerschaft vorher bemerkt haben und daß es wohl auch nicht vorlag. Im Gegenteil, die Frau hatte sogar das Gefühl, daß die Partnerschaft zu dem Zeitpunkt, als die Verliebtheit eintrat, einen gewissen Höhepunkt erreicht hatte. Aber generell gehe ich davon aus, daß ein Defizit in der Beziehung vorliegt. Und die Autorin, die ich vorhin schon erwähnt habe, Shirley Eskapa („Eine Andere. Ehefrau kontra Geliebte") sagt, daß es völlig irrational sei und daß man es nicht begründen könne, daß ein Mann plötzlich eine andere Frau attraktiver fände. Es falle wie ein Blitz vom Himmel. Für sie ist es kein Defizit in der Beziehung. Die Beispiele, die sie aber bringt, sind so, daß ich an diese These nicht glauben kann.

Was an der anderen attraktiver ist, ist im Grunde deutlich zu sehen: Natürlich ist es sehr viel einfacher, sich mit jemandem zusammenzutun, dessen negative Seiten man nicht durch Jahre bzw. Jahrzehnte zum Erbrechen kennt. Zweitens kommt – wie man im Schwäbischen sagt – die „Neuluscht" hinzu. Alles, was man noch nicht kennt, ist meist mit einer gewissen Attraktivität verbunden. Häufig ist die Zweitfrau auch jünger, das läßt sich dann meistens auch in Zentimetern messen.

W.W.: Nehmen wir an, eine Beziehung besteht seit vielen Jahren. Es wird kaum eine Beziehung geben, in der nicht irgendwelche Defizite zu finden sind. Nun kommt der oder die Dritte. Es sei dies auch ein Mensch, der karmisch in das Leben des einen oder beider Partner treten soll. Verliebt man sich in diesen nicht, wenn die Beziehung einigermaßen intakt ist, und verliebt man sich in diesen gerade, wenn die Beziehung nicht intakt ist?

W. Gädeke: Der Tendenz nach wird es wohl so sein, wie Sie zuletzt gesagt haben: Wenn das Defizit da ist, verliebt man sich eher. Wenn ich in meiner Ehe einigermaßen zufrieden bin und keine wesentlichen Defizite auftreten, und zwar in den hauptsächlichen Kernbereichen der Ehe, dann kann ich doch einen anderen Menschen in seiner Art – und sei er auch noch so attraktiv – schätzen und mit ihm freundschaftliche Beziehungen aufnehmen, aber das muß doch in gar keiner Weise die Ehe gefährden. Es wäre ja schlimm, wenn Ehe nur unter Ausschließung aller weiteren tiefgehenden Freundschaften zu Menschen anderen Geschlechts möglich wäre. Das Gegenteil ist der Fall: Ich habe es schon als Junge erlebt, daß ich mich gerade mit den Mädchen am besten unterhalten konnte, die einen festen Freund hatten. Denn das war am unbefangendsten, am unbelastetsten, am menschlichsten.

Wenn eine Dreierbeziehung entsteht, ist es auch meistens so, daß der Dritte, der ins Leben der beiden anderen tritt, selber keine feste Beziehung hat. Und dann liegt das Defizit auch ganz wesentlich auf seiner Seite. Das kann z.B. die ungeliebte Frau sein, die keinen Partner mehr hat und die nun plötzlich dem verheirateten Ehemann als attraktiv erscheint. Sie hat natürlich auch einen unheimlichen astralischen Sog am Leib, ihre Begierde besteht nur in ihrem astralischen Sog. Es ist nicht so wie bei den Männern, bei denen die Begierde einen greifenden Charakter hat. Bei den Frauen hat die Begierde dagegen einen saugenden Charakter. Diese Art von Begierde bei der Frau kann auch ein Defizit sein.

W.W.: Wenn das Naturereignis Verliebtheit auch von luziferischen Engeln ausgelöst wird, so sollte man doch annehmen, daß diese Verliebtheit gerade bei intakten Partnerschaften auftritt, allein deswegen schon, um die menschlichen Verhältnisse durcheinanderzubringen.

W. Gädeke: Damit das Verhältnis der beiden Partner zerstört wird?

W.W.: Ja.

W. Gädeke: Wenn aber das Defizit der beiden Partner relativ klein ist, so gibt es kaum eine Angriffsfläche für luziferische Wesenheiten.

W.W.: Es geht mir jetzt weniger um die Tatsache, *daß* man sich verliebt. Selbst wenn, kann es sein, daß man diese Beziehungsprobe besteht, und nach geraumer Zeit wird die Verliebtheit ohnehin wieder verschwinden. Sondern es geht mir mehr darum, daß überhaupt Personen an eine intakte Partnerschaftsbeziehung herantreten, in die man sich verlieben könnte.

W. Gädeke: Gleich ob es luziferische oder andere Engelwesenheiten sind, werden sie meines Erachtens nur dann wie eine Art geistige Infektion angezogen, wenn ein Defizit innerhalb einer Partnerschaft vorhanden ist. Ähnlich ist es auch im Körper: Man hat unzählige Krankheitserreger in sich, wird aber trotzdem nicht krank. Gleichermaßen verliebe ich mich auch nur dann, wenn ich eine gewisse Disposition dazu habe. Die muß mir gar nicht bewußt sein. Genauso hat aber die andere Person – der oder die Dritte – eine entsprechende Disposition. Treffen dann beide Dispositionen zusammen, so entsteht rasch eine entsprechende Verliebtheit.

Das Problem Dreierbeziehung in der Eheberatung

W.W.: Die meisten Menschen, die eine Partnerschaft eingegangen sind, werden sich irgendwann einmal in eine dritte Person verlieben. Angenommen das Paar kommt zu Ihnen in die Eheberatung, was empfehlen Sie den beiden bzw. den dreien, wie sie mit dieser Situation umgehen sollen?

W. Gädeke: Das kommt sehr darauf an, in welchem Zustand die ursprüngliche Ehe bzw. Partnerschaft ist. Wenn beide im Grunde den Willen haben, zusammenzubleiben, dann ist es meistens nicht allzu schwer, ihnen so zu helfen, daß sie diesen Willen auch umsetzen können. Problematisch wird es erst dann, wenn einer der beiden die Beziehung nicht mehr will, weil die Attraktion der neuen Beziehung so groß ist, daß dagegen das Alte als schlecht, schwach oder weniger attraktiv verblaßt.

W.W.: Gehen wir davon aus, beide wollen die Beziehung beibehalten, aber der eine von beiden ist unsterblich verliebt. Was empfehlen Sie?

W. Gädeke: Zunächst empfehle ich eine Art Moratorium. Ich denke dabei an eine Art Waffenstillstand, daß über das bisher erreichte Maß nicht hinausgeschritten wird. Ferner, daß Gespräche geführt werden. In bezug auf den Waffenstillstand muß ausgehandelt werden, was der betreffende Partner, der sich nicht verliebt hat, noch aushalten kann. Denn der ist meist das schwächste Glied in der Kette. Wir sprechen dann darüber, was diesem gerade noch zumutbar ist, ferner darüber, was dem Verliebten an Verzicht möglich ist. Selbstverständlich geht es nicht darum, daß ich beiden etwas abzuverlangen hätte, sondern nur darum, was beide an größtmöglicher Toleranz aufzubringen in der Lage sind.

Nehmen wir an, der Mann hätte sich neu verliebt. Die Frau ist dadurch natürlich verletzt. Es ist jetzt unrealistisch zu meinen, der Mann müßte diese neue Beziehung von heute auf morgen aufgeben. Das wäre eine Maximalforderung. Genauso unrealistisch ist es aber auch, wenn der Mann fordert, diese Beziehung so ausleben zu wollen, wie er es will. Zwischen diesen beiden extremen Positionen einen realistischen Kompromiß zu finden – für die Dauer der Gespräche – ist die Aufgabe der Eheberatung. Das kann natürlich sehr verschieden sein, aber ich empfehle z.B., daß die Beziehung zu dieser neuen Frau nur noch telefonisch oder schriftlich weitergeführt wird, so daß nicht von vornherein sämtliche Beziehungen abgebrochen werden. Sie wären dann noch miteinander in Verbindung, aber treffen sich nicht mehr. Das könnte eine Möglichkeit sein.

Wenn man dann so eine Art Waffenstillstand gefunden hat, ist es an der Zeit, die Defizitsituation der bestehenden Ehe wirklich voll ins Bewußtsein zu heben. Daran muß man natürlich viel arbeiten. Oftmals ist dies eine Aufarbeitung der gesamten Beziehungsgeschichte. Dann kann sich auch die Frau in der Ehe fragen, warum sie eigentlich so verletzt ist: Ist es Eifersucht, ist es Besitzanspruch, oder woran liegt es eigentlich, daß eine Ehe mit einem Dreiecksverhältnis nicht zu vereinbaren ist? Schließlich ist es gar nicht so leicht zu verstehen, warum dies nicht geht. Letztlich geht es immer darauf hinaus, daß die Ehe neu begründet werden muß, und zwar aufgrund eines konkreten ichhaft gefundenen Eheentschlusses, also einer wirklichen Eheidee. Das wäre dann die Heilung, wenn beide Partner einen neuen Schritt machen. Es kann nicht um ein einfaches Zurückkehren gehen, die Ehe muß neu begründet werden.

W.W.: Oftmals hört man, daß jemand seinen Partner nicht mehr liebt, obwohl sie oder er es gerne möchte. Gleichzeitig taucht dann die Verliebtheit zu jemand anderem auf. Nehmen wir an, es sei ein Mann, der sich in eine andere verliebt. Er kennt das Problem, will auch in der Beziehung bleiben, aber es läuft nicht mehr viel zwischen ihm und seiner Partnerin, statt dessen ist er aber in die Neue verliebt. Er ist hin- und hergerissen zwischen der nicht mehr funktionierenden Ehe, die er prinzipiell aber will, und der Verliebtheitsbeziehung, die er prinzipiell nicht will. Was empfehlen Sie?

W. Gädeke: So wie Sie es sagen, ist es ganz deutlich: Er *will* in der Ehe bleiben. Aber der blinde Wille alleine reicht nicht. Der Ehewille muß hellsichtig werden, er muß durch eine Eheidee Ziel und Richtung bekommen. Selbst der gute Wille alleine reicht nicht. Dieser Wille kann ehrenwert sein, z.B. wenn er wegen der Kinder aufgebracht wird oder aus einem gewissen Treueideal, aus einer christlichen Erziehung heraus oder auch aus anderen guten Motiven. Aber so etwas sind meist unbewußte, konventionelle bzw. traditionelle Gründe, die heutzutage für eine bewußt geführte Ehe nicht mehr ausreichen. Deswegen muß der Wille zur Aufrechterhaltung und Weiterführung der Ehe aus einer moralischen Intuition entspringen: Warum will ich denn eine lebenslange Einehe mit dieser Frau? Wird der Wille nicht mit einer entsprechenden moralischen Intuition geführt und geklärt, so kann er sich auf Dauer nicht halten.

W.W.: Wir können also kurz und bündig zusammenfassen, daß man sich bei einer intakten Beziehung wahrscheinlich nicht verliebt.

„Im Nu stand ich in Flammen"

W. Gädeke: Genau. Ich kann dazu auch noch etwas Persönliches sagen, weil ich es selber erlebt habe. Das einzige Mal, als ich mich wahnsinnig verliebt habe, war zu der Zeit, bevor ich meine Frau kennengelernt habe. Ich verliebte mich in ein Mädchen, das ich seit vielen Jahren kannte. Es war ein Mädchen zum Pferdestehlen, so ein richtiger Kumpeltyp. Mit ihr saß ich lange Zeit auf der selben Studienbank, wir hatten auch schon zusammen mit anderen Freunden Reisen unternommen und standen im Grunde wie Geschwister zueinander. Es war nett, kameradschaftlich und ohne jede Form von Erotik. Ich sehe mich aber noch in Stuttgart sitzen, an einem Sonntag im November. Es war ein trüber Tag, grau, still und neblig, da hörte ich die Gartentür gehen und sah sie von hinten im Mantel die Spittlerstraße hinaufgehen. Da entstand genau der Moment, den Sie von Ihrer Begegnung im Lokal schilderten: Von einem Moment auf den anderen stand ich in Flammen. Mit derartiger Vehemenz habe ich es nur ein einziges Mal erlebt, zum Glück, denn dieser Zustand ist fürchterlich, zumindest für mich. Ich konnte seitdem auch verstehen, daß Plato in bezug auf das Verliebtsein von einem Wahnsinnszustand spricht.

K.-D.N.: Der *Spiegel* nennt es hormonelles Irresein.

W. Gädeke: So mag man es auch nennen. Glücklicherweise ist mir dieses nicht wieder passiert. Ich fand diese Art von Verliebtheit einfach gräßlich. Heute kann ich mir einfach nicht vorstellen, daß ich mich wieder so verliebe. Es ist mir innerhalb der letzten dreißig Jahre auch nicht mehr passiert. Ich denke allerdings nicht, daß dies eine Art Verdienst ist, sondern vielmehr die Folge davon, daß eine Beziehung so wenig wie möglich Defizite hat.

W.W.: Das heißt also, daß eine intakte Beziehung eine Art geistige Schutzhülle um sich hat, von der seelisch-geistige Einflußnahmen, die in Richtung Verliebtheit führen können, abgeschirmt werden.

W. Gädeke: Genauso könnte ich mir das vorstellen.

3. Phasen der Ehescheidung

Seelische Thrombosen während der Partnerschaft

W.W.: Es ist mittlerweile statistisch belegt, daß sich die meisten Menschen nicht spontan voneinander scheiden. In der wissenschaftlichen Forschung unterscheidet man z.B. die Phasen: Aufkündigung der Lebensgemeinschaft, räumliche Trennung, formal-rechtliche Scheidung. Sicherlich gibt es aber auch noch zuvor Phasen der Scheidung, und zwar zwischenmenschlicher Art.

W. Gädeke: Bevor eine räumliche Trennung stattfindet, vollzieht sich meist eine innere Kündigung. Es beginnt häufig mit einem verbalen Rückzug. Während der Verliebtheitsphase reden die Verliebten von alleine miteinander und lassen sich gegenseitig ins Herz schauen, übergeben den Seeleninhalt an den anderen und sprechen alles aus, was sie fühlen und denken. Sie stellen ihm alles über das Wort zur Verfügung und hören den Partner auch an. Dieser Vorgang, der während der Verliebtheit weitgehend von Natur aus geschieht, wird während der Ehe meist ziemlich schnell unterbrochen, verkürzt oder verkleinert. Er nimmt immer weniger Raum ein. Schließlich kommt es zu einer Art seelischer Thrombose. Der Blutkreislauf der seelischen Bewegung zwischen den beiden Partnern gerät immer weiter ins Stocken. Wenn sie dann mehrfach anhand verschiedener Problemfelder bemerken, daß eine Verständigung durch das Gespräch nicht mehr möglich ist, entstehen Rückzüge, Reservate, dunkle Felder, über die man nicht spricht bzw. in die man den Partner nicht hineinblicken läßt. Das ist der Anfang der Trennung.

Im weiteren kommt es dazu, daß man bestimmte Lebensvorzüge, die man bisher gemeinsam gestaltet hat, nicht mehr zusammen durchführt, daß man z.B. nicht mehr gemeinsam in den Urlaub fährt. Ich will nicht sagen, daß das schon immer ein Zeichen einer beginnenden Scheidung ist. Aber wenn Eheleute nur noch getrennt in den Urlaub fahren, dann ist es meistens ein Zeichen, daß die Lebensgemeinschaft schon teilweise aufgekündigt ist. Wenn man gemeinsam in den Urlaub fährt und anschließend jeder noch einmal für sich, so ist das natürlich etwas anderes.

Was natürlich zu jeder Krisensituation dazugehört, ist, daß man aus dem gemeinsamen Schlafzimmer auszieht, mit den entsprechenden Folgeerscheinungen in bezug auf die Sexualität. Auch umgekehrt ist die Sexualität oftmals der Grund für diese Entscheidung.

Es gibt also überall Trennungen und Brüche, bevor die gemeinsame Haushaltsführung aufgekündigt wird. Mindestens eine, wenn nicht gar zwei Phasen gehen der räumlichen Trennung voraus.

K.-D.N.: Zu dem versiegenden Redefluß kann ich folgendes beitragen: Helm Stierlin (siehe auch das Interview mit ihm in FLENSBURGER HEFTE Nr.38) weist darauf in einem *Spiegel*-Interview (8/92) hin: In einer Studie mit 5.000 Paaren wurde festgestellt, daß diese nach sechs Jahren Ehe nur noch durchschnittlich neun Minuten pro Tag miteinander sprechen.

W. Gädeke: Das hat auch Wilhelm Busch schon in herrlicher Weise in ein Gedicht gebracht:

„Die Liebe war nicht geringe,
Sie wurden ordentlich blaß;
Sie sagten sich tausend Dinge
Und wußten noch immer was.
Sie mußten sich lange quälen,
Doch schließlich kam's dazu,
Daß sie sich konnten vermählen.
Jetzt haben die Seelen Ruh."
(In: Kritik des Herzens, Gesamtausgabe Bd. II, Wiesbaden o.J., S.512)

Man beachte den Rhythmus, es ist ein drängender jambischer Rhythmus, aber nun geht es im Trochäus weiter:

„Bei eines Strumpfes Bereitung
Sitzt sie im Morgenhabit,
Er liest in der Kölnischen Zeitung
Und teilt ihr das Nötige mit."

W.W.: Das entspricht auch dem Bild von Honorè Daumier („Sechs Monate verheiratet"), das wir auch in unserem Buch „Partnerschaft und Ehe" (S.98) veröffentlicht haben.

W. Gädeke: Das ist die seelische Thrombose, das Gespräch gerät ins Stocken.

K.-D.N.: Genauso wie der verbale Austausch zwischen den Partnern versiegt, hört auch die Sexualität zwischen beiden Partnern auf, und zwar sehr viel öfter, als man gewöhnlich denkt.

W. Gädeke: Das ist ein weiteres Trennungssymptom. Ehe ist per Definition diejenige Gemeinschaft zweier Menschen, die Sexualität einschließt. Ansonsten wäre es eine Josephsehe, aber das ist eine Gemeinschaftsform, die heute kaum einer mehr leben will. Insofern ist das Symptom der versiegenden Sexualität ein ganz zentrales. Das hängt natürlich mit der gesamten Problematik der Sexualität selber zusammen; darüber haben wir schon in den Interviews in FLENSBURGER HEFTE Nr.20 und Sonderheft 1 gesprochen. Bei der Sexualität baut sich im Seelisch-Unterbewußten eine Gegenbewegung, eine Antipathie auf, die man zunächst nicht bemerkt und die bei dem Auseinanderdriften der Personen innerhalb einer Beziehung mitwirkt. Das führt dann zu solchen Extrembereichen wie Cyber-Sex. Die Tendenz geht also in die totale Isolierung des Einzelindividuums. Sexualität ist gar nicht mehr etwas, was Menschen verbindet. Aber dieses Trennende liegt zum Teil in der Natur der Sexualität. Insofern ist es gar nicht verwunderlich, daß die seelische Austrocknung, die seelische Thrombose über kurz oder lang auch zur Folge hat, daß die Menschen sich leiblich kaum noch verbinden können, daß auch Zärtlichkeit immer weniger ausgetauscht wird. Das sind die Defizite, die im Laufe der Zeit entstehen.

4. Scheidungsgründe

Die typischen Eheprobleme

W.W.: Eheprobleme sind meist keine individuellen. Welches sind die wichtigsten typischen Eheprobleme?

W. Gädeke: Zunächst das, was wir schon genannt haben: daß die Partner kein Bewußtsein davon haben, daß Ehe keine Naturtatsache ist, sondern daß Ehe eine Kulturtat ist, die es zu schaffen, zu führen, zu pflegen gilt. Hinzu kommt, daß Ehe eine der wenigen Kulturtaten ist, die man nicht delegieren kann, wenn man sie haben will. Den Tisch hier vor uns brauche ich nicht selber herzustellen, weil ich ihn kaufen kann. Mein Auto brauche ich nicht selber zu bauen, das Konzert muß ich nicht selber aufführen, weil es reicht, daß ich mir eine Karte kaufe. Ähnlich ist es mit den meisten Kulturgütern; die meisten Kulturtaten kann ich mir von anderen abnehmen lassen. Aber die Ehe kann ich mir nicht abnehmen lassen. Wenn ich verheiratet sein will, muß ich Ehe selber machen. Das ist eine extreme Ausnahme.

W.W.: Nun ja, das gilt doch aber für alle persönlichen Fähigkeiten, die ich erwerben will, z.B. wenn ich eine Sprache lernen will.

W. Gädeke: Gut, in bezug auf Fähigkeiten gilt dies. Aber entsprechend zu anderen Kulturtaten, die ich kaufen oder sogar mieten kann, gilt dies nicht. Ehe ist also eine Kulturtat, an der ich nur Anteil habe, wenn ich sie selber hervorbringe. Das ist das erste Eheproblem, daß dieses Bewußtsein und die daraus folgenden Konsequenzen kaum bekannt sind.

Das zweite Problem ist, daß die Menschen darauf nicht vorbereitet sind, und zwar durch Kenntnisse und Fähigkeiten, die sie irgendwann einmal erlernt haben. Denn zu jeder Kulturtat muß man etwas lernen: Materialkunde, Werkzeugkunde usw. Das ist für jeden selbstverständlich, der irgendein Handwerk erlernen will. Im übertragenen Sinne gilt dies aber für die Ehe genauso. Und wenn man auf diesem Gebiet nichts lernt, kann man auch nichts.

Im speziellen ergibt sich daraus ein drittes Problem: daß man keine Ahnung vom Unterschied von Mann und Frau hat. Wenn man keine wirkliche Wesensgliederkunde hat, kann man sich auch nicht auf den anderen Partner einstellen. Das würde in etwa einem Bildhauer entsprechen, der die verschiedenen Holz- und Steinarten, die er behaut, nicht kennt. Wenn er aber die Gesetze seines Stoffes nicht kennt, ist er rettungslos verloren; entweder geht sein Werkzeug kaputt, oder er schlägt den zu bearbeitenden Stein entzwei.

Das allerwesentlichste Problem ist aber, daß man meist überhaupt nicht weiß, warum man verheiratet sein will, d.h. warum man auf Dauer mit einem Menschen anderen Geschlechts zusammenleben will. Es fehlt das Ziel. – Als Folge gibt es dann natürlich tausenderlei Gründe, warum Ehen scheitern bzw. kaputtgehen. Aber das sind nur die Auswirkungen dieser genannten Grundprobleme.

W.W.: Ist die mangelnde Konfliktbereitschaft und die ständig steigende Konfliktunfähigkeit nicht auch ein Grundproblem der Ehe?

W. Gädeke: Natürlich. Dazu gehört auch die gesamte Bindungsangst und Bindungsschwäche. Wenn man Erich Fromm zugrunde legt, so kommen noch die mangelnde Disziplin und Konsequenz hinzu, also Fähigkeiten, die der Mensch auch im übrigen Leben immer weniger entwickelt und aufzubringen in der Lage ist. Man braucht sie aber unbedingt für das Erlernen einer Kunst. Schließlich kommt die immer stärker um sich greifende Individualisierung hinzu, die den Menschen immer mehr in das Für-sich-Sein treibt, so daß oftmals das Bedürfnis des Alleinseins größer ist als das des Zusammenlebens.

a) Eigenschaften und Verhaltensweisen des Partners. Beziehungsprobleme

W.W.: Der wissenschaftlichen Untersuchung von Rosemarie Nave-Herz zufolge, in der Scheidungspaare interviewt wurden, nennen etwa 70 % der ehemals Verheirateten Eigenschaften und Verhaltensweisen des Partners sowie Beziehungsprobleme als Gründe für das Scheitern der Ehe. Außereheliche Beziehungen, Kinder, ökonomische Gründe, selbst Sucht spielen keine so bedeutende Rolle. Überrascht dies?

W. Gädeke: Nein, das ist nicht überraschend. Allerdings ist dies bloß die eine Schicht der Wirklichkeit. Denn darin spiegelt sich die Erwartungshaltung der Partner, also daß sie ganz bestimmte Erwartungen an die Ehe und an das Verhalten des Partners haben.

W.W.: Statt an sich!?

W. Gädeke: Ja. Wenn man davon ausgeht, daß der Partner sich in einer entsprechenden Weise zu verhalten habe, so heißt dies, daß man etwas von ihm will, daß man ein entsprechendes Bedürfnis hat: nämlich daß er sich mir gegenüber so oder so verhält. Es sagt aber nicht aus, daß ich mit dem anderen etwas schaffen will. Das ist eine ganz andere Fragestellung. Solange ich lediglich erwarte, daß der andere sich so verhalten soll, wie ich es wünsche, solange wird man bei der Verschiedenheit der Seelen, ferner bei der Verschiedenheit von Mann und Frau immer scheitern. Denn der andere kann sich von Natur aus gar nicht anders verhalten, als er sich verhält. Eine Änderung seines Verhaltens kann er nur aufgrund von Einsicht erreichen, weil er weiß, daß es sinnvoll ist, sein natürliches Verhalten zu verändern, und zwar um eines höheren Zieles willen. Wenn man nicht weiß, warum man sich ändern soll, wird man sich auch nicht ändern wollen. Wenn man sich so richtig als Mann fühlt, warum soll man dem noch etwas hinzufügen? Das wäre doch anstrengend!

Lieben heißt, gemeinsam in eine Richtung zu blicken

Insofern verbleibt die Charakterisierung der Scheidungsgründe bei der Konstatierung des seelischen Tatbestandes. Darauf bezogen ist sie natürlich richtig. Aber der tiefere Grund ist der, daß die Menschen kein Ziel haben und deswegen die Erwartung auf die andere Person richten, statt auf sich selber und auf das, was man gemeinsam will. Lieben heißt nicht, sich anzuschauen, sondern gemeinsam in eine Richtung zu blicken. Was wollen wir mit der Ehe erreichen? Erst wenn diese andere Blickrichtung eingenommen wird, kann man auch mit den Unzulänglichkeiten des anderen einigermaßen zurechtkommen. Wenn ich aber von dem anderen immer erwarte, daß er in Ordnung sein soll, und zwar nach meinen Bedürfnissen, werde ich immer scheitern.

W.W.: Wenn man die Eigenschaften und Verhaltensweisen des Partners als Scheidungsgrund nennt, muß dies nicht ausschließlich bedeuten, daß man kein gemeinsames Ziel angestrebt hat, sondern kann auch heißen, daß trotz gemeinsam angestrebtem Ziel manche Eigenschaften des Partners so einseitig gewesen sind, daß sie doch für den anderen zum Scheidungsgrund geworden sind.

W. Gädeke: Richtig. Trotzdem ist es in den seltensten Fällen so, daß die Schuld bzw. die Ursache nur bei dem einen liegt. Aber das gibt es natürlich auch. Das liegt z.B. dann vor, wenn Männer sich nicht mehr entwickeln wollen, wenn sie davon ausgehen, daß sie so, wie sie sind, vollkommen okay seien. Wer meint, nicht aus seiner Haut herauszukönnen, nicht über seinen Schatten springen zu können, und nicht nur so redet, sondern sich auch so verhält, ist in meinen Augen auch nicht ehefähig.

Wenn Männer und Frauen gewalttätig werden

W.W.: In besagter Studie wird als Scheidungsgrund vor allem Egoismus, Gewalttätigkeit, seelische Grausamkeit, Rücksichtslosigkeit, Erniedrigung sowie das Nichtwahrnehmen von Bedürfnissen genannt. Diese Eigenschaften gelten sowohl für den Mann als auch für die Frau, obwohl der Schwerpunkt sicherlich bei den Männern liegt. Greifen wir einmal die Männer heraus: Woraus resultiert die immer wieder auftretende Gewalt der Männer gegen Frauen, also gegen die Person, die man einmal geliebt hat?

W. Gädeke: Physische Gewaltanwendung ist immer Ausdruck von Phantasielosigkeit und Ratlosigkeit, einen Konflikt oder eine ausweglose Situation auf andere Weise zum Ausdruck bringen zu können. Es kann ja auch passieren, daß man ein Kind unter Aufwallung von Emotionen schlägt, weil es sich unmöglich benommen oder einen angelogen hat. Ist es eine Affekthandlung, so kann es verständlich sein. Wenn es aber eine geplante, gewollte, ernst gemeinte Erziehungsmaßnahme ist, dann ist es natürlich verkehrt. Aber der Mensch kommt eben in ausweglose Situationen und neigt dann dazu – besonders Männer –, blindlings draufloszuschlagen.

Mit Gewalt ist immer eine gewisse Erblindung verbunden. Das liegt meines Erachtens daran, daß in einer Situation kein Ausweg mehr gesehen wird, geschweige denn eine Lösung. Der Wille, der sich eigentlich betätigen will, sich aber nur noch in der Gewalt als rohe physische Kraftanwendung äußert, findet keine gedanklich-ideell geführte und ausgerichtete Betätigungsrichtung mehr. Auf einer harmlosen Ebene habe ich das als Kind erlebt, z.B. in der Schule. Wenn man z.B. ein Mädchen argumentativ in die Enge getrieben hatte, dann kam regelmäßig, wenn sie nicht mehr weiter wußten, ein Boxhieb seitens der Mädchen. Das habe ich damals schon als Schuljunge erfahren, und zwar die Gewaltanwendung durch Mädchen!

Es geht mir vor allem um die Geste: verbale Sackgasse – körperlich-aggressive Reaktion. Die physische Gewaltanwendung durch Männer kommt deswegen so häufig vor, weil sie im Durchschnitt stärker als Frauen sind. Wenn wir Tiger wären, bei denen die Weibchen genauso stark wie die Männchen sind, so käme es nicht zu dieser Häufigkeit der einseitigen Gewaltanwendung. Ich denke nicht, daß die Gewaltbereitschaft bei Frauen geringer ist, sondern daß immer dann Gewalt angewendet wird, wenn der Mensch – gleich ob Mann oder Frau – keinen anderen Ausweg mehr sieht, aber sich herausgefordert sieht, seinen Willen zu betätigen.

W.W.: Bedeutet das, daß Gewaltanwendung bei Frauen eher auf die seelische Ebene verlagert wird?

W. Gädeke: Frauen sind seelisch einfach geschickter; natürlich wie alles nur durchschnittlich gesehen. Die normale physische Gewalt geht natürlich eher von den Männern aus.

K.-D.N.: Das kann aber nicht nur daran liegen, daß Männer im Durchschnitt physisch stärker sind als Frauen. Denn man kann auch Frauen untereinander und Männer untereinander betrachten. Da wird man so gut wie nie Frauen untereinander sehen, die sich schlagen, Männer statt dessen immer häufiger. Man kann in Flensburg nachts kaum noch durch die Innenstadt gehen, ohne von Männern angepöbelt bzw. massiv bedroht zu werden.

W. Gädeke: Das ist ein Zeichen dafür, daß diese Männer nicht nur zeitweise, sondern ständig in diese Blindheit geraten sind. Ich sehe z.B. das Problem der rechtsextremen Gewalt in ähnlicher Perspektive: eine seelisch-geistige Erblindung, aber so, daß der Wille sich weiter betätigt. Wenn sich aber der Wille betätigt, ohne seelisch-geistig geführt und geklärt zu werden, kommt es zunehmend zum zerstörerischen Akt. Aggression ist nichts anderes als Wille pur.

W.W.: Der Kopf- und der Willenspol müssen also in einer gewissen Harmonie zueinander bzw. in einem harmonischen Miteinander stehen, unter Vermittlung des Gefühlsbereiches; ansonsten kommt es zu den beschriebenen Einseitigkeiten.

W. Gädeke: Ja. Ich möchte auch betonen, daß Männer keineswegs nur deswegen eher zur physischen Gewalt neigen, weil sie körperlich stärker sind, sondern weil sie meist seelisch schwächer sind und gegenüber den Frauen oftmals in seelische Bedrängnis geraten. Wenn jemand seelisch oder körperlich in die Ecke getrieben wird, so ist bei ihm die Neigung zur körperlichen Aggression größer. Männer fühlen sich Frauen oftmals unterlegen, vielleicht sogar von ihnen provoziert.

K.-D.N.: Ich weiß von einem Ehepaar, bei dem die Frau oft keifend und nörgelnd hinter dem Mann herläuft, besonders dann, wenn er betrunken nach Hause kommt, so daß er sich von ihr so bedrängt und provoziert fühlt, daß er sie schlägt. Anstatt daß sie ihn, wenn er wieder einmal betrunken nach Hause kommt, ins Bett schickt, keift sie so lange auf ihn ein, bis er sich nicht anders zu wehren weiß, als sie zu schlagen. Er kann sich dann die Frau nur durch Gewalt oder Gewaltandrohung vom Halse halten.

W. Gädeke: Es ist heute in der Victimologie, also der neuen Wissenschaft von den Opfern, bekannt, daß die Opfer auch zur Tat beitragen.

W.W.: Aber Sie sind doch wohl nicht der Ansicht, daß die Opfer auch die Tat – wobei ich jetzt die karmischen Aspekte ausklammere – suchen? So etwas wird ja auch hin und wieder vertreten.

W. Gädeke: Das ist vielleicht etwas extrem. Trotzdem ist das Opfer nicht immer nur passiv, sondern hat auch seinen Ursachenanteil an der Tat selber. Natürlich nicht immer.

W.W.: Man sollte da vielleicht nicht zu weit gehen, denn dann kommt man auch zu Thesen, daß eine vergewaltigte Frau unbewußt die Vergewaltigung gesucht habe. So etwas wird auch von manchen Menschen vertreten.

W. Gädeke: Selbstverständlich, so weit sollte man nicht gehen.

„Der Mann kann das Niveau der weiblichen Seele nur durch kulturelle Anstrengung erreichen"

W.W.: Ein weiterer häufig genannter Punkt für das Scheitern der Ehe ist, daß der Mann oft keinen Zugang zu den Gefühlen der Frau habe, daß er Zärtlichkeit mit Sexualität verwechsle und die Frauen nicht mehr die emotionale Tankstelle für die beruflich gestreßten Männer sein wollen. Wieso mangelt es dem Mann oft an der Fähigkeit, auf die subtileren Gefühle der Frau eingehen zu können?

W. Gädeke: Das hängt damit zusammen, daß der männliche Astralleib nicht so differenziert, nicht so stark und nicht so beweglich wie der der Frau ist; im allgemeinen zumindest. So wie der männliche physische Leib stärker ist als der der Frau, muß man anerkennen, daß die Seele der Frau im Durchschnitt reicher, differenzierter und stärker ist. In diesem Bereich ist der Mann von vornherein in einer gewissen Unterlegenheitssituation. Er kann nur durch kulturelle Anstrengungen das Niveau der weiblichen Seele erreichen, von Natur aus hat er es nicht. Wenn man nicht weiß, daß dies im Durchschnitt so ist – genauso wie Frauen im Durchschnitt kleiner als Männer sind –, und damit nicht rechnet, dann weiß man nicht, wie man sich verhalten soll. Aber man muß es anerkennen, genauso wie Frauen ohne großes Problem anerkennen werden, daß ihre physische Kraft nicht der des Mannes gleichkommt.

W.W.: Sie mögen Recht haben, daß die Seele des Mannes durchschnittlich gesehen schwächer und nicht so vielfältig wie die der Frau ist. Trotz allem erlebe ich in meinem Umkreis den umgekehrten Vorwurf sehr viel häufiger, nämlich daß die Frauen nicht auf die Gefühle des Mannes eingehen können. Vielleicht handelt es sich aber hierbei eher um Gefühle, die tendenziell zum Geistigen streben.

W. Gädeke: Das sind in der Tat meist andere Gefühle. Nietzsche sagt z.B.: „In jedem Manne ist ein Kind versteckt, das will spielen." Diesen Gefühlen gegenüber haben Frauen es oftmals schwer, zumindest wenn es sich um kindliche, oftmals auch kindische Gefühle handelt. Ich möchte den Mann sehen, der mit Fug und Recht behauptet, er hätte kein Kind mehr in sich, keine Neigung zur Kindlichkeit oder gar zur Kindischheit. Das ist ein Sektor, bei dem Frauen Schwierigkeiten haben, Männer zu verstehen. Ein zweiter Sektor sind die Gefühle, die auf kulturellen Ereignissen, technischen und kulturellen Errungenschaften oder Leistungen der Männer beruhen. Männer können sogar an dem Funktionieren einer Maschine Seelenregungen entwickeln. Frauen bringen das meist nicht fertig.

W.W.: Es bleibt für mich trotzdem eine offene Frage, ob nicht doch Männer sehr viel häufiger als Scheidungsgrund angeben, daß ihre Frau nicht auf ihre Gefühle eingehen kann.

W. Gädeke: Richtig. Aber das sind auf der einen Seite Gefühle, die mit dem Kind im Manne zu tun haben und die die Frau von Natur aus nicht teilen kann. Ferner entwickelt der Mann an technischen und kulturellen Leistungen Gefühle, was Frauen ebenfalls nicht so schnell können. Damit will ich nicht sagen, daß Männer keine Gefühle haben, aber die Anlässe und Bereiche, an denen sie Gefühle entwickeln, sind ganz andere. Deswegen passen die Gefühle von Mann und Frau von Natur aus nicht zusammen. Insofern ist dieser wechselweise Vorwurf durchaus berechtigt.

K.-D.N.: Ich denke, daß sich das nicht nur auf die Kind-im-Manne-Gefühle, ideelle Gefühle und Gefühle in bezug auf Technik und Kultur bezieht, sondern auch auf romantische Gefühle, Naturverbundenheit, Bedürfnis nach Zärtlichkeit, also Gefühle, von denen man eigentlich erwarten sollte, daß die Frauen davon das Übergewicht haben.

W. Gädeke: Das habe ich an meinen eigenen Eltern erlebt: Mein Vater hatte als junger Mann eine Fülle romantischer Neigungen, während meine Mutter viel spröder war. Er hat also genau das erlebt, was Sie jetzt sagen. Trotzdem denke ich nicht, daß dies die Regel ist.

K.-D.N.: Meinen Sie nicht, daß sich das immer mehr vermischt?

W. Gädeke: Es mag sein, daß sich diese Bereiche immer mehr ausgleichen, trotzdem muß man die Urbildlichkeit sehen.

Zärtlichkeit und Sexualität sind zwei Bereiche

W.W.: Wieso rutscht die Zärtlichkeit des Mannes leicht in die Sexualität?

W. Gädeke: Zärtlichkeit und Sexualität sind zwei Bereiche, die beim Mann sehr viel enger zusammen liegen als bei der Frau. Ich denke dabei aber nur an die naturgemäße Veranlagung, nicht an kulturelle Bemühung. Naturgemäß geht körperliche Zärtlichkeit beim Mann schneller in sexuelle Erregung über. Das hat auch eine organische Grundlage. Bei der Frau dauert es sehr viel länger, bis körperliche Berührung in sexuelle Empfindung oder gar Erregung übergeht. Das ist für mich eine Grundtatsache, die man immer wieder beobachten kann. Es ist ein Teil des Problems der männlichen Sexualität, daß dieser Übergang sich derartig schnell vollzieht, denn Zärtlichkeit und Sexualität sind im Grunde genommen zwei völlig voneinander verschiedene Bereiche, obwohl sie nahe beieinander liegen. Die Zärtlichkeit ist diejenige Form leiblicher Begegnung, bei der der Leib nur das Mittel zur seelischen und geistigen Begegnung ist: Sprache, Blick, Berührung. Die körperliche Berührung gibt nur die Gelegenheit, sich seelisch und geistig auszutauschen und wahrzunehmen. Sexualität beginnt dagegen in dem Moment, wo die seelische Berührung dazu führt, daß ich meine eigene Aufmerksamkeit und Empfindung nicht mehr auf den anderen richte, sondern auf meinen eigenen Leibeszustand. An diesem Punkt beginnt für mich Sexualität.

W.W.: Sie zeichnen damit wahrscheinlich wieder eine Art Urbild. Trotzdem bleibt für mich die Frage, ob man Zärtlichkeit und Sexualität so polar gegenüberstellen kann. Wenn wir eine einigermaßen intakte Partnerbeziehung voraussetzen, tritt dann nicht beides immer gemischt auf?

W. Gädeke: Natürlich, trotzdem muß es unterschieden werden. Sexualität ohne Zärtlichkeit ist in jedem Falle unmenschlich, also in meinen Augen abzulehnen. Auf jeden Fall führt es den Menschen in Probleme, wenn er Sexualität ohne Zärtlichkeit lebt. Es gibt aber sehr wohl Zärtlichkeit ohne Sexualität. Man kann den Spieß also nicht umdrehen, und daran erkennen Sie den qualitativen Unterschied. Es ist für die Natur der Frauen auch nicht zumutbar, wenn jede Zärtlichkeit lediglich der Auftakt zu Sexualität ist. Für eine intakte Partnerbeziehung muß es also sexualfreie Zärtlichkeit als eigenständigen Wert und eigenständigen Bereich der Beziehung geben. Wenn es ihn nicht gibt, ist dies ein Moment, das letztlich zur Trennung führt, weil es für eine Frau auf Dauer nicht aushaltbar ist.

W.W.: Welche praktischen Empfehlungen haben Sie für den sexualitätsfreien Zärtlichkeitsbereich?

W. Gädeke: Man muß sich zärtlich in Situationen begegnen, wo durch die Situation ganz klar ist, daß es nicht zu sexuellen Handlungen kommen kann.

K.-D.N.: Die Situation kann auch offen sein: Man liegt zwar zusammen im Bett, aber tauscht nur Zärtlichkeiten aus. Insofern würde ich Ihnen zustimmen, daß das der Frau wesentlich leichter fällt als dem Mann. In dieser Situation trifft es sicherlich zu, daß beim Mann Zärtlichkeit schneller in Sexualität übergeht. Aber wenn man daraus den Schluß zieht, daß Frauen immer unbedingt Zärtlichkeit bräuchten, um sexuell erregt zu werden, kann ich dem auf jeden Fall nicht zustimmen.

W. Gädeke: Aber das Bedürfnis nach Zärtlichkeit ist dem nach Sexualität weit überwiegend.

K.-D.N.: Die Zärtlichkeit muß aber nicht notwendigerweise als eine lange Vorlaufphase der Sexualität vorangestellt werden.

W. Gädeke: Auf die Dauer kommt es nicht an, sondern darauf, ob die Sexualität auch einen Zärtlichkeitscharakter hat.

W.W.: Irgendwie finde ich das absurd. Wenn ich mir vorstelle, ich wäre mit einer Frau seit längerem in einer Partnerschaft und sie würde im Bett ausschließlich Sexualität ohne jede Zärtlichkeit ausleben, so würde ich das auf Dauer nicht aushalten wollen. Deswegen kann ich mir kaum vorstellen, daß Männer weniger zärtlichkeitsbedürftig als Frauen sind.

W. Gädeke: Trotzdem kann der Mann mit diesem Defizit eher leben als eine Frau. Der Mann kann ja auch Sexualität ausleben ohne jede Zärtlichkeit. Schauen Sie sich nur die Prostitution an, die zu 98 % Prostitution von Frauen für Männer ist.

W.W.: Das ist aber ganz etwas anderes, nämlich sexuelle Lust und Befriedigung, ausgelebt an einem Fremden.

W. Gädeke: Aber damit können Männer leben, und zwar seit Jahrtausenden.

W.W.: Ich meine jetzt nicht, daß der Mann Sexualität ohne Zärtlichkeit ausleben kann. Das ist unbestritten. Sondern ich stelle mir hypothetisch eine Partnerschaft vor, in der die Frau Sexualität ausschließlich ohne Zärtlichkeit leben will, und komme dabei zu dem Schluß, daß der Mann dies genausowenig wird aushalten können, wie die Frau es auch nicht ertragen kann, wenn der Mann ohne jede Zärtlichkeit sexuell mit ihr verkehren will, und zwar auf Dauer.

W. Gädeke: Das stimmt natürlich.

Frauen, die ihre Männer nach der Schwangerschaft im Stich lassen

W.W.: Ein Vorwurf an die Frauen lautet oft – wenn sie ein kleines Kind haben, ist das verstärkt –, daß sie bei Gesprächen nicht konzentriert zuhören und ihren sexuellen Trieb auf seelische Art an dem Kind befriedigen würden. Ist da etwas dran?

W. Gädeke: Es begegnet einem immer wieder als Problem, daß viele Männer schildern, daß ihre Frauen sie seit der Geburt eines Kindes kaum noch beachten, und zwar nicht nur sexuell, sondern auch in bezug auf die seelische Aufmerksamkeit. Das ist auch unter Eheberatern und Psychologen ein bekanntes Phänomen. Frauen lassen ihre Männer sexuell oftmals völlig im Stich, und zwar nicht nur in der Zeit, in der es aus organischen Gründen nicht angezeigt ist, sexuell zu verkehren, sondern auch danach. Ich hatte mal ein Paar in der Beratung, bei dem regelmäßig vom Beginn der Schwangerschaft bis neun Monate nach der Geburt keinerlei sexueller Verkehr mehr ausgeübt wurde. Da drei Kinder ziemlich bald hintereinander zur Welt kamen, war der Mann einigermaßen frustriert. Es bleibt nicht aus, daß sich eine Frau seelisch und auch körperlich intensiv um ein Neugeborenes kümmern muß, ihm also eine Aufmerksamkeit, Zeit und Nähe widmet, die vorher fast ausschließlich dem Manne gegolten hat.

W.W.: Und wie steht es mit dem sexuellen Trieb der Frau, wird er auf seelische Art auf das Kind verlagert?

W. Gädeke: Ich denke, daß Schwangerschaft, Geburt und Stillen ein Triebvorgang sind, der sehr nahe mit Sexualität verbunden ist. Denn damit ist auch eine

Form von Selbsterleben verbunden. Man braucht sich nur eine schwangere Frau anzusehen, wenn sie selbstbewußt mit ihrem Arm über ihrem Bauch auf einem Stuhl sitzt, oder mit welcher Genüßlichkeit sie oftmals ein Kind säugt. Ich sage nicht, daß dies Sexualität sei, das wäre zu weit gegriffen, aber es ist eine Art von leiblicher Selbstbezogenheit, die zumindest der Sexualität sehr verwandt ist. Natürlich muß man diese Vorgänge sehr behutsam betrachten, aber allein die seelische Zuwendung zu dem Kind ist so enorm, daß allein dadurch für den Mann keine Kapazität mehr übrigbleibt.

Die Frau will den Menschen, der Mann die Welt verändern

W.W.: Die Priorität des Mannes sei seine Leistungsorientiertheit, die Priorität der Frau die menschliche Beziehung, so sagten Sie in den Eheinterviews (siehe FLENSBURGER HEFTE Sonderheft 1: „Partnerschaft und Ehe"). Warum ist das so?

W. Gädeke: Des Mannes Priorität hängt damit zusammen, daß seine Beziehung zur außermenschlichen Welt, zur Welt der Objekte stärker ist. Der Mann will eigentlich immer die Welt verändern, aber nicht sich selber. Die Frau will immer den Menschen – sich selber, den anderen und die Beziehung zwischen den Menschen – verändern. Das aber ist die primäre Geste der Seele und hat ihren Ursprung in der stärkeren Gewichtung der Seele der Frau. Der Mann ist – dies ist nicht qualitativ gemeint – geistig orientiert, und zwar in dem Sinne, daß er mehr auf die Objektwelt außer ihm orientiert ist.

W.W.: Daraus resultiert also auch das Beziehungsproblem, daß Männer oft nicht auf den Lebensumkreis der Frau eingehen, weil es ihnen nicht wichtig erscheint, sie selber aber davon ausgehen, daß sich die Frauen für ihren Lebensumkreis zu interessieren hätten, vor allem für ihre geistigen Interessen?

W. Gädeke: Genau.

W.W.: Der Mann empfindet aber den Interessenmangel an seinen geistigen Leistungen genauso als Schmerz, wie die Frau es schmerzhaft empfindet, wenn sich der Mann nicht für ihren seelischen Umkreis interessiert.

W. Gädeke: Selbstverständlich.

Das Interesse am Partner ist eine Ichentscheidung

W.W.: Das mangelnde Interesse am Partner ist auch ein häufiger Scheidungsgrund. Was geschieht zwischenmenschlich, wenn sich ein Partner nicht für die Leistungen, Gedanken und Gefühle des anderen interessiert?

W. Gädeke: Es entsteht wiederum eine Art Thrombose, eine Stockung im Seelischen. Denn Interesse gehört nicht zu den Dingen, die ich einfach als naturgemäß konstatieren kann, sondern Interesse ist gerade der Bereich, in dem sich das Ich willentlich einer Person oder einem Weltinhalt zuwendet. Wenn man sagt, man hätte an etwas kein Interesse, so ist das eine Ichentscheidung, man will dann etwas nicht. Es ist immer eine bewußte Entscheidung. Man kann es mit folgendem häufig ausgesprochenen Satz vergleichen: Ich habe keine Zeit. Auch das ist kein objektiver Tatbestand, sondern die Verbrämung der Aussage: Mir ist das nicht so wichtig. Ich setze andere Prioritäten. Wie ich mit meiner Zeit umgehe, ist meine persönliche Angelegenheit, niemand hat mir hineinzureden, aber ich sollte nie sagen, daß ich keine Zeit habe, denn für das, was ich wirklich will, habe ich immer Zeit. Ganz ähnlich ist es mit dem Interesse. Interesse ist immer eine Willensangelegenheit, eine Willensentscheidung des Ich. Ob ich mich für eine Sache oder eine Person entscheide, darf niemals so dargestellt werden, als wäre es eine Naturtatsache, eine natur- oder gottgegebene Angelegenheit, an der ich selber nichts ändern kann. Für eine Partnerschaft oder eine Ehe ist auf Dauer das aktive Interesse für die Belange des anderen Grundvoraussetzung. Wenn die nicht da ist, ist eine Partnerschaft oder Ehe nicht möglich.

Wenn man seine Seele vor dem Partner verschließt

W.W.: Oft stellt man fest, daß zwischen Partnern, die lange zusammenleben, die schon besprochene Sprachlosigkeit entsteht, ferner aber eine totale Unkenntnis der Erlebniswelt des anderen. Wenn der eine den anderen verläßt, stellt man dann erschreckend und abrupt fest, daß man die Gedanken des anderen schon lange nicht mehr kannte. Wie entsteht dieser Nebel der Unkenntnis der Gefühle, Gedanken und Willensintentionen des Partners? Ist es nur Interesselosigkeit, oder wie ist es möglich, daß man über Jahre zusammenlebt, ohne den anderen überhaupt noch zu kennen?

W. Gädeke: Indem diese Stockungen, von denen wir schon gesprochen haben, und die dunklen Ecken, in die man sich von seinem Partner nicht mehr hineinschauen läßt, immer größer werden. Die Dunkelfelder verbreiten sich, der Blickwinkel wird immer eingeschränkter. Besonders Männer neigen dazu, bestimmte Dinge auszuklammern, weil sie in der Beziehung die Wertigkeit bilanzieren. Wenn 60 % aller Dinge in der Ehe zufriedenstellend sind, darunter auch einige Grundbedürfnisse, 40 % aber nicht, dann ist für den Mann unterm Strich die Ehe in Ordnung, denn 20 % Gewinn hat er sonst nirgendwo. Wenn für eine Frau 40 % der Ehe zu beanstanden sind, so wäre für sie vermutlich die ganze Beziehung schlecht, so wie eine Suppe versalzen ist, wenn ein Paar Körner Salz zuviel in sie hineingestreut worden sind. Das ist zumindest das seelische Erlebnis der Frau. Daraus resultiert, daß die Männer im allgemeinen die Defizite einer Beziehung nicht so schnell bemerken, oft sogar ausblenden.

W.W.: Gibt es typisch weibliche und männliche Verhaltensweisen, die den einen veranlassen, nicht mehr die eigene Innenwelt dem anderen mitzuteilen?

W. Gädeke: Im allgemeinen sind es die Männer, die es schwerer haben, ihre eigenen Seeleninhalte ins Wort zu bringen; natürlich nicht immer. Im allgemeinen sind es ebenfalls die Männer, die nicht so sehr das persönliche Bedürfnis haben, über ihr Innenleben zu sprechen. Das ist nur im Durchschnitt gesehen; daß es natürlich auch sehr redselige und mitteilungsbedürftige Männer gibt, ist vollkommen klar. Diejenigen Männer, die über ihre Empfindungen reden können, sind meist bei Frauen auch sehr beliebt, nicht so sehr diejenigen, die über Gott und die Welt reden. Wer seine eigenen Gefühlsregungen mit einer gewissen Freundlichkeit und Großzügigkeit ins Wort bringen kann, kommt bei Frauen sehr gut an.

W.W.: Typisch männlich wäre es doch auch, daß der Mann dann seine Seele gegenüber seiner Partnerin verschließt, wenn sie sich nicht für seine geistigen Leistungen interessiert, typisch weiblich, daß die Frau dann dichtmacht, wenn der Mann kein Interesse für ihre Seelenbelange aufbringen will.

W. Gädeke: Ja.

W.W.: Was würden Sie beiden raten, um aus dieser Verstocktheit bzw. diesem Sich-Verschließen herauszukommen?

W. Gädeke: Oft ist es so, daß derjenige, der mehr Dunkelfelder hat bzw. sich nicht mehr in die Seele hineingucken läßt, der also diesen seelischen Fluß mehr behindert, der Mann ist. Oft ist es sogar so, daß er erst dann aufwacht, wenn die Frau sagt: „Ich halte es nicht mehr aus, ich ziehe aus!" Warum? Weil er es vorher nie ernstgenommen hat. Natürlich ist dies auch schwierig, denn wenn man als Mann sämtliche Seelenregungen der Frau ernst nehmen würde, wo kämen wir denn da hin? Das ist jetzt kein Chauvinismus ...

K.-D.N.: Selbstverständlich nicht!

W. Gädeke: ... aber manche Seelenregungen gehen auch vorbei, ähnlich wie eine bestimmte Wetterlage. Man muß sie einfach nur abwarten, bis hin zu den hormonell bedingten seelischen Schwankungen, die mit der Regel einhergehen. So etwas weiß jeder Mann, und damit ist überhaupt nichts persönlich Herabwürdigendes gemeint. Als Mann kann man sich überhaupt nicht vorstellen, was es bedeutet, daß die hormonelle Grundlage des Leibes ständig wechselt. Bei uns Männern ist sie immer gleich. Und es ist billig, wenn sich der Mann darüber aufregt, wenn die Frau jetzt wieder ihr PMS (Prämenstruales Syndrom) hat. Diese Änderungen in der Leibesgrundlage ziehen selbstverständlich auch Schwankungen im Seelenleben nach sich. Aber wenn der Mann dies permanent auf der ichhaften Ebene beurteilt, tut er der Frau Unrecht.

K.-D.N.: Die Frage ist aber noch nicht ganz beantwortet: Kann der Mann von seiner Partnerin erwarten, daß sie das Buch liest, das er geschrieben hat, wenn sie immer nur sagt, sie habe dazu keine Zeit? Ist das nicht ein Minimum, was er von ihr verlangen kann? Oder sie sagt zu ihrem Partner: „Setz Dich mal hin und höre zu. Ich möchte Dir mitteilen, was mich gerade bewegt."

W. Gädeke: Verlangen kann man gar nichts, man kann sich höchstens freundlich gegenseitig daran erinnern: Wir wollten einmal ein gemeinsames Ziel anstreben, und dazu ist es nicht nur hilfreich, sondern notwendig, daß wir uns füreinander interessieren. Besser ist es, wenn dies nicht der Ehepartner als Forderung geltend macht, sondern wenn sie das in einer Beratung von einem unabhängigen Dritten zu hören bekommen. Dann ist es nicht die Äußerung eines subjektiven Bedürfnisses des einen

Partners, sondern eine objektive Voraussetzung für das Leben in einer Beziehung. Denn der Dritte hat schließlich überhaupt gar kein Interesse daran, ob die Ehepartner miteinander reden oder nicht. Deswegen würde ich immer raten, entsprechende Dinge niemals dem Partner als Forderung entgegenzustellen.

K.-D.N.: Aber man kann doch nicht jedes Mal einen Dritten aufsuchen!

W. Gädeke: Aber für einige grundsätzliche Fragen; und dieser Bereich gehört zu den grundsätzlichen Fragen.

W.W.: Bleiben wir mal in dem Beispiel, daß eine Frau einen Mann hat, der Schriftsteller ist. Was liegt bei der Frau vor, wenn sie niemals seine Bücher liest?

W. Gädeke: Vielleicht hat sie den falschen Mann geheiratet. Aber vielleicht ist das gar nicht das eigentliche Problem, daß sie seine Bücher nicht liest, vielleicht liegen die Störungen ganz woanders, und das ist nur das Symptom.

W.W.: Weil er sich z.B. auf anderen Gebieten nicht für sie interessiert bzw. um sie bemüht?

W. Gädeke: Beispielsweise, es kann eine Gegenreaktion sein. So etwas kann im Leben vielfältige Ursachen haben.

Partnerschaft ist Arbeit

K.-D.N.: Ich sehe noch folgende Grundschwierigkeit: Wenn Mann und Frau einigermaßen vernunftbegabt sind, so wird die Einsicht auch ohne Dritten aufzubringen sein, daß man sich im Grunde für seinen Partner interessieren muß. Die Schwierigkeit aber, die dann immer wieder auftritt, ist die, daß dieses Interesse auch immer wieder tatsächlich aufgebracht wird. Wie kommt man nun von der Einsicht zum Tun? Man muß schließlich einsehen, daß Partnerschaft Arbeit ist.

W. Gädeke: Richtig, richtig!

K.-D.N.: Nehmen wir noch einmal das Beispiel des Schriftstellers, dessen Frau seine Bücher nicht liest. Selbst wenn das Interesse der Frau nicht da wäre, so müßte sie einsehen, daß die Arbeit aufzubringen ist, diese Bücher zu lesen.

W. Gädeke: Exakt. In jedem Beruf muß ich Arbeiten absolvieren, die ich nicht aus seelischer Begeisterung und Enthusiasmus vollbringe, sondern weil ich das Ergebnis dieser Arbeit will. Wenn ich z.B. Teller abwasche und abtrockne, tue ich das nicht aus seelischer Begeisterung für diese Tätigkeit, sondern weil ich nachher saubere Teller haben will. Und so gibt es unzählige Arbeiten, die ich nicht aus unmittelbarer seelischer Lust an dieser Arbeit vollbringe.

K.-D.N.: Aber gerade das stößt bei Frauen und Männern auf eine Empfindung, die Ablehnung hervorruft. Selbst unter Einsicht, daß Ehe keine Naturtatsache, sondern Kulturtat ist, wird man mit Kultur schöne und ideelle Dinge verbinden. Aber in dem Moment, in dem sich diese Kultur als Arbeit entpuppt, die ich vielleicht noch gegen mein momentanes Interesse leisten muß ...

W. Gädeke: ... nicht nur gegen mein Interesse, sondern gegen meine Seelenlage, gegen meine Bedürfnisse! Denn Arbeit ist nicht unbedingt mein Bedürfnis.

K.-D.N.: Genau. Viele, die zustimmen würden, daß Ehe eine Kulturtat ist, würden dann aber diese mit Arbeit verbundene Ehe als Absurdum bezeichnen, z.B. weil so etwas nicht zu einer Liebesbeziehung passe.

Interesselosigkeit ist Desinteresse am Ich des Partners

W. Gädeke: Durchaus, und zwar deswegen, weil man glaubt, daß Ehe auf den eigenen Bedürfnissen aufbaubar sei. Aber das geht eben nicht. Jede Kulturtat ist mit Arbeit verbunden. Wenn man die Kulturtat einsieht, aber nicht arbeiten will, so ist es wie dieser oft zitierte Spruch: Wasch mich, aber mach mich nicht naß.

Nehmen wir an, eine Frau hat einen Mann, der sich von Berufs wegen mit Computern beschäftigt, der Frau liegt aber dieser Sachinhalt überhaupt nicht. Selbst in so einem Fall meine ich, daß sie sich ein gewisses Grundlagenwissen dessen aneignen sollte, was ihr Mann eigentlich macht. So etwas ist für die Beziehung sehr wünschenswert. Es muß überhaupt nicht so sein, daß sie in alle Einzelheiten eindringt oder gar alles durchschaut, aber es ist wichtig, daß sie es schaffen kann, sich zu fragen, was ihren Mann, mit dem sie Tag für Tag zusammenleben will, eigentlich beschäftigt. Selbstverständlich gilt dieses für den Mann umgekehrt genauso. Wenn dieses Interesse nicht aktiv aus dem Willen hervorgehen kann, dann bedeutet das ein partielles Desinteresse gegenüber dem Ich des anderen. Das ist in jedem Fall ein Negativfaktor innerhalb einer Beziehung.

W.W.: Sie brachten das Beispiel des Tellerwaschens. Man will das Ergebnis, also wäscht man ab – wenn auch mit Murren. Bleiben wir bei dem Beispiel des Schriftstellers: Vielleicht ist es noch schwierig, von selber darauf zu kommen, daß es als beziehungspflegende Arbeit notwendig ist, das Interesse aufzubringen, die Bücher des Partners zu lesen. Wenn aber nun der Wunsch des Mannes an seine Frau herangetragen wird, ein bestimmtes Buch zu lesen, sie diesen Einsatz aber trotzdem verweigert, entsteht eine Situation, die eigentlich nicht mehr verständlich ist. Gleiches gilt natürlich für die Frau, wenn sie den konkreten Wunsch an ihren Mann heranträgt, sich z.B. für ihre Kindererziehung zu interessieren, er dies aber ablehnt, weil es angeblich nicht wichtig sei. Warum wird dieser Wunsch des Partners oftmals nicht erfüllt?

W. Gädeke: Häufig ist es Faulheit, oft aber auch schon Ausdruck anderer Beziehungsstörungen. Denn in der Verliebtheitsphase interessiert man sich auf jeden Fall für den Lebensbereich seines Partners, würde das Buch also in jedem Falle lesen. Auf diese Weise geht es später nicht mehr, deswegen muß es aus dem bewußten Willen heraus geschehen: Ich will diese Arbeit leisten, weil ich Ehe will. Und Ehe will ich, weil ich weiß, welches Ziel diese Ehe hat. Deswegen ist das Ziel der Ehe so wichtig, weil ich meinen Willen und mein Interesse immer wieder an der Idee, an der moralischen Intuition der Ehe entzünden kann, um solche Schwierigkeiten zu überwinden. Aber wenn keine Idee vorhanden ist, woran soll sich dann das Interesse entzünden? Es ist doch bequemer, das Buch nicht zu lesen, wenn es mich nicht vom

Hocker reißt. Aber ich muß mir doch sagen: Dieses Buch ist durch seine Seele hindurchgegangen, das hat er hervorgebracht, es ist Teil von ihm, wie das Kunstwerk Ausfluß des Künstlers ist. Und wenn ich mich nicht für diesen Ausfluß seiner Seele interessiere, dann interessiere ich mich nicht für sein Wesen.

So etwas hat eigentlich nichts mehr mit Mann und Frau zu tun, weil jede Arbeit Ausfluß des menschlichen Wesens ist. Und wenn ich die Arbeit eines anderen nicht schätze, schätze ich nicht sein Ich. So etwas ist ein ganz wesentlicher Punkt in der Eheberatung und -therapie: die Wertschätzung für die Arbeit des anderen, gleich welches Ergebnis sie hat. Wenn mir das Essen, das mir meine Frau kocht, mal nicht schmeckt, so muß ich doch in mir wachrufen, daß sie sich bemüht hat, daß sie gearbeitet hat.

K.-D.N.: Schätzung der Arbeit des anderen würde demnach nicht unbedingt beinhalten, daß man das Ergebnis seiner Arbeit bejaht.

W. Gädeke: Richtig.

K.-D.N.: Nehmen wir einmal an, sie wäre Anthroposophin, er nicht oder umgekehrt. Dann wäre auch folgerichtig, daß der Partner nicht Anthroposoph werden muß. Oder man liest nun das vom Partner geschriebene Buch; so heißt das noch nicht, daß man es auch durchweg gut findet. Man kann also seine Kritik äußern und würdigt trotzdem die Arbeit und die Persönlichkeit des Partners. Schließlich findet man auch sonst in der Partnerschaft nicht alles gut, was der andere macht.

Wertekonflikte

W. Gädeke: Problematisch wird es allerdings, wenn es in grundsätzlichen Punkten eine Ablehnung gibt. Wenn der Mann z.B. einen Beruf hat, der der Frau moralisch anrüchig vorkommt ...

W.W.: Waffenhändler!

W. Gädeke: ... zum Beispiel! Oder er wäre Ingenieur in einem Atomkraftwerk. In so einem Fall wird es schwierig. Daran sieht man aber auch, daß es Grenzen dessen gibt, was wir soeben besprochen haben. Diese Grenzen kommen dann zum Tragen, wenn die gesamte weltanschauliche Ausrichtung eine Rolle zu spielen beginnt. Wenn das zu weit auseinanderdriftet, der Mann überhaupt keine Skrupel als Waffenhändler hat, oder wenn er in einem Atomkraftwerk Auflagen und Sicherheitsbestimmungen bedenkenlos umgeht, dann kann es mit der grundsätzlichen Wertschätzung der Arbeit des anderen sehr schwierig werden. Das liegt dann aber nicht an dem mangelnden subjektiven Interesse des einen Partners, sondern an einem grundsätzlichen Wertekonflikt.

Die Sache in den Vordergrund stellen, nicht die Person!

W.W.: Ein allgemeines menschliches Problem ist die mangelnde Konfliktbereitschaft untereinander, natürlich nicht nur innerhalb einer Beziehung. Aber durch diese menschliche Schwäche werden auch die meisten Partnerbeziehungen belastet. Welchen Stellenwert räumen Sie dieser Unfähigkeit ein? Welches ist der Hintergrund dieser Unfähigkeit, Fehler zu erkennen, zuzugeben und zu besprechen?

W. Gädeke: Ich würde das gern in zwei Schritten beantworten. Das eine ist die Konfliktbereitschaft und die Konfliktfähigkeit. Es ist ein grundsätzliches menschliches Problem, sofern man sich in Konflikten auseinandersetzen muß, daß man nicht berücksichtigt, daß man die Sache in den Vordergrund stellen muß, nicht aber die Person. Wenn jemand etwas falsch gemacht hat, sollte man nicht sagen: „Du hast einen Fehler gemacht, Du bist dadurch minderwertig" usw. Man sollte einen Fehler nicht personalisieren, sondern versachlichen. Also: Wie kam es zu diesem Fehler, wie ist er aufgetreten? Die Tat kann man als falsch ansehen, aber nicht den Täter, der Vorgang ist zu kritisieren, aber nicht die Person.

W.W.: Kann man beides trennen, z.B. die Lüge von der Person, die gelogen hat?

W. Gädeke: Das ist sogar schon im Bürgerlichen Gesetzbuch so. Wenn Sie gelogen haben, darf ich nicht sagen, daß Sie ein Lügner sind, denn das ist eine Beleidigung. Diese ist strafrechtlich relevant, dagegen können Sie klagen. Wenn ich aber sage, daß Sie in diesem einen Punkt gelogen haben, bewußt die Unwahrheit gesagt haben, dann bezeichne ich in erster Linie die Tat. Wenn ich Sie aber einen Lügner nenne, so ist das eine Gesamtbeurteilung der Person, und Sie können mich anzeigen. Wenn ich sage, daß Sie gelogen haben, können Sie mich nicht verklagen, selbst wenn Sie nicht gelogen haben.

Etwas verschärft fordert das Rudolf Steiner auch in bezug auf die Kritik: nicht die Menschen kritisieren, sondern ihre Tat. Das ist der innerste Punkt des Problemfeldes Konfliktbewältigung, Konfliktbereitschaft, Konfliktunfähigkeit. Denn es ist ungeheuer schwer, die Person von der Tat zu trennen, und zwar sowohl bei dem, der die Tat moniert, als auch bei dem, bei dem die Kritik ankommt.

W.W.: Wenn man nur die Tat kritisiert, nicht aber die Persönlichkeit, so verbindet doch der, bei dem die Kritik landet, diese oftmals wiederum mit seiner Persönlichkeit.

W. Gädeke: Das ist dann der zweite Schritt. Davor liegt noch, daß die Tat aus seiner Gesamtperson hervorgegangen ist. Aber indem ich die Tat kritisiere, den Menschen aber nicht, muß ich versuchen, die Identifizierung des Ich mit der Tat ein wenig aufzulockern. Und zwar deswegen, weil in die Tat offensichtlich mehr hineingeflossen ist, als das, was ursprünglich im Ich gelebt hat: ein Irrtum, ein Trieb, ein Bedürfnis, eine Emotion und vieles mehr. Wenn ich mit Berechtigung die Tat kritisiere, sage ich damit, daß es keine freie aus dem Ich oder aus dem Geiste stammende Tat gewesen ist, denn sonst brauchte ich sie nicht zu kritisieren. Das heißt, die Identifikation des Ich mit der Tat, die stattgefunden hat, weil er sie getan hat, war eine fehlerhafte. Denn das Ich hat sich mit etwas eingelassen, was nicht vollständig ichhaft ist. Indem ich dies als Beurteiler auseinandernehme, sage ich also: Du als Ich bist eigentlich etwas ganz anderes als Deine Tat. Wenn Du Dich auf Dich selber besinnst, mußt Du heute, hinterher sagen, daß Du diese Tat eigentlich nicht begehen wolltest.

Man signalisiert dem anderen damit, daß man dieses Problem kennt und daß der andere diesen Fehler eigentlich nicht machen wollte. Schließlich ist es eine urmenschliche Erfahrung, daß ich Dinge tue, von denen ich hinterher sagen muß: Eigentlich wollte ich als Ich das nicht. Damit gestehe ich – religiös gesprochen – dem anderen zu, daß er aus Sündenkrankheit gehandelt hat. Es ist ein Symptom der Sündenkrankheit, daß man Dinge tut, die man nicht tun will, daß man von sich selber entfremdet ist. Paulus drückt dieses folgendermaßen aus: „Das Böse, das ich nicht will, das tue ich, und das Gute, das ich will, das tue ich nicht." Das ist eine Grundaussage der menschlichen Existenz. Jeder, der nur ein wenig Selbsterkenntnis übt, wird so etwas bei sich selber feststellen können.

Abends bei Tisch

W.W.: Könnten Sie das an einem Beispiel konkretisieren: Jemand macht einen Fehler, auf welche Weise sollte man in seiner Kritik versuchen, den Fehler von der Person zu trennen?

W. Gädeke: Nehmen wir ein alltägliches Eheproblem: Die Familie sitzt am Tisch und ißt. Die Eheleute sind sich einig über die Einhaltung bestimmter Tischsitten. Die Mutter trifft die Erziehungsmaßnahmen, weil sie mit den Kindern nicht nur am Tisch, sondern den ganzen Tag über zusammen ist. Nun ist sie an einem Tag nicht gut drauf, ist schwach, unkonzentriert und behandelt deswegen ein Kind eindeutig ungerecht. So etwas kommt bei der liebsten Mutter vor. Der schlimmste Fall wäre nun, wenn der Mann bei Tisch in Gegenwart der Kinder seine Frau zu kritisieren beginnt. Ein solches Verhalten ist natürlich ganz daneben. Wenn er aber am Abend, nachdem die Kinder im Bett sind, mit ihr spricht, dann kommt alles darauf an, wie er es macht. Er kann z.B. sagen: „Hör mal, wie Du bei Tisch mit unseren Kindern umgegangen bist, das finde ich ganz unmöglich, das entspricht nicht unseren gemeinsamen Erziehungsregeln!" Wahrscheinlich wird sie dann entsprechend aggressiv reagieren. Er könnte aber auch sagen: „Wie siehst Du die Situation heute abend am Abendbrotstisch?" – In diesem Falle hält er sein eigenes Urteil zurück.

W.W.: So daß sie von selbst auf ihren Fehler kommt.

W. Gädeke: Ja. Anschließend kann er natürlich fragen, ob sie nicht gut drauf gewesen ist, ob sie Probleme hat und vieles mehr. Das ist ein Beispiel aus dem Leben, was nicht selten vorkommt. Schließlich kann ich als Vater meiner Kinder nicht alles unbesprochen geschehen lassen, aber wenn die Frau dann erzählt, daß sie mit den Nerven fertig gewesen ist, vielleicht noch erzählt, was sich vor dem Abendbrot alles ereignet hat, und sagt, daß sie einfach nicht anders reagieren konnte, dann wird er, wenn er ein einigermaßen verständiger Ehemann ist, sagen, daß alles in Ordnung ist.

Die Tatsachenwelt wird von der Bedeutungswelt überlagert

K.-D.N.: Auf Taten, die eigentlich keine Ichtaten sind, werden wir noch in unserem Kapitel über den Doppelgänger kommen. Vorweg möchte ich nur kurz erwähnen, daß man auch gemeinsam die Übung machen kann, auf bestimmte Muster, die täglich bei den Partnern abrollen, gemeinsam zu schauen. So vermeidet man ein direktes Vorwerfen von Fehlern. Man schaut sich dann zu zweit als Beobachter die jeweilige Tat an. So lernt man auch, Fehler viel leichter zu akzeptieren.

W. Gädeke: Ja. Trotzdem besteht das Problem, daß ich eigentlich jede Tat mit mir selber identifiziere. Und damit komme ich zu dem zweiten Teil Ihrer Frage: dem Sprechen, Zugeben bzw. Nichterkennen der eigenen Fehler.

Ein Mann hat es im allgemeinen schwerer, einen Irrtum zu bekennen, weil Männer sich mit ihren Taten und Gedankenurteilen sehr viel mehr identifizieren. Frauen haben es naturgemäß leichter, einen Irrtum einzugestehen, aber nur wenn es sich um einen Gedankenirrtum handelt. Ist es dagegen ein Gefühlsirrtum, so kann die Frau diesen meist auch sehr schwer zugeben. Das liegt an der Identifizierung der Person mit den Seelenkräften. Nach Rudolf Steiner ist das die Folge des Sündenfalls (siehe GA 134, 3. Vortrag). Ich und Astralleib sind z.B. seit dem luziferischen Einschlag in einer Weise verbunden, wie dies ursprünglich nicht vorgesehen war. Das hat zur Folge, daß sich das Ich zu sehr mit der Seele – also mit dem Denken, Fühlen und Wollen – identifiziert. Bei dem Mann ist es mehr die Gedanken- und Willensseite, mit der er sich identifiziert, bei der Frau mehr die Gefühlsseite. Aber grundsätzlich ist diese zu starke Identifikation des Ich mit der Seele der tiefere Hintergrund, warum es so schwer ist, eigene Fehler zugeben zu können. Auch hier muß man das Kunststück vollbringen – für sich selber und mit anderen zusammen – , daß man das Ich zumindest im Rückblick aus der eigenen Handlungsweise ein wenig heraushebt, indem man sich sagt: Natürlich, ich kann irren.

Dann ist das Ganze auch noch eine Frage des grundsätzlichen Selbstbewußtseins und Selbstwertgefühls. Wer ein schwaches Selbstwertgefühl hat und immer über seine Leistung bestätigt werden muß, ist nicht so leicht in der Lage, Schwächen und Fehler zuzugeben. Da sich aber der Mann fast ausschließlich über Leistung definiert, ist es für ihn so schwer, einen Fehler zuzugeben, weil er sein Ich dadurch immer in Frage gestellt findet. Letztlich besteht die Frage, wie man zu einem gesunden Ichbewußtsein kommt, jenseits von Leistung und meiner eigenen Seelenverfassung.

K.-D.N.: Ein Problem ist auch, daß das, was objektiv abläuft, von den Menschen nur subjektiv wahrgenommen wird. Wenn ein Mann irgendeine Schwäche hat oder einen Fehler begeht, ist es gut möglich, daß er etwas ganz anderes wahrgenommen hat als seine tatsächliche Wirkung auf seine Umgebung. Man erlebt seine eigene Tat subjektiv, hat aber kein Bild davon, wie die anderen Menschen diese Tat erleben.

W. Gädeke: Genauso ist es.

K.-D.N.: Ich habe einmal experimentell ein Telefonat mit meiner Lebenspartnerin auf Tonband aufgenommen, ohne es ihr vorher zu sagen, um einen Streitpunkt zwischen uns, den wir thematisiert haben, hinterher objektiver zu betrachten. Dabei war es fast peinlich zu beobachten, was im nachhinein alles zu bemerken war, was ich während des Gespräches nicht wahrgenommen habe. Im allgemeinen erlebt der Mensch also nicht seine eigenen Fehler, was sein Gegenüber aber ganz deutlich bemerkt.

W. Gädeke: Das hängt mit dem Doppelgängerphänomen zusammen, auch mit dem, was Lievegoed beschreibt: Die Tatsachenwelt wird für den, der spricht, handelt, und auch für den, der erlebt und hört, durch die Bedeutungswelt überlagert. Die Bedeutungswelt aber ist immer subjektiv, bis hinein in den Wortgebrauch. Wenn ich z.B. die beiden Begriffe aktiv und passiv gebrauche, so ist für die meisten Menschen aktiv positiv besetzt, passiv negativ. Da kommt eine Gefühls- bzw. Bedeutungsnuance hinzu, die diese Begriffe als Inhalt überhaupt nicht haben. Denn das Passive ist in der Welt genauso wichtig wie das Aktive.

Das ist nur ein ganz einfaches Beispiel aus der Sprache, wie sich sofort in jede Wesensäußerung des Menschen durch das Erleben des anderen etwas einmischt, was gar nicht in den Intentionen des Handelnden lag. Umgekehrt ruft derjenige, der handelt und spricht, in dem anderen etwas hervor, was er gar nicht bemerkt. So etwas spielt massiv in jede Eheproblematik hinein. Deshalb gehört es zum Menschsein dazu, daß man sich klarmacht, daß man als Mann oder Frau höchstens die Hälfte ist, daß man sich klarmacht, daß man fehlbar ist, daß man dauernd Fehler macht. Wenn man sich das nicht immer wieder sagt – natürlich nicht im melancholisch-depressiven Sinne –, so erlangt man keine Grundgesinnung, die man notwendigerweise haben müßte, um den eigenen Schwächen und Fehlern gegenüber ein bißchen Distanz zu entwickeln, wenn sie einem von den anderen Menschen gespiegelt werden.

Die Schwächen des anderen substituieren

W.W.: Hintergrund unseres Gespräches sind immer noch die Scheidungsgründe, zur Zeit sprechen wir über die mangelnde Konfliktfähigkeit der Menschen. Bisher haben wir eher den einzeln auftretenden Fehler betrachtet. Wie ist es aber mit Schwächen des Menschen, die durchgehend sind: Jemand läßt ständig das Licht an, vergißt die Heizung abzudrehen, obwohl das Fenster stundenlang offensteht, Sätze werden nicht zu Ende gesprochen und vieles mehr.

W. Gädeke: Ja, ja, diese schönen Alltagsdinge!

W.W.: Diese durchgehenden Alltagsschwächen, so setze ich einmal, werden von dem Partner ständig kritisiert, aber der andere ist nicht in der Lage, seine Schwächen auch nur annähernd in den Griff zu bekommen. Daraus entsteht ein langsam schwelender Konflikt, der nach und nach immer weiter um sich greift. Wie geht man mit diesen permanenten Schwächen des anderen Menschen um, analog zu dem Beispiel des einzeln auftretenden Fehlers, über den wir so gesprochen haben, daß man ihn bzw. die Tat von seinem Ich zu trennen habe?

W. Gädeke: Da gibt es z.B. die Möglichkeit – das gehört auch zu den möglichen Ehezielen –, daß der eine des anderen Last trage. Es gehört zur Kunst des Liebens, daß man ganz sicher sein kann, daß der Partner niemals ein vollkommener Mensch sein wird, auch wenn man 50 Jahre verheiratet sein wird. Ebensowenig wird man selbst am Ende des Lebens ein vollkommener Mensch sein. Ich gebe also in jedem

Falle meinem Lebenspartner etwas zum Tragen auf: Er muß meinen Doppelgänger aushalten, ich den seinen. Selbstverständlich gilt so etwas nicht nur in einer Ehe, sondern in jedem kollegialen Verhältnis, wo man ständig mit denselben Menschen zusammen ist. Ein Teil der sozialen Leistung besteht darin, daß ich die Unvollkommenheit bzw. den Doppelgänger des anderen mittrage und aushalte. In den von Ihnen genannten Situationen kann ich z.B. selber das Licht ausmachen bzw. die Heizung abdrehen. Wenn es der Partner absolut über das Wort, die Einsicht und die wiederholte Ermahnung nicht schafft, dann substituiere ich die Lücke eben an dieser Stelle.

W.W.: Das setzt aber voraus, daß der andere scheinbar unfähig ist, seine eigenen Schwächen in den Griff zu bekommen.

W. Gädeke: Nein, nicht daß er unfähig ist, sondern ich mache es so lange, bis er es selber macht. Ich kann dazu ein persönliches Beispiel aus unserer eigenen Ehe bringen. Früher hatten wir in Hamburg ein Haus gemietet, in welchem die Vermieter im Bad einen Elektroboiler installiert hatten. Wir hatten damals kleine Kinder, der Wickeltisch stand neben dem Boiler, so daß es äußerlich sehr praktisch war, und meine Frau brauchte nur auf den Knopf des Boilers zu drücken, damit das Wasser warm wurde. Wenn das Wasser heiß genug war, schaltete er automatisch ab. Nun war es aber ein Schalter, der ziemlich laut knallte. Drei Meter weiter befand sich mein Arbeitszimmer, so daß ich das ständige automatische An- und Ausstellen als knallenden Laut in meinem Zimmer hören mußte. Meine Frau machte regelmäßig den Boiler an, weil sie das warme Wasser brauchte, vergaß es aber ständig, ihn wieder abzustellen. Ich als junger Ehemann tat mein möglichstes, um meine Frau darauf aufmerksam zu machen, daß mich das ständige An- und Abschalten des Boilers bei meiner Arbeit störte, ferner daß unnötige Energie verbraucht würde.

Natürlich hat meine Frau alles eingesehen, hat es aber nicht fertiggebracht. Immer wieder habe ich mich in meinem Arbeitszimmer geärgert: Warum macht die Frau nicht den Schalter aus, sie braucht bloß auf den Knopf zu drücken! So etwas ist ein wunderbarer Punkt, sich als Ehemann über seine Frau aufzuregen. Aber eines Tages habe ich beschlossen, mich nicht mehr aufzuregen und die paar Schritte zum Boiler selber zu gehen, um ihn abzuschalten. Das habe ich nicht gemacht, weil ich so toll bin, sondern aus purem Egoismus. Ich habe dieses Defizit substituiert.

K.-D.N.: Das hat aber alles seine Grenzen.

W. Gädeke: Selbstverständlich.

Toleranzschwellen in bezug auf Sauberkeit und Unordnung

K.-D.N.: Ihr Beispiel ist ja auch sehr einleuchtend, bloß wenn Sie auf dem Weg zum Boiler über Kleiderberge, Stöckelschuhe und andere Dinge stolpern, desweiteren unterwegs noch drei Lichtschalter ausmachen, obendrein noch die Wohnungstür zumachen müssen, weil ihre Frau sie immer offenläßt, dann wäre es schon etwas problematisch, alles zu substituieren. Vielleicht machen Sie dann noch den Kühlschrank auf, weil Sie sich ein Marmeladenbrot schmieren wollen, nehmen das Marmeladenglas in die Hand, aber es fällt Ihnen runter, weil der Deckel nicht zugeschraubt worden ist.

W. Gädeke: An dieser Stelle ist der Ehekonflikt programmiert. Es gibt eine Toleranzschwelle gegenüber Unordnung und Schmutz, die ganz individuell ist. Wenn die Toleranzschwellen der beiden Partner zu weit auseinanderliegen, wird es ganz schwierig. Sie sehen hier meinen Schreibtisch, der hat schon die Grenze der für mich zuträglichen Unordnung erreicht. Den Schreibtisch meines Bruders würden Sie nie so vorfinden, er würde höchstens so aussehen, wie dieser Tisch hier, bevor Sie kamen. So ordentlich sieht der Schreibtisch meines Bruder alltäglich aus. Das ist seine Art, dies ist meine Art. Zwischen Ehepartnern kann das eine bestimmte Grenze überschreiten.

Sie ist z.B. eine schwäbische Hausfrau und putzt den Fußboden so sauber, daß man davon essen kann – obwohl wir doch Tische haben. Ihr Mann aber ist ein Trampel und beschmutzt ihr mit seinen Stiefeln täglich den geputzten Boden. In solchen Fällen gibt es Grenzbereiche, die von dem anderen nicht mehr substituierbar sind. In der Eheberatung müßte man versuchen, ob es möglich ist, die Einseitigkeiten des jeweiligen Partners ein wenig zu verändern: den einen dazu zu führen, ein wenig großzügiger zu sein, den anderen dazu zu bringen, ein wenig mehr Ordnung zu halten. Das ist aber sehr schwer, weil diese Toleranzschwellen ganz tief mit dem Charakter verbunden sind.

W.W.: Man bräuchte die einzelnen Punkte doch nur ins Bewußtsein heben – Marmeladendosen zuschrauben, Licht ausmachen, Heizung abdrehen, Boiler abschalten usw. – und dann üben. Genauso wie man auf einem Musikinstrument übt, müßte man üben, den Lichtschalter auszumachen.

W. Gädeke: Richtig, aber nur, wenn beide Partner auf dem Feld, auf dem sie dem anderen auf den Wecker fallen, zu üben bereit sind.

W.W.: Also zeigt die Tatsache, daß nicht geübt wird, daß man seine Einseitigkeiten nicht ändern will.

W. Gädeke: Richtig. Alles, was mit Ordnung und Unordnung zusammenhängt, sitzt ganz tief im Gewohnheitsleib, also dem Ätherleib. Wenn diese Gewohnheiten bei beiden Partnern von Natur aus zu weit auseinanderliegen und wenn man sich nicht aus objektiven Gründen – nicht um des Partners willen – zum Üben entschließt, dann wird es zwischenmenschlich ganz schwierig. Wenn derjenige, der zu viel Unordnung hinterläßt, nicht aus eigenen gesetzten Zielen – auch für sich alleine, auch wenn er nicht mit einem Partner zusammenleben würde – daran arbeitet, ordentlicher zu werden, weil er einsieht, daß er Zeit und Kraft durch seine eigene Unordnung verschwendet, vielleicht sogar seine Seele dadurch in Unordnung bringt, wenn er es nicht aus eigenem Ichentschluß tut, dann wird es schwierig, denn dann wird immer wieder der Gedanke in ihm aufkeimen, daß er es doch nur dem anderen zuliebe tut. Fehlt dieser Ichentschluß, wird man immer wieder denken, daß man seine Eigenart, seinen eigenen Charakter zugunsten des Partners aufgibt. Man hat dann das Gefühl, daß man sich unterjocht, und dieses Gefühl ist kontraproduktiv.

Zeit ist ein unverlierbares individuelles Menschenrecht

W.W.: In anderen Bereichen wird es mit den Toleranzschwellen und den scheinbaren Einseitigkeiten, die man zugunsten des Partners zu lockern habe, äußerst schwierig: Man verabredet sich zu einem bestimmten Zeitpunkt an einem bestimmten Ort, der eine kommt, der andere hält es nicht für nötig. Sind Zeit und die gemeinsam getroffene Verabredung nicht ein Objektives – sogar Höherwertiges –, weil ein gemeinsam Beschlossenes unverrückbar ist und nur von beiden gemeinsam geändert werden kann?

W. Gädeke: So etwas muß von der geistig-ideellen Seite angepackt werden. Pünktlichkeit ist keine Sekundärtugend, sondern pünktlich zu einer Verabredung zu erscheinen, bedeutet in Wirklichkeit: Ich achte die Zeit eines anderen Menschen! Dessen Zeit ist ein unverlierbares, unverwechselbares, unvermehrbares individuelles Gut, es ist seine Lebenszeit. Sie gehört zu seinen Menschenrechten. Indem ich mich mit ihm zu einem Zeitpunkt zu einer Sache verabrede, muß ich mir bewußt sein, daß er mir ein Stück seiner Lebenszeit zur Verfügung stellt.

W.W.: Dann sagt der andere – so erlebe ich es immer wieder: „Nimm es locker, sei nicht so verkniffen, sei nicht so engstirnig, ich nehme es mit Verabredungen nicht so genau."

K.-D.N.: „Sei doch mal tolerant."

W. Gädeke: Das ist eine Mißachtung des Ich des anderen, weil die Zeit eines anderen zu seinem Ich, zu seinem Wesen gehört. Für mich gehört Pünktlichkeit zu den ganz elementaren Menschenrechten. Es kommt bei mir oft vor, daß ich zwischen zwei Terminen nur wenige Minuten habe, um zu frühstücken, auf die Toilette zu gehen oder die Zeitung zu lesen. Kommt dann jemand einige Minuten zu früh, so bitte ich meine Frau, den Besucher in mein Zimmer zu führen und ihm auszurichten, daß ich zur verabredeten Zeit kommen werde. Wenn er dann zehn Minuten warten muß, wird er beim zweiten Mal nicht wieder zehn Minuten zu früh kommen. Ich brauche mit ihm über die Pünktlichkeit gar nicht zu sprechen.

W.W.: Nun diskutieren Sie diesen Punkt aber mit einem Menschen, und er sagt Ihnen: „Okay Herr Gädeke, das ist Ihre Meinung, ich habe eine andere. Ich sehe es mit der Pünktlichkeit sehr viel gelassener. Seien Sie nicht so engstirnig. Ich habe eine völlig andere Beziehung zur Zeit und zu den zwischenmenschlichen Rechtsvereinbarungen. Ich nehme Verträge zwischen zwei Menschen nicht so genau." Nun stellen Sie sich dieses Problem zwischen zwei Partnern vor, soll man etwa seine Toleranzschwelle ein wenig lockern, sich dem anderen ein wenig annähern, oder muß man nicht vielmehr Vereinbarungen und zwischenmenschliche Verträge – das sind ja Objektivitäten – so belassen, wie sie sind, und dann auch auf ihnen beharren, sofern man sie nicht beidseitig aufkündigt?

W. Gädeke: Pünktlichkeit ist eine Tugend der Könige, also der Ichmenschen. Derjenige, der mit der Zeit luschig umgeht, hat noch nicht begriffen, welche Bedeutung Lebenszeit eigentlich hat.

W.W.: Richtig, ich bin auch ganz Ihrer Meinung. Bloß: Sie setzen etwas absolut, der andere möchte es aber relativieren, so daß Sie sich mit Ihrer Position ein wenig auf ihn zubewegen müßten, entsprechend dem Beispiel der Sauberkeit-Unordnung-Toleranzschwelle.

W. Gädeke: Deswegen würde ich nicht mit einem Menschen verheiratet sein, der diese grundsätzliche Haltung hat. Selbstverständlich setze ich Dinge absolut, die Menschenrechte sind es ebenfalls. Der andere muß sich einen anderen Partner suchen.

K.-D.N.: Nun sind Sie aber bereits verheiratet, und dann zeigt der Mensch diese Eigenschaft.

W. Gädeke: Dann haben Sie falsch geheiratet.

W.W.: Dann müßten Sie sich wegen Unpünktlichkeit Ihres Partners scheiden lassen.

W. Gädeke: Das ist auf die Spitze getrieben, aber es ist in der Tat ein Wertekonflikt. Wenn hier keine Annäherung möglich ist, wenn es zu weit divergiert, dann scheitert daran in der Tat die Beziehung. Das ist besser, als daß jemand solche Werte aufgibt. Es gibt Grundwerte, es gibt Menschenrechte, es gibt Dinge, die sind absolut, und wenn diese Werte nicht entsprechend gelebt werden können, können diese beiden Menschen nicht zusammenleben.

Verabredungen sind von höherem Wert

W.W.: Es ist natürlich ein heikler Punkt, was man alles zu diesen Lebens- und Grundwerten rechnet.

W. Gädeke: Deswegen sollte man sich möglichst vorher darüber verständigen. Das gehört zu der grundsätzlichen Zielplanung für die Kulturtat Ehe. Weil das aber nicht geschieht, leiden die Menschen immer an den Auswirkungen dieser mangelnden Planung.

Ich kann einen Menschen noch so sehr lieben, wenn er partout die Zeit mißachtet, vor allem die gemeinsame Zeit mißachtet, und obendrein noch meint, daß ich nach seinem Zuspätkommen noch um so länger für ihn Zeit haben müßte, dann ist ein Zusammenleben irreal.

K.-D.N.: Jeder Mensch hat ein Wertesystem, aber Sie setzen Ihr Wertesystem absolut. Das wird sicherlich wieder sehr viele Leserinnen und Leser aufregen.

W. Gädeke: Das macht nichts. Ich will niemandem mein Wertesystem aufzwingen, es muß sich auch niemand danach richten. Aber wenn ich mit jemandem verheiratet sein will, so muß in bezug auf mein Wertesystem ein Grundkonsens mit meiner Partnerin gefunden werden.

K.-D.N.: Da muß man sich aber *sehr* klar sein, welches Wertesystem jeder Partner hat und auf welche Dinge es sich ganz genau bezieht. Denn sonst erhebt jemand vielleicht auch seinen Ordnungsfimmel zum Wert an sich.

W. Gädeke: Ordnungsliebe ist nicht von dem gleichen Rang wie Pünktlichkeit.

K.-D.N.: Das erfordert aber eine dezidierte Aussprache über alles. Denn sonst stellt sich einer der beiden Partner hin und verkündet absolut: Dies ist mein Wertesystem, in diesem Punkt brauche ich mich nicht zu bewegen.

W. Gädeke: Es geht vor allem darum, was ich anstrebe, denn es kann sein, daß ich selber Schwierigkeiten mit der Pünktlichkeit habe. Es geht nicht darum, daß ich meine Natur absolut setze, sondern daß ich das Ziel, welches ich anstrebe, für absolut notwendig halte. Es geht nicht darum, daß ich meine eigenen Veranlagungen und seelischen Charakterzüge verabsolutiere. Das darf man nicht verwechseln. Deswegen wird es in jeder Ehe große Schwierigkeiten geben, wenn man sich nicht vorher über die gemeinsamen Ziele und Normen austauscht und sich auf einen gemeinsamen Nenner zubewegt.

W.W.: Wir haben also jetzt auf der einen Seite höhere Werte, die nicht kompromißfähig sind. Auf der anderen Seite haben wir Werte, die kompromißfähig sind, bei denen die Menschen sich ein wenig aufeinander zubewegen können. Wie macht man einem Menschen diese Unterschiedlichkeit klar, vor allem die nicht kompromißfähigen höheren Werte, wenn er eine vollkommen andere Meinung dazu hat?

W. Gädeke: Das ist natürlich ein Problem. Es gibt sogar auch Menschen, die unpünktlich pünktlich sind, also die regelmäßig einige Minuten zu spät kommen. So etwas kann man natürlich in einer Partnerschaft mittragen. Wenn aber jemand die Ansicht hat, es mit der Zeit nicht so genau zu nehmen, oder Verabredungen einseitig aufkündigt, so haben wir darin ein Moment, das nicht mehr tolerierbar ist. Natürlich gibt es auch bei der Pünktlichkeit einen gewissen Kompromißrahmen, man muß ja nicht mit der Langwellenuhr – von Braunschweig gesteuert – am verabredeten Ort sitzen.

W.W.: Es geht nicht darum, ob er zu spät kommt, sondern um die Einstellung zur Pünktlichkeit, vor allem zu gemeinsam getroffenen Verabredungen.

W. Gädeke: Die Einstellung wirkt sich im praktischen Eheleben aus, denn man wird dann als Verabredungspartner nicht ernstgenommen. Der andere stößt einseitig die Verabredungen um. Das ist das, was nicht geht.

W.W.: Würden Sie das auf alles gemeinsam Beschlossene übertragen?

W. Gädeke: Ja.

W.W.: Weil die Verabredung einen höheren Wert hat, der absolutzusetzen ist.

W. Gädeke: So ist es. Das ist das Urgebiet des Rechtslebens, weil es darum geht, daß zwei gleichberechtigte Menschen eine Verabredung, einen Vertrag miteinander geschlossen haben. Ein Vertrag kann nur ohne Schaden für das soziale Leben in Gemeinsamkeit geändert oder wieder aufgelöst werden. Deswegen ist dieser Punkt in der Ehe, aber auch in allen anderen Lebensbereichen, nicht kompromißfähig.

W.W.: Wenn zwei Menschen etwas vereinbaren, so kommt es nur sekundär auf den Inhalt an, primär aber auf den Rechtsbeschluß. Wenn einer von beiden Partnern diesen Beschluß einseitig bricht, so kommt dadurch eine Art Todeskeim in die Beziehung hinein.

W. Gädeke: Richtig. Weil es eine direkte Mißachtung bzw. Desavouierung des anderen Ich, der anderen Person ist.

b) Andere Partnerbeziehungen

W.W.: Welchen Belastungswert für eine Beziehung messen Sie dem Seitensprung bzw. einer regelmäßigen Drittbeziehung zu?

W. Gädeke: Das ist natürlich im Grad deutlich unterschieden. Wenn einem der Ehepartner so etwas einmal passiert, er aber grundsätzlich an der Beziehung festhalten will, ist es in aller Regel einigermaßen auszubügeln. Wenn aber einer der beiden Partner den Seitensprung als selbstverständliches Recht für sich reklamiert und ihn immer wieder praktiziert, dann hat es auf Dauer die Folge, daß die Beziehung dadurch zunehmend belastet wird, gleich ob es sich um dieselbe Drittbeziehung oder eine ständig wechselnde handelt. Mir ist z.B. eine Beziehung bekannt, bei der der Mann immer etwas Drittes „zu laufen hatte", wie man so schön sagt, und die Frau hatte sich sogar darauf eingestellt, vielleicht war sie sogar froh, selber nicht mehr so belastet zu sein. Auch so etwas gibt es, wenn auch relativ selten. Sie war sich gewiß, daß die Drittbeziehungen ihres Mannes vorbeigehen würden und hatte immer noch eine tiefe Beziehung zu ihrem Mann. Aber dann kam eine blonde Frau, und wieder dachte die Ehefrau, auch das würde wie üblich vorübergehen. Aber diese Drittbeziehung ging nicht vorüber, und so kam es schließlich zur Scheidung, weil es für die Ehefrau nicht mehr aushaltbar war. Inzwischen sind sie 20 Jahre geschieden, und wenn er Probleme hat, wendet er sich immer noch an seine erste Frau. Auf diesem Sektor gibt es die verschiedensten Praktiken, aber Ehe ist damit nicht mehr möglich.

In einem anderen Fall glaubten beide Partner aus antibürgerlichen Gründen, auch mit einem etwas linken Hintergrund, daß eine Drittbeziehung doch möglich sein müsse. Er hat es so gewollt, sie hat es toleriert, aber nach etwa zwei Jahren stellte sich heraus, daß sie es doch nicht aushalten konnte. Da kommen Bereiche ins Spiel, die mit dem Bewußtsein nicht mehr zu erreichen sind. Auf Dauer ist eine Drittbeziehung nicht möglich, weil derjenige Partner, der einen Dritten an sich bindet – einschließlich Sexualität –, eindeutig dem Ehepartner etwas vorenthält. Es beginnt bereits bei der Zeit, die er mit dem anderen verbringt.

Es gibt natürlich auch noch andere Beispiele: Eine Frau erhält beim Tode ihres Mannes einen Anruf, und es stellt sich heraus, daß die Anrufende seit über 20 Jahren die Zweitfrau Ihres Mannes gewesen ist, ohne daß sie etwas davon gemerkt hatte. Der Mann hat es so gemanagt, daß sie nie etwas gespürt hat.

W.W.: So viel Verlogenheit ist natürlich herbe.

W. Gädeke: Allerdings.

W.W.: Warum hat die Zweitfrau es dann nach dem Tode gesagt?

W. Gädeke: Die Zweitfrau wollte Ihren Mann natürlich auch nicht verlieren, und wenn eine Frau über 20 Jahre eine Beziehung gehabt hat, vielleicht keine Aussicht auf eine weitere Beziehung, dann ist die Solidarität mit der Ehefrau nicht gerade besonders groß.

Ich kenne auch eine Beziehung, wo mit vollem Bewußtsein ein Dreiecksverhältnis gelebt wird, und zwar eine Frau mit zwei Männern. Ich habe leider keine näheren Einblicke in diese Beziehung, aber es ist mir schleierhaft, wie so etwas geht.

Sexuelle Drittbeziehungen von Mann und Frau

W.W.: Welche Unterschiede bestehen nun zwischen Mann und Frau, wenn sie eine Drittbeziehung eingehen? Auf welche unterschiedliche Weise erleben Mann und Frau Sexualität?

W. Gädeke: Auf diesem Felde begibt man sich sehr schnell auf Glatteis, weil einem dann vorgeworfen wird, daß der Mann nur wieder ein Alibi suche. Trotzdem bin ich der festen Überzeugung, daß bereits ein einmaliger Seitensprung für die Frau tiefergehende Gründe und Folgen hat als für den Mann. Natürlich will ich das nicht verallgemeinern, denn es kann auch bei einer Frau sehr oberflächlich sein. Aber es ist seltener. Aus meiner Beratungsarbeit weiß ich, daß, wenn ein Paar zu mir kommt und die Frau schon seit einer längeren Zeit eine sexuelle Beziehung zu einem Dritten hat, ich es noch nie geschafft habe, daß sie zu ihrem Ehemann zurückgekehrt ist. In diesen Fällen war die Ehe immer kaputt, und zwar unausweichlich. Wenn aber ein Mann eine längere Beziehung zu einer Dritten hatte, habe ich es mehrfach erlebt, daß die Beziehung wieder in Ordnung zu bringen war. Das mag ein Indiz sein.

W.W.: Wie deuten Sie das?

W. Gädeke: Die Sexualität ist bei der Frau ein ganzheitlicherer Vorgang als beim Mann, denn er kann so etwas auch nebenher praktizieren. Wenn es sich um eine Drittbeziehung handelt, kann es sein, daß der Mann gar nichts in diese Beziehung investiert und lediglich sein sexuelles Abenteuer sucht, was er bei seiner Frau vermißt oder etwas ähnliches. Aber das muß nicht bedeuten, daß er tief in die Beziehung einsteigt. Eine Frau ist aber bei einem solchen Vorgang stärker mit ihrer Seele verbunden, und im allgemeinen liegt bei ihr dann auch ein größeres Defizit vor, das nicht nur ein sexuelles ist.

W.W.: Ist ein Seitensprung bzw. eine Drittbeziehung immer ein Indiz dafür, daß in der Beziehung etwas nicht stimmt?

W. Gädeke: Fast immer. Ausnahmen sind – auch so etwas habe ich in meiner Beratung erlebt –, daß Menschen von einer Augenblickssituation so hingerissen werden, daß sie praktisch verführt werden und zu schwach sind, widerstehen zu können. Aber im allgemeinen ist es ein Zeichen eines Defizites.

W.W.: Merkwürdigerweise gibt aufgrund der Nave-Herz-Untersuchung nur ein geringer prozentualer Anteil eine dritte Person als Scheidungsgrund an. Warum?

W. Gädeke: Das liegt daran, daß eine Drittbeziehung meist nur der letzte Scheidungsgrund ist, während alle anderen Probleme, z.B. die Unzufriedenheit mit dem Partner davor liegen und somit die Drittbeziehung an Intensität überdecken. Die Beziehungsprobleme sind das längerfristige und primäre Phänomen. Oft ist es so, daß der oder die Dritte erst der Auslöser dafür ist, daß man für seine Beziehungsprobleme aufwacht, und dann sind sie meistens schon so manifest, daß man ihnen nicht mehr ausweichen kann.

c) Eifersucht

W.W.: Was ist Eifersucht als seelische Geste, auch vom anthroposophischen Gesichtspunkt betrachtet?

W. Gädeke: Ich muß zu dem Punkt Eifersucht ein persönliches Bekenntnis ablegen: Ich habe es außerordentlich schwer, Eifersucht aus eigenem Erleben nachfühlen zu können.

W.W.: Das geht mir genauso. Trotzdem erlebe ich immer wieder, wie dieses Phänomen die Beziehungen und auch andere menschliche Zusammenhänge enorm stark belastet.

W. Gädeke: Ich habe auch viel mit diesem Phänomen zu tun gehabt, aber aus eigenem persönlichen Erleben kann ich es eigentlich nicht verstehen. Ich halte es da mit der irischen Cholesterinforscherin, die gesagt hat, daß man drei Dingen im Leben nicht nachlaufen dürfe: einem abfahrenden Zug, einer Frau bzw. einem Mann oder der jüngsten Theorie aus der Cholesterinforschung. Das zweite ist natürlich das, worauf ich jetzt abheben möchte. Ich kann einfach nicht verstehen, wie man einem Menschen, der einem zu verstehen gibt, daß er einen nicht mehr will, sich anderen Menschen zuwendet, hinterherlaufen kann. Dann soll er doch gehen!

W.W.: Das ist ja nun ein wenig einfach dargestellt.

W. Gädeke: Aber ich sehe es so. Vor einiger Zeit habe ich noch einmal alle meine Briefe mit meiner Jugendfreundin durchgelesen. Ich hätte damals einigen Grund gehabt, eifersüchtig zu sein, und sie hat es mir nun auch nach 25 Jahren bestätigt, aber ich war dazu nicht veranlagt. Ich hatte immer die Ansicht, wenn sie einem anderen folgen will, dann soll sie es tun. Eifersucht ist eine Frage der inneren Souveränität. Wenn ich mir einer Person nicht sicher bin, dann kann ich ihr nur sagen: Bitte, tue was Du für richtig empfindest. Das hat dann zwar seine Folgen für mich, aber ich würde eine Partnerin nie von ihrem Weg abhalten, sondern warten, bis sie aus Freiheit wieder zu mir zurückkommt. Das, was dann als Eifersuchtsgefühl auftritt, was klammert, ist ein vor-ichhaftes Gefühl. Zwar ist es verständlich, denn man möchte denjenigen, den man gerne hat, nicht verlieren, aber es ist ein deutliches Zeichen von Habenwollen, nicht von Liebe.

Eifersucht achtet nicht die Freiheit des anderen

W.W.: Können Sie die Eifersucht als Geste noch ein wenig konkreter charakterisieren? Sie kommt schließlich nicht nur zwischen Liebespartnern vor, sondern spielt auch in den unterschiedlichsten Bereichen des Lebens eine ungemein starke Rolle.

W. Gädeke: Von der Seelengeste her ist Eifersucht eine Seelenregung der ersten Region des Seelenreiches, also eine Äußerung der Begierdenglut. Eifersucht hat dieselbe besitzergreifende zupackende Seelengeste wie diese Begierdenglut. Man will den anderen Partner entweder von dem Dritten weghaben, oder man will ihn von etwas abhalten, auf jeden Fall will man den anderen manipulieren. Eifersucht ist eine manipulative Seelengeste, die nicht die Freiheit des anderen achtet. Das ist das Grundphänomen.

W.W.: Ist Eifersucht interpsychisch oder intrapsychisch oder beides; also entwikkelt sie sich vorwiegend zwischen zwei Menschen oder eher in der eigenen Wesenheit?

W. Gädeke: Ich denke, daß die Eifersucht fast ausschließlich in einem Menschen vorhanden ist. Eifersucht bezieht sich schließlich nicht nur auf Personen, sondern in einer verwandelten Gestalt auch auf Sachen, z.B. wenn ich einem anderen etwas nicht gönne, wenn ich es ihm neide. Das ist eine ähnliche Seelengeste. Man will es selber besitzen, aber der andere darf es nicht besitzen. Oftmals sind die Objekte sogar austauschbar.

Eifersucht ist oft auch gar nicht seelischer Natur. Was dann als Defizit auftritt, ist etwas ganz anderes. Ich sprach vorhin von dem Ehepaar, wo der Mann eine Drittbeziehung hatte und die Ehefrau sich über zwei Jahre damit arrangieren wollte, es aber nach zwei Jahren nicht mehr aushalten konnte. An ihnen habe ich ganz deutlich gesehen – sowohl an ihrer Schilderung als auch an der Art, wie sie miteinander sprachen –, daß überhaupt gar keine Eifersucht vorlag, also kein seelisches Zugreifen, sondern ein viel tiefer liegendes Defizit, und zwar im ätherischen Bereich. Bei ihnen war ein ätherisches Loch, aus dem immer etwas abfloß. Anders kann ich das nicht formulieren. Es war für die Frau so, als würde ihr Lebenskraft entzogen, als würde sie körperlich und seelisch immer weniger werden. Das geschah aber nicht aus seelischer Eifersucht.

Selbst wenn man nach einer längeren Partnerschaft einen Dritten trifft und es funkt, dann fühlt der Partner sich natürlich gekränkt, vor allem auch in seiner Eitelkeit und seinem Stolz. In der Seele des Verlassenen treten dann Gefühle auf, daß man doch eigentlich sein Ein und Alles sei und ähnliche Maximalforderungen. Das sind Verletzungen und Enttäuschungen. Aber es ist die Frage, ob das, was dann an seelischen Turbulenzen auftritt, immer Eifersucht ist. Nach meiner Erfahrung ist es nicht immer Eifersucht, denn Menschen reagieren auf eine solche Situation sehr unterschiedlich. Ich kenne viele Beispiele, bei denen man dem verlassenen Partner unrecht tun würde, wenn man alle seine Äußerungen als Eifersucht bezeichnen würde. Oftmals sind es viel differenziertere Seelenregungen.

Der eifersüchtige Charakter

W.W.: Was würden Sie einem zur Eifersucht neigenden Menschen, der also wenig Vertrauen zu sich selber hat, raten, damit er seine Eifersucht überwinden lernt?

W. Gädeke: Es kommen alle Übungen in Frage, die den Menschen in seiner Individuation, seinem Ichwesen stärken. Ich denke nicht, daß es eine spezielle Eifersuchtsübung gibt. Ich würde mir den Menschen immer ganz individuell anschauen, wo er seine Defizite, aber auch seine Fähigkeiten hat. Es gibt aber auch Eifersüchte, da ist fast nichts mehr zu machen, weil sie so tief und so stark mit dem Charakter verbunden sind, daß mit Übungen zunächst nichts zu machen ist. Da müßte über Jahrzehnte ein entsprechendes künstlerisches und religiöses Leben geführt werden, denn Kunst und Religion sind die beiden Kräfte, die am stärksten den Ätherleib verwandeln und klären. Aber kurzfristig ist bei diesen Menschen nichts zu machen. Es gibt den eifersüchtigen Charakter. Das kann auch durch kindliche Defizite hervorgerufen worden sein, wenn kindliche Traumata, z.B. Verlustängste so stark sind, daß dem mit einfachen Übungen zunächst überhaupt nicht beizukommen ist. Deswegen müßte man genau schauen, wie der jeweilige Mensch insgesamt gestärkt werden kann, denn ich sehe Eifersucht nach wie vor als ein Schwächephänomen.

Die Emotion der Schwäche

W.W.: Eifersucht tritt keineswegs nur in Partnerschaftsbeziehungen auf, sondern durchzieht alle gesellschaftlichen Schichten und Kreise, vor allem im Berufsleben, z.B. die Eifersucht bzw. der Neid auf den Erfolg des anderen. Wie weit sehen Sie in der Eifersucht eine Kraftquelle, die sich metamorphosiert äußert: Antipathiegefühle und Haß, ablehnende Gedanken, von denen man selbst überzeugt ist, Handlungsweisen, z.B. jemanden aus beruflichen Positionen zu drängen?

W. Gädeke: Eifersucht ist ganz eindeutig eine Kraftquelle für diese Phänomene. An vielen Punkten ist sie auch die Triebfeder für die Konkurrenz. Es ist eindeutig, daß Eifersucht eine ganz massive Kraft ist. Rudolf Steiner nennt sie die Emotion der Schwäche. Schwäche ist also nicht nur ein Defizit, also ein Nichts, sondern ist in sich eine Kraft, so paradox das auch klingt. Neid und Eifersucht sind Zeichen einer gewissen Schwäche, aber haben eine ungeheure Macht.

W.W.: Ich beobachte diese Metamorphosen auch so – z.B. im Berufsleben, auch dem anthroposophischen –, daß man einen beneideten scheinbaren Gegner aus Eifersucht ablehnt und letztendlich aus seiner Position hinausdrängt, ferner daß man es argumentativ scheinbar gut begründen kann und schließlich sogar an seine eigenen Argumente selber glaubt. In Wirklichkeit steckt nichts als Eifersucht dahinter.

W. Gädeke: So etwas gibt es, das kenne ich auch, das ist überhaupt keine Frage.

Liebe zu lernen ist eine weltgeschichtliche Uraufführung

W.W.: Warum ist es eigentlich so schwer, den anderen um seiner selbst und seiner Fähigkeiten willen zu lieben?

W. Gädeke: Das kann man mit Fromm beantworten, der sagt, daß es eine der Hauptaufgaben des Menschseins ist, das Lieben zu lernen. Wir sollten allerdings nicht meinen, daß wir das schon können, denn die gesamte Erdenentwicklung ist dazu da, diese Fähigkeit zu entwickeln. Den Menschen um seiner selbst willen zu lieben, ist deswegen so schwer, weil der Mensch in die Freiheit entlassen worden ist und es im Grunde eine weltgeschichtliche Uraufführung ist, die Liebe aus dieser Freiheitssituation heraus ohne Anstoß von außen zu entwickeln.

Vom persönlichen Standpunkt aus hat man immer die Angst, daß die kleinen persönlichen Bedürfnisse nicht befriedigt werden. Man braucht nur „Die Kunst des Liebens" von Fromm zu lesen, dort ist alles enthalten. Er sagt, daß man sich klar sein muß, daß man einen lebenslangen Schulungsweg gehen muß, wenn man die Kunst des Liebens lernen will. Das ist eine Uraufgabe des Menschen, die man ergreifen kann, die man aber nicht ergreifen muß. Wenn ich sie aber nicht ergreife und mich lieber darauf verlege, mich selber liebenswert zu machen, und versuche, Liebe auf mich zu ziehen, dann bin ich auf Dauer immer zum Scheitern verurteilt. Das ist die Quintessenz aus Fromms Buch. Er weiß ganz genau, daß es schwer ist, aber er sagt auch, daß es keinen anderen Weg gibt.

Soziale Spannungen und latente Tötungswünsche

W.W.: Schauen wir noch einmal kurz in den Berufszusammenhang, in dem Eifersüchteleien auftreten. Angenommen, jemand ist auf einen anderen eifersüchtig und kleidet das auf einer scheinbar sachlichen Ebene in Argumente ein. Wie begegnet man diesen Argumenten, wie entkleidet man sie, um auf den wirklichen Grund – die Eifersucht – zu stoßen?

W. Gädeke: Diese scheinbar sachliche Ebene ist nach meiner Erfahrung immer mit Urteilen über die betreffende Person verbunden. Es gibt ein wunderbares Beispiel von Rudolf Steiner aus den Konferenzen mit den Waldorflehrern, wo er ein Gremium berufen läßt und wo jemand vorschlägt, noch einen anderen hinzuzubitten. Das ist ein über viele Seiten dokumentierter Prozeß, bei dem Steiner eine Lehrerin dazu zwingt, einzusehen, daß es ihr nicht darum gehe, eine weitere Person hinzuzubitten, sondern daß sie vielmehr zugeben solle, daß sie eine bereits dabeisitzende Person herausdrängen wolle. Er zwingt sie auszusprechen, daß sie ganz konkret gegen eine bestimmte Person voreingenommen ist.

Das ist für mich ein Beispiel, wie eine soziale Angelegenheit, die zuerst ganz sachlich und harmlos klingt – „Ich würde gerne diese weitere Person in unsere Kommission dazubitten" –, einen ganz anderen Hintergrund bekommt und wie Rudolf Steiner in diese Blase hineinpiekt und aufzeigt, daß der eigentliche Kasus etwas ganz anderes ist. So etwas ist im sozialen Miteinander nicht immer einfach. Aber man kann davon ausgehen, daß im Grunde immer ausgesprochene oder unausgesprochene Urteile über Personen die Grundlage sozialer Spannungen sind. Deswegen ist es gut, wenn man es fertigbringt, diese Urteile offen zutage zu fördern, was aber natürlich meist peinlich ist. Vor allem ist es nicht leicht, so etwas auszuhalten.

Im vierten Mitgliederbrief hat Rudolf Steiner beschrieben, wie das Zusammenarbeiten von Anthroposophen sein sollte, nämlich daß zusammenarbeitende Menschen nicht im Unklaren sein dürften über das Urteil, das die anderen über ihre Arbeit haben. Wer aber versucht, das in die Praxis umzusetzen ...

W.W.: ... der wird sehen, daß dies fast unmöglich ist.

W. Gädeke: Daran sehen Sie, was Sie im Grunde für eine Wahnsinnsfrage gestellt haben.

W.W.: Es ist die Frage des menschlichen Zusammenlebens schlechthin.

W. Gädeke: Genau.

W.W.: Es gibt eine Darstellung von Rudolf Steiner, wo er bei der okkulten Betrachtung der Wesensglieder des Menschen genau darstellt, daß der Mensch unbewußt in seinem Astralleib den Wunsch, seinen Mitmenschen zu töten, in sich trage – entsprechend der Kain- und Abel-Legende – und daß er es nur deswegen nicht bemerke, weil ihm der hellsichtige Blick für den Astralleib fehle. Das ist ein Schlüssel zum Verständnis des potentiell möglichen Krieges aller gegen alle, denn in jedem Menschen liegt der Wunsch, seinen Mitbruder zu töten, tief verwurzelt (siehe auch FLENSBURGER HEFTE Sonderheft 12, S.93 ff.). Ist das die Quelle für die Kraft der Eifersucht, und ist Eifersucht eine mildere Form dieser latenten Tötungsabsicht?

W. Gädeke: Ich sehe da schon einen Zusammenhang, denn oftmals ist die Eifersucht so geartet, daß sie sich auf den Dritten richtet, zu dem der eigene Partner überläuft. Aber das ist nur eine Ablenkung von dem Wunsch der Tötung des eigenen Partners. Aber daß hinter der Eifersucht letztlich eine Art Tötungskraft steckt, sieht man auch daran, daß beim klassischen Mord Eifersucht oftmals eine wesentliche Rolle spielt. Ob nun der Dritte oder der Partner getötet wird, hängt von verschiedenen Faktoren ab. Wenn es sich gegen den Partner richtet, dann steckt meist folgender Gefühlsausbruch dahinter: Wenn ich ihn schon nicht besitzen darf, dann soll ihn auch nicht der andere haben. Daß dahinter ein seelischer Tötungsmechanismus steckt, leuchtet mir unmittelbar ein. Dafür gibt es so viele Indizien, daß ich Ihre Frage bejahen würde.

d) Suchtprobleme

K.-D.N.: Die zweithäufigste der genannten Ursachen für das Scheitern der Ehe sind Suchtprobleme, meistens wohl Alkoholprobleme, und hier vorwiegend der Alkoholismus des Mannes. Ist es möglich, eine normale Ehe zu führen bzw. die Scheidung zu verhindern, wenn einer der beiden Partner Alkoholiker ist?

W. Gädeke: Eine normale Ehe auf Dauer zu führen ist dann nicht möglich, weil Ehe letztlich heute nur unter der Voraussetzung der Partnerschaftlichkeit, d.h. der ichhaften Gleichberechtigung, auf Dauer möglich ist; und weil diese ichhafte Gleichberechtigung und das, was heute für Ehe an individueller schöpferischer Leistung notwendig ist, von jemandem, der alkoholkrank ist, nicht erwartet werden kann. Hinzu kommt, besonders wenn der Mann Alkoholiker ist, daß sich dann immer so ein besonderes Täter-Opfer-Verhältnis bzw. Patient-Therapeut-Verhältnis in die Ehe hineinmischt, was mit partnerschaftlicher Ehe unvereinbar ist.

K.-D.N.: Zwar gibt es eine höhere Scheidungsrate bei Alkoholikern, wobei Männer schneller Frauen verlassen, die Alkoholiker sind, als umgekehrt, aber es ist doch sicherlich schwer, da eine Grenze zu ziehen. Eigentlich müßte man von einer Partnerschaft doch auch erwarten, daß alles daran gesetzt wird, dem Alkoholiker zu helfen, damit das Problem aus der Welt geschafft wird.

W. Gädeke: Es passiert aber meistens nichts. Man braucht sich nur einmal die Verläufe von Alkoholiker-Biographien anzusehen, um zu bemerken, wie oft das eine Illusion ist. In der Eheberatung habe ich öfter schon Gespräche abgelehnt, wenn einer der Partner Alkoholiker war, und habe gefordert, daß derjenige erst trocken sein muß. Der Betreffende bleibt ja ein Leben lang Alkoholiker. Aber wenn er zu mir in die Eheberatung kommt, muß er erst trocken sein, sonst verwende ich keine Stunde auf das Paar. Da bin ich ganz eisern. Ich gieße auch nicht mit einer Gießkanne ein bißchen Wasser in eine 1.000 m^2 große Wüste. Mit dem Alkoholismus muß man ganz anders umgehen, denn er ist eine Krankheit – was unter Fachleuten heute ja auch weitgehend anerkannt ist –, die ein normales verantwortungsbewußtes Leben aus dem Zentrum der Persönlichkeit unmöglich macht.

Neinsagen lernen

K.-D.N.: Wäre daraus nicht sogar die Konsequenz für jede Partnerschaft – ganz gleich, ob man nun eine Beratung aufsucht oder nicht –, daß der alkoholkranke Partner, gerade weil man ihn liebt, ganz hart vor die Alternative gestellt wird, entweder einen Entzug und eine Therapie zu machen oder aber mit der Trennung konfrontiert zu werden?

W. Gädeke: Das rate ich immer.

K.-D.N.: Aber das ist ein sehr schwerer Schritt! Vorausgesetzt, daß man den alkoholkranken Partner liebt, bleibt es oft nur eine abstrakte Überlegung.

W. Gädeke: Die Liebe besteht gerade darin, daß ich dem alkoholkranken Partner das so vor Augen führe und gegebenenfalls auch die harten Konsequenzen ziehe. Das liegt ähnlich wie in den Beispielen, die Rudolf Steiner in der Pädagogik nennt: Wenn ein Kind irgend etwas will, das für es nicht gut ist, und den Elternteil bedrängt, und das Elternteil gibt daraufhin dem nach, weil es das Kind liebt, dann ist es keine Liebe. Das ist ja ein Phänomen, was wir heute auch reihenweise in den Waldorfschulen beobachten können – diese ganze alternative Softigkeit, die dort Einzug gehalten hat –, das ist doch nichts als mangelnde Liebe. Denn Versagen kann eben auch Liebe sein. Vom Nein in der Liebe – das kann man heute auch alles ohne Anthroposophie wissen! Und wenn die Frau sagt: „Entweder Du machst einen Entzug, oder ich trenne mich von Dir", dann ist das nicht nur Selbstschutz, sondern dann ist es sogar Liebe, wenn sie es aus wirklicher Einsicht in die Sache sagt.

Beide müssen sich ändern

K.-D.N.: Sie deuteten das Muster Patient-Therapeut schon an, das sich in einer solchen Beziehung herausbilden kann. Man spricht im Zusammenhang mit dem

Alkoholismus auch von süchtigen Familiensystemen, die sich durch die Sucht gebildet haben und die der Therapie bedürfen. Das hat zu der Einsicht geführt, daß beide Partner in die Therapie einbezogen werden sollten, weil das ganze Partnerschaftssystem bzw. auch das gesamte Familiensystem auf die Sucht abgestimmt ist. Sonst kann es passieren, daß der alkoholkranke Partner nach der Therapie in die Partnerschaft zurückkommt, der andere aber seine Verhaltensmuster nicht geändert hat und dadurch erhebliche neue Probleme entstehen. Gilt das gleiche nicht auch bei allen anderen Partnerschaftskonflikten und -problemen, daß immer ganz klar sein muß, beide müssen sich ändern, ganz gleich, wie das Problem im einzelnen gelagert ist?

W. Gädeke: Natürlich! Es gibt eigentlich nie den Fall, daß nur einer das Problem ist. Ganz selten. Aber es gibt Situationen, wo das Problem ganz überwiegend bei einem der Partner liegt.

K.-D.N.: Diese wohl häufiger anzutreffende Konstellation verlockt ja gerade den anderen dazu zu denken, daß die eigenen Fehler so verhältnismäßig klein und unbedeutend sind, so daß erst einmal der Partner seine ganz offenkundigen und schwerwiegenden Defizite, so z.B. die Eifersucht, angehen und in den Griff bekommen sollte, bevor die Behebung der eigenen kleinen Schwächen tatsächlich als Aufgabe gesehen wird. Ähnlich wie in einem süchtigen Familiensystem – deswegen habe ich das Beispiel genannt – bedingt sich das Verhalten der beiden Partner aber, selbst wenn die Schwächen des einen noch so klein sind. Unter Umständen kann z.B. durch die Schwächen des einen die Eifersucht des anderen ständig geschürt werden, ohne daß das wirklich voll zum Bewußtsein dringt.

W. Gädeke: Aber oftmals ist es doch so, daß der Partner des Alkoholkranken – davon gehen wir jetzt einmal aus – schon längst irgendwo Beratung gesucht hat oder weiter sucht und der Alkoholkranke noch nicht einmal eingestehen kann, daß er Alkoholiker ist. Die Verleugnung der eigenen Krankheit gehört zum Alkoholismus dazu. Wenn erst einmal die dauernde Einsicht vorhanden ist, daß die eigene Krankheit eingestanden wird, dann ist das schon ein gewaltiger Schritt. Diesen Schritt zu vollziehen, ist für den Alkoholiker alles andere als leicht. Wenn Sie sich die Methoden bei den Anonymen Alkoholikern ansehen, wird deutlich, welche dauernde Eindringlichkeit nötig ist, um wirklich zu dieser Einsicht zu gelangen: Ich bin krank. Wenn also in einem süchtigen Familiensystem die Frau sich bereits um Therapie bemüht, ist sie schon weiter als der Mann, der noch nicht einmal einsieht, daß er krank ist. Insofern darf man auch nicht über das Ziel hinausschießen, wenn man sagt, daß immer beide Schuld sind. Die Anteile sind in diesem Fall ganz deutlich nicht gleichgewichtig, und was die Frau tun muß, wenn ihr Mann Alkoholiker ist, das ist gerade Neinsagen lernen. Das aber ist für viele Frauen sowieso ein großes Problem, weil sie Neinsagen immer mit nicht lieben identifizieren.

K.-D.N.: Inwieweit werden seelische Defizite, z.B. Selbstmitleid, Eifersucht, durch Alkoholismus verstärkt? Werden die Willens- und Ichkräfte weiter geschwächt?

W. Gädeke: Ja, sicher. Das klassische literarische Beispiel dazu ist der kleine Prinz, der zu dem kleinen Planeten kommt, wo der Trinker wohnt und ihn fragt:

„Warum trinkst Du?“ – „Um mich zu betäuben.“ – „Warum willst Du Dich betäuben?“ – „Weil ich mich schäme.“ – „Warum schämst Du Dich?“ – „Weil ich trinke.“ – Da geht es also wieder los, und er befindet sich in einem Teufelskreis.

Der Alkohol ist ja das Suchtmittel schlechthin. Wenn man die Drogen unter medizinischer Kontrolle teillegalisieren würde und man dadurch die Folgekriminalität eindämmen könnte, würde sehr schnell deutlich werden, daß das eigentliche Drogenproblem das Alkoholproblem ist. Der Alkohol ist heute die Droge schlechthin und wird immer dazu benutzt, Defizite zu überspielen, zu verdrängen, und das reicht bis hin in die gesellschaftliche Konvention, daß man meint, man könne ohne Alkohol nicht feiern. Ich habe erlebt, als Gäste aus dem Ausland kamen, um an der Waldorfschule etwas aufzuführen, daß ein Waldorflehrer zu den Eltern sagte: „Nehmen Sie ein paar Flaschen Rotwein mit, damit es auch gemütlich wird.“ Das wurde an der Waldorfschule empfohlen, übrigens von einem sehr netten Lehrer, den ich ansonsten sehr schätze. Gemütlichkeit, seelische Stimmung, Humor, eine gewisse Leichtigkeit usw. können heute von sehr vielen Menschen ohne Alkohol nicht mehr hergestellt werden. Alkohol ist also ein Ersatzmittel für Dinge, die aus eigener Tätigkeit seelisch nicht mehr hervorgebracht werden können. Ganz wesentlich ist er natürlich auch ein Betäubungs-, ein Verdrängungsmittel, um sich von Problemen zu distanzieren, die aber selbstverständlich später nur mit um so größerer Kraft zurückkommen. Das heißt, was der Alkohol scheinbar löst oder beseitigt, das verstärkt er nur auf Dauer um so mehr. Ganz abgesehen von den leiblichen Suchtsymptomen, Krankheitsschäden und allem, was noch dazugehört. Das Alkoholproblem ist heute eines der größten gesellschaftlichen Probleme, die wir haben. Es ist ein Symptom für das tieferliegende ursächliche Problem, daß nämlich die Seelen nicht mehr damit fertig werden, was heute eigentlich Aufgabe ist. Das ist selber schon Symptom der Schwäche.

Immaterielle Süchte – Jede Sucht macht partnerunfähig

K.-D.N.: Inwiefern spielen auch immaterielle Süchte in der Partnerschaft eine Rolle? Ich denke z.B. an Spielsucht, Arbeitssucht, Sexsucht usw. Können Sie aus Ihrer Beratungserfahrung sagen, daß auch solche Süchte eine Partnerschaft verunmöglichen?

W. Gädeke: Streng genommen ja, auch wenn diese Süchte keine so große Rolle spielen wie der Alkohol. Eine Spielsucht z.B. unterscheidet sich seelisch doch in keiner Weise von der Alkoholsucht. Sie ist genauso eine Schwäche, die individuell-schöpferisches Handeln unmöglich macht. Ohne ein solches individuelles schöpferisches Handeln ist Ehe aber heute nicht führbar. Wenn also jemand wirklich spielsüchtig ist, dann ist er nicht partnerfähig. Ganz klar! Man muß den Begriff Partnerfähigkeit bilden. Wie einer, der beide Arme verloren hat, nicht Tischler sein kann, und wie ein Blinder kein Maler sein kann, so gibt es Defizite in der Person, die es unmöglich machen, partnerschaftliche Beziehungen aufzubauen.

Schwieriger zu durchschauen ist es bei der Arbeitssucht. Wenn man nicht in der Lage ist, einen Teil seiner Zeit, seiner Kraft und seiner Arbeit auf die Beziehung zu wenden, sondern immer meint, alles müßte der objektiven Berufs- oder sonstigen Arbeit gewidmet sein, dann kann man auch nicht Beziehung wirklich leben. Die Beziehung muß ein gleichberechtigter Arbeitsbereich, ein Beruf im Leben sein. Sonst geht es nicht. Und wenn einer wirklich arbeitssüchtig ist, z.B. sich nicht einmal Muße gönnen kann, um etwa in einer winterlichen Abenddämmerung auf eine Schneelandschaft zu schauen und die sinnlich-sittlichen Eindrücke einer solchen Winterlandschaft auf sich wirken zu lassen, weil er es nur als Verlust seiner Arbeitszeit erleben würde, dann ist er tatsächlich krank. Jede Sucht, wenn sie wirklich voll ausgebildet ist, bedeutet, daß dieser Mensch nicht partnerfähig ist.

Eifersucht als Sucht

K.-D.N.: Nun gibt es aber sehr viele schwierig zu beurteilende Grenzbereiche. Besonders bei den immateriellen Süchten gibt es immer Bereiche, wo es schwer zu erkennen ist, ob überhaupt eine Sucht, also eine Krankheit, vorliegt, ob sie voll ausgebildet ist oder nicht. Spielsucht, Arbeitssucht, Sexsucht sind dabei noch verhältnismäßig einfach zu diagnostizieren, wenn man nun vergleichsweise an einen weiteren Bereich denkt. Müßte man nicht auch Eifersucht, Streitsucht, Kritiksucht u.a. – wie die Worte eigentlich auch sagen – als Süchte betrachten und demgemäß als seelische Erkrankungen ernst nehmen? Bedarf z.B. der eifersüchtige Mensch nicht eigentlich der Therapie?

W. Gädeke: Ich sehe das so. Denn Eifersucht, Streitsucht, Kritiksucht usw. sind zwar keine materiellen Süchte wie die Alkoholsucht, aber sie zeigen doch seelisch ganz verwandte, ganz ähnliche Strukturen. Auch diese Süchte sind letztlich ein Zeichen von Partnerunfähigkeit. Natürlich ist es aber immer noch ein wesentlicher Unterschied, ob eine Sucht auch leiblich manifest ist oder nicht. Die seelische und die leibliche Abhängigkeit sind noch verschiedene Abstufungen in der Intensität. Diese Unterscheidung muß man sachgemäß treffen, denn bei der Streitsucht z.B. liegt ja nun einmal keine leibliche Abhängigkeit vor, auf die sich der ganze Organismus eingestellt hat. Aber die höheren Wesensglieder sind natürlich in gleicher Weise geschädigt bzw. geschwächt, wenn eine solche immaterielle Sucht vorliegt.

K.-D.N.: Zu bedenken ist auch noch, daß solche immateriellen Süchte meist nicht isoliert auftreten, sondern Hand in Hand gehen mit der Neigung zum Alkohol oder anderen Drogen.

W. Gädeke: Selbstverständlich. Aber sehen wir noch einmal auf die Streitsucht: Das klassische Bild dafür ist ja die Xanthippe in bezug auf Sokrates. Daher der Ausspruch: Diese Frau ist eine Xanthippe. Man kann das als Grundmuster nehmen, obwohl die Männer manchmal ja auch genügend Anlaß geben, daß die Frauen immer an ihnen rumnörgeln und kritisieren. Da bildet sich dann oft ein Täter-Opfer-Verhältnis heraus, das nur sehr schwer zu durchschauen ist. Das eine ruft das andere erst hervor. Zum Beispiel einen Mann zu haben, der immer auf dem Marktplatz herumgeht und die Leute mit den metaphysischen Fragen des Daseins anquatscht und sie in Gespräche verwickelt und deswegen zu keiner Zeit, etwa zum Essen, pünktlich nach Hause kommt, macht die dauernde Kritik an ihm doch auch verständlich. Ich habe das jetzt mal als Beispiel konstruiert – ob das Familienleben des Sokrates wirklich so war, mag mal dahingestellt sein –, um zu verdeutlichen, daß damit keinesfalls gedient ist, wenn man immer nur einseitig feststellt, daß jemand streitsüchtig ist. Gerade auch bei solchen seelischen Süchten wird man meist auch auf süchtige Familiensysteme treffen.

K.-D.N.: Meistens wird über die Eifersucht so gesprochen, daß für sie ein Grund vorliegt: Seitensprung, Drittbeziehung, die Partnerin oder der Partner wendet sich ab und anderen Dingen zu, eine unterschiedliche Bereitschaft zur Beziehung usw. Wenn man sie aber wirklich als Sucht fassen will, dann bedarf es dieser Gründe nicht, die womöglich zur Rechtfertigung herangezogen werden können. Eine Eifersucht also, die fortrollt, obwohl es nicht den geringsten realen Anlaß gibt. Daher ja auch der Spruch: Die Eifersucht ist eine Leidenschaft, die mit Eifer sucht, was Leiden schafft. Es tritt dann das Symptom auf, daß die Eifersucht selbst immer wieder auflebt und sich ihre Bestätigung sucht, der Eifersüchtige also – was zunächst absurd erscheint – förmlich darauf hinarbeitet, daß etwas geschieht, was seine Eifersucht nährt.

W. Gädeke: Damit seine Eifersucht endlich einen Schein von Berechtigung bekommt.

W.W.: Eine Art von Masochismus.

K.-D.N.: Ja, auch um den Kick zu haben, der seiner Sucht Nahrung gibt. Der Eifersüchtige möchte im Extrem diesen inneren Aufruhr erleben.

W. Gädeke: Das wäre aber schon eine sehr extreme Form. Und ich sehe darin doch einen erheblichen Unterschied zu dem, was wir bisher zur Eifersucht gesagt haben. Denn Eifersucht betrachte ich als ein Grundphänomen der seelischen Verfaßtheit des – religiös gesprochen – sündenkranken Menschen. In ihr haben wir eine Grunddisposition des sündenkranken Menschen. Während ich Alkoholismus, Drogensucht, Spielsucht usw. nicht auf derselben Ebene des natürlich Gegebenen ansiedele. Eifersucht hingegen ist in einem begrenzten Maße eine im allgemeinen natürlich gegebene Tatsache, unabhängig von jetzigen biographischen Ereignissen. Es gibt eben auch eifersüchtige Menschen, die z.B. in ihrer Kindheit nie Liebesentzug oder Trennungstraumata oder ähnliches erlebt haben und bei denen die Eifersucht trotz solcher fehlender biographischer Auslöser dann eben doch auftritt.

Das deutet darauf hin, daß die Eifersucht viel tiefer im Menschen veranlagt ist. In demselben Maße sind Alkoholismus und Drogensucht im Menschen nicht veranlagt. Darin liegt der wesentliche Unterschied. So ist auch der Sexualtrieb dem Menschen eingegeben, gehört zu seiner Naturausstattung, aber daß sich ein Mensch Nikotin in die Lunge ziehen muß, ist keinesfalls im gleichen Maße naturgegeben. Das ist eine ganz nüchterne Feststellung, und man darf bei aller Verwandtschaft der Süchte die Unterschiede auch nicht verwischen.

Die ursächlichen Defizite in der eigenen Seele

W.W.: Aber der Hintergrund ist doch, daß jeder ein Defizit in seiner Seele hat, nennen Sie es nun sündenkrank, Suchtveranlagung oder wie auch immer. Jeder Mensch hat Defizite in seiner Seele, in seinem Astralleib, und diese Defizite werden nun auf irgendeine Weise betäubt, sei es, daß ein Mensch sexbesessen oder arbeitssüchtig wird, sei es, daß er Nikotin oder Alkohol zu sich nimmt.

W. Gädeke: Das muß nicht nur Betäubung sein, sondern kann zunächst der Versuch sein, das Defizit in irgendeiner Weise aufzufüllen. Das ist das primäre Phänomen, zu dem man auch im weitesten Sinne den Hunger zählen muß, auch wenn man diesen im medizinischen Sinne nicht als Sucht bezeichnen würde. Wenn ich Hunger habe, dann suche ich etwas, das diesen Zustand des Hungers beseitigt. Und wenn ich einen Menschen begehre, dann liegt unter dem Gesichtspunkt der Sündenkrankheit zunächst die Erfüllung darin, daß ich ihn besitze. Damit könnte alles gut sein, so wie alles gut ist, wenn ich gegessen habe. Dann bin ich satt.

Aber die gesteigerte Form von Eifersucht, die Sie eben angesprochen haben, zeigt gerade, daß dieses Vorweggenommene, die Vorstellung, daß der andere Mensch einem ja wieder weglaufen könnte, daß man sich seiner nicht sicher ist, die eigentlichen Schwierigkeiten auslöst. Hier zeigt sich der Übergang von dem, was man als natürliche Grundausstattung des Menschen einfach anerkennen muß – so wie Hunger und Durst –, zu Süchten, die dann noch ganz andere als naturgegebene Ursachen haben.

K.-D.N.: Eifersucht und Begierde haben – wie Sie ja auch schon erwähnt haben – tatsächlich ausgesprochen viel miteinander zu tun. Wenn eine Beziehung so geartet ist, daß man den anderen sehr stark sexuell begehrt, dann ist festzustellen, daß dadurch die Eifersucht verstärkt wird. Wenn der Eifersüchtige aber versucht, den anderen in seiner eigenen Wesensart zu lieben, wird auch die Eifersucht herabgedämmt.

Die Betrachtung der Naturgrundlage der Eifersucht dürfte aber auf keinen Fall dazu führen, die Eifersucht nicht auch unter einem Suchtaspekt zu fassen, der deutlich auf seelischen Defiziten beruht. Und diese Defizite müssen angegangen, bearbeitet werden, wenn man wirklich partnerschaftsfähig werden will. Wie jeder Süchtige versucht auch der Eifersüchtige seine Eifersucht zu vertuschen, zu tarnen oder durch scheinbare Gründe zu rechtfertigen. Liegt mit dem Hinweis auf die Naturgrundlage nicht ein weiterer Alibigrund vor?

W. Gädeke: Nein, denn die Naturgrundlage liegt in dem Begehren und nicht in der Eifersucht.

K.-D.N.: Es gibt sehr viele eifersüchtige Menschen, die entweder abstreiten, daß sie eifersüchtig sind, oder sie aber mit allen möglichen Winkelzügen rechtfertigen, bis hin zu der Kuriosität, daß sie zur positiven Eigenschaft umgedeutet wird, die zeige, wie sehr man den anderen liebe.

W. Gädeke: Das ist dasselbe Phänomen wie bei einem Alkoholkranken, der sich nicht eingestehen will, daß er Alkoholiker ist. Zunächst behauptet jeder Alkoholiker, er könne es jederzeit lassen, und wenn er es dann schließlich nicht mehr abstreitet, findet er Rechtfertigungen und Gründe. Das ist ein ganz normaler Mechanismus der Seele, die mit ihren Unabänderlichkeiten nicht anders fertig wird, als sie entweder zu leugnen, oder sie zu rationalisieren. Das ist ein Allgemeinplatz in der Psychologie und gilt selbstverständlich nicht nur für die Eifersucht.

Das schöpferische Potential stärken

K.-D.N.: Was gibt es, was man konkret gegen die Eifersucht tun kann? Sie sagten vorhin, daß die Eifersucht bei vielen Menschen so tief im Charakter verankert sei, daß eine schnelle Wandlung nicht zu erwarten sei. Trotzdem kann man aber doch auch an diese Schichten heran. Vor allem kann man Dinge tun, die dann die Eifersucht nicht so stark zum Tragen kommen lassen. Sonst wäre es doch ein hoffnungsloses Unterfangen, etwas an seiner Eifersucht ändern zu wollen. Der Partner könnte dann im Grunde genommen nur noch auf Wiedersehen sagen.

W. Gädeke: Ja. Man muß alles stärken, was das schöpferische Ich steigert. Derjenige, der sich sicher ist – das habe ich jetzt von Fromm aus der „Kunst des Liebens" –, daß er schöpferisch tätig sein kann, der braucht von außen keinen Besitz am Menschen. Wenn dieser eine Mensch mich nicht will, dann bin ich eben für andere Menschen schöpferisch tätig. Und dieses schöpferische Potential zu stärken, ist der Weg, mit der Eifersucht fertig zu werden. Denn direkt die Eifersucht zu bekämpfen, ist meines Erachtens in der Tat ein hoffnungsloses Unterfangen. Das gilt für alle Gefühle: Man kann nicht direkt an ihnen herummodeln, sondern man muß den indirekten Weg wählen.

W.W.: Klar, wie vielfach in der Pädagogik auch.

W. Gädeke: Ja. Obwohl in der Pädagogik oft auch der direkte Weg notwendig ist, wie vorhin das Beispiel gezeigt hat, wenn das Kind das für es Schädliche will: Dann muß ich auch einfach nein sagen können. Es gibt natürlich auch andere Beispiele, wo es dann gut ist, das Kind vielleicht mal abzulenken oder ähnliches.

W.W.: Ich meinte jetzt grundlegende waldorfpädagogische Prinzipien, wie etwa die Stärkung des Ätherleibes durch rhythmische Übungen etc., z.B. zur Stärkung des Gedächtnisses und der Lernfähigkeit, ohne diese direkt zu schulen.

W. Gädeke: Ja, richtig. Die indirekte Methode ist meistens die bessere.

K.-D.N.: Oft ist es so, daß der Eifersüchtige selber am meisten unter seiner Eifersucht leidet. Vom Verstand her kann er sich sagen, daß seine Eifersucht purer Unsinn ist, jeglicher Grundlage entbehrt und die gesamte Beziehung von vornherein zerstört. Er leidet unter den absurden Gedanken, die ihn gewissermaßen verfolgen und mit denen er sich ohne Unterlaß beschäftigt. Er hat schließlich keinen Zugriff mehr auf die sich verselbständigende Eifersucht.

W. Gädeke: Wenn es sich noch um eine mildere Form handelt und man noch nicht das Urteil fällen kann, dieser Mensch ist partnerunfähig, kann man durch eine gediegene Pflege der Partnerschaft allmählich auch die Eifersucht beruhigen.

Partnerschaft als Suchtphänomen

K.-D.N.: Kann die Partnerschaft selbst auch zu einem Suchtphänomen werden? Ich denke z.B. an das Klammern am Partner, das Definieren des eigenen Lebenssinns ganz aus der Partnerschaft heraus, das Zurückziehen aus der Welt in die abgeschottete Zweisamkeit, das Vernachlässigen der Pflichten oder auch an das unendliche psychologische Wälzen der Beziehungskiste, das geradezu immer neue Probleme verlangen und produzieren kann.

W. Gädeke: Ja, ich denke schon, daß auch die Partnerschaft zu einer Art Suchtphänomen werden kann. Und das ist besonders dann der Fall, wenn die Partnerschaft bzw. Lebensgemeinschaft kein über sie selbst hinausgehendes Ziel hat. Also, Beziehung um ihrer selbst willen kann schließlich zum Suchtphänomen werden, weil dann das Seelische nur mit sich selber beschäftigt ist. Seelisches ist immer Beziehung: Was bedeutet dieses oder jenes in der Welt *für mich?* Schadet mir das, nützt mir das? Entsprechend dargestellt in Steiners „Theosophie", 1. Kapitel. Das Seelische ist schlechthin Beziehung oder lebt sich in Beziehung aus. Wenn das in sich selber so verbleibt, dann kann das zur Sucht führen. Deswegen sage ich immer, daß die Ehe ein über die Bedürfnisse hinausgehendes Ziel haben muß und als Arbeit auf dieses Ziel hin begriffen werden muß. Wenn das nicht geschieht, dann kommt eben das, daß Partnerschaften, Lebensgemeinschaften im Grunde nur wechselseitige Bedürfnisbefriedigungsanstalten werden. Und das ist auf Dauer unerträglich. Das hält kein Mensch aus. Wir sind eben nicht nur Seelenwesen. Wenn wir das noch so kleine Ich, das Baby in uns, konsequent auf diesem Felde ignorieren, dann werden wir unglücklich. Dann wird es Leiden geben, weil wir einen Teil in uns und im anderen ausblenden.

Das umfassendste Liebesziel

K.-D.N.: Benennen Sie einmal einige Ziele für die Partnerschaft.

W. Gädeke: Zum Beispiel gemeinsam die Kunst des Liebens zu lernen in diesem umfassenden Sinne, unter Einschluß der Sexualität, die zur Ehe eigentlich immer dazugehört, denn sonst braucht man nicht verheiratet zu sein. Ich sage immer, daß Mutter Theresa auch lieben lernt, aber eben unter Ausschluß von Sexualität. Das Liebesziel der Ehe ist das umfassendste Liebesziel, das man sich als Mensch auf Erden überhaupt setzen kann: einen Menschen ein ganzes Leben lang in allen Aspekten zu lieben und für ihn tätig und da zu sein. Diese Kraft zu entwickeln muß man sich als Ziel stellen, denn sonst entsteht diese Liebe gar nicht, weil sie nicht einem unmittelbaren Bedürfnis entspringt. Das Bedürfnis kann zwischendurch immer ganz anders gelagert sein.

Ich denke, daß man diesen Suchtphänomenen, die mit der Seele zusammenhängen, letztlich nur entgeht, indem man mit seinem Ich eine geistige, d.h. eine Sinnebene anstrebt, die prinzipiell eine andere Wirklichkeitsschicht ist als die seelische. Wenn ich unter Wasser bin und meine Augen aufmache, kann ich nicht erwarten, daß ich ebenso weit sehen kann, wie das der Fall ist, wenn ich meinen Kopf über Wasser halte. Denn ich befinde mich dann noch in einem ganz anderen Element. Vor das Problem sehe ich mich in meiner Beratung immer wieder gestellt: klarzumachen, daß wir alle zunächst fast immer unter Wasser gucken, also innerhalb des Seelischen verbleiben. Dafür sind auch die Eifersucht und das ewige Wälzen der Beziehungskiste, das fortdauernde Wühlen in den Beziehungsangelegenheiten gute Beispiele. Das einzige, was da hinausführt, sind Erkenntnisse wie z.B. die der Unterschiede von Mann und Frau. In dem Moment beginnt man zu verstehen, warum Frauen oder Männer im wesentlichen so sind, sich oft so oder so verhalten usw. Die Eigenheiten des Partners gehen einem dann nicht mehr so sehr auf die Nerven, und in dem Moment beginnt man gewissermaßen den Kopf aus dem Wasser zu heben und den Blick freizubekommen. Dann tun die Eigenheiten auch nicht mehr so weh, denn dann kann ich auch viel besser damit umgehen.

Das gilt für mich selber natürlich genauso. Wenn ich verstehe, daß manche meiner Eigenschaften einfach mein Mannsein sind, auch wenn das dann in Tausenden und Abertausenden Variationen bei Männern ein bißchen anders ist, kann ich doch erkennen, daß bestimmte Grundmuster eben typisch männlich oder auf der anderen Seite typisch weiblich sind, und in dem Moment rücke ich aus dem rein seelischen Element heraus. Und das befreit. Dadurch kann ich mit meinem Partner ganz anders umgehen. Und das Wühlen in der Beziehungskiste, die Sucht, darin rumzumachen, zeigt doch nur, daß man keinen Ausweg findet, daß man nicht weiß, wie man denn auftauchen soll. Wie bekomme ich den Kopf über Wasser? Jetzt hört die Gültigkeit des Bildes allerdings auf, denn wenn ich als Mensch tatsächlich in der Wirklichkeit im Wasser tauche, dann habe ich die Tendenz in mir, von alleine aufzutauchen, weil ich Luft in mir habe und dadurch leichter bin als das Wasser. Das Problem in bezug auf das seelische Auftauchen ist, daß es dafür keine Kraft gibt, die mich naturgegeben hochzieht. Ich muß selber Aktivität entfalten, um den Kopf aus dem „Seelenwasser" herauszubekommen.

K.-D.N.: Nun ist das Ziel, das Sie genannt haben, lieben zu lernen, für viele sicher nicht leicht konkret greifbar. Es ist schwer, dieses Ziel zu unterscheiden von demjenigen, was man ohnehin in einer Partnerschaft, insbesondere in der Verliebtheitsphase, erlebt, auch wenn man zunächst nur im Seelischen herumwuselt. Müssen nicht notwendigerweise mit einer Partnerschaft immer noch weitere Ziele verbunden sein, die elementar mit den menschlichen Lebensaufgaben zusammenhängen: individuelle und gemeinsame Ziele, die auf das Wirken in der Welt gerichtet sind, zu deren Verwirklichung man durch die Partnerschaft Kraft gewinnt?

W. Gädeke: Natürlich, denn es läßt sich auch das Ziel einer Beziehung nicht finden, wenn man nicht auch für das Menschsein überhaupt ein Ziel erfassen kann. Insofern ist die Frage nach einem Eheziel, einem Ehesinn, verbunden mit der Frage nach dem Menschsein und nach dem Ziel des Menschseins überhaupt. Die Beziehungsfrage ist dann nur ein Spezialfall. Daran sieht man aber, daß mit Ehe, Beziehung usw. zurechtzukommen letztlich eine philosophische, eine Weltanschauungs- und Wertfrage ist.

K.-D.N.: Was machen denn alle die Menschen, die keine Weltanschauung haben, aus der sie geistige Ziele ableiten können?

W. Gädeke: Die leiden ...

W.W.: ... oder betäuben sich.

K.-D.N.: Das ist mir ein wenig zu schematisch. Ich kann mir schwer vorstellen, daß alle diese Menschen dann nur noch darunter leiden.

W. Gädeke: Im Laufe der Zeit schon. Es verhält sich dabei so ähnlich wie mit der Belastung durch Umweltgifte. Wir können eine ganze Menge aushalten und merken zunächst nichts. Aber wer weiß denn, wieviel Quecksilber z.B. pro Kilogramm Körpergewicht er schon in sich trägt? Wir merken nichts davon. Aber irgendwann kommt eine kritische Marge, die verschiedenen Belastungen kommen zusammen und die Auswirkungen zum Ausbruch. Ähnlich verhält es sich auch mit der seelischen Belastung. Der Mensch trägt lauter Belastungen in sich, die erst einmal latent sind und nicht ausbrechen, aber irgendwann kommt der berühmte Tropfen, der das Faß zum Überlaufen bringt. Und dann bricht irgendeine Krankheit oder Krise aus. Das Leid ist dann mit einem Schlage massiv da. Wenn das Leid immer sofort käme, also wenn wir – um im Vergleich zu bleiben – bei jedem Milligramm Quecksilber sofort etwas merken würden, wären wir überhaupt nicht mehr frei zu handeln. Wenn wir für jeden Fehler, den wir machen, sofort bestraft werden würden – entsprechend dem „Kleine Sünden straft der liebe Gott sofort" –, dann wären wir nicht mehr frei. Dieses Phänomen, daß wir erst einmal eine ganze Menge Mist in uns ansammeln können, bevor wir etwas merken, begründet unter anderem unsere Freiheit. Stellen Sie sich vor – das würden sich manche Behaviouristen sicher wünschen –, wir bekämen bei jeder Fehlhandlung gleich einen Elektrostoß. Dann würden wir sehr schnell gar nichts mehr falsch machen, weil wir dann nur noch nach einer Vermeidungsstrategie handeln würden, um ohne Bestrafung zu leben.

Verschleierung der eigenen Defizite

K.-D.N.: Noch ein letzter Aspekt zum Suchtproblem: In manchen Beziehungen ist zu bemerken, daß sie oft in einem großen Anteil dazu dienen, die eigenen seelischen Defizite zu verschleiern, von den eigenen grundlegenden Lebensproblemen und -aufgaben abzulenken, und dadurch Suchttendenzen annehmen. Man verdrängt die eigenen Aufgaben und Probleme, sucht in der Partnerschaft nach einem Ersatz, der einen vor den Mühen der eigenen Problembewältigung und Änderung bewahrt. Man geht dann immer wieder in dem Irrglauben in die Partnerschaft hinein, daß sich aus ihr heraus gewissermaßen wie von selbst etwas entwickelt, das einen der eigenen Schwierigkeiten enthebt. Wenn dann in der Partnerschaft irgendwann Probleme auftauchen, greift der Mechanismus, daß man den anderen, seine Fehler und Schwächen für diese Schwierigkeiten verantwortlich macht. Es ist dann auch oft sehr schwer, unterscheiden zu lernen zwischen den eigenen Defiziten, Schwächen und Fehlern, die ohnehin da wären, auch ohne eine Partnerschaft in einem existieren würden, und den Problemen, die tatsächlich erst durch die Partnerschaft auftauchen. Wie kann man lernen, diese intra- und interpsychischen Probleme genau zu unterscheiden?

W. Gädeke: Ich glaube, daß dazu schon oftmals die Beratung notwendig ist. Eine Hilfe ist einfach, wenn man sich grundsätzlich klarmacht, daß wir Menschen von Natur aus defizitär sind, wie wir das vorhin bereits mit der Sündenkrankheit angedeutet haben. Es gibt bestimmte Grundphänomene, die zum Menschsein unabdingbar dazugehören, wie z.B. die Tatsache, daß wir irren können oder daß wir, was wir eingesehen haben, trotzdem nicht tun. Umgekehrt gilt natürlich das gleiche: daß wir, was wir eingesehen haben, daß es schlecht ist, dann trotzdem tun. Das ist eigentlich widersinnig, aber eben ein typisch menschliches Phänomen. So sagt auch Paulus: „Das Böse, das ich nicht will, das tue ich, und das Gute, das ich will, das tue ich nicht." Das ist Segen und Fluch des Menschen, das ist seine Sündenkrankheit.

Ich muß also davon ausgehen, daß ich als Mensch auf jeden Fall defizitär bin, zunächst ganz unabhängig von meinen persönlichen Defiziten, sondern grundsätzlich als Mensch. Zusätzliche Defizite sind dann noch mit dem Mann- oder Frausein verbunden. Das heißt, es gibt eine Schicht, die ist für Frauen und Männer gleich, ein Defizitbereich, der allen Menschen gemeinsam ist, und dann gibt es noch Defizite, die ich habe, weil ich Frau oder Mann bin. Wenn man sich das immer wieder klarmacht, und zwar nicht nur theoretisch, sondern ganz lebenspraktisch – und die Anthroposophie gibt ja vielfältige Hilfen, sich das bis ins Konkrete hinein klarzumachen –, dann wird auch deutlich, daß das nicht nur den Fluch, sondern auch den Segen und die Würde des Menschen ausmacht. Nehmen Sie nur die Irrtumsfähigkeit: Stellen Sie sich vor, wir würden im Denken immer unweigerlich die Wahrheit erfassen.

W.W.: Das wäre außerordentlich langweilig.

W. Gädeke: Ja, das auch, und dann wären wir keine Menschen mehr, sondern Engel.

K.-D.N.: Wie langweilig!

W. Gädeke: Ja, denn das ganze Streben des Menschen und Bemühen um Wahrheit würde entfallen. Unser ganzes Menschsein, unser ganzes Sein wäre total anders. Die Würde des Menschen liegt darin, daß er sich durch Irrtum zur Wahrheit bewegen will: per aspera ad astra, haben die Römer gesagt. Durch das Widrige zu den Sternen, wie man es auch formulieren könnte. Unsere Defizite sind nur der Schattenwurf unserer menschlichen Möglichkeiten. Auf dem Felde der Ehe haben wir z.B. gegenüber den Tieren insofern ein Defizit, weil wir keinen Instinkt haben, der das Zusammenleben der Geschlechter vorgibt und uns sagt, wie es zu funktionieren hat. Alle Säugetiere haben einen solchen Instinkt, und das gesamte Zusammenleben der Geschlechter läuft nach diesem Muster ab. Der Schwan muß eben eine Einehe führen, der Löwe im Harem leben usw., es geht nicht anders. Das liegt fest. Solchen Instinkt haben wir Menschen nicht. Nun könnte man das als ein Defizit, als einen Mangel auffassen, aber gerade darin liegt die Würde und die Freiheit des Menschen, daß er sich seine Form des Zusammenlebens der Geschlechter selber schaffen muß. Alle Defizite des Menschen haben auch ihre Chance, sind auch Möglichkeiten, die der Mensch ohne diese Defizite nicht hätte. Durch diese Einsicht, die man sich immer wieder klarmachen muß, bekommt man ein anderes Verhältnis zu seinen Defiziten.

Wenn ich aber nun meine, daß der andere meine Defizite ausgleichen soll, und zwar durch sein pures Sosein, dann muß ich den anderen auch begehren: Du repräsentierst das, was mir fehlt, also her mit Dir. Anstatt zu sagen: An Dir sehe und erlebe ich etwas, das ich selber lernen und entwickeln will. So nur kann der andere einem helfen, etwas zu entwickeln, das die Defizite aufhebt. Ich muß mein eigenes Menschsein vervollkommnen und mich nicht durch den anderen in meinen Defiziten substituieren lassen. Also eben nicht nach diesem Motto: Wir passen so gut zusammen, wir wollen alles gemeinsam machen. Was Du kannst, kann ich nicht, und was ich kann, kannst Du nicht. Also paßt das zusammen. So darf es eben nicht sein, denn da ist alles Besitzstreben, alles Suchtverhalten vorprogrammiert.

Nun kann man das allerdings nicht total vermeiden, denn in jede Beziehung spielt auch dieser Aspekt mit hinein. Wer könnte denn sagen, daß er in einer Partnerschaft sich nicht auch etwas heranzieht, was ihm fehlt und was er doch gerne zu seinem Menschsein haben will? Das geht schon bei der Sexualität los. Hundertprozentig zu vermeiden ist das nicht, es ist nur die Frage, ob man es minimieren kann. Man kann es umlenken, indem man zunächst nach dem Sinn der Beziehung fragt, und dann kommt die Befriedigung der Bedürfnisse letztlich mehr oder weniger von alleine. Das ist die christliche Grundhaltung: Trachtet zuerst nach dem Reich des Geistes – so formuliere ich es jetzt einmal –, also bemüht euch zuerst um das Geistige, um Sinn- und Zielfragen, alles übrige zur Befriedigung der Bedürfnisse wird euch dann hinzugegeben werden. Das kommt dann von alleine. Es gibt eben auch positive Nebenwirkungen. Wenn ich nach einem Ziel wirklich um der Sache willen strebe, dann ist meistens die Bedürfnisbefriedigung nicht mehr das Problem. Wenn aber die Bedürfnisbefriedigung der Hauptinhalt des Strebens wird, ist das der sicherste Weg, diese Befriedigung zu verfehlen. Wer z.B. immer nur um seine Gesundheit barmt und bangt, ob er dieses oder jenes essen kann oder nicht, und über jedem Blättchen Salat pendelt, wird am ehesten krank. Der Hypochonder macht sich schon durch seine Haltung krank. Genauso ist es auch, wenn ich immer nach meiner Befriedigung suche, nach meinem seelischen Erfülltwerden, dann ist das der sicherste Weg, es nicht zu finden. Das werden die unzufriedensten Leute. Zufriedenheit, Befriedigung entsteht nur, wenn ich sie nicht als direktes Ziel ansteuere. Sie muß Nebenwirkung des Strebens nach einem anderen Ziel sein. Deshalb heißt es auch in der Bergpredigt: „Sorget nicht, was werden wir essen, was werden wir trinken ...“ Das ist der Kern des Problems im Suchtverhalten.

e) Doppelgänger

K.-D.N.: Kommen wir zum sogenannten Doppelgänger als eine Ursache immer wieder auftretender Partnerkonflikte. Vielleicht können wir versuchen, unter diesem Doppelgängeraspekt verschiedene Probleme anzuschauen, auch wenn man bei vielen Dingen vielleicht nicht mit letzter Sicherheit sagen kann, daß es sich um eine reine Doppelgängerproblematik handelt. Rudolf Steiner spricht in verschiedenen Variationen über diesen sogenannten Doppelgänger des Menschen, der vor der Geburt vom Körper Besitz ergreift und ihn vorm Tod wieder verläßt. Er charakterisiert diesen Doppelgänger als ahrimanisches Wesen von hoher Intelligenz, starkem Willen und ohne Gemüt, das den Menschen zu falschen Handlungen verleitet, die eigentlich seinem wahren Wesen, seinen ureigenen Willensintentionen nicht entsprechen. Diese ahrimanischen Wesen wollten eigentlich einen Leib ohne Ich, in der Gegenwart herrsche eine besondere Schwäche gegenüber dem Wirken des Doppelgängers, und nur durch das Erkennen des Doppelgängers schwinde seine Macht. Was genau ist dieses Doppelgängerwesen, wie kann man es erkennen?

W. Gädeke: Das schließt sich gut an das an, was wir eben besprochen haben, denn das Pauluswort, „Das Böse, das ich nicht will, das tue ich, und das Gute, das ich will, das tue ich nicht", ist ja im Grunde der unmittelbare Ausdruck dieses Tatbestandes. Das ist eben konstitutiv mit dem Menschsein von seiner Geburt bis zu seinem Tode verbunden. In der Schilderung Steiners tritt jetzt nur die Besonderheit auf, daß er das mit dem Wirken eines Wesens in Zusammenhang bringt, was zunächst vielleicht befremdlich erscheinen mag. Aber der Grundtatbestand, daß da etwas im Menschen ist, was ihn von seinen eigentlichen menschlichen Intentionen abführt, das ist doch so offenkundig, daß es eigentlich keiner weiteren Begründung bedarf. Wer das bei sich selber nicht bemerkt, der hat noch nicht einmal den allerersten Schritt von Selbsterkenntnis geleistet. Das aber ist das Wichtigste, daß man das zunächst bei sich in aller Deutlichkeit und Schärfe bemerkt und nicht nur bei anderen. Das ist der erste Schritt zum Erkennen dieses Wesens, wodurch es seine Macht schon anfänglich verliert. Das geschieht allein schon durch die Tatsache, daß ich das ganz nüchtern und klar auch mir selber gegenüber sagen muß. In der Aussage sehe ich da eigentlich keinen prinzipiellen Unterschied zwischen Paulus und Steiner. Letztlich ist es genau dasselbe.

K.-D.N.: Könnte man den Doppelgänger als ein Schattenwesen charakterisieren, daß zwar nicht dem eigenen Wesen entspricht, wohl aber mit der Individualität als Aufgabe eng verbunden ist?

W. Gädeke: Ja, es ist nicht mein Wesen, aber es gehört zu mir. Man könnte auch sagen, es gehört nicht zur Individualität, sondern zur Persönlichkeit. So unterscheidet Steiner das ja auch manchmal. Daher weist er ja auch darauf hin, daß sich dieses Wesen mit der irdischen Existenz des Menschen zwischen Geburt und Tod verbindet. Mit dem Vorgeburtlichen und Nachtodlichen des Menschen hat das nichts zu tun. Es ist ein Tatbestand, der zum Wesen des irdisch verkörperten Menschen dazugehört. Der Begriff des Schattens spielt ja auch bei C.G. Jung eine große Rolle, der darunter alles das versteht, was eben noch nicht vollmenschlich verwandelt und bewußt ergriffen, verarbeitet und individualisiert ist.

K.-D.N.: Wie kann man darauf aufmerksam werden, daß in der Partnerschaft Dinge geschehen, die zu Konflikten und Problemen führen und die eigentlich auf Doppelgängerwirkungen zurückzuführen sind? Wie kann man sich dafür sensibilisieren, daß es sich bei manchem Streit um reine Doppelgängergefechte handelt, die Handlungsweisen, Aussagen und Verletzungen mit sich bringen, die man eigentlich nie gewollt hat?

W. Gädeke: Indem man, wenn sich die Situation wieder beruhig hat, sich selber klarmacht und gegenüber dem anderen ausspricht: „Wenn ich ehrlich bin, wollte ich das eigentlich nicht." Allein diese Formulierung, die natürlich wirklich echt und aus der Seele kommen muß, ist die erste leichte Distanzierung von meinem Doppelgänger. Das, was ich getan habe, wie ich mich verhalten habe, entspricht nicht dem, wie ich mich bei ruhiger Besinnung auf mich selbst und auf mein Menschsein wirklich verhalten möchte. Das ist etwas, das man alltäglich üben kann und muß, wenn man zurechtkommen will. Die Rückschauübung von Rudolf Steiner hat ja unter anderem diesen Sinn, damit man in der Rückschau wenigstens bemerkt: Da habe ich mich in einer Art und Weise verhalten, die angesichts meiner ruhigen ichhaften Betrachtungsweise nicht als berechtigt bestehen kann. Das ist das allererste. Natürlich ist es leichter beim anderen zu sehen, daß er aus Unverwandeltem, Defiziten und irgendwelchen Schwierigkeiten heraus handelt, daß er nicht aus seinem besten Teil, wie man ja auch sagt, heraus handelt. Das wird einem beim anderen ja sofort deutlich. Die Chance in der Partnerschaft ist, daß man bemerkt, daß einem selbst das auch passiert. Wir können als Menschen gar nicht leben und handeln, ohne diese Erfahrung zu machen. Es ist nur die Frage, ob wir darüber auch noch ein bißchen jeden Tag erschrecken.

Aufwachen zur Individualität des anderen

K.-D.N.: Wie kann man sich der Individualität des anderen Menschen nähern? Wie kann man ein Bewußtsein dafür bekommen, daß der andere seinem Wesen nach noch etwas ganz anderes ist als seine wie auch immer gearteten Handlungen?

W. Gädeke: Ich denke, auf demselben Wege, den wir jetzt schon angedeutet haben: über das Urerlebnis, das ich zwar so und so gehandelt habe, es aber eigentlich von meinem Ich her nicht wollte. Das heißt, daß es einen Zwiespalt gibt in mir und auch in dem anderen, daß wir unterscheiden die Handlung, die wir getan haben, und unser eigenes Wesen. Da hat sich etwas dazwischen geschoben. Und wenn ich mich auf mich selbst besinne, muß ich sagen, daß diese Handlung eigentlich nicht ganz von mir war. Da hat sich etwas anderes eingeschlichen. Dem anderen wird man das dann auch zugestehen und sagen: Nicht alles, was Du tust, stammt voll aus Deinem eigentlich innersten Wesen. – Das betrifft z.B. auch alles, was ich in der Therapie deutlich mache, wenn es darum geht, typische männliche und weibliche

Verhaltens-, Empfindungs- und Denkweisen zu verdeutlichen. Allein durch die Demonstration dieser Kenntnisse – das erlebe ich auch in Kursen – tritt schon eine erhebliche Erleichterung ein: „Ach, ist das bei Ihnen auch so, ich dachte immer nur, mein Mann ...“ usw. Indem ich bemerke, daß diese Verhaltensweisen gar nicht aus dem Ich kommen, sondern ganz offensichtlich aus dem Defizit unseres Soseins, unseres sündenkranken Menschen oder aus dem Defizit des Nur-Mann- oder Nur-Frauseins, in dem Moment löst sich das von der Person, von dem Ich ein bißchen ab, weil ich merke, das ist gar nicht sein Ich, sondern sein Mannsein etc. Durch diese Unterscheidung bekomme ich gewissermaßen schon den Blick für das Ich. Und dann bemerke ich allmählich, wie klein dieses Ich ist, wie schwach und armselig es noch ist: das nackte kleine Baby. Das ist für mich ein Schlüsselbildbegriff von Steiner: das Ich als Baby, und zwar für alle Psychologie. Denn sehr viel ist nicht Ich an mir selber. Und der Doppelgänger ist die wesenhafte integrale Substanz dessen, was unsere Defizite, Unvollkommenheiten, Schwächen usw. sind.

Andere Temperamentsmöglichkeiten entwickeln – Es muß feste Bräuche geben

K.-D.N.: Einen Geschmack davon, was alles Doppelgängerwirken sein kann, bekommen wir, wenn wir jetzt verschiedene Doppelgängerphänomene betrachten. Das Doppelgängerwirken äußert sich in verschiedenen Aspekten, von denen ich einige beispielhaft herausgreifen will. Zunächst äußert es sich in erblich bedingten Veranlagungen, wie sie sich z.B. in Gestalt, Temperament und Charakter auswirken. Sehen wir nur einmal auf das Temperament: Ein Partnerschaftsproblem sind die verschiedenen Zeiten, in denen die Partner leben und in der Lage sind, Änderungen in ihrem Verhalten durchzuführen, wodurch immer wieder Rückfälle in alte Gleise zustande kommen. Der eine Partner setzt die guten Vorsätze um, während der andere – beim besten Willen, aber er ist eben Phlegmatiker – weiter verharrt. Nehmen wir wieder als Beispiel die Eifersucht: Beide haben sich vorgenommen, etwas zu tun, um die Eifersucht herabzudämpfen. Er hat z.B. versprochen, sich zu disziplinieren und keine dämlichen Fragen mehr zu stellen, sie will sich bemühen, mehr Interesse für ihn aufzubringen, ihre Zuneigung mehr zu äußern, damit er sich ein bißchen bestätigter und sicherer fühlt. Nehmen wir an, sie ist aber nun Phlegmatikerin und wartet erst einmal ab, was er denn von seinen guten Vorsätzen umzusetzen in der Lage ist. Ein Tag, eine Woche gehen ins Land, es passiert von ihr aus erst einmal nichts, und die Eifersucht ist danach um so stärker wieder auf dem Tablett.

W. Gädeke: Der Fall liegt ganz einfach, denn man muß sich klarmachen, daß jedes einseitig ausgeprägte Temperament zu diesen Defiziten gehört. Jedes Temperament hat dabei auch seine Berechtigung. Situationsgebunden kann es richtig sein, in dem Moment wie ein Choleriker zu handeln. Es kann eine Situation aber auch erfordern, daß ich ganz langsam und ruhig wie ein Phlegmatiker mit ganz kleinen Schritten darauf zugehe. Es kann andere Situationen geben, da ist es besser, ich hüpfe sanguinisch darüber und lasse den Stein liegen, statt dauernd an ihm herumzumachen. Damit will ich nur sagen, daß jedes Temperament seine Chancen und Schwierigkeiten hat. Je einseitiger das Temperament ausgeprägt ist, um so schwieriger für das Leben, wenn ich nicht andere Temperamentsmöglichkeiten auch in mir entdekke und entwickele.

Das ist ja ein Punkt, den Rudolf Steiner in seinen Schulungen immer wieder hervorhebt, daß Änderungen von Temperament und Charakter, also desjenigen, was mit dem Ätherleib zusammenhängt, unheimlich lange dauern und im Grunde genommen nur zwei Mittel zur Verfügung stehen, um diese Änderung herbeizuführen, nämlich die Kunst als das schwächere Mittel und die Religion als das stärkere. Beide wirken aber nur dann, wenn sie in ständiger Übung vollzogen werden. Dann gibt es auf den Ätherleib bezogen noch die Gewohnheitsänderungsübungen, Gedächtnisübungen usw., alles Übungen, die die Beweglichkeit und Variabilität und Spiritualität des Ätherleibes, der Gewohnheiten steigern.

Im konkreten Fall, den Sie angeführt haben, wäre die momentane Änderung meines Erachtens eigentlich ganz einfach herzustellen, und zwar indem man z.B. verabredet, montags abends zusammen ein Buch zu lesen. Dann macht man das einfach. Und darin liegt die Zuwendung. Der Phlegmatiker schmeißt sozusagen den Stiefel über den Bach und schreibt das in seinen Kalender ein, und dann wird es einfach gemacht. Weil man einen Terminkalender hat! Genauso wie Sie für heute in Ihren Terminkalender geschrieben hatten: „Interview mit Gädeke, Kiel", und es dann auch machen. Und wenn Sie heute morgen auch aufgewacht wären mit dem Gefühl: „Oach, jetzt müssen wir zu diesem Gädeke", dann hätten sie sich trotzdem gesagt: Wir haben das jetzt verabredet, wir wollen das Heft machen, also führe ich auch das Interview, selbst wenn ich gar keine Lust habe. Das heißt, das Temperament kann man auch ein bißchen überlisten, indem man vom Ich aus Termine setzt und einfach Verabredungen schafft, was man machen will. So komisch es auch klingt, ich merke es immer mehr in der Eheberatung, wie wichtig das ist, daß bestimmte Dinge eingerichtet werden und man nicht zuwartet, bis der Ätherleib sich endlich, womöglich erst in Jahrzehnten, verwandelt hat. Da kann man schwarz werden. Man muß selber aus dem Ich heraus positive Gewohnheiten, Rhythmen setzen. Wenn die Partner dann eine Dreiviertelstunde gemeinsam gelesen und noch eine Dreiviertelstunde darüber gesprochen haben, können sie um halb zehn dann sagen: Jetzt ist Schluß mit Problemgespräch, jetzt ist Schluß mit Geistgespräch, jetzt wird geschmust. Wie auch immer, das machen sie dann jeden Montag, das ist ihr Rhythmus und dadurch schaffen sie die Sicherheit, die der eifersüchtige Charakter gerne haben möchte und überwinden eventuell gemeinsam die Eifersucht, ohne direkt darüber zu sprechen. „Il faut des rites" heißt es beim kleinen Prinz; es muß feste Bräuche geben, nicht weil ich sie in mir als Gewohnheit oder Charakter vorfinde, sondern weil ich sie setze, weil ich sie will.

W.W.: Da höre ich jetzt schon unzählige Frauen protestieren, daß das festgezurrtes, männliches Durchreißen des Lebens sei. Da wollen sie sich nicht einfügen.

W. Gädeke: Brauchen sie ja auch nicht.

W.W.: Ja, dann geht es aber schief.

W. Gädeke: Ja, eben! Wer nicht bereit ist, positive Gewohnheiten durch Lebenseinrichtung zu setzen – ich verpflichte mich selber –, der kann auch nicht hoffen, mit seinem einseitigen Temperament zurechtzukommen.

K.-D.N.: Meinen Sie, daß es Temperamentskonstellationen gibt, die eine Partnerschaft besonders erschweren bzw. verunmöglichen, z.B. der ewig beleidigte Melancholiker und die flippige Sanguinikerin?

W. Gädeke: Das kann man nicht so allgemein sagen. Je einseitiger ein Temperament ausgebildet ist, desto schwieriger wird natürlich Partnerschaft. Aber es kann genauso schwierig sein, wenn zwei Choleriker aufeinandertreffen. Ich kann nicht erkennen, daß eine bestimmte Konstellation generell besonders schwierig ist. Das hängt ja auch noch von so vielen anderen Faktoren ab. Man muß auch sehen, daß wir mehr oder weniger alle Temperamente in uns haben und es letztlich eine Frage des Überwiegens ist.

Verschiedene kulturelle Prägung und Interessen

K.-D.N.: Auch Erziehung und Kultur wirken sich unter Umständen als Doppelgängerphänomen aus und können zu erheblichen Partnerschaftsproblemen führen. Nicht selten ist es so, daß eher die Frau kulturelle Interessen hat, gerne ins Theater, Konzert oder in eine Eurythmieaufführung gehen möchte, während er es präferiert, im Hobbykeller zu werkeln, Fußball im Fernsehen zu sehen oder ein Bier zu trinken. So gibt es bestimmte Gewichtungen, die natürlich auch ganz anders gelagert sein können. Mag das nun gelagert sein, wie es will: Muß man sich dazu zwingen, auf die Wünsche und Bedürfnisse des Partners jedenfalls mal beizeiten einzugehen?

W. Gädeke: Man sollte ihm das jedenfalls begrenzt einräumen. Also, wenn meine Frau nun unbedingt gerne Modezeitschriften angucken würde, und das würde nicht überhand nehmen und zu übermäßigen finanziellen Ausgaben führen, würde ich sagen: Warum nicht? Ich ertappe mich ja auch noch manchmal dabei, daß ich kurz sehe, wie es meinem alten Fußballverein Werder Bremen in der Bundesliga ergeht. Das ist geradezu lächerlich, nicht wahr, aber das sind dann eben harmlose Reste meines Noch-nicht-erwachsen-geworden-Seins. Wenn aber einer jeden Abend drei Stunden Sport im Fernsehen gucken muß und dadurch ganz bestimmte Bereiche der Beziehungspflege zu kurz kommen, überhaupt nicht stattfinden, dann wird es echt problematisch.

Manche Dinge sind dann auch wieder eine Frage des Werturteils: Nehmen wir einmal an, meine Frau würde sich für Boxen interessieren: dann käme ich tatsächlich ein bißchen in Schwierigkeiten, sie zu begleiten und an den Boxring zu gehen. Das ist natürlich ein Extrembeispiel. Aber es gibt eben Bereiche, die man nicht mitzumachen braucht, wo man den anderen gehen läßt und sich dann eben nur erzählen läßt. Es gibt nun mal viele Menschen, die interessieren sich z.B. nicht für Oper. Mag sein, daß sie sonst kulturell interessiert sind, aber Oper mögen sie eben nicht. Dann kommt es darauf an, daß man gewisse kulturelle Gebiete gemeinsam erlebt und andere wiederum jeder einzelne für sich. Warum denn nicht? Es genügt ja, daß man sich manchmal im Gespräch dafür interessiert und vielleicht bemerkt man dann ja sogar, daß man in diesem Bereich eine echte Lücke, ein Defizit hat. Darüber hinaus ist es immer von Wert, wenn man für das, was den anderen interessiert, auch Interesse aufbringt und sei es auch nur als Seeleninhalt des Partners. So weit sollte man es möglichst auf jeden Fall bringen. Zugegeben, das hat für jeden Menschen aber auch irgendwo seine Grenze. Wenn aber die Interessenbereiche zu weit auseinanderliegen und sich kein Austausch mehr ergibt, dann wird es schwierig. Das ist im wesentlichen eine Maßfrage. Entscheidend ist, ob man genügend gemeinsame Interessen, Erlebnisse und Tätigkeiten hat.

Verwandte sind auch Menschen

K.-D.N.: Sollte man sich für die Familie und Freunde des Partners interessieren, auch wenn man mit ihnen wirklich nichts gemein hat, oder schlimmer noch, diese unausstehliche Flachgeister sind?

W. Gädeke: Am Anfang sollte man mindestens versuchen, diesen menschlichen Umkreis einigermaßen kennenzulernen.

K.-D.N.: Persönlich oder aus Erzählungen?

W. Gädeke: Persönlich, warum denn nicht? Vielleicht findet der eine ja etwas Interessantes, was der andere nur nicht entdecken kann. Es kann doch sein, daß ein bestimmter Mensch, den der andere als Flachgeist ansieht, bestimmte Seiten hat, die der andere nur aus bestimmten Gründen nicht entdeckt. Er könnte sie aber vielleicht entdecken. Das Kennenlernen von vornherein abzulehnen würde ich jedenfalls als einen Mangel ansehen. Man kann ja immer noch entscheiden, ob man den Kontakt weiter pflegen will. Verwandte, sagte meine Tante immer, sind schließlich auch Menschen.

W.W.: Sie sagten, daß es in der Partnerschaft Interessenbereiche des Partners geben kann, bei denen es schwierig bis unmöglich ist, sich mit ihnen zu beschäftigen, Beispiel Boxen. Man kann das tolerieren, okay, aber eine lange intensive Beschäftigung ist nicht möglich. Hier kann sich das Problem aber nun verschärft stellen. Die Freunde und Verwandten des Partners können unter Umständen Menschen sein, die den eigenen Interessensphären überhaupt nicht zugetan sind und mit denen man sich sonst nie an einen Tisch setzen würde. Da bliebe dann doch wirklich kaum eine Möglichkeit der Auseinandersetzung.

W. Gädeke: Ja, das ist möglich, aber es ist zunächst auch eine Frage der Häufigkeit und der Intensität. Wenn der Partner ab und zu mal seine Eltern besucht und keine Abhängigkeit vorliegt, sondern die Besuche rein aus Mitmenschlichkeit, Dankbarkeit usw. geschehen, er sich halt ab und zu mal um seine Eltern kümmert, warum soll man denn da nicht ab und zu mal mitgehen, wenn es einem nicht gar zu zuwider ist? Man kann es ja auch so sehen, daß die Eltern sich entschlossen haben, dieses

Kind großzuziehen, und dieser Tatsache verdanke ich, daß ich einen Partner habe. Eine solche Grundhaltung könnte man schon positiv entwickeln, auch wenn man sich sonst nie persönlich mit diesen Menschen befassen würde. Und wenn der Partner da keine ungesunden Abhängigkeiten mehr hat, dann kann man das doch auch ganz locker handhaben. Wenn einem das allerdings zuwider ist, muß man eben den Partner allein gehen lassen. Solange keine Abhängigkeit des Partners von seinen Eltern vorliegt, muß das nicht zum Problem werden.

Zunächst sollte man doch aber einfach sehen, daß diese Menschen zum Schicksalsumkreis des Partners gehören, und es ist einfach eine Geste der Mitmenschlichkeit und Höflichkeit, daß man sich da ein wenig bemüht, ein menschlich erträgliches Verhältnis zu schaffen. Es muß ja nicht die tiefe Freundschaft sein. Wenn klar ist, daß die Partnerschaft selber die Priorität ist, dann ist das doch kein Problem. In der Ehe muß sowieso jeder Partner in unterschiedlichen Intensitäten seine Beziehungen zu Dritten nach außen haben dürfen. Wenn man Ehe so verstehen würde, daß beide nur alle Freunde gemeinsam haben dürften, das wäre doch entsetzlich.

K.-D.N.: Da würde ja kaum einer nachbleiben.

W. Gädeke: Eben. Deswegen muß man auch Beziehungen zu Dritten in der Ehe zulassen können, die auch nur den einen Partner betreffen. Das Verlangen, mein Freund muß auch Dein Freund sein, ist Unsinn. Hingegen kann ich doch wohl verlangen, daß mein Partner nett zu meinem Freund ist, wenn der mich besuchen kommt.

K.-D.N.: Es gibt auch die umgekehrte Variante, indem gesagt wird: „Das sind meine Leute, die gehen Dich nichts an."

W. Gädeke: Ja, aber das ist doch auch wieder extrem. Warum sollte man das sagen? Das ist eine ausschließende Geste, die ich nicht förderlich finde. Warum soll ich mich nicht auch für die interessieren? Und wenn sie mich interessieren, komme ich mit, und wenn nicht, dann eben nicht. Wenn aber diese ausschließende Haltung auftritt, dann liegt woanders in der Beziehung etwas schief. Das würde ich mal vermuten.

Einfluß von Gruppengeistern – „Wie er sich räuspert, wie er spukt"

K.-D.N.: Eine besondere Variante des Doppelgängerwirkens aus dem Kulturbereich ist der Einfluß von Gruppengeistern: Er ist z.B. Waldorflehrer und bildet auf einmal scheußliche Verhaltensweisen aus, indem er etwa jeder seiner Aussagen ein langgezogenes „Nich?" folgen läßt, das scheinbar in den Kollegiumskonferenzen unbewußt der gegenseitigen emotionalen Überrumpelung dient. Oder er unterstreicht jede noch so banale Äußerung durch rudernde Gesten, und wenn ein wichtiges Thema ansteht, trieft er vor Ernsthaftigkeit und lebt sich in anthroposophischer Affektiertheit dar. Die Frau mag sich dann fragen, was da eigentlich zu ihr spricht und wie sie überhaupt noch zu ihm durchkommt. Wie kann man solche Doppelgängeraffekte bändigen, um wieder auf eine reine Ebene der individuellen Urteile zu kommen?

W. Gädeke: Was Sie beschreiben, ist eigentlich ein ganz allgemeines Phänomen. Ein anderes Beispiel: der Jugendliche von 16 Jahren, der sich über die Angewohnheiten seines Vaters mokiert, ohne dabei zu bemerken, daß er das Spiegelbild oder gar die Kopie dieser Angewohnheiten seines Vaters wird. So übernimmt jeder Mensch mehr oder weniger Angewohnheiten seiner Umgebung. Das kann bis hin zu abziehbildartigen Imitationen gehen. Ich habe einmal einen Kollegen von mir erlebt, der in seiner Jugend mit dem großen Dr. Benesch aufgewachsen ist und ihn auch sehr verehrt hat, der dann plötzlich mit Handbewegungen und Gesichtszügen dasaß, die eine absolute Kopie der Angewohnheiten von Friedrich Benesch waren. Das ist etwas wie eine unspirituelle Ökonomie, wenn etwas auf diese Weise abfärbt.

Ich glaube, in Schillers „Wallenstein“ kommt es vor: „Wie er sich räuspert, wie er spukt, das habt ihr ihm glücklich abgeguckt.“ Das ist ein allgemeines Phänomen, das man von den Menschen, mit denen man stärker verbunden ist, bis in die Gestik, Mimik und Sprache hinein etwas übernimmt. Wenn es gut geht, kann man sich in der Partnerschaft darauf aufmerksam machen. Eventuell muß man es einfach akzeptieren und sich sagen, daß man selber auch nicht davon frei ist. Das ist völlig normal. Indem man das anerkennt, daß das zutiefst menschlich ist, daß wir von unserer sozialen Umgebung mitgeprägt werden, bis in diese Kleinigkeiten hinein, muß man sich nicht mehr so sehr aufregen. Ich denke, das ist mehr eine Frage der inneren Toleranz, genauso wie den festgefahrenen Gewohnheiten des anderen gegenüber. Die brauchen gar nicht von anderen oder aus einer Gruppe zu stammen, sondern man stört sich oft daran und regt sich darüber auf, daß der andere über seine Gewohnheiten nicht hinwegkommt. „Mußt Du immer die Zahnpastatube so zusammendrücken?! Kannst Du sie nicht anständig aufrollen?!“ Dabei ist es ein Kampf gegen die eigenen unverwandelten Gewohnheiten. Man macht ein Schattenboxen. Wenn man sich das einmal klargemacht hat, kann man auch dem anderen toleranter begegnen.

K.-D.N.: Da gibt es aber graduelle Unterschiede. Es ist doch ein erheblicher Unterschied, ob sich jemand immer im Bart zupft oder ob jemand ein komplettes neues Handlungsmuster übernimmt, bei dem es offenkundig ist, wo es herkommt, und das in bestimmten Situationen die ganze Individualität überschattet.

W. Gädeke: Dann muß man eben versuchen, darüber zu sprechen. Um im Beispiel von vorhin zu bleiben, könnte man ja vielleicht sagen: „Hör mal Du, das ist vielleicht ganz günstig, wenn Du Dich im Kollegium so verhältst, aber vielleicht können wir das hier ein bißchen anders handhaben.“

K.-D.N.: „Vielleicht begegnen wir uns hier ja wieder mehr von Mensch zu Mensch.“ Ich meine ja das extreme Beispiel, daß ein komplettes Handlungsmuster wie ein zweites Wesen angezogen wird, daß sich dann auch in den Inhalten des Denkens und der Sprache äußert, so daß man es auch dort mit Gruppenmeinungen und Worthülsen zu tun hat. Man hat dann auch deutlich den Eindruck, es tatsächlich mit einem Doppelgänger zu tun zu haben.

W. Gädeke: Wenn es sich um ein komplettes Handlungsmuster handelt und beinahe ein ganz anderes Wesen ist, dann ist das schon bedenklich. Aber als ein so komplettes Handlungsmuster habe ich das noch nicht erlebt. Wenn man aber solche Affektiertheiten angenommen hat, dann kann man sie auch wieder ablegen. Deswegen sollte man ja auch darüber sprechen und sich dieser Affekte bewußt werden. Dann kann man auch daran arbeiten.

K.-D.N.: Man kann sich ja nun fragen, wie nun gerade von anthroposophischen Gruppen – hier im Beispiel ein Waldorfkollegium – eine solche Wirkung ausgehen kann, wo man doch eigentlich hoffen müßte, daß sie zur Individualisierung des Menschen beitragen. Ich habe oft gehört, daß Lehrer meinen, sich im Kollegium anders verhalten zu müssen, als sie es tun würden, wenn sie sich wirklich frei und unbeschwert fühlten. Es ist da eine gewisse Unehrlichkeit zu bemerken bzw. es wird ein Zwiespalt in der eigenen Persönlichkeit empfunden, weil man sich dort nicht so verhalten und auch nicht so sprechen kann, wie man es eigentlich will. Das geht so weit, daß der Betreffende sich nicht traut, die Anthroposophie bzw. dasjenige, was dort als Anthroposophie verhandelt wird, an den Punkten zu hinterfragen und es dann auch auszusprechen, wo er nicht mit ihren Inhalten übereinstimmt, weil sie nicht der eigenen Erkenntnis entsprechen.

W. Gädeke: Es entsteht ein Über-Ich, würde man freudianisch sagen. Es entsteht eine Art Gruppenzwang, ein Gemeinschaftsverhalten, das einfach unsachgemäß ist. Das tritt mehr oder weniger in allen Gemeinschaften auf. Das ist natürlich nicht förderlich für die Gemeinschaft und auch nicht für die Ehegemeinschaft. Wie bei allen Doppelgängerwirkungen gilt auch hier: Zuerst muß es durchschaut werden, und daher ist es zunächst die Frage, wie der Betroffene reagiert, wenn ihm sein Partner dieses Verhalten spiegelt und ihm z.B. sagt: „Sieh mal, Du redest schon genauso wie der Kollege Soundso, und immer wenn unser Gespräch bedeutsam wird, machst Du so ein Gesicht wie der oder die." Nun ist die Frage, wie der Betroffene reagiert. Reagiert er nur mit Abwehr, oder hat er sich schon einmal grundsätzlich klargemacht, daß es gar nicht ehrenrührig ist, Gewohnheiten anderer anzunehmen, und ist er deswegen bereit, mal ein wenig darauf zu achten? Wenn letzteres der Fall ist, dann wird er froh sein, wenn seine Partnerin ihn darauf aufmerksam macht, und er wird sie bitten, ihm in Zukunft gleich zu sagen, wenn ein solches Verhalten auftritt. Dann faßt er vielleicht auch den Impuls, sein Verhalten zu ändern. Wenn er aber darauf mit Abwehr reagiert, dann wird es schwierig. Deshalb kommt es auch darauf an, wie ich es meinem Partner spiegele. Es muß ja nicht die Holzhammermethode sein, sondern man kann es auch nett und humorvoll sagen. Das ist auch eine Fähigkeit, anderen Menschen diese Dinge so zu spiegeln, daß sie es einem nicht übelnehmen.

Mangelnde Ablösung vom Elternhaus

K.-D.N.: Ein weiteres Partnerschaftsproblem, das einen deutlicheren Zwangscharakter hat, ist die mangelnde Ablösung vom Elternhaus. Können Sie ein Beispiel dafür nennen, wie sich diese mangelnde Ablösung vom Elternhaus belastend auf eine Beziehung auswirken kann?

W. Gädeke: Meistens ist es so gelagert, daß eine wirkliche Entscheidung, daß die Partnerschaft mit dem Ehe- oder Lebenspartner die Priorität hat, nicht gefällt werden konnte. Das ist natürlich immer belastend für die Ehe, denn die muß die Priorität vor der Beziehung zu den Eltern haben. Anders geht es nicht. Die mangelnde Ablösung besteht darin, daß bestimmte Entwicklungsschritte der Individuation in der Loslösung vom Elternhaus gar nicht gemacht worden sind. Das aber ist ein weiteres Zeichen für mangelnde Partnerfähigkeit. Wer nicht gelernt hat, seinen Eltern frei und partnerschaftlich gegenüberzustehen, der kann das auch gegenüber einem Ehe- oder Lebenspartner nicht tun und wird immer zwischen Eltern und Partner hin- und hergerissen werden.

Verselbständigte Seelenabläufe – „Die Kartoffel ist wirklich schön dieses Jahr"

K.-D.N.: Das war jetzt ein eindeutiges Beispiel. Die mangelnde Ablösung zeigt sich aber auch noch in milderen Formen, indem bestimmte Muster übernommen und dann nicht reflektiert werden. Ein besonders einprägsames Bild aus vermeintlich alten Zeiten ist der Abwasch bei Familienzusammenkünften, bei dem heute, etwa von der Schwiegermutter zur Frau, allerlei Mumpitz über Männer, Kinder, Saucen, Socken, und was das Leben sonst noch so zu bieten hat, weitergereicht wird. So wird allerlei übernommen. Man kann z.B. manchmal junge Mütter erleben, die etwa im Umgang mit ihren Kindern oft wortgleich den gleichen Unsinn reden, wie es auch schon ihre Mütter getan haben.

W. Gädeke: Nun ja, das kann natürlich verschiedene Ursachen haben: Entweder sind das Verhaltensweisen, die bewußt weitergegeben wurden – es müssen ja auch nicht immer unsinnige sein –, es können geschlechtsspezifische Eigenheiten zur Ausprägung kommen, oder es handelt sich um einfache Verhaltenskopien, wie wir sie schon besprochen haben.

K.-D.N.: Eine geschlechtsspezifische Eigenheit meinte ich jetzt nicht, sondern z.B. die immer wiederkehrenden gleichen Gesprächsfetzenmuster.

W.W.: Er meint wohl das Phänomen, daß man sich ausschließlich mit den gewissermaßen unteren Schichten des Lebens, mit den häuslichen Dingen bei Familien- oder sonstigen Treffen befaßt, statt auch einmal rauszuschauen in die Welt und z.B. über Politik oder geistige Ideen zu sprechen. Und das geschieht dann oft auch noch in ewig gleichen Mustern.

K.-D.N.: „Wer kommt denn da gestolpert? Mein Stolperchen! Wer stolpert denn da? Hallebutsch!" „Die Kartoffel ist wirklich schön dieses Jahr." „Seeluft macht hungrig." „Abends ist es kühl, zum Glück habe ich meine Strickjacke dabei." Und so weiter, und so fort! Das ist wie ein Strom von Automatismen, der durch die Generationen zieht.

W. Gädeke: Das ist aber unabhängig von Partnerschaft ein Problem des Menschseins. Das ist einfach nicht ganz durchdrungene Seelenäußerung. Irgend etwas verselbständigt sich, und man kann solche Phänomene im Extrem bis in die Psychiatrie hinein verfolgen. Bestimmte Seelenabläufe haben sich dann verselbständigt.

Einflüsse aus einem früheren Leben

K.-D.N.: Eine weitere Nuance des Doppelgängerwirkens sind die Einflüsse aus einem früheren Leben, in dem man dem Partner vielleicht ja auch bereits begegnet ist. Rudolf Steiner schildert, daß besonders Menschen, die wenig entwickelt sind oder im früheren Erdenleben Materialisten waren, beim Abstieg zur neuen Verkörperung Reste des alten Astralleibes aufnehmen, der dann im folgenden Erdenleben neben dem neuen gebildeten Astralleib als Doppelgängerwesen existiert und schlechte Eigenschaften bewirkt. Nehmen wir einmal an, man hätte zu seinem Partner eine karmische Beziehung: Kann man sich in analoger Weise auch ein Doppelgängerwirken aus einem gemeinsamen Karma vorstellen, das in die Beziehung hineinwirkt?

W. Gädeke: Es ist günstig, wenn man sich das nicht immer gleich wesenhaft vorstellt. Denn das mag zunächst so abschreckend sein, daß man sich solchen Gedanken dann gar nicht weiter nähern will. Daß wir aber undurchschaute Reste von früher in uns tragen, ist ja schon innerhalb einer Inkarnation der Fall und als solches auch unmittelbar einzusehen. Nehmen Sie z.B. frühkindliche Traumata: Man weiß von sexuell mißbrauchten Kindern, daß sie das in ihrer Jugend und auch im Erwachsenenalter oftmals gar nicht mehr erinnern. Trotzdem wirkt das natürlich unheimlich stark.

Und so gibt es auch Reste aus einem früheren Leben, die im Leben und in der Partnerschaft mitwirken. Das Fruchtbare eines solchen Gedankens liegt gerade darin, daß man überhaupt damit rechnet, daß es so etwas gibt. Wenn man an undurchschaubare Probleme, Verhaltensmuster und so weiter kommt, die man sich aus dieser Inkarnation, aus diesem Leben überhaupt nicht erklären kann, dann ist es eine Möglichkeit, an die Wirkungen karmischer Reste zu denken. Wenn es sich aber tatsächlich um karmische Wirkungen handelt, dann kann man auch ganz sicher sein, daß diese Ursachen ganz tief sitzen und ganz schwer zu verändern sind. Man muß also in dieser Hinsicht mit sich und seinen Mitmenschen enorm viel Geduld haben, denn man muß die allerstärksten Mittel anwenden, um damit überhaupt zurechtzukommen. Grundsätzlich ist es aber ein Gedanke, der inzwischen für viele Menschen etwas Einleuchtendes hat. Man kommt eben im Leben manchmal an menschliche Schichten, wo man sich fragt: Wie kann das nur sein?

Ich nehme mal ein konkretes Beispiel: Ein Patenkind einer mir bekannten Frau ist seit der Geburt von einem ganz tiefen Mißtrauen erfüllt. Schon als kleines Baby kam das als Trennungsangst heraus, die Mutter konnte nicht einmal mehr aus dem Zimmer gehen, ohne daß das Kind sozusagen ausrastete. Eine Ursache war nicht nachzuweisen, keine Komplikationen während der Schwangerschaft, kein Schwangerschaftstrauma, kein Fehlverhalten der Eltern, gar nichts. Ein mitgebrachtes, ganz tiefes Angstphänomen. Das wird sich dann auch im Erwachsenenleben auswirken. So gibt es viele Phänomene im menschlichen Leben, von denen man sagen muß, daß sie auf so ein unverwandeltes Päckchen aus einem früheren Leben zurückzuführen sind. Damit muß man zunächst einmal leben und versuchen, ein Gegengewicht zu schaffen oder es langsam umzuwandeln.

Undurchschaute Rollenverteilung

K.-D.N.: Normalerweise denkt man, wenn man vermutet, daß es sich um eine karmische Beziehung handelt, insbesondere in der Verliebtheitsphase, eigentlich an positive Dinge. So nach dem Motto: „Wir haben uns nun wieder gefunden, mein Schatz", und man verfällt leicht auf den Gedanken, daß es schon einmal eine besonders schöne Liebesbeziehung oder auf jeden Fall eine sehr innige menschliche Beziehung gewesen sein muß. Man hat dann weniger auf der Rechnung, daß bestimmte undurchschaubare Handlungsabläufe, die immer wieder zu heftigen Konflikten führen, auch auf einem gemeinsamen Karma beruhen könnten. An ein unbewältigtes Schicksal, das ganz problematisch ist, ist man wenig geneigt zu denken. Nehmen wir einmal ein Beispiel, das natürlich nicht zwingend karmische Ursachen haben muß, bei dem ich mir aber vorstellen könnte, daß es so ist. Sie unterläßt z.B. von Anfang an in der Beziehung nichts, ihn als Schuldigen, für was auch immer, dastehen zu lassen, und ist erst am Ziel ihrer „Wünsche", wenn es wirklich deutlich ist, daß er der Böse ist, weil er vollends die Beherrschung verliert. Mag sein, daß sie ihm dann noch jeglichen Idealismus abspricht bzw. madig macht – auf jeden Fall ein sehr dunkles und beschwertes Handlungsmuster, für das es zunächst keine andere Erklärung gibt.

W. Gädeke: Eine Art Haßliebe meinen Sie? Den anderen immer runtermachen müssen, aber nicht von ihm lassen können?

K.-D.N.: Ja, so könnte man es auch sagen, auf jeden Fall ein Handlungsmuster, das immer in tiefer Weise mit Schuld zu tun hat. Man könnte sich auch vorstellen, daß er sich ständig freiwillig in die Sündenbockrolle begibt. Er unterläßt nichts, um sich in diese Rolle hineinzumanövrieren. Wie kann man solchen Handlungsmustern nun konkret begegnen?

W. Gädeke: Also, zunächst muß man damit rechnen, daß eine Begegnung mit einem anderen Menschen in den allermeisten Fällen eine karmische Ursache in der Vergangenheit hat, nicht immer, aber meistens. Das heißt, daß man den Menschen begegnet, denen man begegnen muß, weil man mit ihnen bestimmte Dinge zu entwickeln, abzutragen, zu verwandeln hat. Wenn gleichzeitig eine Verliebtheit eintritt, dann wird es eben schwierig. Wenn z.B. schon im Jugendalter eine Beziehung auftaucht, die diesen Haßliebe-Charakter hat, daß man einerseits nicht miteinander zurechtkommt und andererseits aber auch nicht voneinander lassen kann, dann kann man meines Erachtens ziemlich sicher sein, daß es sich um eine belastete karmische

Beziehung von früher handelt. Wenn aber das andere Gefühl auftaucht, daß Sie vorhin erwähnten: „Da bist Du ja endlich, meine Liebste!", dann kann diese Beziehung ja auch unter Umständen nicht so sehr belastet sein. Das wäre etwa das Gefühl, das Goethe gegenüber der Frau von Stein hatte: „Ach, Du warst in abgelebten Zeiten meine Schwester oder meine Frau."

Auf jeden Fall ist es fruchtbar zu denken, daß man sich nicht zum ersten Mal begegnet, weil in der Begegnung Dinge mitschwingen – positiv wie negativ, bewußt wie unbewußt –, die aus dem gegenwärtigen Leben eigentlich nicht erklärbar sind. Natürlich kann es vielleicht auch dazu führen, daß man sich bestimmte Rollen zuweist oder anzieht, sich aufdrängen läßt oder dem anderen aufdrängt, aber das ist für eine Partnerschaft gewiß keine gute Voraussetzung.

Zu starke karmische Nähe: eine Kontraindikation gegen Ehe

K.-D.N.: Wie kann man das alte gemeinsame Karma erkennen und wirklich durchdringen, damit man damit klarkommt?

W. Gädeke: Es gibt da eine grundsätzliche Richtung, die Steiner nebenbei in einem Gespräch erwähnt hat. Man sollte sich erst einmal den Gedanken klarmachen, daß nicht jede intensive Begegnung mit einem Menschen anderen Geschlechts auch zu einer dauernden Gemeinschaft führen sollte. Wenn ich einem Menschen begegne und das Gefühl habe, mit dem bin ich tief verbunden, mit dem habe ich ganz viel zu tun, dann sollte man von vornherein skeptisch sein in bezug auf die Frage, ob ich mit ihm zusammenleben sollte. Denn je intensiver diese karmische Beziehung ist, um so mehr muß man von einer Lebensgemeinschaft in diesem Leben abraten.

K.-D.N.: Warum?

W. Gädeke: Es gibt eine interessante überlieferte Äußerung Steiners, die er während der Mysteriendramenproben vor dem Ersten Weltkrieg in München gemacht hat. In den Mysteriendramen gibt es ja die Gestalten des Thomasius und der Theodora. Thomasius verliebt sich in sie und begehrt nun nichts anderes mehr. Aus dem ganzen Verlauf des Dramas wird dann klar, daß Theodora im letzten Leben seine Schwester war. Auf die Frage nach dieser Szene erläutert Steiner dann, wie es in der Vergangenheit den Übergang von der Nahehe zur Fernehe gab, von der Geschwisterehe zum Inzestverbot, also daß man Geschwister oder Blutsverwandte gerade nicht mehr heiraten durfte, weil geschädigte Nachkommen entstanden, wenn man es trotzdem tat. Von nun an wird es immer mehr so sein, daß auch das Heiraten eines Geschwisters aus dem letzten Leben schlecht wird, also sozusagen karmischer Inzest. In Zukunft sollte man gerade den Menschen nicht heiraten, mit dem man karmisch besonders eng verbunden ist.

K.-D.N.: Das ist ein guter Tip, nur die Frage bleibt: Wie erkennt man sicher, ob und vor allem wie man karmisch verbunden ist?

W. Gädeke: Das ist verhältnismäßig einfach. Nicht daß man das nun ganz genau sagen kann, ob der andere nun mein Geschwister oder meine Frau war. Der Grad der karmischen Nähe kann aber verhältnismäßig leicht abgespürt werden. Das kann man von außen oftmals sehr viel deutlicher sehen. Während eines Jugendlagers z.B. kann man sehr gut beobachten, wie sich die jungen Leute zwischen 14 und 18 Jahren verlieben. Dann kann man einen Blick dafür bekommen, ob dieses Verlieben eine gewisse lockere, freundlich-freiheitliche Atmosphäre hat oder ob das eine klammernd-abschließende Käseglocke um sich herum verbreitet und dieses junge Pärchen für die Gemeinschaft verloren ist. Die Frage ist, ob sie in ihrer Beziehung noch offen sind für die Gemeinschaft und ob ihre Beziehung noch freilassend ist. Man kann aber auch an seinen eigenen Beziehungen langsam unterscheiden lernen, welche mehr zwanghaften Charakter und welche mehr einen lockeren Freiheitscharakter haben.

Rudolf Steiner gibt noch einen anderen Hinweis in seinen Karma-Vorträgen: Wenn man von einem anderen Menschen sehr viel und intensiv träumt, ist das ein Anzeichen dafür – kein Beweis –, daß man mit ihm wahrscheinlich karmisch stärker verbunden ist. Oder kehren wir noch einmal z.B. der Haßliebe zurück: Man will mit dem anderen zusammensein, aber hält es doch nicht aus. Man geht auseinander, aber auch das hält man nicht aus. Man geht wieder zusammen, auch das hält man wieder nicht aus usw. Solche Beziehungen gibt es doch. Und genau das ist ein Zeichen von zu starker karmischer Nähe. Man hat so viel persönlich miteinander auszufechten. Meine Interpretation von Steiners Aussage ist, daß ich meine, Ehe wird in unserem Jahrhundert eine so schwierige individuelle Aufgabe, wie sie früher nie war, daß sie zusammen mit der Aufgabe karmischer Aufarbeitung nicht zu bewältigen sein wird, weil das einfach zu viel ist für den Menschen. Er muß sich entscheiden.

W.W.: Heiraten oder aufarbeiten?

W. Gädeke: Ja, man kann dann nicht mehr mit einem Menschen verheiratet sein, mit dem man gleichzeitig noch wer weiß was für ein kompliziertes Schicksal von früher aufarbeiten muß. Je näher, je intensiver und weniger freilassend eine Begegnung in sich selber ist, desto mehr ist es eine Kontraindikation gegen Ehe.

W.W.: Aber wir hatten doch festgestellt, daß Verliebtheit oft aufgrund karmischer Beziehungen entsteht.

W. Gädeke: Ja, aber das kann ja ganz verschieden sein.

W.W.: Eine solche Unterscheidung in der Verliebtheit durchzuführen, ist meines Erachtens kaum möglich. Es ist doch ein Unding, sich ausgerechnet während des Verliebtseins klarzumachen, daß es gerade mit diesem Menschen nicht gehen soll!

W. Gädeke: Deshalb kam Steiner ja auch auf die scheinbar kuriose Idee, daß man die Entscheidung zur Ehe nicht den Verliebten allein überlassen sollte.

K.-D.N.: Ich glaube, jetzt drücken wir lieber die Pausentaste, ich fürchte, ich weiß, was jetzt kommt.

W. Gädeke: Warum? Sie wollen doch wohl keine Tabuisierung? Also, Priester sollten die Fähigkeit ausbilden, auch in dieser Frage seelsorgerisch und beratend tätig zu sein. Aber natürlich kann und soll auch niemand daran gehindert werden, sich mit den subjektiven Erscheinungen der Verliebtheit herumzuquälen. Ich denke aber schon, daß man allmählich die Einsicht verbreiten sollte, daß eine zu starke karmische Nähe – ich behaupte ja nicht, daß gar keine karmische Nähe sein darf – letztlich eine Kontraindikation gegen Ehe ist.

K.-D.N.: Eine letzte Sicherheit in der Beurteilung der von Ihnen genannten Phänomene kann man aber doch nicht gewinnen.

W. Gädeke: Das ist richtig, denn eine absolute Sicherheit gibt es in diesen Fragen sowieso nicht. Aber ein Außenstehender ist vielleicht doch eher in der Lage, aus seinem Abstand heraus die Dinge etwas abgeklärter zu betrachten. Auf jeden Fall wird ein geübter Beobachter doch wichtige beratende Hinweise geben können. Der Rat ist ja nicht zwingend, sondern hilft, bewußter mit diesen Dingen umgehen zu können.

Verliebtheit ist noch kein Kriterium für Partnerschaft und Ehe

W.W.: Auf jeden Fall ist es ratsam, erst einmal drei, vier Jahre zusammen zu sein und miteinander zu leben, um auszuprobieren, ob es überhaupt möglich ist, bevor man den Entschluß zur Ehe faßt.

W. Gädeke: Gewiß, das schließt sich ja auch nicht aus. Die Verliebtheit selbst ist noch kein Kriterium für Partnerschaft und Ehe, sondern sie stellt die beiden lediglich vor die Frage: Wollen wir zusammensein? Und das ist noch eine von mehreren Fragen, wobei die viel wichtigere Frage lautet: *Was* wollen wir denn zusammen außer Bedürfnisbefriedigung? Wenn man in dieser Frage auf einen Nenner kommt, dann kann es auch sein, daß eine karmische Belastung keine so große Rolle mehr spielt. Die Vergangenheit fällt von dem Moment an nicht mehr so sehr ins Gewicht, wenn dieses Zukunftsziel wirklich gemeinsam gewollt wird. In diese beiden Richtungen sollte man bei der Partnerwahl schon sehen können. Man muß sich Kriterien für die Partnerwahl bilden, und dabei kann eine Beratung sehr hilfreich sein.

K.-D.N.: Kann es nicht auch so sein, daß die Kenntnis des Doppelgängers als Alibi für die eigenen Schwächen herhalten muß, nach dem Motto: „Nimm's nicht krumm Schatz, das war mein Doppelgänger"?

W. Gädeke: Wenn man genügend Humor hat, kann man das auch einmal so formulieren. Das muß deswegen nicht gleich ein Alibi sein. Es ist immer gut, diese gewisse Selbstdistanz, die sich in ihrem Satz ausdrückt, zu behalten, natürlich nicht als Alibi.

K.-D.N.: Vielleicht auch, um die gegenseitige Verhakung der Partner ein wenig zu entspannen.

W. Gädeke: Ja. Natürlich darf damit nicht ausgesagt werden: „Schatz, nimm mich so, wie ich bin, ich kann mich nicht ändern." In so einem Fall wird es natürlich problematisch.

Das Was bedenke, nicht das Wie!

K.-D.N.: Auf welche Weise kann die Kenntnis des Doppelgängers hilfreich für die angestrebte Wesensbegegnung innerhalb der Partnerschaft sein?

W. Gädeke: In den letzten Jahren ist es mir sehr bedeutend geworden, daß man in den Wesensäußerungen des anderen doch immer stärker nach dem Was als nach dem Wie fragen sollte. Unter Anthroposophen ist es üblich zu sagen: „Das Was bedenke, mehr bedenke Wie". Wenn ich die Wesensäußerung eines Menschen, seine Handlungen, seine Worte, sein Verhalten, seine Gewohnheiten immer in erster Linie nach seinem Wie bemerke und beantworte, kann ich sicher sein, immer an seinen Doppelgänger anzustoßen. Denn in seinem Wie wirkt sein Temperament, seine Erziehung, kindliche Traumata sowie das vorige Erdenleben usw. Alles wirkt in diesem Wie mit. Das Was ist aber das, was sein Ich jetzt eigentlich wirklich will. Und dieses Wort – „Das Was bedenke, mehr bedenke Wie" – im sozialen Leben auf den anderen Menschen angewendet bedeutet immer Konflikt. Schließlich ist es selbstverständlich, daß ich an dem Wie des anderen Menschen fortwährend Anstoß nehmen kann. Mit diesem Wort verhält es sich wie mit dem Wörtchen Ich: Positiv kann ich es nur zu mir selber sagen. Aber wenn ich zu dem anderen sage: „Das Was bedenke, mehr bedenke Wie", dann bin ich schon auf dem Holzweg. Es sei denn, man sagt es unter Freunden in einer ruhigen Minute. Aber eigentlich ist es ein Wort, das ich nur zu mir sprechen kann. Denn in dem Was drückt sich mein gegenwärtiger bewußter Wille aus, also das, was dem Ich am nächsten ist. Im Wie drückt sich alles das aus, was nicht das Ich ist. Wenn ich das im sozialen Leben wie auch in der Ehe nicht berücksichtige, komme ich in Teufels Küche. Wenn ich meinen Ehepartner sprechen, sich verhalten und handeln sehe, muß ich immer nach dem Was fragen. Was willst Du eigentlich damit sagen? Was willst Du eigentlich tun? Aber das Wie regt einen doch so ungeheuer auf, also seine Verpackung einschließlich Doppelgänger.

W.W.: Der Ton!

W. Gädeke: Genau, der Ton macht die Musik, so heißt es dann immer so schön, aber das ist dann das Alibi dafür, sich nicht auf die Sache, also auf das, was er eigentlich sagen will, einzulassen. Damit können Sie jeden sozialen Zusammenhang zerschlagen. Sie können natürlich sagen: „Herr Gädeke, so *wie* Sie das hier sagen, das lehnen wir ab." Dann würde ich sagen: „Gut, aber lehnen Sie auch das ab, *was* ich sage? Sie können gerne sagen: Herr Gädeke, die Art, *wie* Sie hier sprechen, finde ich unmöglich."

K.-D.N.: Das ist alles so männlich.

W. Gädeke: Zum Beispiel. Irgend etwas findet man immer. Aber darauf würde ich mich nicht in eine Diskussion mit Ihnen einlassen. Es ist etwas Grundsätzliches für das gesamte soziale Leben, daß ich die Bemühung um das Wie nur an mich selber zu richten versuche, auf gar keinen Fall aber an den anderen. Es sei denn, ich muß wirklich einmal eine Grenze setzen und sagen: „Bitte Herr Weirauch, so nicht!" Es kann ja mal sein, daß so etwas notwendig ist. So etwas zerstört meist auch viele Partnerschaften: das seelische Dranrummachen an dem Wie des anderen. Das zerstört jeden sozialen Zusammenhang. Das sage ich auch oft meinen Kollegen: „Ich kann verstehen, daß Sie mit meinem Wie Schwierigkeiten haben. Komisch wäre es, wenn es anders wäre. Aber habe ich jemals an Ihrem Wie Anstoß genommen?" Wenn ich nämlich auch an dem Wie meiner Kollegen Anstoß nehmen will, könnte ich gar nicht mehr arbeiten. Dann könnte ich nur noch Anstoß nehmen. Warum? Weil ich natürlich deren Schwierigkeiten besser sehe als meine eigenen, aber im Sozialen kommen wir nur zurecht, wenn wir in erster Linie nach dem Was des anderen fragen, nach dem, was er eigentlich will. Das ist für mich in den letzten Jahren zu einem Schlüssel für alles Soziale, gerade auch in unseren Verhältnissen, geworden. Wir tragen dieses Goethewort wie ein Brett vor dem Kopf vor uns her.

W.W.: Ich warte schon seit Jahren darauf, endlich einmal öffentlich sagen zu können, daß dieses Goethewort grundsätzlich vollkommen falsch zitiert bzw. falsch angewendet wird. Es steht im Faust II, Szene: Laboratorium. Mit dem Wie ist alles andere, aber keineswegs der Ton, die Umgangsform oder sonst eine Art des Menschen, sich zu geben, gemeint, sondern es bezieht sich auf das intellektuelle Forschen Wagners. Das geistige Wesen Homunkulus spricht dieses Wort aus:

„Eh nun,
Du bleibst zu Hause, Wichtigstes zu tun.
Entfalte du die alten Pergamente,
Nach Vorschrift sammle Lebenselemente
Und füge sie mit Vorsicht eins ans andere.
Das *Was* bedenke, mehr bedenke *Wie?*
Indessen ich ein Stückchen Welt durchwandre,
Entdeckst du wohl das Tüpfchen auf das I."

Es geht also um die Komposition verschiedenster Elemente, womit das Was gemeint ist, und darum, wie man dieses Was zu einem Ganzen bringt, womit das Wie gemeint ist. Das Wie ist im Grunde also ein höheres Was. Zu bedenken gebe ich allerdings noch, daß nach dem Wie ein Fragezeichen steht, was dem Ganzen noch einen völlig anderen Sinn geben könnte (vgl. auch GA 273, Vortrag vom 27.01.1917).

W. Gädeke: Das ist ganz wichtig und gibt dem Ganzen natürlich einen völlig anderen Sinn.

f) Lügendämonen

K.-D.N.: Ich möchte zwei Zitate von Rudolf Steiner über die Lüge verlesen:

„Heute werden wir eine andere Wirkung des Lügens, des Verleumdens kennenlernen, wenn auch Lügen und Verleumden hier gar nicht in jener wüsten Weise gemeint ist, wie man gewöhnlich diese Worte im groben Sinne anwendet. Aber schon wenn der Mensch in jenem feineren Sinne, z.B. aus Konvention, aus allerlei Gesellschafts- oder Parteirücksichten dieses oder jenes an der Wahrheit färbt, haben wir es im geisteswissenschaftlichen Sinne überall mit einem Lügen zu tun. Vielfach ist das ganze Leben des Menschen wenn auch nicht von Lügen, so doch von lügenhaft gefärbten Manifestationen durchtränkt." (GA 102, 1984, 04.06.1908, S.205 f.)

Und das andere Zitat:

„Wenn der Mensch, sagen wir, eine Lüge begangen hat am Tage, so bleibt die Wirkung dieser Lüge innerhalb des physischen Leibes vorhanden und ist für das hellseherische Wahrnehmen zu sehen, während der Mensch schläft. Nehmen wir nun an, der Mensch sei überhaupt ein lügnerischer Mensch, er häufe die Lügen an. Dann hat er viele solche Wirkungen in seinem physischen Leib. Das alles verhärtet sich in einer gewissen Weise in der Nacht, und dann geschieht etwas sehr Bedeutungsvolles. Diese Einschlüsse, diese Verhärtungen im physischen Leibe vertragen sich sehr schlecht mit jenen Wesenheiten, die in der Nacht vom physischen Leibe Besitz ergreifen müssen, die also, wie wir gesehen haben, von anderen Welten aus diejenigen Funktionen am physischen Leibe ausüben, die bei Tage astralischer Leib und Ich ausüben. Die Folge davon ist, daß im Verlaufe des Lebens durch einen solchen, man möchte sagen, von Lügen durchseuchten Leib Teile von jenen Wesenheiten abgeschnürt werden, die sich da während der Nacht in dem Menschen niederlassen. Da haben wir wiederum Abschnürungsprozesse. Diese führen dazu, daß, wenn der Mensch stirbt, sein physischer Leib nicht nur diejenigen Wege nimmt, die er im regelmäßigen Verlaufe des Werdens nehmen würde; sondern daß gewisse Wesenheiten übrig bleiben, die sozusagen durch die Wirkung des Lügens und Verleumdens im physischen Leibe erzeugt worden sind und aus der geistigen Welt abgeschnürt werden. Solche auf diesem Umwege abgeschnürte Wesenheiten schwirren nun auch in unserer Welt herum. Sie gehören zu derjenigen Klasse von Wesenheiten, die wir 'Phantome' nennen. In ihnen haben wir eine gewisse Gruppe von Elementarwesenheiten, die mit unserem physischen Leib verwandt sind, unsichtbar zunächst für äußere physische Augen, die sich vermehren durch Lügen und Verleumdungen. Tatsächlich bevölkern Lügen und Verleumdungen unser Erdenrund mit solchen Phantomen. Auf diese Art lernen wir eine neue Klasse von Elementarwesen kennen." (ebd., S.206 f.)

Der Mensch erzeugt also durch seine Lügen und seine lügnerische Art, sich zu geben, Lügenphantome, die mit ihm verbunden sind. Sind diese im weitesten Sinne auch als eine Art Doppelgängerwirken zu verstehen, oder sind sie etwas wesentlich anderes?

W. Gädeke: Mit dem Doppelgänger wird eigentlich das bezeichnet, was schon aus der Vergangenheit mitgebracht wird. Mit den Lügendämonen beschreibt Rudolf Steiner allerdings etwas, was erst durch das gegenwärtige Tätigsein des Menschen entsteht.

Andererseits geht aus der von Ihnen verlesenen Schilderung hervor, daß bei einem lügnerischen Menschen die Wirkung der Lügendämonen eine bleibende ist. Ich stelle es mir so vor, daß diese Lügendämonen und ihre Wirkungen mit in die Gestalt des Doppelgängers eingehen. Und beide Kräfte – sowohl der Doppelgänger als auch die Lügenphantome – müssen vom Menschen verwandelt werden.

Eine Notlüge ist eine Not, die durch die Lüge geschaffen wird

K.-D.N.: Steiner schildert diese Lügenphantome als Elementarwesen, die in der gleichen Richtung auf den Menschen wirken, aus der sie erzeugt worden sind. Das heißt, sie inspirieren ihn wiederum zur Lüge und damit zur Schaffung von weiteren Lügenphantomen.

Als Beispiel könnte man dazu auch die Eifersucht geben. Nehmen wir an, ein Mann sei eifersüchtig und maltretiere seine Partnerin mit allerlei unsinnigen Fragen. Damit sie nun aber endlich Ruhe vor seinen penetranten Fragen hat, flunkert sie ihm etwas vor, verschweigt ihm z.B. dieses oder jene Küßchen mit anderen Männern. Irgendwie kommt es aber doch raus, das wiederum erzeugt Mißtrauen, dieses Mißtrauen wiederum weitere Eifersucht, diese weitere Eifersucht wieder Druck, und dieser Druck wiederum neue Lügen. Was kann man gegen den dämonischen Sog der Abwärtsbewegung tun?

W. Gädeke: Man muß sich klarmachen, daß kleine Lügen bzw. Färbungen der Wahrheit meist aus einer gewissen Bequemlichkeit oder aus Konfliktscheu resultieren, weil man die Auseinandersetzung, die bei klarer Wahrheitsaussage zu erwarten ist, gerne vermeiden möchte. Daraus entstehen die sogenannten Notlügen. Diese Not ist aber keine Not, denn die Not wird erst durch die Lüge geschaffen. Eine Notlüge ist keine Lüge, die aus der Not kommt, sondern eine Notlüge ist eine Not, die durch die Lüge geschaffen wird. In Wirklichkeit liegt keine Not vor, sondern Phantasielosigkeit, Bequemlichkeit oder Konfliktscheu.

In solchen Situationen kann man durchaus auch sagen, daß man sich zu einem gewissen Thema nicht äußern wolle. Bei einer anderen Gelegenheit kann man auch fragen: „Willst Du das wirklich hören?" Wenn es wirklich tiefergehende Dinge sind, sollte man das mit einer derartigen Frage bewußt machen. Natürlich ist so etwas unbequem und erfordert Standvermögen. Oftmals wird auch die Notlüge benutzt, weil man keine andere Lösung sieht, aus purer Hilflosigkeit. Die Tragik daran ist, daß dadurch die Probleme nur noch größer werden als diejenigen, die hätten vermieden werden sollen. Deswegen ist die Lüge, genauso wie Sie es beschrieben haben, eine Abwärtsspirale. Steiner beschreibt es dann anhand der Wesenheiten: daß die durch Lügen entstandenen Elementarwesen den Menschen wiederum zur Lüge inspirieren. Man muß sich deswegen klar sein, daß das, was aus einer Lüge kommt, letztlich immer eine menschliche Beziehung mehr belastet als die Wahrheit. Die Lüge ist nur eine kurzfristige Erleichterung, langfristig ist sie es nie.

W.W.: Lügen haben kurze Beine.

g) Lockerung der Wesensglieder

K.-D.N.: Lügen bringen – so Rudolf Steiner – auch Leidenschaften hervor und führen zu einem Ungleichgewicht von Denken, Fühlen und Wollen. In anderen Zusammenhängen schildert Steiner, daß sich in der heutigen Zeit die Wesensglieder zunehmend lockern, insbesondere der Ätherleib. Dadurch kommt es zu Erscheinungen, daß z.B. das Denken ganz automatisch abrollt, etwa indem man sich in seinen Gedanken Sorgen macht, die überhaupt keinen Bezug zur Wirklichkeit haben. Könnten Sie ein konkretes Beispiel bringen, wie sich diese Lockerung der Wesensglieder auswirken kann, desweiteren wie man dagegen anwirken kann, daß diese Lockerung negative Folgen für den Menschen hat?

W. Gädeke: Greifen wir zuerst einmal die Lockerung des Ätherleibes auf. Rudolf Steiner beschreibt dies als ein naturhaft sich abspielendes Ereignis im Wesensgefüge des Menschen seit dem 20. Jahrhundert. Er stellt dies in einen großen Zusammenhang hinein, daß sich bis zum 19. Jahrhundert der Ätherleib immer mehr zusammengezogen hat, bis er in der Gestalt fast mit dem physischen Leib identisch war; seit dem 20. Jahrhundert wird aber der Ätherleib langsam wieder aus seiner Deckung mit dem physischen Leib befreit. Das bewirkt, daß der Mensch wieder für übersinnliche Eindrücke empfänglich ist. Daß das tatsächlich so ist, bestätigt sich heute in vielen, vielen Schicksalen der Menschen. Es ist allerdings kein positives oder negatives Ereignis, denn der Wert dessen hängt von ganz anderen Dingen ab. Wenn es lediglich als Naturereignis auftritt und nichts weiteres hinzukommt, bedeutet das für die allermeisten Menschen, daß sie psychisch krank werden, weil sie mit diesen Erlebnissen aufgrund ihrer materialistischen Schulbildung und Denkungsweise überhaupt nicht zurechtkommen können. Derartige Erlebnisse passen auch überhaupt nicht zum übrigen materialistischen Leben. Deshalb weist Rudolf Steiner immer wieder darauf hin, wie wichtig es ist, eine spirituelle Weltanschauung zu entwickeln, um solche Ereignisse zu verstehen und solche Erlebnisse deuten zu können. Denn ansonsten könnte es nur als psychische Krankheit bzw. psychiatrisches Phänomen gewertet werden. Im positiven Sinne können dadurch auch geistige Wesen wahrgenommen werden, aber nur, wenn man sich auch mit seinem übrigen Seelenleben diesen geistigen Wesen nähert, besonders indem man sie mit seinem Denken erkennt. Geschieht das nicht, birgt diese Lockerung die Gefahr, negativ zu wirken.

Das andere Phänomen, was Rudolf Steiner im Zusammenhang mit dem unbewußten Überschreiten der Schwelle zur geistigen Welt durch die Menschheit darstellt, ist das Auseinandertreten von Denken, Fühlen und Wollen. Dieses Phänomen findet sogar schon bis in die Wissenschaft Beachtung. Menschen nehmen z.B. Dinge wahr, etwa Horrorszenen im Film. Früher hätten sich die Menschen noch angeekelt abgewendet, wenn Kinder aber heute solche Bilder vorgeführt bekommen, lachen sie oft nur darüber. Derselbe visuelle Eindruck wird heute nur im Sehzentrum registriert, früher ging er aber auch noch durch andere Zentren des Gehirns und wirkte auf Bereiche des Gefühlslebens, so daß das Erlebnis emotional vernetzt werden konnte. Aber heute wird bereits von den Gehirnforschern festgestellt, daß die Kinder ein anderes Gehirn haben, eine andere Gehirnfunktion. Die einzelnen Bereiche des Gehirns sind voneinander getrennt. Das, was Steiner geisteswissenschaftlich beschrieben hat – die kommende Trennung von Denken, Fühlen und Wollen –, wird heute also bereits wissenschaftlich beobachtet und experimentell nachgewiesen.

Dieses Phänomen birgt eine ungeheure Gefahr in sich: daß man Gedanken hat ohne jedes Gefühl, daß man Willensimpulse ohne jeden Gedanken hat und daß Gefühle völlig in sich selber schwelgen, ohne jede Klärung durch Gedanken, und daß aus ihnen überhaupt keine Taten folgen. In dem mir bekannten wissenschaftlichen Bericht wird die These aufgestellt, daß der Mensch Gedanken ohne jede

Handlungsfolge denken müsse, denn sonst würde er nicht in der Lage sein, die täglichen Schreckensmeldungen des weltweit auftretenden Gemetzels der Menschen untereinander verkraften zu können. Der Mensch müsse sich durch diese Art des Denkens vor den Horrormeldungen selber retten, er müsse deshalb gewisse Partien oder Synapsen in seinem Gehirn kappen. Durch unsere Zivilisation wird also gerade die Trennung der Seelenkräfte hervorgerufen. Letztlich führt das natürlich ins Unmenschliche, wenn man es konkret weiterdenkt. Gleichermaßen führt diese Trennung der Seelenkräfte in jeder Partnerschaft ins Unmenschliche. Die Reste der Vernetzung des Seelenlebens – z.B. die Gesinnung, daß, wenn ich etwas denke, ich es auch tun muß –, ist schon beinahe altmodisch. Damit dieser Zusammenhalt der Seelenkräfte nicht verkommt, muß ich mir immer wieder bewußt klarmachen, daß ich das, was ich eingesehen habe, auch tun muß.

Global sehen wir dieses Defizit in der gesamten Umweltproblematik. Wir alle wissen, wo die Problematik liegt, aber es geschieht nur ein wenig von dem, was notwendig ist. Wir haben also menschheitlich genau dasselbe Problem wie individuell. In Zukunft müssen deswegen die Seelenkräfte des Menschen bewußt vom Ich zusammengeführt werden, während das in der Vergangenheit mehr oder weniger als Naturanlage im Menschen vorhanden war. Das hat natürlich auch für jede Lebensform, für jede Partnerschaft im Kleinen seine Bedeutung.

5. Der gemeinsame Ätherleib

W.W.: Was ist die Ätherhülle, und wie bildet sie sich zwischen zwei Menschen?

W. Gädeke: Ich würde es lieber gemeinsamer Ätherleib nennen, der sich bildet, wenn zwei Menschen intensiv miteinander umgehen und leben. Er entsteht auch bei Kollegen, die miteinander arbeiten. Er entsteht dadurch, daß man gemeinsame Erlebnisse hat, gemeinsame Rhythmen, gemeinsame Gewohnheiten, gemeinsame Erinnerungen und eine bestimmte Lebenssubstanz schafft. Das sind alles Bereiche, die durch das Zusammenleben eine Gemeinsamkeit unterhalb der seelischen Ebene, also im Ätherischen, bilden. Das ist ein Grundphänomen alles Zusammenlebens der Menschen.

W.W.: Nun kann dieser gemeinsame Ätherleib auch einengend auf die betreffenden Menschen wirken. Wann ist das der Fall?

W. Gädeke: Das ist z.B. dann der Fall, wenn ein Mensch zu einer Gruppe stößt – das muß jetzt keine Ehe sein –, und wenn er dort gewisse Gruppengewohnheiten annimmt, und zwar unbewußt, ohne freien Willen. Das haben wir vorhin charakterisiert. Das sind dann meist keine guten Gewohnheiten, die er bewußt in sein Leben einbaut, sondern solche, die in seinem Arbeitszusammenhang herrschen.

W.W.: Ich dachte jetzt mehr an Partnerschaften, bei denen der gemeinsame Ätherleib dann einengend wird – z.B. um das 26. Lebensjahr herum –, wenn einer der Partner sich aus der Gemeinschaft lösen will, weil er seine Individuation noch nicht abgeschlossen hat.

W. Gädeke: Wenn Sie das auf diese Ausbruchsversuche beziehen, so ist das eigentlich kein Problem des gemeinsamen Ätherleibes, sondern eher, daß man vorher nicht sein Selbständigwerden genügend geleistet hat. Aber wenn ein Mensch in diesem Bereich ein Defizit hat, wird er natürlich die gemeinsame Kraft, den gemeinsamen Ätherleib als einengend empfinden. Ich sehe das aber mehr als ein biographisches Problem, denn die gemeinsame Lebensleiblichkeit muß nichts Einengendes haben. Die Krise liegt nicht an dem gemeinsamen Lebensleib, sondern daran, daß das Ich bestimmte Schritte vor dem Eingehen der Lebensgemeinschaft mit einem Partner nicht geleistet hat.

W.W.: Ich hatte es immer so verstanden, daß auch der gemeinsame Ätherleib eine einengende Wirkung auf einen bzw. beide Partner ausüben könnte, und zwar in dem Moment, in welchem ein massives Partnerschaftsproblem auftritt oder einer von beiden stark defizitäre Eigenschaften hat, die er nicht mehr ändern kann. Ich hatte es so verstanden, daß sich widersprechende Gefühle entstehen, und zwar durch die Spannung zwischen dem gemeinsamen Ätherleib einerseits und dem Freiheitsdrang des aus der Partnerschaft ausbrechenwollenden Menschen andererseits bzw. zwischen dem gemeinsamen Ätherleib und den Gefühlen des Partners, der unter den starken Defiziten seines Partners zu leiden hat.

W. Gädeke: Ja, es sind sicherlich sich widersprechende Gefühle, weil man mit den Eigenschaften bzw. starken Defiziten seines Partners nicht zurechtkommt, sich aber trotzdem gewohnheitsmäßig und ätherisch an ihn gebunden und gefesselt fühlt. Seelisch strebt man also auseinander, distanziert sich von seinem Partner, merkt aber auf der anderen Seite, daß man in einer tieferen Schicht miteinander verbunden ist. Das ist aber keine Fesselung durch den Ätherleib, sondern die Probleme liegen in einer anderen Schicht.

Die Lebensprozesse schwingen zusammen

W.W.: Von seinem eigenen Ätherleib, natürlich auch von dem gemeinsamen Ätherleib mit einem Partner oder aber einem Arbeitskollegium hat man kein Bewußtsein. Wie kann man anfängliche Schritte unternehmen, um ein Bewußtsein dieses gemeinsamen Ätherleibes zu erlangen? Ich denke dabei jetzt vor allem an Menschen, die der anthroposophischen Geisteswissenschaft fernstehen und im Grunde dem ätherischen Bereich als einem unbekannten gegenüberstehen?

W. Gädeke: Es gibt leibliche Gegebenheiten, die man sich klarmachen kann. Wenn man z.B. ohne sexuellen Verkehr miteinander im Bett liegt und ein bißchen miteinander träumt, obwohl man noch wach ist, keine großen Probleme hat, einfach nah beieinander ist und zu dem anderen hinfühlt und denkt, dann kann man bemerken, daß sich der Atemrhythmus und der Herzrhythmus aneinander angleichen. Ich stelle mir das so vor, wie z.B. bei den Schwalben, wenn sie in einem ganz bestimmten Abstand auf dem Draht sitzen oder die Möwen an der Strandpromenade. Alle haben eine ganz bestimmte Distanz zueinander. Aber wenn bei den Schwalben ein Pärchen vorhanden ist, dann rutschen sie ganz dicht zusammen. Diese beiden können also den bestimmten Abstand überspringen. Man weiß aus der Verhaltensforschung, daß der räumliche Abstand eine ganz bestimmte Rolle spielt: Fluchtdistanzen, Aggressionsdistanzen usw. Ich will damit nur sagen, daß dieser Abstand nicht beliebig und zufällig ist.

Man kennt das auch bei den Menschen, z.B. wenn man einem Menschen in einem Busgedränge zu lange zu nahe sein muß. Das sind dann Bereiche, in denen man unangenehme oder auch angenehme Gefühle bekommt. Man merkt, daß hier etwas zwischen zwei Menschen lebt, das nicht nur seelischer Art ist. Bei dem Paar, das miteinander auf dem Bett liegt, gleichen sich die Prozesse des Lebens an: also der Atem- und Herzrhythmus. Diese Prozesse schwingen zusammen. So weit zu der leiblichen Ebene.

Etwas anderes aus dem Lebensbereich sind die gemeinsamen Gewohnheiten und Rhythmen. Wenn man gemeinsame Mahlzeiten hält, gemeinsam einschläft und aufwacht, bildet man dadurch an der Gemeinsamkeit der Lebenskräfte, die auf der einen Seite leiborientiert sind, auf der anderen Seite seelenorientiert. In allen diesen Bereichen – Gedächtnis, Gewohnheit, Rhythmus usw. – entsteht bei längerem Zusammenleben eine Verzahnung, eine Verwebung der Kräfte. Wenn dann eine Ehe auseinanderbricht, vor allem wenn es sehr plötzlich geschieht, dann wird man oftmals bemerken, daß in einer tieferen Schicht als der seelischen die Menschen noch gar nicht auseinandergegangen sind, sondern noch ganz stark miteinander verhakt sind. Seelisch sind vielleicht sogar beide froh, daß sie sich los sind, aber ätherisch sind sie noch längst nicht geschieden. An solchen Erlebnissen kann man eine erste Ahnung davon bekommen, was mit diesem gemeinsamen Ätherleib gemeint ist. Hinzu kommt noch das seit längerem bekannte Phänomen, daß Ehepaare rein physiognomisch im Alter immer ähnlicher werden.

W.W.: Es gibt auch das Phänomen, daß man, wenn man mit jemandem länger zusammenlebt, seine Gedanken im voraus denkt bzw. ahnt. Oder man denkt etwas, der andere aber spricht es aus. Hängt auch das mit dem gemeinsamen Ätherleib zusammen?

W. Gädeke: Das ist wahrscheinlich eher ein Zeichen für die seelische Nähe. So etwas gibt es auch gerade in dem Zustand der Verliebtheit. Es kann, aber muß nicht unbedingt Ausdruck der ätherischen Verbundenheit und Nähe sein, sondern mehr der seelischen Verbundenheit.

W.W.: Wenn Paare aus beruflichen oder anderen Gründen getrennt leben, was können sie tun, um einen gemeinsamen Ätherleib zu bilden?

W. Gädeke: Bei Wochenendehen gibt es das Phänomen – wenn sie nicht schon vor der neueingetretenen räumlichen Trennung lange zusammengelebt haben –, daß sie sich jeweils am Freitag wie ganz neu aufeinander zubewegen müssen. Man kann also nicht wieder da anknüpfen, wo man Montag früh geendet hat, und geht sehr häufig wie durch eine Art Fremdelphase, in der man sich erst ein wenig beschnuppern muß, wieder aufeinander zugehen muß. Besonders bei Frauen kann man das beobachten. Sie können nicht wieder sofort voll in die Beziehung hineinspringen. Männer haben es dagegen sehr viel leichter, sind dann gleich ganz da und wollen auch sofort dies und jenes mit der Frau. Es gibt ja auch die sogenannte Kapitänsehe: Er ist monatelang weg, und wenn er dann nach Hause kommt, muß erst wieder ein Faden angesponnen werden.

W.W.: Das war die Beschreibung des Phänomens.

W. Gädeke: Ja. Wenn aus beruflichen Gründen eine entsprechende Abwesenheit notwendig ist, muß man die Ehe mit anderen Mitteln weiterführen. Heute wird ein Ehemann z.B. mit seiner Frau telefonieren, um ein Mindestmaß an Beziehung aufrechtzuerhalten. Das müssen gar keine tiefen Gespräche sein, sondern es geht darum, daß man sich kurz austauscht, daß man aneinander denkt. Das ist eine Möglichkeit, wodurch ein gewisser Faden aufrechterhalten wird. In einem tieferen bzw. höheren Sinne geschieht es, wenn zwei Menschen füreinander beten. Das geht natürlich genauso, wenn man voneinander getrennt ist. Gerade die religiöse Tätigkeit wirkt in dem Bereich des Ätherischen ganz besonders stark, und wenn es als Rhythmus beibehalten wird, so ist es mit dem Zusammenhalt der beiden Partner überhaupt gar kein Problem.

6. Zeichen an der Wand

W.W.: Wir sagten schon, daß eine Scheidung meist nicht spontan entschlossen wird. Von daher wäre es für jeden Menschen nützlich, ein Bewußtsein für die sogenannten Zeichen an der Wand zu entwickeln, die darauf hindeuten, daß eine neue anfängliche Störung in der Beziehung aufgetreten ist. Welche Zeichen kann man sowohl bei dem Mann als auch bei der Frau bzw. bei beiden feststellen, wenn sich Ehekrisen einschleichen bzw. sich Konfliktpotential anstaut?

W. Gädeke: Eines der wichtigsten Zeichen ist, ob die zwei noch in vernünftiger Weise miteinander reden. Haben beide das Gefühl, daß sie wirklich voneinander wissen und richtig miteinander sprechen? Das aktuelle Wissen um die Seele des Partners, das Wissen, wie es ihm wirklich geht und was sein Herz bewegt, dieses gegenseitige Anteilnehmen und Anteilgeben am Seelenleben des anderen ist sozusagen das seelische Lebensblut einer Beziehung. Meistens ist ein Ursprung der Partnerkonflikte der, daß dieser Austausch im Gespräch nicht mehr genügend stattfindet, daß hier Stockungen und Verklumpungen eintreten.

W.W.: Mit anderen Worten, wer die sogenannten Zeichen an der Wand wahrnehmen will, muß Obacht haben, ob der seelische und geistige Redefluß zwischen den Partnern anders geworden ist, als er einst war!

W. Gädeke: Ja, wobei es dabei vor allem um die seelische Kommunikation geht. Fast alle Eheprobleme zeigen sich am Anfang in einem Nachlassen oder Schwierigwerden bzw. Vertrocknen der Kommunikation.

W.W.: Gibt es weitere Zeichen?

W. Gädeke: Wenn man z.B. in verschiedenen Lebenslagen das Gefühl hat, daß man sich nicht mehr über grundsätzliche Dinge verständigen kann, z.B. über die Kindererziehung. Es ist also so ein Zeichen, wenn man nicht mehr zu einer gemeinsamen Grundüberzeugung kommt. Oftmals zeigt sich das auch im Bereich der Sexualität, wo dann bestimmte Stockungen oder Schwierigkeiten auftreten. Fast alle Beziehungsschwierigkeiten haben ihr Korrelat, ihren Ausdruck in der sexuellen Beziehung. Das gehört also auch zu den Zeichen an der Wand. Das bedeutet nicht, daß alle Probleme sexuelle Probleme sind, aber alle übrigen neigen dazu, sich im sexuellen Bereich niederzuschlagen.

W.W.: Welche Zeichen kann man an einer Frau ablesen, deren Mann in vielerlei Hinsicht unbeweglich ist?

W. Gädeke: Wenn sich ein Mann nicht ändern will, wird sich die Frau im Laufe der Zeit von ihm distanzieren. Zuerst wird sie an ihm rütteln, sie wird versuchen, ihn zu ändern, zu erziehen. Aber das führt meistens dazu, daß er sich erst recht zurückzieht und in sich verhärtet, sofern er sich nicht aus eigener Einsicht ändern kann. Schließlich wird sie sich anderen Menschen mehr zuwenden, weil sie sich mit der Freundin eher unterhalten kann als mit ihm. Ebenfalls wird sie sich sexuell immer mehr entziehen. Das ist eine unweigerliche Entwicklung. Der grundsätzlich unbewegliche Mann ist nicht ehefähig. Mit so einem Mann zusammenzuleben, ist eine Zumutung, und die Frauen, die es versuchen, gleichen denen, die mit dem Kopf durch die Wand gehen wollen.

W.W.: Wenn die Frau in gewissen Eigenschaften nicht einsichts- bzw. lernfähig ist, welche Zeichen würde man dann bei dem Mann entdecken?

W. Gädeke: Ein Mann versucht, ihr vielleicht etwas nahezubringen – ich habe gerade so einen Fall –, versucht ihr zu helfen, weil sie eine übertriebene Unordnung um sich verbreitet, und der Mann hat ihr wer weiß wie oft geholfen, in dem Haus Ordnung zu halten. Aber es hat nichts gebracht. Bis er schließlich gesagt hat, daß sie zur Beratung gehen müßten: „Laß uns zu Gädeke gehen." Aber sie wollte nicht, und dann kam es zur Explosion, so daß sie schließlich doch mitgegangen ist. Meistens ist es umgekehrt, daß sich eher der Mann durchringen muß, mit zur Beratung zu gehen. Unbeweglichkeit führt immer zu großen Schwierigkeiten.

W.W.: Wie kann man sein Auge für diese Zeichen schärfen, so daß man bereits vorbereitet ist?

W. Gädeke: Man muß nur immer das Interesse am anderen Menschen wachhalten und nicht meinen, daß die Ehe von alleine liefe. Eine Ehe braucht aktives Interesse. Wenn Sie einen Verlag gründen, jedes Vierteljahr ein neues Heft herausgeben wollen, zusätzlich einige Sonderhefte pro Jahr, dann müssen sie sich aktiv darum kümmern, welche Themen wichtig sind, wie sie umgesetzt werden usw. Aber das gilt für die Ehe genauso. Ehe ist keine Maschine, die einmal eingerichtet wird und dann ohne Wartung und ohne Brennstoff für immer läuft. Insofern ist ein fortwährendes Interesse für den anderen Menschen und für die Sache Ehe vonnöten. Sonst rostet alles ein.

W.W.: Sind alle sogenannten Zeichen an der Wand bei dem einen Partner – z.B. eine außereheliche Beziehung – jeweils eine Aufforderung an den anderen, sich zu entwickeln?

W. Gädeke: Eigentlich müssen sich immer beide entwickeln, meistens müssen beide etwas verändern. Selten kommt es vor, daß sich wirklich nur einer entwickeln muß bzw. eine Grundvoraussetzung für eine Veränderung schaffen muß. Natürlich gibt es das, aber selten wird der eine der Engel sein, der andere der Teufel. Es ist immer eine Aufforderung an beide, denn Ehe ist eine Aufgabe zu zweit.

7. Ehepflege – Scheidungsvermeidung

W.W.: In den Eheinterviews haben wir schon viel über Ehepflege gesprochen. Einzelne Aspekte möchte ich nochmals herausgreifen. Welche praktischen Tips haben Sie für die gegenseitige Seelenpflege?

W. Gädeke: Das Allerwichtigste habe ich eben schon genannt: Das ist das, was ich immer das Seelengespräch nenne, also das tägliche Miteinandersprechen. Damit meine ich jetzt nicht praktische Verabredungen, alltägliche Notwendigkeiten, Erziehung der Kinder, Finanzgespräche, auch keine problem- und weltanschaulichen Gespräche. Gemeint ist das Gespräch, das einzig dazu dient, dem anderen zu zeigen, was in mir lebt und vorgeht, und selber anzuschauen, was in dem anderen lebt. Das können Träume, Erinnerungen, Gedanken, Empfindungen und Erlebnisse sein. Ich denke dabei also an den Austausch über den aktuellen Seeleninhalt beider Partner. Das ist die Grundernährung der seelischen Beziehung zweier Menschen. Während der Verliebtheit geschieht das ganz von alleine. Aber später muß es konsequent eingerichtet werden, man muß es bewußt machen.

Das nenne ich das Seelenpflegegespräch. In diesem Sinne sind wir alle seelenpflegebedürftig. Aber wenn man das nicht macht, darf man sich nicht wundern, wenn es auf Dauer Probleme gibt. Das ist die praktische Vernunft, die moralische Technik, die dahin führt, das zu erreichen, was Fromm als die eine der vier Grundbedingungen der Entwicklung der Kunst des Liebens nennt: nämlich das Wissen voneinander.

W.W.: Auch die Religion ist ein notwendiger Baustein einer Gemeinschaftsbeziehung. Was ergibt sich konkret aus der mangelnden Führung eines religiösen Lebens?

W. Gädeke: Zunächst einmal gilt das für jeden Menschen, es ist genauso auch ein individuelles Problem. Die Nichtpflege eines religiösen Lebens bedeutet auf Dauer eine Vertrocknung und Verarmung des Astralleibes, weil die Betätigung des Astralleibes als Glaubensleib – wie Rudolf Steiner es formuliert –, ein Grundbedürfnis des Astralleibes selber ist. Wenn er aber nicht in entsprechender Weise zur geistig-seelischen Welt in Beziehung gesetzt wird, erleidet er genauso Mangelerscheinungen, als wenn der physische Leib nichts zu essen bekäme. Der physische Leib muß zur lebendigen Umwelt in Beziehung gesetzt werden, lebendige Nahrung aus der Natur in seinen lebendigen Leib aufnehmen. Entsprechende Mangelerscheinungen seelischer Art gibt es zuhauf.

Explosivkräfte im Unterbewußtsein

W.W.: Aber ist das nicht ein Problem, das ausschließlich das Individuum betrifft?

W. Gädeke: Richtig, aber es hat sofort seine Auswirkungen auf die Gemeinschaft. Interesselosigkeit, Lustlosigkeit, mangelnde Motivation, mangelnde Konzentration – auch alle anderen Seelenkräfte werden schwach, wenn der Mensch kein religiöses Leben führt. Das geschieht nicht von heute auf morgen, aber im Laufe von Jahren. Deswegen hat es unmittelbare Auswirkungen auf jede Partnerschaft.

Es ist zusätzlich meine Überzeugung, daß wegen der Problematik des gemeinsamen Ätherleibes die Kräfte des religiösen Lebens, die verwandelnd auf den Ätherleib wirken, notwendig sind, um mit dem Doppelgängerphänomen auf Dauer zurechtzukommen. Denn das Doppelgängerphänomen ist weitgehend ein Phänomen, das unterhalb der Bewußtseinsschicht des Seelischen im Ätherischen Platz greift. Steiner sagt, daß der Doppelgänger eine ätherische Gestalt sei. Das bedeutet, daß ich mich, wenn ich mit einem anderen Menschen einen gemeinsamen Ätherleib bilde, ganz besonders mit seinem Doppelgänger verbinde. Die Doppelgänger beider Partner stoßen also zusammen. Ferner kommt man in eine enge Beziehung zu dem, was an Explosivkräften im Unterbewußtsein des Partners gelagert ist. Das ist ein Vulkanbereich unseres Menschseins. Steiner spricht auch vom Herd der Zerstörung, der dort wirksam ist, gerade in den unterbewußten Kräften des Ätherleibes.

W.W.: Das heißt also, daß man zwei ätherische Kraftgestalten, zwei Zerstörungsherde und vieles mehr in seinem gemeinsamen Ätherleib mit sich trägt. Durch ein religiöses Leben kann man zusätzlich die Christuswesenheit als reale Substanz in seinen gemeinsamen Ätherleib einziehen lassen, die das Doppelgängerwirken mehr und mehr paralysieren kann. Fehlt aber das religiöse Leben, so wirkt der Doppelgänger um so mehr.

W. Gädeke: Genau, so kann man es in Kurzfassung sagen. Wenn man kein religiöses Leben führt, dann entstehen auch ganz merkwürdige Erscheinungen. Früher sagte man: Wer nicht Gott dient, der dient Götzen. Es gibt auch Verschiebungen der Religiosität. Religion läßt sich letztlich gar nicht vermeiden, jeder Mensch betätigt irgendwo Religion.

W.W.: Fußball!

W. Gädeke: Zum Beispiel. Auch der Kommunismus war eine Ersatzreligion. Für manche Menschen ist auch Sexualität eine Art Religionsersatz. Das ist auch tief begründet, denn manche sexuelle Sehnsucht ist im Grunde die Sehnsucht nach dem Paradies. Es ist aber in Wirklichkeit verrutschte Religiosität. Über die Anbetung des Sports als verschobene Religion hat Steiner auch gesprochen. Letztlich ist das alles Götzendienst. Aber diese Bereiche des Lebens wirken keineswegs aufbauend, stärkend und verwandelnd auf den Ätherleib.

W.W.: Wenn in einer Ehe die Sinnfrage nie gestellt wird, wenn die geistige Idee nie zum Tragen kommt, ist dann der Ehe letztendlich der gesamte Boden entzogen?

W. Gädeke: Ich würde das bejahen unter Betonung Ihres Wortes „letztendlich". Aber es ist wie bei der Religion, man merkt nicht sofort, daß einem etwas fehlt. Es wirkt sich nicht sofort aus, allerdings auf Dauer. Denn Ehe kann als Kulturtat nur unter einer sinnstiftenden Idee bestehen, wie jede andere Kulturtat auch. Deswegen wird Ehe letztlich zerfallen, wenn diese sinnstiftende Idee nicht vorhanden ist.

W.W.: Was empfehlen Sie für eine intakte, was für eine kriselnde Beziehung, damit dieses geistige Element zwischen beiden Partnern zum Tragen kommt, damit ein geistiger Kern in die Ehe gestellt wird?

W. Gädeke: Zuerst muß man das Problembewußtsein für diesen Bereich erzeugen. Das ist in der Beratung mein tägliches Brot. Es beginnt damit, die Menschen zu überzeugen, daß Ehe keine Naturtatsache ist, daß, wenn sie entstehen soll, sie eine Kulturtat sein muß, und zwar eine fortwährende Kulturtat, die man im Unterschied zu den meisten anderen Kulturtaten nicht kaufen kann. Wir erwähnten schon zu Beginn unseres Gespräches, daß man die Kulturtat Ehe nicht delegieren oder kaufen kann, sondern selber machen muß. Man kann die Lebensform Ehe nicht mehr wie ein Kleidungsstück annehmen, was in früheren Zeiten teilweise noch möglich war, sondern heutzutage muß man sie bewußt und neu schaffen. Wenn ich das den Menschen klarmachen kann, dann erwacht in ihnen eine Ahnung, so daß sie selber nach dem Sinn der Ehe fragen. Aber natürlich kommen nur diejenigen zu mir, die überhaupt für diese Fragestellung offen sind. Wenn nicht, bleiben sie nach dem ersten Mal fort.

8. Biographische Auswirkungen der Trennung

K.-D.N.: Wenn eine Scheidung unvermeidlich geworden ist, führen Sie dann auch eine Beratung durch? Wenn ja, wie?

W. Gädeke: Ich habe das jetzt in einigen Fällen getan. Sie können sich vorstellen, daß ich das nicht besonders gerne mache, aber wenn es beide wollen, dann helfe ich den beiden Partnern, gewisse Grundübereinkünfte zu finden, daß sie ihren Konflikt in der Scheidungssituation nicht noch weiter ausweiten, vertiefen oder auf dem Rücken der Kinder austragen. Ich versuche dabei, gewisse Kompromisse zu erarbeiten. Aber diese Gespräche suche ich nicht von mir aus, sondern führe sie nur dann, wenn von beiden Partnern der ganz starke Wille dazu da ist und sie auch so viel Vertrauen zu mir gefunden haben, daß sie auch noch in dieser Situation mit mir reden wollen. Meistens geht es dabei um bestimmte Kompromisse bezüglich Kinder, Unterhalt oder Besuchsrecht.

K.-D.N.: Wichtig ist, wie man die Trennung auch seelisch und geistig aufarbeiten kann. Nehmen wir an, es habe zwischen beiden Partnern wirklich gekracht, so bleiben verschiedene biographische Wirkungen übrig, wenn sie durch die Partner nicht aufgearbeitet werden oder man einfach auf der letzten Eskalationsstufe stehenbleibt, indem man den ehemaligen Partner als ärgsten Feind betrachtet. Wie sehen Sie hier Möglichkeiten, die Trennung aufzuarbeiten?

W. Gädeke: Ich habe es mehrmals erlebt, daß eine Aufarbeitung der vergangenen Beziehung und die Einsicht, warum es so weit gekommen ist, was ursprünglich keiner gewollt hat, so verlief, daß beide das Gefühl hatten, alles verstanden zu haben, wie es und warum es so verlaufen ist. Sie hatten das Gefühl, im vollen Bewußtsein daraus gelernt zu haben, aber trotzdem nicht mehr zusammenleben zu können. Ich habe auch erlebt, daß so eine Klärung den Scheidungskonflikt sowie neue Konflikte beruhigt und verhindert hat. Selbst wenn die Aufarbeitung nicht dazu führt, die Ehe neu zu begründen – von Weiterführung kann meist keine Rede sein, sie muß also neu begründet werden –, trägt die Aufarbeitung der Beziehung einen Wert in sich. Insofern führe ich oftmals Trennungsberatung durch, ohne von vornherein zu wissen, daß eine Beziehung letztlich zur Trennung führt. Das ist sehr wohltätig.

Oft ist es so, daß einer der beiden Partner die Ehe nicht mehr will, während der andere noch an ihr klammert. Deswegen führe ich meine Gespräche ohne die Prämisse, daß die Ehe auf jeden Fall weitergeführt wird, aber auch ohne die Prämisse, daß die Ehe auf jeden Fall geschieden wird. Solange wir miteinander sprechen, wird diese Entscheidung ausgeklammert, wird suspendiert. Denn wenn die eine oder andere Voraussetzung bestehen bleibt, willentlich bestehen bleibt, kann man nicht fruchtbar miteinander sprechen. Dann bleibt es ein Scheingefecht. So etwas gelingt auch meistens, so viel guter Wille wird meistens von den Partner aufgebracht.

Wenn dann die Aufarbeitung einigermaßen gut gelingt – warum ist es so weit gekommen, was haben wir versäumt, was können wir daraus lernen? –, die Ehe aber trotzdem nicht fortbesteht, dann bestehen bessere Voraussetzungen für die Scheidungsfolgen, als wenn man diese Gespräche nicht geführt hätte. Ich habe oft erlebt, daß die beiden Partner dann ihre Trennung einigermaßen friedlich miteinander regeln konnten. Wenn aber eine solche Aufarbeitung nicht möglich ist, weil z.B. einer der beiden Partner blockiert, dann ist auch eine Scheidungs- bzw. Trennungsberatung unfruchtbar und nur in den wenigsten Punkten sinnvoll.

Wenn nicht kompostiert wird, stinkt es

K.-D.N.: Welche Wirkung zeigt es im weiteren Leben, wenn die Trennung nicht aufgearbeitet wird?

W. Gädeke: Ich stelle mir das so vor, daß die Menschen dann immer noch etwas Unbewältigtes mit sich führen, denn alles Unbewältigte in der Partnerschaft ist eine Hypothek, die man mit sich schleppt. Das ist genauso wie eine unbewältigte Berufskrise. Das ist natürlich nicht partnerschaftsspezifisch, denn jede unbewältigte Krise wird immer als Hypothek ins weitere Leben mitgetragen. Landwirtschaftlich kann man das folgendermaßen ausdrücken: Der Misthaufen stinkt noch, weil der Mist, den man gemacht hat, nicht anständig verrottet ist.

W.W.: Man muß richtig kompostieren!

W. Gädeke: Man muß richtig kompostieren, genau das ist es! Und diese Aufarbeitungsgespräche sind in der Tat eine Form des Kompostierens. Dann kann sogar etwas Fruchtbares daraus werden. Wenn aber alles nur aufeinandergepackt und luftdicht abgeschlossen wird, ist eine Kompostierung unmöglich, dann wird auch nichts Gutes daraus, denn wenn man die Hülle wieder öffnet, stinkt es immer noch. Irgendwann platzt die Hülle genauso wie die Abdeckung auf der Deponie Schönberg. Irgendwann wird alles undicht und verseucht die Umgebung. So ist es auch im seelischen Bereich.

K.-D.N.: Es ist eher die Regel, daß in einer Scheidungssituation keine Beratung aufgesucht wird, daß keine Trennungsberatung erfolgt und daß über die Probleme der ehemaligen Ehe später kaum noch nachgedacht wird. Meist wird so etwas ausgeblendet, aber dann kommt es zu Phänomenen, daß man sich in eine neue Partnerschaft flüchtet, um die Wiederherstellung des alten Zustandes mit neuer Hauptdarstellerin zu erreichen. Oder man flüchtet sich in einen mehr oder weniger wahllosen Sexismus bzw. in einen puren Zynismus gegenüber Partnerschaften. – Es gibt eine Untersuchung unter 60 Scheidungsfamilien. Sie hatte zum Ergebnis, daß noch zehn Jahre nach der Trennung 25 % der Mütter und 20 % der Väter ihr Leben nicht im Griff hatten, und noch 15 Jahre danach ein Rumoren in der Seele vorhanden war. Die zweite Scheidung wurde dann sogar als emotionale Vernichtung erlebt. Wie erklären Sie es, daß ein derartig heftiger biographischer Bruch erfolgt?

W. Gädeke: Das wundert mich gar nicht, denn der zweite vernichtende Bruch erfolgt, weil der erste Bruch nicht aufgearbeitet worden ist und keine Konsequenzen daraus gezogen worden sind. Wenn sie denselben Fehler das zweite Mal machen – und das gilt für jeden Bereich des menschlichen Lebens –, sind die Folgen schlimmer, als wenn sie ihn zum ersten Mal machen. Im Grunde ist das banal.

K.-D.N.: Banal ist es zwar, aber es scheint sich nicht unbedingt weit herumgesprochen zu haben. Zwar sprechen wir hier von Ehe und Partnerschaft, aber es gilt auch für alle anderen Beziehungen. Auf diesem Felde braucht man sich nur umzuschauen, um zu sehen, daß alle zwischenmenschlichen Verhältnisse immer katastrophaler werden.

W. Gädeke: Natürlich. Aber das liegt daran, daß keine sachgemäße Aufarbeitung stattfindet. Alleine kann man das nicht. Man kann auch keinen Beinbruch selber einschienen und eingipsen. Ich denke, daß es das Normalste von der Welt ist, daß man bei entsprechenden Unglücken Hilfe in Anspruch nehmen sollte. Natürlich haben Sie völlig Recht, daß die heutzutage immer mehr um sich greifenden Fluchtbewegungen ein Zeichen dafür sind, daß man sich der Sache nicht stellt. Worein man sich dann flüchtet, kann nach Charakter und Temperament verschieden sein, aber die Tatsache, daß es überhaupt zu einem Fluchtverhalten kommt, zeigt, daß man sich der Sache, dem Problem und seiner Aufarbeitung nicht stellt. Flucht ist nie eine wirkliche Lösung!

K.-D.N.: Ich denke dabei auch an psychische Schäden, bis hin zu psychosomatischen Erstarrungen der Apathie, daß Depressionen eintreten, daß man nichts mehr im Leben unternimmt, daß man kaum noch aufstehen will. Ich denke z.B. auch an die ehemalige Ehefrau, die sich ein Foto der Partnerin ihres ehemaligen Mannes besorgt und damit durch die Lande zieht und jahrelang alle anderen Menschen fragt: „Was hat sie, das ich nicht habe? Was hat er bloß an ihr gefunden?" Wenn sie dann jahrelang darauf wartet, daß er vielleicht doch noch zurückkommt, so gehört das zu den psychischen Erkrankungen, die damit einhergehen.

W. Gädeke: Es ist nur die Frage, ob diese psychische Erkrankung im Grunde latent vorhanden war und durch die Trennung erst ausgebrochen ist oder ob die Beziehung an dieser psychischen Veranlagung gescheitert ist.

K.-D.N.: Das kann natürlich sein. – Man spricht auch von einem sogenannten Partnerkonto innerhalb einer Beziehung, also daß unbewußt aufgerechnet wird, was der andere Gutes bzw. Schlechtes innerhalb der Beziehung tut und getan hat, ohne daß man dieses Aufrechnen wirklich bemerkt. Kommt es dann zur Trennung und wird diese nicht aufgearbeitet, geht man mit einem entsprechend aufgefüllten bzw. vorbelasteten Partnerkonto in die nächste Beziehung. Man nimmt also bestimmte Erlebnisse und Erfahrungen, die man in einer bzw. mehreren Partnerschaften durchgemacht hat, als Belastung in eine neue Beziehung mit hinein.

W. Gädeke: Das kann auch nur dann gutgehen, wenn man dieses sogenannte Partnerschaftskonto aufarbeitet. Ich hatte z.B. einst ein Ehepaar bei mir, das mein Bruder in Süddeutschland trauen wollte. Der Mann hatte bereits eine Ehe hinter sich. Ich habe mit ihnen Gespräche geführt, in denen wenigstens mit dem Ehemann dieser Bereich thematisiert wurde, und zwar in Anwesenheit der neuen Ehefrau. So etwas ist natürlich nur eingeschränkt möglich, wenn nur der eine Partner aus der ehemaligen Ehe anwesend ist. Aber es war ein Versuch, um möglichst wenig unbewußt in die neue Beziehung mit hinüberzutragen.

K.-D.N.: Können Sie noch etwas zu den möglichen karmischen Auswirkungen einer fehlenden Aufarbeitung sagen?

W. Gädeke: Ich stelle mir das so vor, daß man wie mit einer Hypothek weiterleben muß, die man irgendwann einmal einlösen muß. Es bleibt etwas Unbewältigtes, es ist ein Fragment, es ist nicht wirklich gestaltet und gelöst. Es gehört zum Menschsein dazu, daß wir solche Reste mit uns herumtragen und mit in die nächsten Inkarnationen nehmen.

K.-D.N.: Das wird sicherlich für die meisten kein tröstlicher Ausblick sein, daß sie sich ihren Partnerkonflikten nicht entziehen können.

W. Gädeke: Es geht auch nicht um Trost, sondern um Sachlichkeit.

9. Nationalismus

W.W.: Wenn Rudolf Steiner über die Geister der Finsternis spricht, so stellt er es immer so dar, daß sie früher individualisierend auf die Menschen wirkten, was damals nicht zeitgemäß war, und daß sie seit einigen Jahrhunderten umgekehrt wirken, nämlich auf die Blutszusammenhänge der Menschen, was wiederum heute nicht zeitgemäß ist. Alle Inspirationen des Nationalismus, des Ausländerhasses, der Konflikte der Menschen untereinander, auch in der Partnerschaft, stammen von diesen Geistern der Finsternis. Wie kann man verständlich machen, daß diese Geister im Blut wirken und daß etwas aus dem Blut aufsteigt, was die Menschen zu zerstörerischen Impulsen treibt?

W. Gädeke: Man kann das ganz aktuell an die Empfindungen der Menschen in unserem Lande anknüpfen, wenn sie mit den Vorgängen im ehemaligen Jugoslawien konfrontiert werden. Man hat doch die Empfindung, daß das etwas Uraltes ist, von dem man glaubte, daß es schon längst überlebt sei, was irrational und unmenschlich ist. Genauso braucht man nur 50 Jahre in der deutschen Geschichte zurückzugehen, denn da war es keineswegs anders, im Grunde sogar noch schlimmer. Wir haben also keinen Grund, überheblich auf andere Völker zu blicken. Aber wir sehen, wie etwas aus Tiefen aufsteigt, das mit dem normalen Bewußtsein nicht mehr zu greifen ist.

Wenn Steiner formuliert, daß so etwas aus dem Blute aufsteigt, ist es für uns heutige Menschen schwer nachzuvollziehen. Geeigneter wäre die Vorstellung, daß Instinkte aufbrechen. Letztlich ist das aber nichts anderes. In beiden Fällen steigt eine Willenskraft aus dem Leibe auf. Der heutige Mensch versteht es leichter, wenn man von Instinkten spricht, die nicht vollmenschlich sind. Was im ehemaligen Jugoslawien tobt, ist vollkommen widernatürlich: Es haben sich Familien und andere Lebensgemeinschaften aus Moslems, Kroaten und Serben gebildet, aber plötzlich kämpft einer gegen den anderen. Daran wird ganz deutlich, daß es eine Kraft ist, die nicht den bewußten Ichkräften zugänglich ist. Viele Menschen haben auch den Eindruck, daß die Vorgänge dort gar nicht menschlich, sondern untermenschlich sind, also dämonisch. Das sind die Wirkungen der Geister der Finsternis. Rudolf Steiner gibt also eine Schilderung, die gar nicht weit weg von den Phänomenen ist, die die meisten Menschen heute in der Welt erleben können. Zu dieser Äußerung besteht also eine unmittelbare Brücke. Daß das Prinzip – ich bin Serbe, ich bin Kroate und du bist Moslem – so in den Vordergrund rückt, daß alle übrigen menschlichen Empfindungen und Bindungen, alle humanistischen Ideale und Überzeugungen dahinter völlig verschwinden, zeigt, daß wir es hier nicht mehr mit menschlichen Kräften zu tun haben.

W.W.: Es ist ungeheuerlich, welche Macht diese Kräfte haben, daß sie alles andere, was Wert und Bestand im Leben dieser Menschen hatte – Freundschaften, Ehen usw. –, völlig zunichte macht.

W. Gädeke: Genau, alles wird dadurch hinweggefegt. Und an dieser Gewalt, die das Ganze zeigt, sollte man erwachen und erkennen, daß wir es hier mit etwas zu tun haben, das weit über die Macht eines Menschen hinausgeht.

Wenn man sich an dem Feuer wärmt, das andere zerstört

W.W.: Rudolf Steiner stellt hin und wieder dar, daß nationale und sexuelle Erregungen dieselbe Grundlage hätten. Haben Sie einen Hinweis, wie man das verstehen kann?

W. Gädeke: Das hängt mit dem Instinkt zusammen. Es steigt etwas ganz tief aus dem Leibe auf.

W.W.: Aber aus dem Leibe steigt vieles auf, warum haben nun gerade die nationalen und sexuellen Kräfte eine Verwandtschaft?

W. Gädeke: Weil beide Kräfte einen starken Willens- und Begierdecharakter haben. Darin sehe ich die Nähe dieser beiden Erscheinungen. Der reine Willenscharakter ist Aggression, ist Zerstörung. Das ist auch der Grund dafür, weswegen Sexualität und Gewalt so nahe beieinander liegen, was auch heutzutage in vielen Erscheinungen zum Bewußtsein kommt, aber nur selten thematisiert wird. Sexualität und Gewalt haben einen deutlich in der Erfahrung nachweisbaren Zusammenhang. Der gemeinsame Nenner ist Wille. Reiner Wille ist Feuer, und Feuer kann sowohl zerstören als auch wärmen.

Nationalismus ist auch eine Art Willensfeuer, das zerstörerisch wirkt. Aber es ist auch warm und schafft Gemeinschaft. Stellen Sie sich doch diese Räuberbanden in Bosnien vor: Das sind doch gemeinschaftsstiftende Kräfte unter lauter Rambos. Die wärmen sich an diesem Feuer, das andere zerstört.

Der reinen Willenskraft muß eine moralische Intuition als Ziel gesetzt werden

W.W.: Was bei diesen Menschen fehlt, ist eine geistige Idee. Hätten sie eine Idee für ein gemeinschaftliches Zusammenleben, so könnte diese Idee friedenstiftend sein. Auf welche Weise wirkt eine Idee zwischen Menschen – in größeren Gruppen, aber auch innerhalb einer Ehe – friedenstiftend?

W. Gädeke: Wenn auch in einer Karikatur, so ist doch die Idee des Kommunismus eine derartige gewesen, die dann zwar mit Gewaltanwendung, aber doch die nationalen Impulse hat bändigen können. Denken wir einmal an die Idee der Europäischen Gemeinschaft, selbst wenn es ursprünglich nur eine wirtschaftliche war. Sie hat doch immerhin dazu geführt, daß man in Mitteleuropa einigermaßen friedlich zusammengelebt hat. Heute ist die Idee der multikulturellen Gesellschaft an der Reihe. Das wäre noch vor Jahren völlig undenkbar gewesen. Früher gab es immer nur Ausgrenzung: die anderen, die Barbaren, die Heiden, die anderen Völker, die Franzosen, der Russe, der Pole, der Jude usw. Das ist keine Idee, sondern Ausgrenzung. Die Idee der multikulturellen Gesellschaft ist aber eine zeitgemäße und zukünftige Idee für das menschliche Miteinander, daß man zusammenleben muß, obwohl man unterschiedliche Sprachen spricht und aus anderen Kulturkreisen und Religionsgemeinschaften kommt.

Bezogen auf die Ehe muß man sagen, daß sich die Willensimpulse immer, um heilsam wirken zu können, an eine Idee anschließen müssen, von einer Idee geleitet und geführt werden müssen. Das ist die Form, in der das Feuer der Zerstörung zum Aufbauenden tätig werden kann. Das reine Willensfeuer zerstört, der blinde Eifer schadet nur. Das heißt aber, daß man der reinen Willenskraft Ziele setzen muß. In der „Philosophie der Freiheit" Rudolf Steiners heißt es dazu, daß die moralische Intuition zum Motiv des Handelns werden muß.

Deswegen bemühe ich mich immer wieder darum, klarzumachen, daß zur Eheführung eine moralische Intuition nötig ist, daß eine Eheidee, eine Sinngebung der Ehe gedanklich gefaßt werden muß, damit sich der Wille in der richtigen Weise anschließen kann und seine zerstörerischen Kräfte verliert. Die Kraft des Willens darf aber nicht abgeschnitten oder unterdrückt werden, sondern muß in positive Richtung gelenkt werden. Man weiß doch heute aus der Jugendarbeit, z.B. mit Skinheads und anderen, daß ein grundlegendes Problem darin besteht, diesen Jugendlichen eine Sinnrichtung ihres Daseins zu geben. Es fehlt nicht nur die berufliche Perspektive, sondern eine Sinngebung überhaupt. Im Grunde weiß man das heute im normalen Kulturleben. Gleiches gilt für die Ehe. Hat sie kein Ziel, so wird sie zum Ort des Krieges aller gegen alle, dann wird sie eben Kriegsschauplatz.

Der dritte Engel

W.W.: Überall dort, wo Menschen aus Freiheit geistig miteinander arbeiten, verbindet sich ein höherer Engel mit dieser Gemeinschaft. Sie erwähnten früher, daß sich auch ein Engel mit einer geistig geführten Ehe verbinden könne. Wie können die Menschen die Beziehung zu diesem Engel pflegen, und welche Beziehung hat er zu den beiden anderen Engeln dieser Menschen? Könnten Sie auch einen Hinweis geben, wie diese drei Engel, die in einer Ehe tätig werden können, miteinander kommunizieren?

W. Gädeke: Der dritte Engel – der Eheengel bzw. der Engel der Gemeinschaft – ist grundsätzlich ein anderes Wesen als die einzelnen Engel der Menschen. Diese Gemeinschaftsengel, von denen Rudolf Steiner spricht, verbinden sich nicht in natürlicher Weise, nicht von selbst mit den Menschen, wie das bei den jeweiligen Schutzengeln der Menschen der Fall ist. Zusätzlich gibt es auch den Eheteufel. Welches Gemeinschaftswesen also in eine Gemeinschaft einzieht, hängt davon ab, welche Wesen diese beiden Menschen an sich ziehen.

K.-D.N.: Sind nicht immer beide vorhanden?

W. Gädeke: Der eine versucht, immer da zu sein, aber der andere ist nicht unbedingt anwesend. Ungebeten kommen nur die Teufel, aber nicht die Engel. Um den Eheengel überhaupt heranzuziehen, bedarf es nach Steiner ganz bestimmter Voraussetzungen. Man muß ihm Platz machen, ihm Raum schaffen, ihn einladen. Das geschieht dadurch, daß man die Gedanken, Gefühle und Willensimpulse der Menschen, die eine solche Gemeinschaft bilden, zusammenklingen und zusammenströmen läßt. Das bedeutet, daß man gemeinsame Ideen, Empfindungen und Handlungen pflegt. Das harmonische Zusammenfließen der Seelenkräfte von zwei oder mehreren Menschen bildet den Raum, die Hülle, die Schale dafür, daß sich ein solches fortgeschrittenes Engelwesen als eine bewußte freilassende Gruppenseele mit diesen Menschen verbinden kann. Aber das ist eine Kulturtat, während die einzelnen Engel der Menschen von alleine, von der Schöpfung her, von der Natur her den Menschen zugeordnet und verbunden sind.

W.W.: Kann es sein, daß dieser höhere Engel, wenn er durch die Menschen durch entsprechende Gedanken und Taten hereingerufen worden ist, auf die beiden anderen Engel einwirkt, z.B. so, daß Schicksalszusammenhänge geändert werden?

W. Gädeke: Ich denke schon, daß das seine Rückwirkungen hat, allerdings könnte ich das jetzt nicht näher beschreiben. Andererseits ist es mir nicht vorstellbar, daß dieser höhere Engel ohne Wirkung mit den beiden anderen zusammenwirkt. Wenn sich der Mensch nicht mit einer derartigen höheren Gruppenseele verbindet, so stellt es Rudolf Steiner dar, degeneriert der Mensch auf Zukunft gesehen zu einem ganz schlimmen Wesen. Dadurch wird sogar der Engel des Menschen mit in den Fall des Menschen gerissen. Insofern besteht zwischen diesen Wesen eine direkte Beziehung und Abhängigkeit.

Ein ganzes Leben lang

Interview mit Michael Cöllen

von Thomas Höfer

Michael Cöllen, *geb. 1944 in Colmar/Elsaß. Studium in Würzburg, therapeutische Ausbildung in Gestalt, Psychodrama, Sexualtherapie, Gesprächs- und Familientherapie, Fortbildung bei G.R. Bach, M. Bosch und G. Leutz. 15 Jahre Leitung der katholischen Eheberatung Hamburg, Lehraufträge an der Fachhochschule für Sozialarbeit und an der Universität Hamburg. Mentor und Supervisor in der Ausbildung von Eheberatern bei der BAG Bonn. 1986 Entzug der Lehrbefugnis durch die Deutsche Bischofskonferenz nach Erscheinen des Buches „Laß uns für die Liebe kämpfen".*

Seit 1975 Entwicklung einer dyadischen Anthropologie unter dem Begriff Paarsynthese. 17 Jahre lang Mitautor der NDR-Fernsehreihe „Ich und Du" für Partnerprobleme. Lehrtherapeut für Integrative Gestalttherapie am Fritz-Perls-Institut Düsseldorf, in der Deutschen Psychologen-Akademie und am Odenwaldinstitut. Sektionsleiter für Paar- und Sexualtherapie der Deutschen Gesellschaft für Gestalttherapie und Kreativitätsförderung (DGGK), Mitbegründer der Deutschen Gesellschaft für Integrative Paartherapie und Paarsynthese.

Veröffentlichungen: „Laß uns für die Liebe kämpfen – Der neue Weg aus der Partnerkrise: Gestalttherapie für Paare", München 1984. „Das Paar – Menschenbild und Therapie der Paarsynthese", München 1989. „Heilende Partnerschaft. Paartherapie als Seelendialog", Reinbek 1993.

Scheidung ist ein Prozeß des Vergehens, des Sterbens: Eine Zeit der Zweisamkeit geht zu Ende, löst sich auf, zwei Menschen treten aus der Einheit, die sie als Paar gebildet haben, heraus. Das geschieht heute weitaus häufiger als noch vor 50 Jahren. Wenn es auch ein Fortschritt ist, daß Ehen heute leichter geschieden werden können, daß die Menschen in einer Paarbeziehung nicht mehr durch äußere Tradition und normative Moralvorstellungen ein Leben lang aneinandergekettet sind, dem anderen auf Gedeih und Verderb ausgeliefert, so muß die Frage erlaubt sein, ob viele Partnerschaften nicht zu leichtfertig aufgekündigt werden. Verfolgt man die Entwicklung von Ehen und Partnerschaften, so kann sich der Eindruck aufdrängen, daß die Menschen viel zu schnell die Flinte ins Korn werfen.

Eine Partnerschaft ohne Streit und Krisen gibt es nicht, auch Distanz und Entfremdung tauchen in jeder Beziehung auf, wenn sie nicht in der einen oder anderen Weise gestört ist. Das kann gar nicht anders sein, denn Distanz und Abgrenzung in einer Partnerschaft sind notwendig, um die eigene Individualität zu bewahren. Partnerschaft ist eben keine Symbiose, in der – wie Pilz und Alge zur Flechte – zwei Organismen zu einem statischen, nicht veränderlichen Gebilde verschmelzen, in der die Gestalt des Einzelorganismus im Dienste des Gesamtorganismus bis zur Unkenntlichkeit deformiert ist.

Ehe und Partnerschaft unterliegen einer Entwicklung, die ohne den aktiven Willen der Beteiligten nicht zustandekommt. Daß eine Partnerschaft eine Entwicklung durchmacht und gesetzmäßig bestimmte Stadien durchläuft, die jeweils spezifische Probleme und Konfliktpotentiale mit sich bringen, ist eine Tatsache, die vielen nicht bewußt ist. Das Wissen um die Entwicklungsgesetze von Partnerschaften könnte viel dazu beitragen, die Partner psychisch zu entlasten und Beziehungsprobleme gelassener zu durchstehen.

Es gilt, in einer Partnerschaft bis an die Grenze des Möglichen zu gehen, bis an die Grenze dessen, was der einzelne gerade eben noch aushält, um so tätig schaffend etwas hervorzubringen, was von allein nicht zustandekommt. Die Paarsynthese, von der im folgenden Interview die Rede sein wird, ist ein Weg, Partnerschaft mit allen ihren Möglichkeiten, Anforderungen und Krisen tiefer zu verstehen und bewußter zu leben.

„Die Paarsynthese versucht aus einer Verbindung von psychologischer Forschung und angewandter Psychologie ein ganzheitliches Konzept psychotherapeutischer Arbeit mit Liebe, Sexualität und Partnerschaft herzuleiten, das auch als Grundlagenmodell für institutionelle, organisatorische und politische Arbeit dienen kann. Das Paar steht dabei für die Verwirklichung polarer Ganzheit in einem Lernprozeß der Liebe, der zur Einheit von Körper und Seele führt. Die Versöhnung der Geschlechter und der Kulturen ist das Ziel. Die Verwirklichung der Liebe wird dabei als Ergebnis aus Interaktion, Tiefenpsychologie und Spiritualität gesehen, die Liebe selbst als Synthese aller Polkräfte des Lebens. Psychotherapie des Paares heißt dann neben der tiefenpsychologischen Aufarbeitung von Kindheitswunden das Aufarbeiten kultureller und spiritueller Defizite."

(Michael Cöllen, unveröffentlichtes Manuskript)

Thomas Höfer: Konflikte in Ehen und Partnerschaften nehmen immer mehr zu, die Scheidungsrate steigt stetig. Offensichtlich ist es heute schwieriger für zwei Menschen, dauerhaft zusammenzuleben als noch vor 50 Jahren. Wie ist das zu erklären?

Michael Cöllen: Daß es für Mann und Frau in den letzten 50 Jahren schwieriger geworden ist, auf Dauer zusammenzuleben, ist zunächst eine Tatsache. Das hat aber weniger mit einer Zunahme psychischer Defekte oder moralischer Verfehlungen, mit einem Verfall von Moral und Sitte zu tun, was vielfach von Psychologen und Theologen behauptet wird. Die Ursachen sind vielmehr im soziologisch-kulturellen Bereich zu suchen.

So hat sich die Partnerzeit in den letzten 100 Jahren verfünffacht, d.h. Mann und Frau verbringen heute in einer Partnerschaft – vorausgesetzt, sie wird zu Ende gelebt – fünfmal mehr Zeit miteinander als noch vor 100 Jahren. Das hat mehrere Gründe: Damals wurde statistisch gesehen eine Ehe nach 15 Jahren durch den Tod eines der Ehepartner beendet; das ist heute nicht mehr so. Dann ist der Anteil an frei verfügbarer Zeit, an Freizeit, stetig größer geworden. Frauen und Männer verbrachten damals außerdem einen Großteil ihrer Zeit in geschlechtsspezifischen Gruppen und Arbeitswelten getrennt voneinander, die sie heute gemeinsam verleben können.

Loslösung von traditionellen Mustern

Zum ersten Mal in der Geschichte der Menschheit ist in diesem Jahrhundert ein so weitgehendes Maß an Liberalisierung und Loslösung von gesellschaftlichen und religiösen Schranken vorhanden, daß praktisch alle Menschen quer durch alle gesellschaftlichen und religiösen Gruppen einander heiraten können. Tatsächlich waren auch noch nie so viele Menschen verheiratet. Die Gleichberechtigung von Mann und Frau – auch in der Sexualität –, die Trennung der Sexualität vom Zeugungsgeschehen und die Fundierung einer Partnerschaft auf Liebe sind Entwicklungen, die erst wenige Jahrzehnte alt sind.

Damit verbunden tritt zum ersten Mal die Vielfältigkeit der auf Liebe begründeten Lebensformen zutage, die weit über das von kirchlicher Moral geprägte Vorstellungsvermögen hinausgeht. Von der Jungfräulichkeit bis zur Ehe über die Dauerbeziehung zu Dritt und das fortgesetzte Fremdgehen bis zur lebenslangen Einehe ist heute alles möglich, und das ist nur ein kleiner Ausschnitt des Spektrums. Liebe zwischen zwei Menschen hat sich niemals nur in der einen Form der institutionalisierten Ehe ausgelebt. In den verschiedenen Kulturen gibt es etwa 187 verschiedene Formen partnerschaftlichen Zusammenlebens von Mann und Frau. Die Ehe, wie wir sie kennen und verstehen, spielte lange Zeit eine untergeordnete Rolle, bis sie durch die Ausdehnung unseres vom abendländischen Denken geprägten Kulturraumes zu der Form des Zusammenlebens schlechthin wurde. Diese Einseitigkeit ist heute außer Kraft gesetzt, womit wieder eine Pluralität von Partnerschaftsformen zutage tritt.

Insgesamt ist es also deshalb schwieriger geworden, eine Partnerschaft und auch eine Ehe auf Dauer zu begründen, weil die Freiheitsgrade, die Spielräume der Menschen größer geworden sind. Mann und Frau müssen ihr Zusammenleben selbst und ohne den Rückgriff auf tragfähige Traditionen selbst gestalten. Das bedarf eines hohen Maßes an Reife und Bewußtsein, um nicht die Orientierung zu verlieren. Wir leben in einer Zeit des Umlernens, und Zeiten des Umlernens sind auch immer Zeiten des Umbruchs.

T.H.: Demnach ist das Zusammenleben von Mann und Frau heute also eine Bewußtseinsfrage?

M. Cöllen: Ja, eine Frage von innengesteuerter Bewußtseinsbildung. Mann und Frau müssen durch aktive Arbeit einen Konsens des Zusammenlebens entwickeln. Sie müssen über Inhalte und Lebensformen Einvernehmen herstellen, die früher gesellschaftlich vorgegeben waren.

Partnerschaftsmodelle

T.H.: Es gibt verschiedene Modellvorstellungen von Partnerschaft, z.B. das Ergänzungs- oder das Gleichheitsmodell. Worin sehen Sie das Ideal einer Partnerschaft, vielleicht auch im Unterschied zu den beiden genannten Modellvorstellungen?

M. Cöllen: Die von Ihnen genannten sind die klassischen Modelle, die in den geflügelten Worten „gleich und gleich gesellt sich gern" und „Gegensätze ziehen sich an" zum Ausdruck kommen. Das Ergänzungsmodell betont die Unterschiede zwischen den Partnern, basierend auf den Unterschieden zwischen den Geschlechtern und der traditionellen Rollenverteilung: Der Mann als der Starke und Mutige zieht hinaus in die Welt und verdient das Geld, während sich die Frau als die Schwache und Schutzbedürftige um Haus und Kinder kümmert. Beim Gleichheitsmodell geht man davon aus, daß die Gemeinsamkeiten so groß sind, daß die Partnerschaft ohne größere Spannungen und Reibereien verläuft, allerdings auch schnell in Eintönigkeit und Erstarrung münden kann. Beide Modelle sind einseitig und in ihrer absoluten Form völlig untauglich, Beziehung zu fundieren oder auch zu verstehen.

Ich sehe die ideale Partnerschaft demgegenüber darin, daß sich zwei gleichwertige und gleichberechtigte Partner ebenbürtig gegenüberstehen und beweglich und vital miteinander in Beziehung treten, so daß die Rollen, die beide in bestimmten Momenten oder Situationen einnehmen, ständig wechseln können. Mal sollte der Mann die beschützende, helfende, gütige Rolle einnehmen, dann aber auch die Frau. In anderen Situationen sollte der Mann die fordernde, sich durchsetzende, dominante Rolle einnehmen, aber auch die Frau sollte sie im Wechsel verwirklichen. Die Anteile, die traditionell Mann oder Frau in einer Partnerschaft zugeschrieben werden, sollten also im Rahmen des Möglichen wechselseitig von beiden gelebt und in die Beziehung eingebracht werden.

Fünfzig Jahre Partnerschaft bedeutet, daß zwei Menschen sehr viel Zeit miteinander verbringen, in der sich beide ändern, in der der Lebensraum, die Berufe, Freundschaften usw. wechseln, in der sich die Partnerschaft selbst in ihrer Struktur und Sinngebung mehrfach wandelt. Um hier nicht in Monotonie zu verfallen, ist Flexibilität erforderlich, bedarf es steter Veränderung, ohne daß allerdings eine gemeinsame Grundlinie verlorengeht. Die Vorstellung, daß man einmal im Leben seinen Partner wählt und er so bleibt, wie man ihn einmal kennengelernt hat, stimmte noch nie und heute weniger denn je. Partnerschaft bedeutet, die Veränderungen, die man selbst oder der andere durchmacht, zu begleiten und mitzuvollziehen, bedeutet aber auch, dem anderen immer wieder Anstoß zur Veränderung zu sein. Viele Menschen meinen, Liebe bestünde darin, den anderen so zu akzeptieren, wie er ist. Ich denke, das ist eine falsche Vorstellung. Liebe bedeutet im Gegenteil, den anderen zur Veränderung herauszufordern. Das erfordert Provokation und Konfrontation. Liebe ist nicht nur Geben, Beschützen, Behüten, ist nicht ewiges Gestreicheltwerden. Ich würde dieses von mir beschriebene Modell Austausch- oder auch Interaktionsmodell nennen. Es erfordert einen wachen, bewußten Umgang der Partner miteinander.

Die fünf Grunddialoge

T.H.: Können Sie die Ebenen, auf denen sich Mann und Frau in einer Partnerschaft begegnen, anhand der von Ihnen unterschiedenen Grunddialoge skizzieren?

M. Cöllen: Mann und Frau begegnen sich in einer Partnerschaft auf verschiedenen Ebenen, wobei Sexualität nur einen Aspekt einer Ebene ausmacht. Im einzelnen unterscheide ich fünf Grunddialoge, die Mann und Frau miteinander führen: Gefühls-, Körper-, Sprach-, Sinn- und Zeitdialog, wobei der Begriff Dialog immer meint, daß es um Austausch, um ein Miteinander-in-Beziehung-Treten geht.

Zum Gefühlsdialog gehören der Austausch von Zärtlichkeiten und Liebesbezeugungen in Worten und Gesten, aber auch von offener Aggression. Strittige Auseinandersetzungen sind ebenso wie inniges Sich-verstanden-Fühlen und Sich-verstanden-Zeigen Bestandteile des Gefühlsdialoges.

Als nächstes wäre der Körperdialog zu nennen, die körperliche Begegnung von Frau und Mann, worunter aber nicht, wie im traditionellen Verständnis, nur Sexualität zu verstehen ist, sondern zu einem großen Teil ungerichtete, zweckfreie körperliche Kommunikation. Jede Form der Berührung gehört hierher, insbesondere auch Stunden des körperlichen Beisammenseins, der Zärtlichkeit, die nicht auf den Geschlechtsakt zielen, sondern dem Bedürfnis nach Hautkontakt und Nestwärme, das nicht nur Kinder, sondern auch jeder gesunde Erwachsene hat, Rechnung tragen.

Der Sprachdialog meint den Austausch von Sprache. Hier gibt es heute kaum noch Schwierigkeiten, die Menschen können in der Regel miteinander reden, wobei dieser Dialog oft sogar überbetont wird. Der Mensch kann alles, was ihn bewegt, in Sprache ausdrücken, Sprache ist Ausdrucksmittel unseres Geistes. Die Überbetonung kann dazu führen, daß innerhalb einer Partnerschaft eine sprachliche Auseinandersetzung an einer Stelle stattfindet, an der andere Dialogformen angebrachter wären. Hinzu kommt, daß viele Menschen Probleme damit haben, ihre Gefühle, ihre Innenwelt in Sprache zu fassen und zu vermitteln. Das will gelernt sein.

Der Sinndialog ist schwer zu fassen. Jedes Paar hat neben der Bewältigung seiner Alltagspflichten einen eigenen Auftrag, gegenüber sich selbst, gegenüber Kindern und Umwelt. Dieser Auftrag wird aber nicht von außen gestellt im Sinne einer zu lösenden Aufgabe, sondern jedes Paar muß ihn für sich finden, muß sich selbst auf die Suche machen. Insofern reicht das Paar im Sinndialog an eine göttlich-mystische Dimension heran. Wichtig ist aber, daß beide Partner gemeinsam einen Sinn in ihrer Partnerschaft entdecken und nicht nur ihre je individuellen Sinnfindungsprozesse, die auch ihre völlige Berechtigung haben, in der Partnerschaft leben.

Der Zeitdialog schließlich ist eine abstrakte Größe, bezeichnet die Zeit nach Dauer und Häufigkeit, die ein Paar miteinander verbringt. Gibt es kaum Zeiten der Gemeinsamkeit in einer Partnerschaft, ist das ein sicheres Indiz für eine Krise. Zeit in diesem Zusammenhang ist aber nicht absolut zu sehen. Kurze Zeiten können sehr intensiv gelebt werden, lange Zeiten können sinnleer sein. Die Frage ist, was ein Paar aus der ihm zur Verfügung stehenden Zeit macht.

Die Dialoge sind in der Realität der Partnerschaft nicht klar voneinander zu trennen, sondern überlagern sich vielfältig. In verschiedenen Phasen der Partnerschaft können sie verschieden stark ausgeprägt, verschieden gewichtet sein. Es kann allerdings vorkommen, daß der eine oder andere Dialog gar nicht gelebt wird, weil z.B. der Mann es nicht gelernt hat, seine Gefühle auszudrücken. In Industrie und Wirtschaft gilt das Zeigen von Gefühlen nach wie vor als ein Zeichen der Schwäche. Viele Männer bemühen sich daher, Auseinandersetzungen und Probleme in der Partnerschaft auf den rein sachlichen Aspekt zu reduzieren, womit sie schon am falschen Ende beginnen, denn eine Liebesbeziehung ist kein sachliches Unterfangen. Jeder Alltagsstreit in einer Partnerschaft hat auch einen emotionalen Aspekt.

Lebensraum – Partnerraum – Eigenraum

T.H.: Was bedeuten die Begriffe Lebensraum, Partnerraum und Eigenraum?

M. Cöllen: Die Aspekte, die in einer Partnerschaft zum Tragen kommen, sind so reichhaltig und zum Teil auch völlig gegensätzlich, daß sie unmöglich alle gleichzeitig gelebt werden können. Ich kann nicht gleichzeitig Beruf und Freizeit, Gemeinsamkeit und Einsamkeit, Zärtlichkeit und Rückzug leben. Aber alle diese – und noch viele andere – Bereiche gehören in den Lebensraum eines Paares. Der Lebensraum ist also die ideelle Gesamtheit aller in einer Partnerschaft möglichen Aspekte.

Jeder Mensch kann aber in einem Augenblick nur zwei oder drei Aspekte im Lebensraum tatsächlich intensiv leben. In einer Partnerschaft werden beide Partner in einem Augenblick die einzelnen Pole ganz unterschiedlich besetzen. Während der eine in einer aktiven Phase ist, kann der andere in einer passiven Phase sein; den einen verlangt es nach Hingabe, den anderen nach Abgrenzung; der eine engagiert sich im Beruf, der andere sieht seine Aufgabe in der Familie usw. So bilden sich im gemeinsamen Lebensraum eines Paares individuelle Eigenräume, die sich mehr oder weniger überschneiden. Die Überschneidung macht den Partnerraum aus.

Das Partnerdiagramm

T.H.: Aus diesen Begriffen haben Sie ein Partnerdiagramm entwickelt. Können Sie erläutern, in welcher Weise Sie mit diesem Diagramm arbeiten?

M. Cöllen: In dem Diagramm kann jeder Mensch die Pole, die er augenblicklich lebt, bzw. zu denen er sich hingezogen fühlt, abbilden, indem er einen Punkt auf dem entsprechenden Strahl einträgt. Die Entfernung vom Kreismittelpunkt drückt jeweils die Intensität aus. Verbindet man die einzelnen Punkte, erhält man eine Fläche, die den Eigenraum eines Menschen abbildet. Legt man die Diagramme zweier Partner übereinander, so ergeben sich in bestimmten Bereichen Überschneidungen, die die Gemeinsamkeiten des Paares zu einem bestimmten Augenblick darstellen, den Partnerraum. Die Eigenräume der Partner verändern sich ständig, und damit verändert sich auch der Partnerraum ständig.

An so einem Partnerdiagramm kann man auch ablesen, welche Aspekte in der Beziehung von einem Partner oder beiden Partnern überhaupt nicht gelebt werden. In der Therapie kann man dann daran arbeiten, diese weißen Flecken zu besetzen. Es zeigt also auf sehr einfache Weise, wo in einer Partnerschaft Krisen, auch latente Krisen, vorhanden oder zu erwarten sind und auf welche Weise die Krisen bearbeitet werden können.

Der Mensch ist nicht geboren, in der Spannungslosigkeit zu leben

T.H.: Es ist demnach kein sinnvolles Ideal, eine krisen- und konfliktfreie Partnerschaft zu führen?

M. Cöllen: Nein. Es gibt Partnerschaften, in der die Partner ihr Ideal darin sehen, möglichst in steter Harmonie und friedlicher Eintracht zu leben. Solche Beziehungen werden schnell spannungslos und langweilig, sie haben etwas Totes an sich.

Partnerdiagramm: Lebensraum, Eigenraum, Partnerraum

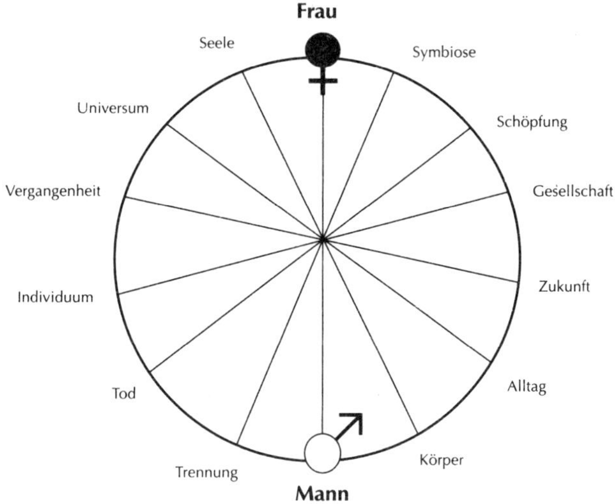

FRAU	GESCHLECHT	MANN
Trennung Freiheit Autonomie Aggression	Beziehung	Harmonie Geborgenheit Treue Symbiose
Tod Einsamkeit Rückzug Abgrenzung	Kreativität	Anpassung Phantasie Entfaltung Schöpfung
Individuum Macht Selbstwert Selbstgefühl	Werte	Familie Freunde Beruf Gesellschaft
Vergangenheit Herkunft Paargeschichte	Zeit	Paarphasen Lebensplan Zukunft
Universum Transzendenz Sinnerfüllung Sein	Raum	Haushalt Arbeit Ökologie Alltag
Seele Sehnsucht Gefühl Geist	Ganzheit	Vitalität Zärtlichkeit Sexualität Körper

Aus: Michael Cöllen: Heilende Partnerschaft, Reinbek 1993, S.52

Wenn die Eigenräume andererseits zu sehr auseinanderlaufen, wenn zu wenig Überschneidungsfläche, zu wenig Paarsubstanz vorhanden ist, können die Partner in einer Beziehung nebeneinanderherleben, ohne daß der eine am Leben des anderen wirklich Anteil nimmt. So eine Beziehung ist in der Regel arm an Konflikten, das Leben der Partner läuft reibungslos nebeneinander her. Die Gefahr, daß die Partnerschaft zerbricht, ist aber relativ groß.

Etwas provozierend vertrete ich den Standpunkt, daß eine krisen- und konfliktfreie Partnerschaft eine schlechte Partnerschaft ist. Der Mensch ist nicht dazu geboren, in der Spannungslosigkeit zu leben. Er hat widersprüchliche Tendenzen in sich. Zur Liebe gehört auch der Schmerz, zur Eintracht die Abgrenzung. Wir müssen die Hingabe, die Symbiose, die Anpassung immer wieder verlassen, um uns selbst weiterzuentwickeln. Liebe ist nicht Ruhe, sondern ein überaus dynamisches Geschehen, das nur auf der Grundlage der Emanzipation von Frau und Mann gelebt werden kann. Das Paar ist stark, das in der Lage ist, Krisen und Konflikte durchzustehen und zu bewältigen, um nachher wieder in Harmonie, Anpassung und Frieden zu leben.

Die von mir vertretene Paarsynthese geht von dem Prinzip der Polarität aus, das heißt, in einer Partnerschaft müssen abwechselnd alle Pole gelebt werden, und zwar möglichst so extrem, wie es die Partnerschaft überhaupt aushält. Nähe und Abgrenzung kann man nicht gleichzeitig leben, sondern nur eines zur Zeit. Es gibt keinen konfliktfreien goldenen Mittelweg, höchstens lasch-lahme Mittelmäßigkeit, die zum Stillstand führt. Nach meinem Verständnis entsteht Liebe zwischen Mann und Frau durch das Zulassen von Bewegung zwischen allen Polen und Gegensätzen des Lebens, nur so kann ein Gleichgewicht der Kräfte hergestellt werden, nur so können sich die Partner in allen Seinsformen der Liebe verwirklichen.

Mann und Frau

T.H.: Schauen wir einmal auf die Dimension des Geschlechtes. Gibt es in Ihren Augen geschlechtsspezifische Unterschiede in der seelischen Struktur von Mann und Frau?

M. Cöllen: Diese Frage ist eine der schwierigsten überhaupt. Einige Psychologen betonen die Unterschiede zwischen Mann und Frau so sehr, daß beinahe der Eindruck entsteht, Mann und Frau stammten von zwei verschiedenen Sternen. Andere leugnen die Unterschiede und meinen, Mann und Frau seien grundsätzlich gleich und nur zu einem geringen Teil unterschiedlich. Ich halte keine dieser absoluten Positionen für richtig. Mann und Frau sind weder total verschieden, noch sind sie einander total gleich.

In der Paarsynthese gehen wir von dem Yin- und Yang-Verständnis des Taoismus aus, demzufolge Mann und Frau gemeinsam eine Wesenseinheit bilden. Das bedeutet, daß sie ihrem Wesen nach immer schon gleichberechtigt waren, da sie beide sowohl Yin als auch Yang sind, nur daß bei dem Mann der Yang-Pol, bei der Frau der Yin-Pol überwiegt. Alte Kulturen, etwa in China bis zu Konfuzius, gingen selbstverständlich von der Gleichberechtigung von Mann und Frau aus, erst die jüdische, christliche und islamische Männerreligion hat zur Ungleichbehandlung von Mann und Frau geführt.

Dennoch unterscheiden sich natürlich Mann und Frau, sie verkörpern im wahrsten Sinne des Wortes verschiedene Pole. Mann und Frau brauchen sich gegenseitig zur Vervollständigung ihres Menschseins. Mann und Frau müssen Verständnis für die Andersartigkeit des anderen Geschlechtes aufbringen, die oftmals im psychischen Bereich nur eine graduelle ist.

T.H.: Sie erkennen aber prinzipiell unterscheidbare Eigenschaften zwischen Mann und Frau an? Es ist ja unbestreitbar, daß Frauen und Männer z.B. Sprache in unterschiedlicher Weise gebrauchen, sowohl semantisch als auch intentionell.

M. Cöllen: Ja, es gibt solche Unterschiede, aber in meinen Augen sind sie graduell, nicht prinzipiell. Was als männlich und was als weiblich anzusehen ist, läßt sich nicht wissenschaftlich definieren, das hat auch in der Geschichte gewechselt und differiert von Kultur zu Kultur. Ich würde mich weigern, einen Katalog männlicher bzw. weiblicher Eigenschaften aufzustellen, weil die Gefahr besteht, daß diese Unterschiede absolut genommen werden.

Androgynie

T.H.: Was verstehen Sie unter Androgynie? Wie läßt sich dieses Ideal erreichen?

M. Cöllen: Androgynie meint, daß Mann und Frau den Auftrag haben, den eigengeschlechtlichen und den gegengeschlechtlichen Teil gleichermaßen in sich zu entwickeln. Jeder Mann hat auch weibliche Anteile in sich, die es ihm ermöglichen, sich in die weibliche Rolle hineinzuversetzen und sie wirklich zu verstehen. In der Paarsynthese arbeiten wir aus diesem Grund sehr viel mit Rollentausch und Gegenidentifikation, indem wir die Menschen anleiten, in die Haut des Partners hineinzukriechen, zu lernen, die Welt mit den Augen des anderen zu sehen. Das Ziel ist, Rollenklischees als solche zu erkennen und aufgeben zu können.

Das bedeutet nicht, daß Mann und Frau sich so weit entwickeln könnten, daß sie sich nicht mehr voneinander unterscheiden würden. Es geht nicht um Zwittertum. Der weithin bekannte Paartherapeut Jürg Willi bekämpft Androgynie, weil er sie dahingehend mißversteht, daß er meint, Mann und Frau brauchten einander nicht mehr zu ihrer Vervollkommnung, weil jede Seite die andere vollständig in sich entwickeln und erleben solle. Darum geht es überhaupt nicht.

„Ein Paar sollte ein ganzes Leben miteinander verbringen“

T.H.: Können Sie kurz erläutern, was Partnerzyklen sind?

M. Cöllen: Die Paarsynthese geht davon aus, daß nicht nur der einzelne Mensch Stadien der Entwicklung und persönlichen Entfaltung durchmacht, sondern daß auch innerhalb einer Partnerschaft gesetzmäßig verschiedene Stadien durchlaufen werden, die voneinander abzugrenzen sind. Dabei wohnen den Partnerzyklen eigentlich nicht völlig neue Entwicklungsprinzipien inne, sondern sie stellen eine Wiederholung von Stadien dar, die jeder Mensch, der sich gesund entwickeln durfte, schon einmal als Kind durchlaufen hat, nun aber auf einer anderen Ebene, in anderer Form.

Bevor ich diese Zyklen im einzelnen charakterisiere, möchte ich vorausschicken, daß die Abfolge der Zyklen nicht in einem hierarchischen Sinne zu verstehen ist. Ein Zyklus ist nicht höherwertiger als ein vorangehender, er stellt in dem Sinne keine höhere Entwicklungsstufe dar, sondern die einzelnen Zyklen sind vollkommen gleichberechtigte Lebensabschnitte mit jeweils eigenen Schwerpunkten und Problemen. Das Gerede von Entwicklungsstufen und Reifungszuständen führt dazu, daß man immer nach dem nächst Höheren schielt, daß man auf ein vermeintlich anzustrebendes Ziel hinarbeitet und dabei aus dem Auge verliert, sich mit dem momentan Durchlebten zu identifizieren und es als Aufgabe zu begreifen. Wenn der nächste Zyklus einen höheren Entwicklungsstand darstellen würde, wäre ja der augenblicklich durchlebte nur ein minder wertvolles Durchgangsstadium. So ist es eben nicht. Alle Zyklen sind gleichwertig und sollten möglichst intensiv gelebt und ausgekostet werden. Schon allein deshalb sollte ein Paar, wenn es irgend geht, ein ganzes Leben miteinander verbringen, weil nur so alle Aspekte einer Liebesbeziehung zum Tragen kommen und tatsächlich gelebt werden können.

Diese Vorstellung entspricht einem philosophischen Grundgedanken, auf dem die gesamte Paarsynthese fußt. Wir versuchen, an die Stelle des in unserem Kulturkreis vorherrschenden vertikalen Erkenntnisansatzes, der in eine hierarchische Struktur mündet, einen horizontalen Ansatz nach dem Vorbild östlicher Philosophien – insbesondere des Taoismus – zu setzen. Danach gibt es kein wertendes Unten und Oben, kein höheres und kein niederes Wesen, keine Rangordnung in der Abstufung Gott – Mensch – Tier – Pflanze – Materie. Alle diese Existenzen werden als Phänomene des Lebens gleichermaßen geachtet, sind gleichberechtigte Teile des Universums und gleichermaßen beseelt.

T.H.: Leugnen Sie damit nicht alle Unterschiede? Mir kommt das ein wenig wie eine große Gleichmacherei vor.

M. Cöllen: Das wäre ein Mißverständnis. Wir erkennen Gegensätze sehr wohl an. Es geht nicht darum, Unterschiede zu leugnen, lediglich die Wertung in besser und schlechter, mehr und weniger berechtigt usw. möchte ich nicht akzeptieren.

Hingabe – Aufbau – Mitte – Altern – Zweisamkeit

Doch kommen wir auf die Zyklen zurück. Ähnlich wie ein Neugeborenes zunächst körperliche Zuwendung braucht und sich im Kontakt mit der Mutter selbst spürt und erlebt, so ist der erste Partnerzyklus der der Hingabe. Zwei Menschen finden einander und haben zunächst nur das Bestreben, füreinander da zu sein, einander zu begegnen und sich kennenzulernen. Die Verliebtheit der Partner gibt dem einzelnen neue Kräfte, die neue Entwicklungen und Wachstumsschübe ermöglichen. Experimentierfreude und Leistungswille erwachen. In allem ist das Bestreben nach Symbiose, der Wunsch nach Verschmelzung mit dem anderen die tragende Empfindung.

Auf den Zyklus der Hingabe folgt der des Aufbaus, in dem sich der einzelne wieder mehr auf sich besinnt, auf die eigenen Kräfte, Aufgaben, auf die eigene Leistungsfähigkeit, in dem es um Selbstverwirklichung, Emanzipation und Autonomie geht. Berufliche Leistung und Kindererziehung stehen im Mittelpunkt. Es ist zu beobachten, daß nach der Bewegung der Partner aufeinander zu nun eine Bewegung voneinander weg folgt, was wieder dem Polaritätsprinzip entspricht. Wären diese gegensätzlichen Bewegungen nicht vorhanden, würde eine Partnerschaft schnell spannungslos werden, erlahmen und zum Stillstand kommen.

Im anschließenden Zyklus der Lebensmitte steht dann wieder die Besinnung aufeinander im Mittelpunkt. Der äußere Lebensrahmen ist weitgehend geschaffen, die Kinder gehen langsam aus dem Haus oder orientieren sich zumindest verstärkt nach außen. Die Partner müssen sich jetzt neu entscheiden, ob sie ihren Sinn

Partnerzyklen

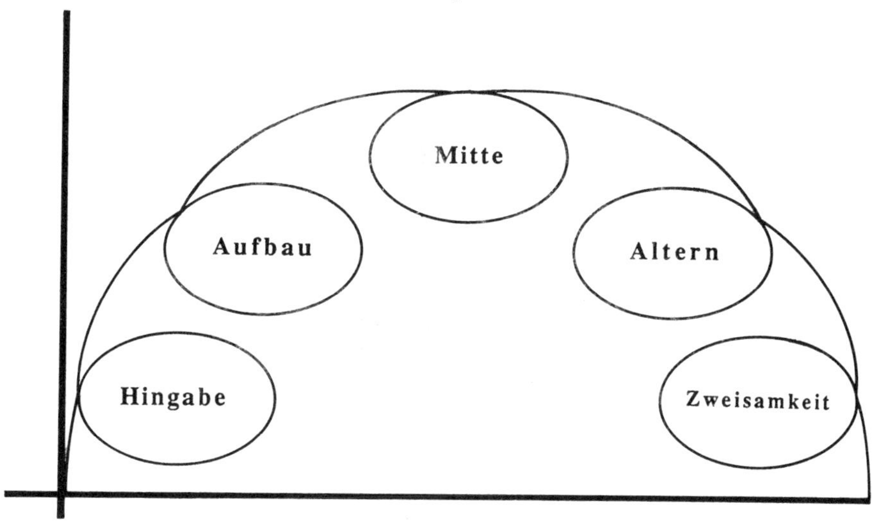

Aus: Michael Cöllen: Das Paar, München 1989, S.69
© Kösel-Verlag, mit freundlicher Genehmigung

Partnerdiagramm: Maria 1

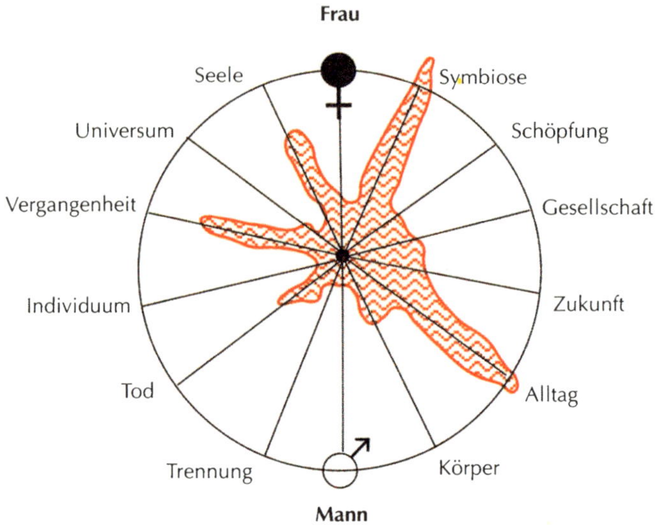

Partnerdiagramm: Karl

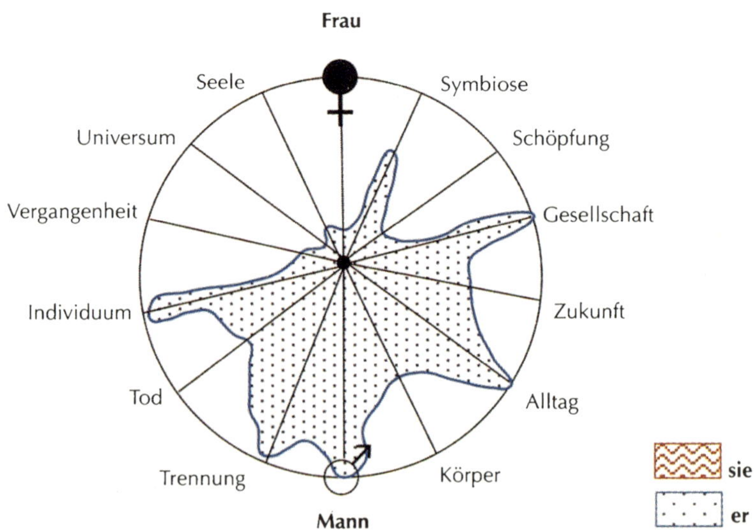

Partnerdiagramm: Maria und Karl

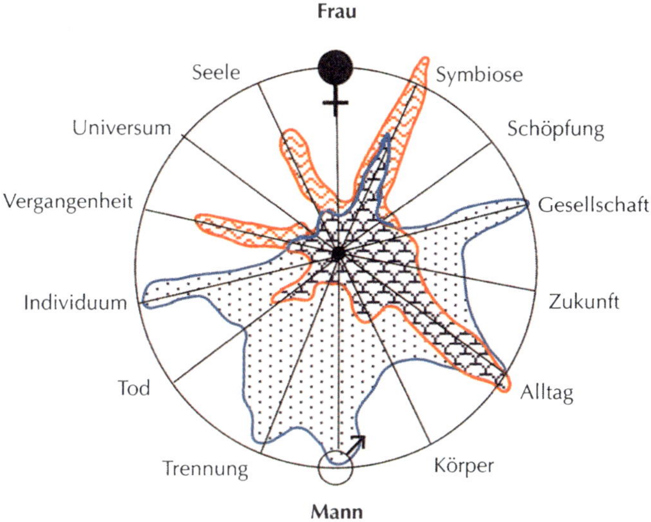

Methodologie der PAARSYNTHESE

Partnerdiagramm: Maria 2

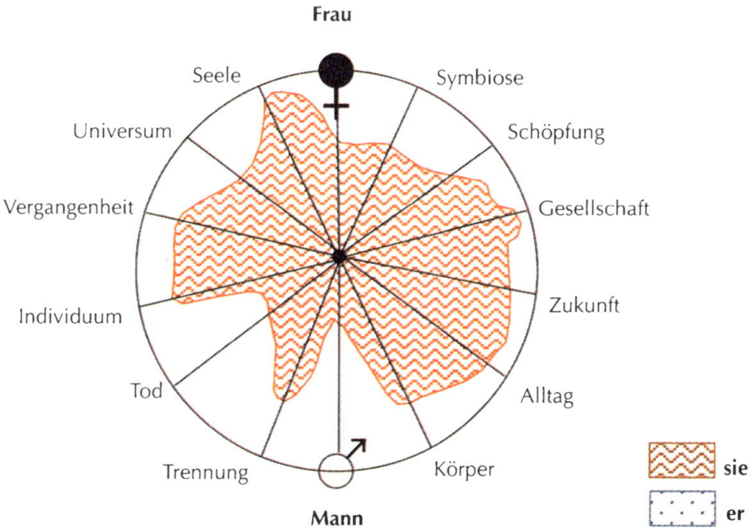

Zu den Partnerdiagrammen

„Im Partnerdiagramm Maria–1 zeigt Maria sich als Frau, die so wenig Eigenwert fühlt, daß sie kaum Lebensraum (= Kreis) noch Eigenraum (= Wellenlinien) einnimmt. Statt dessen klammert sie sich symbiotisch an Karl. Ohne weibliche Identität, ersetzt sie diese durch Überlastung im Alltag, mit den Kindern.

Karl dagegen nimmt viel Eigenraum (= karierte Fläche) ein, aber völlig einseitig auf den ‚männlichen' Polen. Dadurch ohne jede Fähigkeit, sich in eine Frau einzufühlen, bekämpft und unterdrückt er Maria fast bis zu deren Zerstörung. [...] Im gemeinsamen Partnerdiagramm überdeckt er Maria weitgehend, sie hat keinen Eigenraum zu ihrer Entfaltung.

Gegen Ende der dreijährigen Therapie ist im Partnerraum Maria–2 deutlich zu sehen, wie Maria sich zu einer in sich stimmigen, stabilen und abgerundeten Persönlichkeit entwickelt hat. Sie trennt sich von Karl, der unverändert bleibt, immer noch jede Therapie, jede Kritik für sich ablehnt, schließlich verbittert und isoliert auch von seinen Kindern zurückbleibt. Er zerstört im Endeffekt sich selbst."

Aus: Michael Cöllen: Heilende Partnerschaft, Reinbek 1993, Bildteil

außerhalb oder innerhalb der Partnerschaft finden können und wollen. Entscheidend ist, ob in der Beziehung genügend Substanz gebildet wurde, auf der aufgebaut werden kann, und ob die Partner den Willen haben, die Kräfte, die sie in ihrer individuellen Persönlichkeitsentwicklung sammeln und entfalten konnten, nun für die Strukturierung der Partnerschaft einsetzen wollen.

Der Zyklus des Alterns ist äußerlich geprägt vom Ausscheiden aus dem Berufsleben und dem damit einhergehenden Verlust von Außenkontakten, die Kinder verlassen endgültig das Elternhaus, die Partner sind auf sich gestellt, und die Gefahr der Vereinsamung ist groß. Insbesondere wenn die Frau nicht gelernt hat, sich neben Familie und Haushalt selbst zu entfalten, wird es für sie schwierig werden, die nun entstehenden Freiräume sinnvoll zu füllen.

Der letzte Zyklus schließlich ist der der neuen Zweisamkeit, in dem Mann und Frau einander neu entdecken, gemeinsam neue Lebensbereiche erschließen, auch ein erneuertes Verhältnis zu Sexualität und Erotik entwickeln. Wichtig ist, daß sich das Paar nicht vorzeitig selbst aufgibt und im wahrsten Sinne des Wortes zur Ruhe setzt, sondern neue Aktivitäten gemeinsam entwickelt. Sonst gibt es eine böse Altersehe, die ja leider immer häufiger zu beobachten ist.

T.H.: Im Grunde stellt Ihr Zyklenmodell eine Entwicklungspsychologie des Paares parallel der Entwicklungspsychologie des einzelnen Menschen überhaupt dar.

M. Cöllen: Ja, genau.

Typische Konflikte in den Zyklen

T.H.: Gibt es typische Konflikte in den einzelnen Zyklen oder beim Übergang von einem Zyklus zum nächsten?

M. Cöllen: Ja, es gibt typische Konfliktkonstellationen, die mit der Beziehungsstruktur in den Zyklen zusammenhängen. So kommt es vor, daß Männer nicht in der Lage sind, den Wechsel vom ersten zum zweiten Partnerschaftszyklus zu vollziehen, weil sie die einmal gewonnene Nähe zur Partnerin nicht aufgeben wollen. Er möchte sie im Stadium der Hingabe festhalten und kann nicht verstehen, daß sie auf einmal nicht mehr in dem Maße auf seine Wünsche und Bedürfnisse eingeht wie zu Beginn der Beziehung. Spätestens nach sieben bis zehn Jahren kommt naturnotwendig und psychologisch zwingend der Punkt, an dem nicht nur der Mann, sondern auch die Frau das Bedürfnis nach eigener Entwicklung verspürt. Sie möchte sich emanzipieren und auf eigenen Füßen stehen. Um diesem Bedürfnis nachzukommen, muß sie womöglich gegen ihren Mann ankämpfen, der sie in der Kindfraurolle festhalten will. – Besonders kompliziert ist der zweite Zyklus. Die Männer gehen in der Regel nach außen, bauen ihre berufliche Existenz auf und holen sich auf diesem Feld ihre Selbstbestätigung. Die Frauen hingegen sind – das ist immer noch die Regel – mit der Erziehung der Kinder beschäftigt und machen von daher eher eine Bewegung in den Binnenraum der Familie. Das macht es der Frau schwer, die notwendige Selbstverwirklichung – aufbauend auf sozialer Anerkennung nicht nur innerhalb der Familie, auf Durchsetzungsvermögen, Urteils-, Entscheidungs- und Abgrenzungsbereitschaft – zu erlangen. Versucht die Frau trotz aller Erschwernisse eine gewisse Selbständigkeit zu erreichen, muß sie dies oftmals gegen den Willen des Partners und ihres sozialen Umfeldes tun, die im allgemeinen wenig Verständnis für ihre Bedürfnisse aufbringen.

In diesem Zyklus gestaltet sich auch die Sexualität der Partner schwierig. Die Frau, von ihren Alltagspflichten voll in Anspruch genommen, ist oft müde und erschöpft, muß sich den Kindern widmen und fühlt sich in ihrer Rolle als Hausfrau und Mutter einsam. Sie wird kaum die Kraft aufbringen, liebevoll und zärtlich auf ihren Partner einzugehen. Genau dies erwartet er aber, um sich von seinem Streß, den der Beruf mit sich bringt, zu erholen. Verständnis für die Befindlichkeit der Partnerin bringt er nur schwer auf.

So kann man für jeden Zyklus bestimmte kritische Momente aufzeigen. Grundsätzlich gehen wir nicht mehr davon aus, wie es von Sigmund Freud gelehrt wurde, daß psychische Störungen, die in einem bestimmten Alter des Menschen zutagetreten, ihre Ursache immer in der Kindheit haben. Die Schädigung kann auch später, zu jedem Moment eigentlich, erfolgen. Eine schlechte Ehe ist sicherlich ein neurotisierendes Moment, das einen Menschen psychisch zugrunde richten kann.

Es macht keinen Sinn, den Partner zu wechseln

T.H.: Vollziehen Partner den Wechsel eher gemeinsam oder eher nacheinander?

M. Cöllen: Die Partner durchlaufen diese Zyklen, die im Durchschnitt sieben bis zehn Jahre dauern, nicht immer im Gleichschritt, die inneren Entwicklungen laufen selten synchron. Hier liegen die häufigsten Ursachen für Partnerschaftskonflikte.

Partnerbilder

Bärbel

Christoph

Aus: Michael Cöllen: Heilende Partnerschaft, Reinbek 1993, Bildteil

Yin-Yang-Partnerbild, aus den Einzelbildern zu einem gefügt
Aus: Michael Cöllen: Heilende Partnerschaft, Reinbek 1993, Bildteil

Während der eine Partner eine bestimmte Entwicklung schon vollzogen hat, ist der andere noch nicht so weit. Wichtig ist, daß die Partner so miteinander umgehen, daß ihre Entwicklungen nicht völlig losgelöst voneinander verlaufen, sondern daß sie wieder zu gemeinsamen Bahnen finden, daß es Punkte der Begegnung gibt. Auch hier greift wieder die Vorstellung von den Polen: Trennung und Begegnung müssen einander abwechseln, um gemeinsame Entwicklung zu ermöglichen.

Oftmals werden Beziehungen beendet, weil bestimmte Krisen aufgetreten sind oder die Partner sich auseinandergelebt haben. Es wird nicht gesehen, daß die Abgrenzung vom Partner notwendig zur Entwicklung der eigenen Persönlichkeit und damit auch der Partnerschaft hinzugehört. Statt aber die sicherlich oftmals qualvolle Durststrecke durchzustehen, kommt es zur Trennung und zu neuen Partnerschaften, in denen dann die gleichen Probleme an der gleichen Stelle wieder auftauchen. Veränderung vollzieht sich gerade während und durch die schmerzhaften Prozesse in der Beziehung. In Phasen der Harmonie bleibt alles, wie es ist. Immer wenn der Partner mich herausfordert, bewege ich mich, bringe ich die Kraft auf, Entwicklungen zu vollziehen. Liebesleid in einer Partnerschaft ist der beste Therapeut.

Es macht gar keinen Sinn, den Partner zu wechseln, es lohnt sich nicht. Je häufiger ich den Partner wechsle, desto öfter muß ich die partnerbedingten Probleme und Krisen bewältigen. Die meisten Partnerprobleme haben weniger mit den Eigenarten der Menschen zu tun, als vielmehr mit den inneren Gesetzmäßigkeiten des Zusammenlebens und Zusammenwachsens.

Partnerstile

T.H.: Was sind Partnerstile, wie werden sie entwickelt?

M. Cöllen: Ein Partnerstil ist die Art und Weise, wie ein Mensch in einer Partnerschaft Liebe lebt. Dieser Stil ist zunächst von der Art und Weise geprägt, in der die Eltern und die Geschwister miteinander umgegangen sind. Die Stile der Eltern wiederum sind ebenfalls geprägt von den Liebesmustern, die sie bei ihren Eltern erlebten usw. Das Kind erwirbt von Eltern und Geschwistern, von Großeltern und Ahnen seine Strategien, um das Leben – und auch Überleben – im Umgang mit anderen Menschen zu meistern. Insofern ist der Partnerstil zunächst eine Erbschaft der Ahnen. Da der Lernprozeß eines Menschen nicht mit der Kindheit abgeschlossen ist, sondern sich ein ganzes Leben fortsetzt, verändert ein Mensch seinen Partnerstil im Laufe seines Lebens, er entwickelt seinen individuellen Stil des Umgangs mit anderen Menschen.

Im Sinne einer Typologie lassen sich bestimmte Stile unterscheiden, die ich mit den Begriffen Anpassung, Durchsetzung, Kontrolle und Intuition bezeichne.

T.H.: Können Sie die einzelnen Stile etwas näher charakterisieren?

M. Cöllen: Generell ist zu sagen, daß jeder der Stile Positives hat und erst in starker Ausprägung negativ wird. Anpassung meint so Harmonie, Friedfertigkeit und

Partnerstile

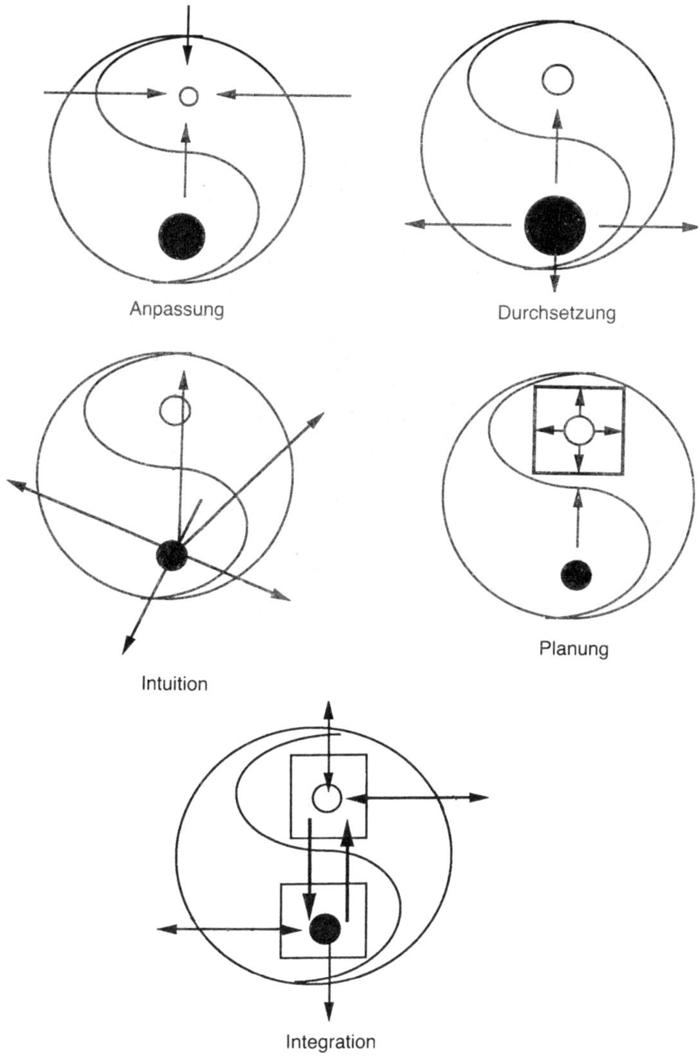

Aus: Michael Cöllen: Das Paar, München 1989, S.83

Mann und Frau
Edvard Munch, 1898

Der Kuß
Edvard Munch, 1897

Bescheidenheit, aber auch Unterordnung unter den anderen und zuviel Opferbereitschaft. Der sich zu sehr anpassende Mensch ist kaum in der Lage, sich selbst zu artikulieren, eigene Interessen zu bekunden, geschweige denn, sie durchzusetzen. Er erhält seine Impulse von außen und fühlt sich gezwungen, das anzunehmen, was von außen an ihn herankommt, ohne daß er entscheiden könnte, ob es gut oder böse ist. Menschen, die diesen Stil leben, vermitteln leicht den Eindruck, als hätten sie gar keine Identität, kein Ich-Gefühl.

Der Stil der Durchsetzung ist das Gegenstück zur Anpassung. Dieser Partner, in der Regel sicher, stark und ohne Minderwertigkeitsgefühle geht oft von sich aus, muß seine eigenen Interessen und Ansichten um jeden Preis durchsetzen und nimmt wenig Rücksicht auf andere. Die eigenen Schwächen hat der sich durchsetzende Mensch nicht im Blick, sondern sieht und kritisiert sie ausschließlich bei anderen. Das Selbstwertgefühl ist dominierend.

Der Kontrollstil ist geprägt von einer starken Hemmung, sich fallenzulassen. Aufkommende spontane Gefühle, heftige Sehnsüchte und Wünsche sind zwar vorhanden, kommen aber nicht an die Oberfläche. Die gesamte Psyche steht unter dem Diktat der Selbstkontrolle, der Selbstbeherrschung. Der Gedanke, etwas nicht unter Kontrolle zu haben, ist oft unerträglich. Positiv gesehen gibt dieser Partner Sicherheit.

Positiv gesehen ist der Partnerstil der Intuition von der Fähigkeit geprägt, sich in die Gefühlswelt anderer Menschen hineinzuversetzen und mitzufühlen. In der Verliebtheitsphase einer Partnerschaft ist dieser Stil vorherrschend. Der Stil der Intuition ist aber ebenso von Unbeständigkeit und Sprunghaftigkeit gekennzeichnet. Die Dinge werden von einer gefühlsbetonten Seite angegangen, nicht gedanklich durchdrungen. Dadurch entsteht der Eindruck einer oberflächlich strukturierten chaotischen Lebensführung, in der kaum etwas Bestand hat.

Man kann den Stilen auch bestimmte Eigenschaften zuordnen. Der anpassende Stil ist helfend-hilfreich, der Durchsetzungsstil ist selbstbehauptend, der Planungsstil ist sichernd, vorsorgend, der intuitive Stil ist unterhaltsam, hysterisch-lebendig.

Daß keiner dieser Stile in seiner Reinheit gelebt wird, versteht sich von selbst. Das Ziel sollte es sein, die wesentlichen Momente der einzelnen Stile in seinen persönlichen Stil zu integrieren, da sie alle ihre Berechtigung haben. Wir müssen lernen, mit unserem Gefühlsreichtum zu arbeiten und trotzdem für Sicherheit zu sorgen. Wir müssen auch lernen, uns anzupassen und uns trotzdem durchzusetzen. Das geht aber nur, wenn – im Sinne der Polarität – die Stile nacheinander zu ihrem Recht kommen, nicht gleichzeitig.

T.H.: Gibt es Gesetzmäßigkeiten, nach denen die Partnerwahl erfolgt?

M. Cöllen: Tatsächlich ist es so, daß der Mensch sich entweder unbewußt zu Partnern hingezogen fühlt, die seine fehlenden Stile ergänzen, oder er bevorzugt Partner, die den gleichen Stil leben, denn hier kennt er sich aus. Das entspricht den vorhin erwähnten Partnermodellen.

T.H.: Gibt es auch eine freie Partnerwahl, in die diese Muster nicht hineinspielen? Zwingen die Muster?

M. Cöllen: Man kann die Liebesmuster, die man im Laufe seines Lebens erworben hat, nicht hinter sich lassen. Von daher würde ich schon sagen, daß die Muster zwingen. So ist auch zu verstehen, daß Menschen nach einer Trennung neue Partnerschaften eingehen, die ähnlich strukturiert sind wie die alte. Im Extrem habe ich es schon erlebt, daß Leute nach einer Trennung nach Australien ausgewandert sind, um dann dort wieder mit dem gleichen Partnertyp eine Beziehung einzugehen.

Auch hier gilt aber die Einschränkung, daß kaum ein Mensch einen Stil in absolut reiner Form lebt, es ist immer ein Gemisch aus allen Stilen anzutreffen, in unterschiedlicher Gewichtung der einzelnen Anteile. In Zeiten der Not und der Bedrängnis jedoch – in Ehekrisen etwa –, neigen wir dazu, uns auf den Stil zu konzentrieren, den wir am besten gelernt haben, mit dem wir im Leben am besten zurechtkommen.

Paartherapie

T.H.: Nun haben wir sehr viel über die Grundlagen von Partnerschaften gesprochen, und es ist deutlich geworden, daß viele Aspekte eine Rolle spielen, so daß eine Partnerschaft als ein hochkomplexes, sensibles und anfälliges Gebilde angesehen werden muß. Daß es zu Schwierigkeiten kommt, ist so gut wie unvermeidlich. Sie haben eine Therapie entwickelt, die Menschen helfen soll, Partnerschaft sinnvoller zu gestalten und erfüllter zu leben. Was ist das Wesentliche an der Paarsynthese? Welches Weltbild steht hinter ihr?

M. Cöllen: Die Paarsynthese ist eine Form der Paartherapie, die aus einer Verbindung theoretischer Forschung und praktischer Psychologie, von Gestalttherapie, Tiefenpsychologie und taoistischem Weltverständis besteht. Sie ist ein psychotherapeutisches Konzept zur Arbeit mit Liebe, Sexualität und Partnerschaft. Das Paar steht für die Verwirklichung polarer Ganzheit aller Lebensbereiche. Unter Liebe verstehen wir die Synthese aller Polbereiche des Lebens, die wir mittels tiefenpsychologischer Aufarbeitung der Individualgeschichte, der Partnergeschichte sowie kultureller und spiritueller Defizite anstreben.

Liebe ist ein so komplexes Geschehen, daß viel Zeit und Mühe darauf verwendet werden muß, sie zu begreifen und zu verstehen. Es braucht Übung, um sie leben zu können. Das kommt nicht von selbst. Unser Ansatz ist ganz praktisch. Wer 20 Jahre lang nicht gelernt hat, zärtlich zu sein, wirkt unbeholfen, wenn er es zum ersten Mal versucht. Wer noch nie im Leben Blumen geschenkt hat, wirkt linkisch, wenn er eine Rose überreichen soll. Deshalb versuchen wir in der Therapie, nicht nur Konflikte zu bearbeiten und theoretisches Wissen zu vermitteln, sondern durch Körperarbeit, durch Arbeit an Sprache, Mimik und Gestik usw. den Paaren und Partnern Ausdrucksformen für Liebe zu vermitteln. Ich bin davon überzeugt, daß viele Partnerkonflikte entstehen, weil die Menschen ihre Liebe nicht artikulieren können, deshalb mißverstanden werden und sich frustriert zurückziehen. Die Menschen wollen ihre Gefühle zeigen, sie sehnen sich innerlich danach, aber sie wissen nicht, wie sie es anstellen sollen.

Die Frau in drei Stadien
Edvard Munch, 1894

Bacchanal – Der Liebeskampf
Paul Cezanne, 1875–1880

Eigentlich müßte Liebe zu einem Lernfach erklärt werden. Mit einer entsprechenden Bitte sind wir einmal an die Kultusministerien aller Bundesländer der alten Bundesrepublik herangetreten und haben zur Antwort bekommen, daß Liebe bereits im Fach Religion oder in der Sexualerziehung verankert sei. Liebe wird also instrumentalisiert und nicht als Eigenwert begriffen. Das muß sich ändern.

„Wenn ein Paar zur Tür hereinkommt"

T.H.: Der erste Schritt der Therapie ist die Paargestalt. Was ist hier das Ziel?

M. Cöllen: Die Therapie verläuft insgesamt in fünf Schritten, von denen jeder seine eigene Aufgabe und seinen eigenen Sinn hat. Den ersten Schritt nenne ich Paargestalt. Hier geht es darum zu ermitteln, wie eine Partnerschaft beschaffen ist. Jede Partnerschaft ist individuell, hat ein anderes Gepräge und eigene Muster. Schon wenn ein Paar zur Tür hereinkommt, kann es sein, daß die beiden Menschen als Paar einen ganz bestimmten Eindruck nach außen vermitteln, daß sie eine bestimmte Ausstrahlung haben. Wir gehen der Paargestalt, den Qualitäten und Schwächen systematisch auf den Grund, indem wir versuchen, aus Klagen, Vorwürfen, Schuldzuweisungen, Unterstellungen, Krisenberichten usw. die der jeweiligen Partnerschaft zugrunde liegende Beziehungsstruktur herauszuschälen. Das Paar soll dabei in die Lage versetzt werden, die eigene Beziehung selbst von oben zu betrachten. Hier laufen all die Aspekte der Partnerschaft zusammen, die wir bisher heute besprochen haben. Es soll erkennen, wann und zu welchem Anlaß gestritten wurde, um welche Gegenstände und Inhalte es ging und welche Ziele verfolgt wurden. Die Partnerstile werden ermittelt, ebenso der Zyklus, in dem sich das Paar gerade befindet. Wir arbeiten mit dem Paardiagramm und schauen uns an, wie es um die fünf Grunddialoge steht. So wird ein Bild entworfen, das quasi die *Anatomie des Paares* spiegelt.

T.H.: Neben der Arbeit mit dem Partnerdiagramm gibt es eine Reihe weiterer konkreter Übungen. Können Sie noch eine oder zwei schildern?

M. Cöllen: Eine Methode ist die des Feedbacks, die in vielen Therapieformen eine Rolle spielt. Einer stellt die Frage „Wie bin ich in Deinen Augen wirklich?", wobei sich diese Frage nicht nur an den Partner richten muß, sondern auch an Freunde, Kollegen oder innerhalb einer Therapiegruppe gestellt werden kann. Man kommt mit Hilfe des Feedbacks dazu, neben dem Bild, das man von sich selbst hat, auch das Bild, das der Partner – das Partnerbild – und andere Menschen – das Fremdbild – von einem haben, wahrzunehmen. Diese Übung ist nicht nur für den, der das Feedback erhält, von Bedeutung. Auch der Partner erhält Gelegenheit, sein Partnerbild zu überprüfen und mit dem Fremdbild zu vergleichen. Wir alle neigen dazu, einen Menschen immer auf die gleiche Weise zu betrachten und neue Wahrnehmungen vor dem Hintergrund des Bekannten umzudeuten.

T.H.: Das Gesetz von der Konstanz der Wahrnehmung.

M. Cöllen: Genau. Dies kann dazu führen, daß ein Mensch sich bereits verändert hat und auch dafür aus seiner Umgebung Anerkennung erhält, der eigene Partner

„Liebe Marie,

das Wissen um Deinen nahen Tod läßt mich diese Zeilen schreiben. Voll Schmerz ist mir bewußt, daß ich Dir nicht helfen, Dich nur noch ein Stück begleiten kann. Ich möchte Dir so gern etwas abnehmen, Dir unendlich viel – alles – geben.

Mir ist aber bewußt, daß das nicht möglich ist, daß Du letztendlich allein – viel zu allein – bist und die Kinder und ich auch große Belastungen für Dich bedeuten müssen.

Ich schreibe Dir, weil Du wissen sollst, was in mir ist. Dinge, die ich Dir nicht sagen kann, ohne das meine Gefühle über mich hereinbrechen und Trauer und Tränen mich daran hindern, die ich herauslassen will, die in mir sind, die ich mit Dir leben will, aber nicht heute.

Sorge Du Dich nicht um die Zukunft der Kinder, meine Zukunft. Ich bin wirklich groß und stark, leistungsfähig. Mein Leben und das Leben unserer Kinder ist gerade bei mir in guten Händen.

Übermächtige Gefühle, Angst, Panik, Trauer, Unfähigkeit, überhaupt einen klaren Gedanken zu fassen, sind jetzt zwar ständig in mir, aber heute kann ich diese Gefühle besser zulassen und glaube, daß sie mir eher helfen werden.

Du weißt, bei meinem insgesamt planenden Wesen ist kein Raum für Kurzschlußreaktionen.

Liebe Marie, ich weiß, ich kann Dir nur ganz wenig aktiv helfen, ich kann Dir nichts abnehmen. Schau Du nur ganz sensibel auf Dich, sorge Dich – soweit Du es kannst – nicht um andere.

Wir hatten schon viele schöne gemeinsame Jahre, haben uns viel gegeben und auch genommen, wir haben uns sicherlich gehindert und behindert. Für mich ist unser gemeinsames Leben positiv, lebenswert.

Lebe nun *Du Dein* Leben neben mir, mit mir. Ich will keine Behinderung für Dich sein. Befreie Dich dort, wo Du kannst und willst, in Außenkontakten, Sexualität, habe Wut, Aggressionen. Ich möchte Dir – wenn und wann Du es willst – alles sein, wie es gerade paßt, Vater, Mutter, Mann, Partner, auch Gegner, Geliebter, Freund.

Ich will – wenn und wann Du es willst – meine/Deine Gefühle, Trauer, Verzweiflung, Angst, Glück, Freude mit Dir teilen. Sorge Dich nicht um mich, Du kannst und sollst mir keine Trauer(arbeit) abnehmen.

Ich liebe Dich.

Dein Freund Jakob"

(Aus: Michael Cöllen: Heilende Partnerschaft. Reinbek 1993, S.41 f.)

aber keine Wahrnehmung für die Veränderung hat und daher unberechtigt Eigenschaften oder Verhaltensweisen kritisiert, die schon lange abgestellt sind.

Eine andere Übung besteht darin, in einem Bild, einer Collage oder auch in einem Brief oder Aufsatz die eigene Liebe – ohne auf den Partner zu blicken – darzustellen. „Wie sind meine Empfindungen tatsächlich, wie reich oder arm, wie vielfältig oder einseitig? Wie erlebe ich Lust, Aggression, Hoffnung usw.?“

T.H.: Eine eigenartige, auf den ersten Blick vielleicht makaber anmutende Übung besteht darin, sich den baldigen Tod des Partners vorzustellen.

M. Cöllen: Ja, bei dieser Übung wird von der Vorstellung ausgegangen, daß der Partner nur noch wenige Monate zu leben hat. Die Frage lautet: „Was würde ich an meinem Verhalten ändern, wenn ich wüßte, daß mein Partner in einem halben Jahr sterben muß?“ Wenn Menschen mit dieser Frage umgehen, beginnen sie, sich auf die wesentlichen Aspekte im Leben zu konzentrieren. Meistens stellt sich heraus, daß die Partner sehr wohl wissen, was dem anderen guttäte, wie sie sich verhalten müßten, um dem anderen das Leben denkbar angenehm zu machen. Der Wert, den der Partner im Leben darstellt, wird wieder ins Bewußtsein gehoben.

T.H.: Kommt es auch vor, daß einer der Partner den Gedanken an den Tod des anderen als befreiend empfindet?

M. Cöllen: Ja, das kommt tatsächlich vor. Die Beziehung wird dann als belastend, einengend oder gar bedrohlich empfunden. Dann kann der Gedanke an den Tod des Partners wie eine Erlösung erscheinen. Allerdings wäre dies ein sicheres Indiz dafür, daß die Beziehung stark geschädigt ist und eine Trennung erwogen werden sollte.

Wie ich zu dem Partner wurde, der ich bin

T.H.: Kommen wir zum nächsten Therapieschritt, der Partnerwerdung. Was ist das Ziel dieses Schrittes?

M. Cöllen: Hier steht die Lebensgeschichte beider Partner, ihre Liebeserfahrungen im Mittelpunkt. Um die eigene Liebesfähigkeit, die viel mehr ist als Kontakt- und Beziehungsfähigkeit, in ihren Stärken und Schwächen erfassen, begreifen und erkennen zu können, muß die jeweilige Geschichte der Partnerwerdung – Wie ist jemand Partner geworden? – verstanden werden. Die Art der Partnerwahl, die Partnerstile, die Entwicklung der Sexualität, die Lustentfaltung, die Ausbildung der Dialogebenen – all dies ist von der Geschichte der Partnerwerdung geprägt. Wie hat das Paar miteinander, wie hat jeder Partner für sich im Laufe seines Lebens in Begegnungen mit den verschiedensten Menschen Liebe gelernt? Welche Ausdrucksformen von Liebe haben sie kennengelernt, übernommen und selbst gelebt?

Da es auch darum geht, das Liebesverhältnis zu den eigenen Eltern sowie den eigenen Zugang zur Liebe zu klären, womit in starkem Maße Kindheitserfahrungen berührt werden, steht hier die tiefenpsychologische Arbeit im Mittelpunkt. Wie hat sich das Urvertrauen ausgebildet? Wie steht es um das Erleben von Nestwärme und

„Ruth:
Karg, moorig, naß.
Arbeiten, um zu überleben.
Das Land urbar machen.
Ackern, Ernten. Gerade das Nötigste.
Dazwischen die Kriege der Herrschenden,
die meine Väter und Großväter in den Krieg holten.
Die Frauen übernahmen ihre Arbeit zu Hause mit.
Was brachte die Leute zusammen?
Mann und Frau.
Liebe, Not, Verzweiflung und Hoffnung auf Leben.
Lust, Zärtlichkeit und Ekstase,
wo hatten die ihren Platz?
Mit eurer Zuversicht mag ich leben.
Mit eurem Glauben an die Schöpfung
und eurer Zufriedenheit mit dem alltäglichen Alltag.
Eure Bescheidenheit macht mir Mut,
daß es nicht viel braucht, um glücklich zu sein:
Liebe und Arbeit; Brot und Rosen.
Meine Welt ist größer geworden, als es eure jemals war.
Ich genieße die Freiheiten, die mir das bringt.
Ihr habt mich wegfliegen lassen.
Mit zwölf Jahren aus dem Moornest
in den Kasten der Bildung gesteckt.
Eine große Welt. Eine fremde Welt.
Welche Botschaften gelten hier?
Tausende Botschaften stürzen auf mich ein.
Sie haben mir lange den Blick auf das Eigentliche verstellt:
das Herz und die Liebe.“

(Aus: Michael Cöllen: Heilende Partnerschaft. Reinbek 1993, S.99 f.)

Hautkontakt? Gab es sexuellen Mißbrauch? Solche und andere Fragen werden intensiv beleuchtet und in Lebensskripten zusammengefaßt.

Diese Therapiephase trägt starke Züge einer Einzeltherapie, an der der Partner teilnimmt. Die Partner erhalten wechselseitig, vielleicht zum ersten Mal in ihrer Beziehung, Einblick in die tieferen Gefühlsschichten des jeweils anderen.

T.H.: Welche Übungen stehen im Mittelpunkt dieser Phase?

M. Cöllen: Eine zentrale Übung ist die Ahnenbotschaft. Sie ist eine vom Therapeuten gelenkte Phantasiereise in die Geschichte der eigenen Partnerwerdung, die nicht nur bis zur eigenen Geburt zurückreicht, sondern die Generationen der Eltern, Großeltern usw. miteinbezieht. Die Partner sollen sich den Augenblick ihrer Zeugung vorstellen, sich die Gefühle und Empfindungen, die den Zeugungsakt begleiten, die Lust und Begierde, den Schmerz, die Heimlichkeit, die Scham und Angst und Demütigung ins Bewußtsein rufen. Dann sollen sie das gleiche in bezug auf die Zeugung ihrer Eltern, Großeltern usw. leisten. Wir setzen das wirklich fort bis in graue Vorzeiten, im Extrem bis zur Entstehung der Erde.

T.H.: Ich muß zugeben, daß ich mir das nur schwer vorstellen kann. Man ist doch auf reine Spekulationen angewiesen. Was soll das bringen?

M. Cöllen: Die Phantasiereise wird zunächst gedanklich, quasi meditativ vollzogen, angeleitet vom Therapeuten. Das Erlebte wird dann in einem Gedicht, einem Märchen oder ähnlichem niedergelegt. Die Partner können so erkennen, wie stark ihr Verhalten von Traditionen geprägt ist, sie können sich entschließen, unerwünschte Traditionen abzulegen, verkümmerte auszubauen oder gar neue zu entwickeln.

Das Miteinander aufarbeiten

T.H.: Der nächste Schritt heißt Paardynamik. Was hat es damit auf sich?

M. Cöllen: Bisher ist ja nur das Gewordene aufgearbeitet worden. Jetzt geht es darum, das Gestrüpp der Beziehungskonflikte zu durchleuchten und zu ordnen. Wie sind die Liebesmuster, die jeder wie in einem Rucksack mitbringt, in die Beziehung eingeflossen? Hier geht es um das Miteinander der Partner in der Beziehung. Die Streitdimensionen werden offengelegt.

In dieser Phase haben die Partner am meisten zu tun: Die Dialogebenen der Partner werden wieder in Gang gebracht und die individuellen Entwicklungen aufeinander abgestimmt. Konfrontation und Annäherung stehen sehr dicht beieinander, wenn die Partner z.B. in Rollenspielen miteinander streiten. Körperarbeit, Selbstdarstellung, Spracharbeit und Rollentausch haben in dieser Phase ihren Platz. Defizite in der Persönlichkeitsentwicklung und der Partnerwerdung können, soweit das eben möglich ist, nachgearbeitet werden.

Erst jetzt kann es darum gehen, neue Wege – etwa neue Wege der körperlichen Begegnung – zu suchen, Lösungen für Konfliktmuster zu finden, Umlernprozesse im Umgang miteinander in Gang zu setzen. Wollte man dies vorher erreichen, würde man über den Kopf des Paares hinweg therapieren, man würde ihm eine Lösung aufdrücken, die es nicht selbst mitentwickelt hat und die es daher auch auf Dauer nicht mittragen wird.

T.H.: Können Sie einmal ein Beispiel nennen, wie konkret geübt wird?

M. Cöllen: Um neue Wege der körperlichen Begegnung zu eröffnen, verwenden wir taoistische Methoden, die eine Erweiterung der bisherigen Erfahrungen mit dem eigenen Körper zulassen. Atemübungen spielen eine Rolle oder das Tantra der sieben Nächte. Das Tantra der sieben Nächte ist ein Weg der stufenweisen Annäherung zweier Menschen aneinander. In der ersten Nacht wird ein Zwiegespräch geführt, in der zweiten Nacht ziehen sich die Partner gegenseitig aus und betrachten einander nur. So steigert sich das durch die Nächte hindurch, die Begegnungen werden immer intimer, aber erst in der letzten Nacht kommt es zum Geschlechtsverkehr. Die sieben Nächte sind natürlich nur symbolisch zu verstehen, die reale Zeit kann sich nach Stunden aber auch nach Wochen bemessen. Wichtig ist lediglich, daß Paare miteinander die Ganzheitlichkeit des Körpers erleben.

Sexualität

T.H.: Das führt in den Bereich der Sexualität. Welche Rolle spielt die Sexualität überhaupt in der Therapie?

M. Cöllen: Innerhalb der Paarsynthese nimmt die Sexualtherapie keine Sonderstellung ein, sie wird nicht extra betrieben, sondern ist integraler Bestandteil der Paarsynthese selbst. Sexuelle Störungen oder Hemmungen in einer Partnerschaft sind einer der häufigsten Gründe, aus denen sich Partner in die Therapie begeben. In 75 % aller Paarkonflikte und Ehescheidungen spielt dieser Bereich eine entscheidende Rolle.

Ich verstehe nun sexuelle Störungen weniger als rein körperliche Störungen – Erektionsstörungen, Impotenz, Unfähigkeit zum Orgasmus usw. –, sondern unter dem Gesichtspunkt der Beziehungsstörung. An der Sexualität eines Paares entladen sich die in der Beziehung nicht bearbeiteten Beziehungskonflikte, sie ist die Ebene, auf der Konflikte in unterschiedlicher Weise an die Oberfläche kommen: Rückzug vom Partner, jahrelange sexuelle Verweigerung, andauernde Beischlafforderungen, psychische und physische Gewalt bis zur Vergewaltigung. Ich sehe sexuelle Störungen als Ausdruck einer gestörten Sinnlichkeit. Die Partner haben den Sinn, die Wahrnehmung füreinander verloren, die Einfühlung in den anderen ist blockiert.

In der Therapie versuchen wir, durch Aufarbeitung der sexuellen Entwicklungsgeschichte der Partner und des Paares, solchen Blockungen auf die Spur zu kommen und neue Wege zu eröffnen, insbesondere Dimensionen der Lust, die Mann und Frau gleichermaßen erfüllen, ohne Unterdrückung und Zwangsmoral, gleichberechtigt und ganzheitlich.

Wichtig ist mir, das Augenmerk auf einen Aspekt zu lenken, der bisher kaum beachtet wurde, den auch Sigmund Freud nicht gesehen hat: Paare machen entsprechend den Partnerzyklen eine ständige Veränderung ihrer Sexualität durch. Die Sexualität bleibt nicht so, wie sie mit 20 Jahren erlebt und gelebt wurde. Diese Veränderung müssen Paare erst lernen und begreifen, sie müssen den Umgang damit erlernen. Hier liegt natürlich Konfliktpotential, denn es geht um neue Formen der Begegnung und neue Inhalte. Steht zunächst die Hingabe an den anderen im Mittelpunkt, verbunden mit Idealen von Exklusivität, ewiger Treue usw., kommt in der Phase des Aufbaus das Bedürfnis nach der Entwicklung der eigenen Sexualität, der eigenen Möglichkeiten und Bedürfnisse zum Tragen. Hier kommt es insbesondere bei Männern oft zum Fremdgehen, weil Sexualität plötzlich wieder die Funktion der Selbstbestätigung bekommt. Die Gefahr besteht hierbei neben dem Konfliktstoff innerhalb der Paarbeziehung darin, daß etwa derjenige, der seine Männlichkeit ausschließlich über seine sexuelle Potenz definiert, es versäumen wird, seine anderen Qualitäten ebenfalls auszubilden, was sich später als Defizit bemerkbar machen wird.

Yin-Yang-Partnerbild

T.H.: Eine sehr faszinierende Übung innerhalb der Therapiephase der Paardynamik finde ich das sogenannte Partnerbild. Können Sie das kurz erläutern?

M. Cöllen: Ja, jeder Partner fertigt für sich auf einem großen Blatt Papier eine Zeichnung oder ein Bild an, in dem er darstellt, wie er sich selbst als Partner sieht. Das eigene Ich mit all seinen Stärken und Schwächen, Hoffnungen, Phantasien, Ängsten usw. soll ausgedrückt werden. Natürlich ist es schwierig, all das in einem Bild darzustellen, aber entscheidend ist die Blickrichtung, die der Mensch beim Malen einnimmt. Er sieht sich selbst, aber mit Bezug auf einen anderen Menschen. Er lernt, sich selbst als Partner zu sehen. In der letzten Phase der Therapie werden die Bilder, die jeder Partner für sich angefertigt hat, zu einem Bild, dem Yin-Yang-Partnerbild zusammengefaßt. Beide Bilder werden in die Grundform des Yin-Yang-Mandalas eingefügt und so zu einem Ganzen verwoben.

Verzeihen und Versöhnen

T.H.: Kommen wir zum nächsten Therapieschritt.

M. Cöllen: Im nächsten Schritt geht es darum, über das Erkennen und Begreifen der eigenen zerstörerischen Anteile hinaus, diese dem Partner zu gestehen und ihn dafür um Verzeihung zu bitten. Das Verzeihen hat seinen Platz zu einem relativ späten Zeitpunkt der Therapie, aber erst jetzt sind die Probleme wirklich offenliegend, erst jetzt ist der Grad an Bewußtheit erreicht, der notwendig ist, um ein Verzeihen wirklich mit Substanz zu füllen und nicht zu einem Lippenbekenntnis verkommen zu lassen. Jeder der beiden sieht die eigene Schuld am Scheitern der bisherigen Beziehung und versucht, sich aus dem Irrgarten gegenseitiger Schuldzuweisungen herauszulösen. Hier kommt es darauf an, daß wirklich jeder zu seinem Anteil an Schuld steht. Nur dann kann der andere sie ihm auch verzeihen. Ein Verzeihen, das nicht ein Schuldbewußtsein desjenigen, dem verziehen wird, zur Voraussetzung hat, ist ohne Substanz. Allerdings geht es auch nicht um alltägliche Schwächen, sondern um echte Charakter- und Persönlichkeitsfehler, die weh tun und Schamgefühle wecken, die unter Umständen die Angst wachrufen, den Partner dadurch zu verlieren, daß sie eingestanden werden.

Dieser Schritt ist für viele nicht leicht, denn oft ist eine Mauer aus Trotz zu überwinden, die es unmöglich macht, den anderen noch liebend in den Arm zu nehmen. Die Mauern aus kindlichem Trotz, die noch in vielen von uns stecken, sind der Tod jeder Liebe. Viele Menschen zögern diesen Schritt so lange wie möglich heraus, wehren sich innerlich dagegen. Manche bringen gar nicht die Kraft auf, ihn zu vollziehen.

Dieser Schritt, beginnend beim einzelnen, wirkt, wenn er denn getan wird, nicht nur heilend auf die Beziehung, sondern auch auf die eigene Seele, denn Verzeihen ist eines der effektivsten Instrumente zur menschlichen Ganzwerdung. Die beiden Partner lernen einander in den fünf Dialogen mit neuer Würde zu begegnen, woran sich ein neuer Sinndialog anschließt: Das Paar tritt in einen Austausch darüber ein, welche Inhalte und Ziele sie der Neubegründung ihrer Partnerschaft zugrunde legen wollen. Das leitet schon in den letzten Schritt der Therapie, die Paargestaltung über.

„Scheidung kann ein Segen sein"

T.H.: Gelingt die Neubegründung in jedem Fall? Das kann ich mir eigentlich nicht vorstellen.

M. Cöllen: Nein, nicht jede Partnerschaft ist aufrechtzuerhalten. Der Therapieschritt des Verzeihens und Versöhnens kann auch dazu führen, daß ein Paar erkennt, daß die Partnerschaft nicht fortgesetzt werden kann, weil Heilung nicht möglich ist, weil kein gemeinsamer Sinn gefunden werden kann. Diese Einsicht kann aber erst jetzt, nachdem alle anderen Schritte durchlaufen wurden, ohne Bitternis und ewige Wiederholung der ewig gleichen Vorwürfe gefunden werden.

T.H.: Eine Ansicht, die manchmal zu hören ist, besagt, daß eine schlechte Partnerschaft besser sei als keine Partnerschaft, insbesondere wenn Kinder mit im Spiel seien. Was halten Sie von dieser Ansicht?

M. Cöllen: Überhaupt nichts. Scheidung ist nicht immer ein Unglück, sondern sie kann ein Segen sein. Von der Kirche wird mir diese Ansicht als gotteslästerlich ausgelegt, und ich bin ja auch unter anderem ihretwegen von der katholischen Kirche aller meiner Ämter enthoben worden. Mir ist regelrecht mein Lehrauftrag entzogen worden. Scheidung kann durchaus positiv sein, indem sie beiden Partnern den Weg zur weiteren Entwicklung freimacht, indem sie vielleicht einen Partner aus einer ständigen Zwangslage befreit und ihn vor der sicheren psychischen Zerstörung bewahrt. Die Trennung sollte immer als eine Möglichkeit offenstehen, es ist geradezu unmenschlich zu fordern, unter allen Umständen ein Leben lang zusammenzubleiben. Das „Bis daß der Tod Euch scheidet" hat als unreflektiertes Dogma unsagbar viel Leid über die Menschen gebracht. Trennungsfähigkeit ist eine Form von Liebesfähigkeit: Wer wirklich liebt, muß auch, wenn es sein muß, zur Trennung fähig sein.

Innere Scheidung

T.H.: Eine Trennung läuft ja oft so, daß die Partner sich aus dem Wege zu gehen trachten und nichts mehr miteinander zu tun haben wollen. Trennung und Scheidung werden oftmals als Bruch in der Biographie empfunden, als eine Wunde, die nie ganz heilt. Ich meine, der Grund hierzu liegt darin, daß die Partner eine wirkliche Aufarbeitung ihrer Beziehung gar nicht geleistet haben, daß sie nicht wissen, warum sie sich trennen.

M. Cöllen: Ja, genau. Deshalb sagte ich, daß die Einsicht in die Notwendigkeit einer Scheidung erst zu einem späten Zeitpunkt in der Therapie, in der vierten Phase nämlich, erfolgen kann. Eine nicht aufgearbeitete Trennung ist vergleichbar mit einem Schock nach einem Verkehrsunfall. Es bleibt ein Trauma zurück, das nicht mehr bearbeitet werden kann.

T.H.: Sie schreiben von Innerer Scheidung, die in Form einer Übung vollzogen werden sollte. Was verstehen Sie darunter?

M. Cöllen: Die Innere Scheidung ist ein Prozeß, in dessen Verlauf die Beziehung der beiden Partner entflochten wird, in dem sie sich wirklich und tatsächlich voneinander verabschieden, sich vom Partner emanzipieren. Vorausgegangen sein sollten aber die bisher beschriebenen Therapieschritte. Bevor es zur Trennung kommt, sollten alle Möglichkeiten der Versöhnung vollständig ausgelotet worden sein.

Die Innere Scheidung selbst vollzieht sich unter Mitarbeit eines Therapeuten in fünf Schritten. Zunächst muß alle Kritik am anderen wirklich verstummen, sie muß zu einem Ende kommen. Deshalb ist die vierte Phase des Verzeihens so ungeheuer wichtig. Wenn immer noch Kritik am anderen lebt, wird diese auch nicht zur Ruhe kommen, die Ablösung kann nicht erfolgen.

Als nächstes wird um Verzeihung für die eigenen Fehler gebeten. Wie das läuft, haben wir ja bereits besprochen. Anschließend steht die Frage im Mittelpunkt, was vom anderen gelernt wurde. Dann soll ein Dank für die gemeinsame Zeit formuliert werden, in dem wirklich das Gefühl der Dankbarkeit für die gemeinsam verbrachte Zeit, für das vom anderen Gelernte zum Ausdruck kommen muß. Den Abschluß bildet das Besprechen individueller Zukunftsperspektiven, denn irgendwie muß es ja weitergehen. Die Innere Scheidung ermöglicht es, den Abschied bewußt zu durchleben, Trennungsangst zu überwinden und die Trennung bewußt und verantwortungsvoll zu durchleben. Das Eigenartige an der Inneren Scheidung ist, daß sie, wenn sie ernsthaft betrieben wird, soviel an innerer Entlastung, an Abstand zu den Schuldgefühlen und an Achtung vor dem anderen erzeugt, daß es oft geschieht, daß die Partnerschaft nach der Inneren Scheidung neu begründet wird. Trauerarbeit um den Verlust des anderen macht die tatsächliche Trennung überflüssig.

Die große Gefahr ist andererseits, daß einer der Partner die Innere Trennung mit dem Hintergedanken mitmacht, um auf diese Weise die Beziehung doch noch zu retten, den anderen neu an sich zu binden. Dann geht aber alles schief, dann ist nichts mehr zu retten, weil der andere unweigerlich das Gefühl bekommen wird, durch Druck und Zwang in der Beziehung gehalten zu werden.

Das Neugestalten der Partnerschaft

T.H.: Zu besprechen wäre noch der letzte Schritt der Paarsynthese, den Sie schon kurz angedeutet haben. Was geschieht im Schritt der Paargestaltung?

M. Cöllen: Nachdem die gesamte Vergangenheit des Paares aufgearbeitet wurde und Fehler und Einseitigkeiten bearbeitet wurden, muß noch ein Bild entworfen werden, nach dem die Zukunft des Paares gestaltet werden soll. Wie wirken die Partner zusammen, was für eine Gestalt als Paar können sie jetzt abgeben? Die beiden sollen in der Einheit des Paares zusammenwirken, sich ergänzen, anregen, herausfordern, möglichst dynamisch und ausdrucksstark miteinander umgehen. Die Grundlagen dazu sind in der Therapie gelegt, jetzt kommt es darauf an, daß sie vom Paar umgesetzt werden.

Hier ist keine symbiotische Verschmelzung gemeint. Die Partner sollen ihre eigene Identität bewahren, sie sollen auch nicht alle Bereiche ihres Lebens vor dem anderen offenlegen. Jeder Mensch braucht Dinge, die er mit niemandem teilt. Aber in der Gestaltung des Paares verwirklichen zwei Menschen etwas, was jeder einzelne nicht zustande bringen kann. Symbolisch kommt das in dem schon erwähnten Yin-Yang-Partnerbild zum Ausdruck, in dem die beiden Einzelpartnerbilder zusammengefaßt werden, je ihre Eigenart bewahren, aber zusammen etwas Höheres darstellen.

Bewußte Auseinandersetzung

T.H.: Wenn die Therapie abgeschlossen ist, was hat dann ein Paar für sich und die Partnerschaft erreicht?

M. Cöllen: Wenn ein Paar die Therapie durchläuft und zum Abschluß bringt, heißt das nicht, daß es in Zukunft keine Konflikte mehr geben wird, im Gegenteil. Die Partner entwickeln eine höhere Empfindsamkeit im Umgang miteinander, haben gelernt, besser und angemessener aufeinander einzugehen und die ganze Bandbreite ihrer Gedanken, Gefühle und Empfindungen zu artikulieren. Das bringt mehr Auseinandersetzung mit sich, so daß es vielleicht sogar häufiger zum Streit kommt als vor der Therapie. Der Streit verläuft aber auf einer anderen Ebene. Die Partner wissen, daß sie füreinander von Bedeutung sind, daß sie einander ergänzen und nur gemeinsam ein Ganzes bilden, das allerdings nur in der ständigen gegenseitigen Herausforderung der Partner wachsen und sich entwickeln kann. In der Auseinandersetzung geht es nicht mehr um Sieg und Niederlage, sondern um Austausch und Wahrnehmung. Es gibt in der Partnerschaft keinen Sieg, wenn einer unterliegt.

Ich meine, daß zwei Menschen, die soweit gekommen sind, daß sie die Beziehung als gemeinsame Aufgabe begreifen, wahrnehmen und gestalten, eine höhere, vollkommenere Stufe des Menschseins erreicht haben, als es einem einzelnen Menschen möglich ist. Sie sind auf dem Weg, den Sinn des Menschseins zu verwirklichen.

T.H.: Wie lange dauert die Paartherapie, und wer bezahlt sie?

M. Cöllen: Die Dauer ist zu vergleichen mit der einer normalen Einzeltherapie, also durchschnittlich ein bis eineinhalb Jahre. Sie ist allerdings auch mehr als nur die Heilung einer Störung, sie ist ein Sinnfindungsprozeß. Paartherapie muß, wenn sie nicht von öffentlichen Beratungsstellen durchgeführt und dann von der Kirche oder Wohlfahrtsverbänden getragen wird, von jedem selbst bezahlt werden, denn sie ist ausdrücklich von Kassenleistungen ausgenommen. Partnerstörungen sind nicht als Krankheit anerkannt, und das halte ich für einen Skandal.

T.H.: Nach allem Gesagten kann man den Eindruck erhalten, daß ein Paar aus eigener Kraft kaum in der Lage ist, eine Partnerschaft auf Dauer zu führen. Was kann ein Paar von sich aus tun, um die Krisen einer Partnerschaft unbeschadet zu überstehen?

M. Cöllen: Wenn ein Paar genug Bewußtsein aufbringt, die richtigen Freunde hat und klug miteinander umgeht, kann es aus eigener Kraft die geschilderten Prozesse durchmachen. Nicht jedes Paar muß die Hilfe eines Therapeuten in Anspruch nehmen. Die Gefahr, daß sich die Partner in einem Gestrüpp gegenseitiger Schuldzuweisungen verfangen, ist allerdings tatsächlich groß. Wenn einer der Partner dadurch substantiell in Mitleidenschaft gezogen wird, wenn das zerstörerische Potential zu groß wird, dann ist ein Dritter unbedingt notwendig.

Verlassen und verlassen werden

Eltern und Kinder im Drama von Trennung und Neubeginn

Horst Petri*

Die gesellschaftlichen Umbrüche unserer Zeit beschleunigen den Zerfall der Familie. Alternative Paarbeziehungen mit und ohne Kinder vergrößern Jahr um Jahr den bunten Flickenteppich, der sich durch die herkömmliche Familienlandschaft zieht. In Amerika wurde dafür der griffige Begriff „Patchworkfamilie" geprägt. Aber so vielgestaltig und kreativ die Alternativen auch aussehen, so lang ist meistens noch der Leidensweg bis zu einem geglückten Neubeginn. Die Kinder, sagt man, sind die Hauptleidtragenden, und in der Öffentlichkeit reißen die Klagen über ihr bedauernswertes Schicksal nicht ab. Hier erscheinen mir neue Akzentsetzungen notwendig. Erstens haben wir unter einer historischen und globalen Perspektive zu realisieren, daß Kindheit noch nie das „Paradies und die glücklichste Zeit des Lebens" war. Im Gegenteil. Kindesopfer, Kindesaussetzung, Kindestötung, Kindesmißhandlung, Kindesausbeutung, ob als Arbeitskraft oder als sexuelle Opfer, privat oder gewerblich, das millionenfache Kindersterben, ob in Kriegen, durch Hunger oder vermeidbare Krankheiten – von der Frühzeit über das Mittelalter bis in unsere Gegenwart spannt sich die ununterbrochene Kette von Grausamkeiten und unmenschlichem Leid, das Kindern zugefügt wird.

Unter diesem Blickwinkel erleben Scheidungskinder in den westlichen Industrienationen nur eine, und zwar relativ milde Variante der ungezählten Verletzungen von Kinderrechten. Zweitens müssen wir erkennen, daß die oft mitleidlose Verfolgung von Scheidungseltern in der Öffentlichkeit bei gleichzeitiger Überidentifizierung mit den betroffenen Kindern die Situation für alle Beteiligten eher erschwert als entlastet. Alle Appelle an Vernunft und Einsicht der Eltern, ihre Kinder im Trennungsdrama zu schonen, sind zum Scheitern verurteilt, solange das Leiden der Partner von ihnen selbst und der Öffentlichkeit nicht angemessen verstanden wird.

Persönliche und gesellschaftliche Widerstände haben trotz einer inzwischen hundertjährigen Aufklärungsarbeit der Psychoanalyse die Einsicht in die unbewußten Motivationen menschlichen Verhaltens noch weitgehend blockiert. Trotz Freud-Lektüre und Psychoboom sträuben wir uns immer wieder mit „Händen und Füßen", d.h. mit Gewalt oder Flucht, unsere eigenen Abgründe wahrzunehmen. In Konfliktsituationen steigert sich diese Abwehr zur völligen Blindheit. So reißen besonders

* Prof. Dr. Horst Petri ist Hochschullehrer für Psychotherapie und Psychosomatik an der FU Berlin. Sein Buch „Verlassen und verlassen werden. Angst, Wut, Trauer und Neubeginn bei gescheiterten Beziehungen" ist im Kreuz-Verlag erschienen.

Trennungsdramen alle Beteiligten in Gefühlsstrudel von archaischer Ausprägung. Dabei werden in der Regel verschiedene Phasen durchlaufen. Die Trennungsangst steht am Anfang. Ihre Intensität verdankt sich der Wiederholung lebensgeschichtlicher Trennungserfahrungen, die bis zur Urangst der Trennung von der Mutter bei der Geburt zurückreicht. Zur Vermeidung dieser Angst werden in der Protestphase alle Kräfte entfesselt, um den Trennungsverlust ungeschehen zu machen. Dabei wird das Drama voll entfaltet: Wut, Haß, Rache und Neid ergeben eine explosive Gefühlsmischung, bei der das Ich die Kontrolle über das eigene Verhalten vollständig verlieren kann. Wenn die Widerstandskräfte erlahmt sind, muß der Verlassene eine Phase der Depression durchleben, die im günstigen Fall in den Trauerprozeß einmündet. Trauer müssen alle ertragen, der Verlassene ebenso wie der, der geht. In der Trauerphase findet die Auseinandersetzung mit eigener Schuld und Versagen statt; in ihr müssen Illusionen und Ideale aufgegeben werden, Hoffnungen und Utopien und nicht zuletzt der reale Verlust eines Partners und der Kinder betrauert werden. Die Trauerphase entscheidet darüber, ob das Vergangene bewältigt werden kann und in eine Versöhnung mündet, die das Trennungsdrama zum Abschluß bringt. Versöhnung bedeutet nicht die Wiederherstellung eines alten Zustandes, sondern das Annehmen der eigenen Grenzen und Unfähigkeiten. Erst die Versöhnung mit sich selbst öffnet auch den Weg zur Versöhnung mit dem anderen, mit dem Zugeständnis seiner Schwächen und den Möglichkeiten eines offenen Dialogs. Nur so kann ein wirklicher Neubeginn mit der Freiheit zu Bindungen mit neuen Partnern gelingen.

Es ist an der Zeit, diese Prozesse bei sich selbst und bei dem anderen besser zu verstehen, damit der fortschreitende Zerfall der Familie nicht zu einer Desintegration gesellschaftlicher Systeme führt. Das tiefere Verständnis dieser Zusammenhänge erleichtert nicht nur den Partnern die Verarbeitung des Trennungsverlustes, sondern schafft auch für Kinder bessere Voraussetzungen, an dem Konflikt zu reifen, statt an ihm zugrunde zu gehen.

Dabei ist noch folgender Akzent wichtig. Die breite Praxis und therapeutische Erfahrung zeigt, daß Kinder nicht nur zu Opfern, sondern auch zu Mittätern im Trennungsdrama werden. Ihr gestörtes Verhalten und ihre Symptome nach der Scheidung sind nicht nur Zeichen des Leides, sondern auch des aktiven Widerstands, mit dem sie auf spezifische Weise das Drama mitgestalten. Wenn sie dagegen aus Schuldgefühlen in der Opferrolle fixiert werden, wird die produktive Kraft übersehen, mit der sie an der Neugestaltung alternativer Familienformen teilnehmen können.

Es gibt ein Leben nach der Trennung

Marietta Biermann

Die Phasen des Trennungsprozesses – Wie aus der ehemaligen Partnerbeziehung eine neue funktionierende Elternbeziehung wird

Die Phasen des Trennungsprozesses und der Aufbau einer neuen funktionierenden Elternbeziehung zwischen den ehemaligen Partnern sind Vorgänge, die gewissermaßen polar zusammenhängen. Beide sind zwar gegensätzlicher Natur, dennoch im Wesen gleich geartet. Es geht um Bindungsprozesse: die Ent-bindung als Voraussetzung für eine neue Ver-bindung. Oder anders gesagt: Ich muß bei einer Trennung/ Scheidung lernen, meine Rolle als (Ex-)Ehepartner/in von der Rolle als Eltern(-teil) zu trennen. Das gelingt logischerweise am besten, wenn ich im Laufe der Entbindung eine gereifte Identität und Authentizität entwickeln kann, die mich in die bessere Lage versetzt, mich bewußt und klar abgegrenzt in eine neue Ver-bindung als Elternteil der Kinder zu begeben.

So individuell verschieden und einzigartig diese Ent- und Ver-bindungsprozesse bei einer Trennung auch sein mögen, sie durchlaufen dennoch jeweils charakteristische, durch bestimmte Merkmale und Probleme identifizierbare Phasen, sicherlich nicht alle in der gleichen hier aufgezeigten Chronologie, sicherlich abgekürzt, verlängert oder vielleicht kaum spürbar, aber irgendwann im Verlaufe des Geschehens werden die Phasen größtenteils deutlich erkennbar.

Viele Menschen überstehen ihre Trennung durch Hilfe und Rat von Verwandten und guten Freunden. Viele suchen auch professionellen Rat. Wie dem auch sei – in der Praxis sind tiefschürfende Endlosberatungen nur über traumatische Kindheitserlebnisse in der akuten Trennungsnot nicht sehr hilfreich. Vielmehr müssen die Trennungspartner eine Art Kompaß – so wie eine Landkarte – in die Hand bekommen, ihren Standort sowie ihre Ziele festlegen, ab und zu an schwierig zu forcierenden Stellen begleitet werden. Aber gehen müssen sie selbst, den schweren, oft genug verwirrenden, zerreißenden, schmerzhaften und ungerechten Trennungsweg. Unter Landkarte verstehe ich die hier aufgezeigten Trennungsphasen und ihre Merkmale, unter Kompaß die Mittel und Wege, damit umzugehen. Das Ziel ist, die neue funktionierende Elternbeziehung im Interesse der Kinder aufzubauen.

Den Entschluß zu fassen, sich zu trennen, ist schwer genug. Die Trennung zu *vollziehen*, ist aber erst recht Schwerstarbeit: Wie komme ich von dem Partner innerlich los? Wie komme ich aus dem Wust der Gefühle – Trauer, Verzweiflung, Schuldgefühle, Wut, Zukunftsangst – heraus? Wie soll ich alle die praktischen

Dinge, die mit einer Trennung verbunden sind – besonders wenn Kinder da sind –, auf die Reihe bekommen? Wie soll ich bloß, auch finanziell, weiterleben? Diese und andere Fragen bilden bald den berühmten Berg der Überforderung, auf dem alles wie in Nebel gehüllt erscheint. Das Wissen von phasen- und verlaufstypischen Merkmalen des Trennungsprozesses und das Erkennen derselben können den Gesamtprozeß klarer, durchschaubarer und gegebenenfalls weniger bedrohlich machen.

Die meisten Paare sind sich weder über den Härtegrad der Trennungsarbeit noch über die notwendige Dauer einer wirklich loslassenden Trennung, der Verarbeitung des Verlustes und der Errichtung einer neuen, andersartigen, funktionierenden Beziehung im klaren. Als grobe Regel kann gelten, daß dieser Gesamtprozeß mindestens die Hälfte der gemeinsam in der alten Ehe/Beziehung verbrachten Jahre in Anspruch nimmt und dreimal so anstrengend wie die alte Beziehung wird. Geduld, Ausdauer, Zähigkeit und absolute Ehrlichkeit sich selbst gegenüber, Abgrenzungsfähigkeit, Flexibilität, Disziplin, Bereitschaft, sich Hilfe und Unterstützung von anderen zu holen, ein gehöriges Maß an schlichter Leidensfähigkeit werden daher unverzichtbare, gegebenenfalls sich „unterwegs" entwickelnde Eigenschaften von Trennungspartnern sein.

Die Haupt- und Zwischenphasen einer Trennung

Es lassen sich vier Hauptphasen und zwei Zwischenphasen in einem Trennungsprozeß unterscheiden (vgl. auch Isolina Ricci: „Meine Eltern sind geschieden. Wie Kinder dennoch glücklich bleiben", München 1984. Sofern nichts anderes angegeben, stützen sich die weiteren Angaben auf dieses Buch).

Phase 1:
Der Trennungsschock: Das alte Leben hat aufgehört. Der Verlust

Die tatsächlich erfolgte Trennung kann nacheinander oder fast zeitgleich Erleichterung und auch einen tiefen Schock hervorrufen. Beide Reaktionen wurzeln in der erfolgten ersten Lösung von Spannung und Mißstimmung, die mit dem Verlust einhergeht: Das alte Leben hat aufgehört, das neue noch nicht angefangen. Vielerlei psychosomatische Symptome können sich in dieser Phase einstellen: Schlaflosigkeit, Angstanfälle, innere Lähmung, Appetitlosigkeit, häufiges Weinen, hektische Betriebsamkeit und Unfallneigung. Auch können frühere oder akute somatische Krankheiten oder Depressionen aufblühen.

Zwischenphase 1:
Schwanken zwischen Versöhnungswunsch und Trennungswirklichkeit

Diese Zwischenphase ist gekennzeichnet durch Reaktionsweisen, die zwischen Idealisierung des alten Lebens, Versöhnungswunsch, Verleugnung und Nostalgiesierung der Trennungstatsachen und Einsicht in die Trennungsnotwendigkeit hin- und herschwanken. Auf der einen Seite: „Wir hatten doch ein schönes Leben. Was haben wir nicht alles zusammen durchgemacht! Wir haben noch nicht alles an Lösungsmöglichkeiten für unsere Probleme ausprobiert. Laß es uns doch noch einmal versuchen, wegen der Kinder! Wir lieben uns doch noch. Wir trennen uns nur vorübergehend, jeder kommt zu sich selbst, und dann sehen wir weiter." Auf der anderen Seite: „Es geht nicht mehr. Wir haben alles versucht. Es nützt nichts. Wir erreichen uns nicht. Ich will ihn/sie nicht mehr. Die Kinder leiden mehr unter unserer Ehe als unter unserer Trennung. Ich kann und will so nicht weiterleben. Unterm Strich hatten wir keine gute Beziehung, weil ..."

Gar nicht so selten kommt es zur totalen Verleugnung der Trennungstatsachen: Frau/Mann ist auf Montage oder hat einen Forschungsauftrag im Ausland – die Versöhnungsillusion wird durch totale Verdrängung und durch Verwischen jeder Abgrenzung genährt. Viele, insbesondere die Männer, verdrängen ihre Trauer und ihre tiefe Betroffenheit, stürzen sich in exzessives Arbeiten, Freizeitaktivitäten, Alkoholkonsum oder in eine neue Beziehung. Besonders Frauen verdrängen ihre aufkommenden Wut- und Haßgefühle und lassen konsequent diese Gefühle nur im Gewand der Depressivität zu (Depressivität als nach innen, auf sich selbst gerichtete Wut und Haß). Anstatt die Wut auf den Verursacher oder Veranlasser zu richten, wird sie gegen die eigene Person gerichtet.

Beiden gemeinsam ist, daß Verdrängen die Dynamik eines Dampfkochtopfes auslöst: Irgendwann kann der Druck so groß werden, daß unkontrolliert und mit gewaltiger Kraft der Inhalt des Topfes herausexplodiert. Dann ist die Phase 2 erreicht.

Phase 2:
Der Ausbruch heftiger Emotionen

Es ist eine Phase, in der „sanfte Frauen Obszönitäten herausschleudern wollen und mit Gegenständen nach ihren fremd gewordenen Ehemännern werfen; in der zärtliche, treusorgende Männer ihren Frauen nachspionieren und wilde Anschuldigungen von Betrug und Hurerei hervorbringen. [...] Viele benehmen sich so, wie sie sich noch nie zuvor benommen haben und sich nie wieder benehmen werden." (S.121)

Es öffnet sich der schiere Abgrund an tiefliegenden, bisher gnädigerweise unbewußt gebliebenen, jetzt ins Bewußtsein heraufkommenden chaotischen, nicht kontrollierbaren, unvorstellbaren, wüsten Gefühlen, möglicherweise naturkatastrophenähnlichen Ausmaßes und ebensolcher Intensität. Im Verlaufe dieses emotionalen „Achterbahnfahrens" (S.122) kann es zu grotesk unrealisierbaren „Rundum-Versprechen" kommen: „Ich tue alles, was du willst, wenn du bleibst/gehst, dies oder jenes tust oder nicht tust." Mißlingt dieser „Handel", verstärkt sich die Emotionalität noch mehr. Viele Trennungspartner leiten in dieser Phase fatalerweise juristische Schritte ein, benutzen gewissermaßen den juristischen Schauplatz als Austragungsort der außer Kontrolle geratenen Gefühle von Zorn und Enttäuschung oder mißbrauchen juristische Spitzfindigkeiten bzw. Auslegungen als Waffen im Emotionskrieg. Es dürfte einleuchtend sein, daß diese Phase für rechtliche und weitergehende Entscheidungen die denkbar ungünstigste ist. „Der andere sei ja übergeschnappt, außer Kontrolle geraten und müsse zur Vernunft gebracht werden." Eine oft zu hörende Meinung. Alte Zöpfe werden neu geflochten und alte Gerichte neu aufgekocht. Die Wahrheit ist, daß beide mehr oder weniger, offen oder verdeckt in dieser Phase außer Kontrolle geraten sind.

Dieser „Trennungs- oder Scheidungskrieg" kann ein solches Ausmaß an innerer Stabilität und Vorhersehbarkeit erreichen, daß es für den Außenstehenden so aussieht, als wollten die sich Bekriegenden am Kriege unbedingt festhalten bzw. als täten und sagten sie mit fast bewundernswerter Präzision und sicherem Gespür gerade das, was ein Weiterbestehen der den Krieg aufrechterhaltenden Faktoren sichert.

Die Sucht nach starken Gefühlen

Welche sind denn diese „den Krieg aufrechterhaltenden Faktoren"? Es sind u.a. die starken Gefühle. Manche Menschen fühlen sich durch den Dammbruch der heftigen Emotionen endlich wieder lebendig und unter Umständen mächtig gegenüber früheren Zeiten der Langeweile, Erstarrung oder Ohnmacht. Sie sagen oder tun dann Dinge, die sie sich während der Beziehung nie getraut haben. Sie werden dann in großer Gefahr sein, süchtig zu werden, süchtig nach starken Gefühlen. Denn „ein Süchtiger verarbeitet seine Gefühle nicht" (S.123), er ordnet sie nicht ein und grenzt sie nicht durch seine Ichtätigkeit in dem Gesamtzusammenhang seines inneren Erlebens ab, sondern hält an diesen starken Gefühlen gierig fest und wird von ihrer elementaren Kraft festgehalten, versinkt in ihnen, weil sie tiefen, unter Umständen frühkindlichen Bedürfnissen scheinbar und für kurze Zeit Pseudobefriedigung versprechen.

Stellt ein/e Trennungspartner/in Suchtsymptome bei sich fest oder wird darauf hingewiesen, hilft nur eine fachlich fundierte Therapie mit elementaren Verhaltensanweisungen, wie zum Beispiel ein zeitweises konsequentes Fernhalten vom Expartner, Abreagieren oder Ab- bzw. Umlenkung der heftigen Emotionen durch Sport oder körperliche Betätigung, durch Strategien der Vermeidung von gefährdeten Situationen etc. Die Art und Weise der Befolgung dieser Verhaltensanweisungen zeigen den Grad und die Festigkeit des Willens an, von der Sucht nach starken Gefühlen loskommen zu wollen, und fördern diesen.

Phase 3:
Leben in der Gegenwart

Kennzeichnend für diese Phase ist, daß das Nachgrübeln über die Vergangenheit nach und nach nicht nur quantitativ weniger wird, sondern auch bedeutungsmäßig zurücktritt. Diese Phase erreicht hat auch, wer feststellt, daß die Gegenwart, das Erleben des Jetzt, Hier und Heute, stärker ist und von Gedanken und Erinnerungen an die Vergangenheit und von starken Gefühlen nur punktuell oder gar nicht beeinträchtigt und getrübt wird. Es hat quasi ein Fern-Zoom aus der Vergangenheit stattgefunden, und der Nah-Zoom erlaubt nunmehr die durch die Trennung entstandenen neuen Realitäten relativ nüchtern als solche wahrzunehmen und anzunehmen:

- Ich bin alleinstehend, nicht mehr an einen Partner gebunden.
- Ich bin Mutter/Vater (Nichtehefrau/Nichtehemann).
- Ich trage allein die Verantwortung für mich und mein Kind als Mutter/Vater.
- Meine Ehe ist geschieden.
- Ich muß für mich und meine Bedürfnisse sorgen.

In dieser Phase ist es optimal, wenn Mann/Frau seine/ihre innere und äußere „Dialogsprache" einer gründlichen Renovierung unterzieht: Welche Bezeichnung verwende ich für den Expartner und dessen Verwandte („Mein Mann" oder „Vater der Kinder")? Und welche könnte ich im eigenen Abgrenzungs- und Eindeutigkeitsinteresse verwenden? Welche Bezeichnungen und Formulierungen will ich beim Benennen der Trennungs- bzw. Scheidungstatsache verwenden: zerbrochene Familie, zerrüttete Ehe, unvollständige, getrennte, zerrissene Ehe oder: „Meine Ehe ist geschieden. Ja, ich habe eine Familie, die Kinder sind mit ihrem Vater/ihrer Mutter (heute) zusammen" (vgl. S.88 f.). Es erscheint vielen Trennungspartnern kleinlich und gleichgültig, welche Bezeichnungen sie wofür verwenden. Man sollte aber auf keinen Fall den bewußtseinsbildenden Faktor des Sprachgebrauches unterschätzen.

Zwischenphase 2:
Die zweite Jugend

„Plötzlich unverheiratet zu sein, ist eine Kunst für sich, die man nur durch sorgfältiges Beobachten, Vorwärtstasten, Ausprobieren und Zuhören in der Gesellschaft anderer Alleinstehender lernt. Man muß sich selbst als soziales und sexuelles Wesen kennenlernen" (S.129). Viele werden in dieser Phase fasziniert ihre neuen Freiheiten, ihre bisher verkümmerten oder verborgenen Fähigkeiten und Talente entdecken und nutzen und sich intensiv „mit sich selbst, ihren Interessen [...], ihrem Aussehen, ihrer Attraktivität" beschäftigen (S.130). Sie werden verstärkt ihren Interessen an sexuellen Beziehungen nachgehen, experimentieren und vielerlei Grenzen und Möglichkeiten testen. Auch kann im emotionalen Erleben ein Zustand mit Gefühlen der Überschwenglichkeit, des Übermutes und der unbändigen Neugierde einsetzen, bis hin zu grotesken Ausprägungen, die den Erwachsenen ins Teenageralter der erheblichen Stimmungsschwankungen, Selbstbespiegelungen und einseitigen Unausgewogenheiten zurückkatapultieren.

Ein großes Problem kann es besonders in dieser Phase für viele Neugeschiedenen sein, die eigenen und die Bedürfnisse der Kinder einigermaßen gleichzeitig zu realisieren, besonders wenn für den Erwachsenen viel nachzuholen ist. Sich bewußt zu sein, *daß* es geht und man weder die eine noch die andere Möglichkeit grundsätzlich ausschließen sollte, kann eine Hilfe für das nötige Aufbringen kreativer Phantasie sein. Auf nicht nur freundliche und ermutigende Reaktionen der Umwelt – besonders des/der früheren Ehepartners/Ehepartnerin – gegenüber den notwendigen Experimenten in dieser Phase muß man sich innerlich gefaßt machen. „Sie ist eine

Mutter! Sie sollte sich nicht wie ein Teenager mit Männern treffen." Oder: „Er hat dreißig Pfund abgenommen, ist sportlich, braungebrannt und sieht gut aus. Man kann kaum glauben, daß dies derselbe Mann ist, mit dem ich verheiratet war." (S.131)

Phase 4:
Reife Identität und neuer Lebensstil. Loslösung

Die Schwankungs- und Experimentierphase macht normalerweise – wie die Teenagerzeit auch – irgendwann einer Phase größerer Stabilität Platz. Das neue Leben hat jetzt schon seine erste, unter Umständen keimhafte, dennoch unverwechselbare Gestalt angenommen. Als einfachen Kompaß für den Weg zur reifen Identität empfiehlt Ricci das genaue Beachten des eigenen Tuns und der eigenen Befindlichkeit: Fühle ich mich zufrieden und innerlich ruhig, war das Getane okay – solange bis eventuell ein neuer Weg oder neue Ziele anstehen.

Isolina Ricci benutzt für diese Phase zusammenfassend folgendes Bild: „Die psychische Wunde, die die Scheidung verursachte, wurde in den ersten Stadien des Prozesses gesäubert; die letzten Stadien gehen schließlich in den Heilungs- und Genesungsprozeß über. Die Regeneration tritt ein, wobei Narben und empfindliche Stellen zurückbleiben" (S.132). Sich selbst zu erlauben, auch zwischendurch trauern zu dürfen, bei gleichzeitiger Gewißheit der Authentizität der jetzt gereiften Identität, ist ein wesentliches Merkmal dieser Phase. Denn das bewirkt, daß ich Gefühle *habe*, aber kein Gefühl *bin*, bewirkt also eine wohltuende Distanzierung von dem Würgegriff der – vielleicht sehr stark gewesenen – Emotionen.

Mit der endgültigen Heilung der psychischen Wunde kommt – zumindest theoretisch – auch die Fähigkeit und die Bereitschaft, eine neue Liebesbeziehung zu einem neuen Partner einzugehen (vgl. S.132).

Aufbau einer neuen funktionierenden Elternbeziehung

Irgendwann im Verlaufe der Trennung kann mit dem Aufbau einer neuen funktionierenden Elternbeziehung angefangen werden; wann und wie, hängt natürlich von den individuellen Umständen ab. Aber auch im Verlaufe dieses Aufbaus gilt, daß typische Merkmale und Notwendigkeiten zwar in unterschiedlicher Intensität, aber dennoch mit ziemlicher Wahrscheinlichkeit auftreten werden.

Rückzug aus der Intimität

„Eine Ehe erfolgreich beenden heißt, sich aus der Intimität zurückzuziehen" (S.142). Intimität wird hier definiert als ein besonderes emotionales Verständnis, gekoppelt mit einem gewissen Maß an Gefühlsinvestition und gegenseitiger Abhängigkeit. *Positive Intimität* bedeutet, daß Liebe und Zuneigung, *negative Intimität*, daß Destruktivität, Haß und Streit die beherrschenden Gefühle in der Beziehung sind. Beide Arten lassen eine gegenseitige Bindung entstehen, entweder zweier Partner oder zweier Gegner. *Keine Intimität* entsteht, wenn Gefühlsneutralität vorherrscht. „Die meisten Paare lassen sich scheiden, weil ihr gemeinsames Leben von negativen oder neutralen Gefühlen beherrscht wird und nicht genügend positive Intimität übrigbleibt, die als Ausgleich dienen könnte.“ (S.135)

Die drei Grundstufen von Beziehungen

Je nach Maß und Intensität des emotionalen Engagements in zwischenmenschlichen Beziehungen kann man von drei Grundstufen ausgehen:

Es geht also um den Rückzug von einer mehr oder weniger starken Intimität hin zu einer geringeren Intimität und von einer kleineren zu einer größeren Distanz.

Stufe 1: Bekanntschaft

Die erste Grundstufe ist die der Bekanntschaft oder der geschäftlichen Beziehung.

„Bekannte sind der Apotheker, der Postbote oder die Person, die Sie gerade auf einer Party kennengelernt haben. Sie beide befolgen eine Reihe teils unausgesprochener, teils ausdrücklich formulierter Regeln. Sie kommen zum Apotheker, geben ihm das Rezept, und er holt das gewünschte Medikament. Er schreibt die Rechnung, Sie bezahlen. Wenn er Sie fragt: ‘Wie geht es Ihnen?’, sagen sie: ‘Oh, danke, ganz gut’, auch wenn Sie einen miserablen Tag hinter sich haben. Geschäftspartner erledigen ihre Geschäfte zweckmäßig, höflich, mit sehr geringem emotionalen Einsatz“ (S.138). Der Grundsatz, auch bei vielleicht entstehender Herzlichkeit, gilt im allgemeinen doch: Geschäft und Vergnügen nicht durcheinanderbringen.

Distanz

↓	↓	↓
größere	mittlere	kleinere
↓	↓	↓
1. Bekanntschaft	2. Freundschaft	3. Partnerschaft
↑	↑	↑
geringere	mittlere	größere
↑	↑	↑

Intimität

Die drei Grundstufen von Beziehungen

Kennzeichen dieses Interaktionstypus:
- Keine Erwartungen
- Formale Höflichkeiten, öffentliche Treffen
- Konkrete Vereinbarungen, Verträge, strukturierte Treffen
- Wenig Konfrontation, geringes Risiko, geringer emotionaler Einsatz (vgl. S.139)

Stufe 2: Freundschaft

Es gibt vielerlei Arten von Freundschaft.

„Wenn eine Beziehung eine anfängliche Teststrecke erfolgreich überstanden hat, wird daraus eine beginnende Freundschaft; Vertrauen und Achtung sind im Aufbau begriffen. Die Beziehung ist sowohl formell als auch informell. Manchmal treffen Sie klare Vereinbarungen, und manchmal verlassen Sie sich auf Annahmen. Mit der Freundschaft wachsen auch die Erwartungen, die man in den anderen setzt. Sie kommen öfter privat zusammen, nicht mehr ausschließlich öffentlich; Sie erzählen sich persönliche Dinge, haben das Gefühl, einander nahe zu stehen.“ (S.139)

Kennzeichen von Freundschaft:
- Mehr Erwartungen und Voraussetzungen
- Wachsendes Vertrauen, Verständnis, Achtung
- Verstärktes emotionales Engagement, persönliche Offenheit
- Häufigere private Treffen, Mitteilung von Gefühlen

„Mit der Annäherung der ernsthaften Freundschaft an die Stufe der Intimität legen Sie immer mehr Schutzschichten ab und enthüllen dadurch vielleicht Unsicherheiten und Schwächen. Sie sind erregbar und verletztlich.“ (S.140)

Stufe 3: Intimität

„Die Intimität erfordert starkes emotionales Engagement; sie ist eine äußerst persönliche und private Beziehung. Paare, die zu echter Intimität fähig sind, verbringen jedoch nicht ihre gesamte Zeit auf diese Weise. Sie verbringen auch Zeit als Geschäftspartner bei der Strukturierung der täglichen Aufgaben; sie verbringen gesellige Zeit als Freunde. [...] Die positive Intimität beruht auf Achtung, Vertrauen, Loyalität, konstruktiver Auseinandersetzung und gegenseitiger Unterstützung. Paradoxerweise nimmt das Risiko mit wachsender Unabhängigkeit ab und steigt mit der Abhängigkeit.“ (S.140 f.)

Kennzeichen einer positiven Intimität:
- Akzeptanz
- Positive Erwartungen
- Vertrauen, Achtung, Loyalität
- Privatssphäre und Vertrauen werden respektiert
- Unausgesprochene Übereinkünfte und Erwartungen sind positiv
- Unterstützendes Verhalten
- Offenheit
- Sicherheit, Behagen
- Maximale Intensität von Emotionen und Gefühlen (vgl. S.142)

Die ersten Schritte zum Aufbau einer neuen funktionierenden Beziehung

Zwei Grundprinzipien bestimmen den Aufbau der neuen funktionierenden Beziehung.

„1.Die funktionierende Beziehung ist etwas vollkommen Neues, etwas, das von Grund auf aufgebaut werden muß. Sie kehren nicht zu der Beziehung zurück, die Sie zu Ihrem Partner hatten, bevor Sie verheiratet waren.

2. Die neue Beziehung entspricht derjenigen zwischen Geschäftspartnern.

Dies gilt z.B. für Ihre Beziehung als Eltern. Sie und der andere Elternteil beginnen zusammen ein Geschäft abzuwickeln, und nichts anderes.“ (S.142)

Es kommt häufig vor, daß Betroffene, dieses Ansinnen – daß zwei ehemalige Partner einer (ursprünglichen Liebes-) Beziehung, die nun ausschließlich geschäftlich-kalt miteinander verkehren sollen – als Unmöglichkeit oder Idiotie zurückweisen. Jedoch diese Zurückweisung an sich ist hauptsächlich ein Gradmesser oder gar ein Alarmsignal für das Noch-Verstricktsein oder für das aktive Vorhandensein einer emotionalen Suchtgefährdung.

Isolina Ricci hat ein drastisches, fast brutales Bild für die Situation, in der sich geschiedene Paare mit Kindern grundsätzlich befinden: „Stellen Sie sich vor, Sie sind Diabetiker und befinden sich auf einem entlegenen Grenzposten. Die einzige Quelle, an Insulin zu gelangen, wird – das Schicksal wollte es so – von einer Person kontrolliert, zu der Sie kein Vertrauen haben. Wenn Sie keine Möglichkeit finden, mit diesem Menschen ins Geschäft zu kommen, sind Sie dem Tode ausgeliefert. Außerdem handelt dieser Lieferant mit nichts anderem als mit Insulin und ist auf Sie als Kunden angewiesen, um zu überleben. Sie können jetzt nach Wegen suchen, wie Sie aus dieser fatalen Situation herausgelangen können, aber Sie kommen nicht um irgendwelche geschäftliche Transaktionen mit diesem Menschen herum, so lange, bis Sie sich in einer besseren Situation befinden und von einer stärkeren Position aus handeln können. Kurz: Sie müssen mit dem Lieferanten ins Geschäft kommen, ob Sie dies wollen oder nicht.“ (S.143)

Freundschaft ist nicht nötig

„Wenn nur einer von Ihnen anfängt, sich wie ein Bekannter und dann wie ein Geschäftspartner zu verhalten, protestiert vielleicht der andere laut und überzeugend: ‘Es tut mir weh, daß du mir nicht mehr erzählst, was in deinem Privatleben passiert, so wie früher’, sagt der widerstrebende neue Alleinstehende zum anderen, der auf dem Rückzug begriffen ist. `Nach all den gemeinsamen Jahren so kalt behandelt zu werden, ist grausam. Haben wir denn einander überhaupt nichts bedeutet?’ Die Klage ist echt, und die Frage dringt tief.

Wenn Sie derjenige sind, der sich zurückzieht, und Ihr früherer Ehepartner Sie inständig bittet, die enge Beziehung beizubehalten, dann sagen Sie ruhig: ‘Ich fühle genauso. Aber wir zögern das Unvermeidliche nur noch weiter hinaus. Versuchen wir die gemeinsame Vergangenheit zu respektieren, indem wir einander auf neue Weise anerkennen. Wir haben uns entschlossen, von jetzt an getrennt zu leben, und dazu gehört, einen Schlußstrich unter das Vergangene zu ziehen.'" (S.145)

Richtlinien für den Rückzug aus der Intimität

Auf erfrischend konkrete Weise gibt Isolina Ricci Richtlinien für den Rückzug und für die Gestaltung der geschäftlichen Seite der neuen Beziehung zwischen ehemaligen Partnern:

1. *Versuchen, in den Kategorien Bekanntschaft oder geschäftliche Beziehung zu denken.*
2. *Sich ein eigenes Privatleben schaffen. Dem anderen seines lassen.* (Keine Nachfragen über intime Dinge).
3. *Die Zeit mit den Kindern als für Eltern und Kinder gemeinsame Zeit ansehen und achten.* (Keine Ablehnung, die Kinder sehen zu wollen, aus Rachsucht, Wut, Kränkung, weil Trennung von Rolle als Partner und Rolle als Eltern).

   „Manche Väter wollen ihre Kinder nicht sehen, weil sie wütend auf die Mütter sind, und wollen, daß die Kindererziehung sie pausenlos in Anspruch nimmt, nur damit sie ja keine Gelegenheit finden, eine neue Liebesbeziehung einzugehen. Blind vor Eifersucht und Rachsucht bezeichnen sich solche Väter als 'Babysitter'. Sie vergessen, daß sie ihre eigene persönliche Eltern-Kind-Beziehung haben, unabhängig vom anderen Elternteil, und sind ganz auf ihre Rolle als früherer Ehepartner konzentriert, statt auf ihre Elternrolle.
   Ähnlich können Mütter die Zeit, die Väter mit den Kindern verbringen, austeilen wie Bonbons. Vater bekommt die Kinder nur dann, wenn er tut, was Mami sagt und wie es Mami gefällt. 'Er hat jetzt eine Freundin. Es hat einen schlechten Einfluß auf die Kinder, wenn sie die beiden zusammen sehen.' Auch diese Mutter kommt von der Intimität nicht los und schiebt, wie der zuvor erwähnte Vater, die Kinder in den Mittelpunkt." (S.150)
4. *Höflich und respektvoll sich verhalten, auch wenn ich der Meinung bin, er/sie habe es nicht verdient oder nicht nötig.*
5. *Sich als Gast bei Besuchen in der Wohnung des anderen verhalten.* (Kein Herumkramen in Bücher- oder Werkzeugregalen bzw. Schubläden, keine Selbstbedienung).
   „Warten Sie, bis Sie hereingebeten werden, fragen Sie um Erlaubnis, wenn Sie das Telefon, das Badezimmer usw. benutzen wollen. Auch wenn die Antwort lautet: 'Aber selbstverständlich, Du brauchst nicht zu fragen ...', fragen Sie trotzdem – jedesmal." (S.151)
6. *Von den anderen keine Anerkennung erwarten.* In der ersten nicht gerade leichten Zeit werden verstärkt Unterstützung und Anerkennung, wie vielleicht in der früheren Partnerbeziehung, schmerzlich vermißt. Jedoch in diesem Stadium des

Aufbaus einer neuen(!) funktionierenden Elternbeziehung hat man seitens des Geschäftspartners keinerlei Anspruch, weder auf Anerkennung noch auf Unterstützung.

7. *Unausgesprochenes und nur auf Eindrücken Basierendes ausschalten - ausdrückliche und eindeutige Regelungen und Bestimmungen.* „Eine Mutter sagt: 'Ich brauche dem Vater der Kinder keine besonderen Anweisungen zu geben; er weiß, was ich meine, wenn ich sage, ich hole die Kinder am Montag ab. Oder sollte er jedenfalls – schließlich waren wir elf Jahre verheiratet!' Diese Mutter denkt immer noch in den Kategorien der früheren Intimität. Es ist Zeit, daß sie von diesem Denken wegkommt und klar äußert, was sie vorhat. Zum Beispiel so: 'Ich werde sie am Montag beim Haus meines Bruders abholen, nach dem Frühstück, zwischen halb zehn und zehn Uhr.'“ (S.152)
8. *Damit rechnen, daß die neue Beziehung am Anfang und vielleicht länger schwierig sein wird.* Vor allem wird der um Rückzug aus der Intimität Bemühte den Widerspruch zwischen den aufkommenden Gefühlen und dem 'geschäftlichen Verhalten' vielleicht nur schwer aushalten. Jedoch ist das Aushalten dieser Diskrepanz wesentliche Voraussetzung für das Gelingen der Stabilisierung der neuen Beziehung.
9. *Den Rückzug aus der Intimität als Ausweg, nicht als Sackgasse betrachten.* „Nicht, daß die geschäftliche Ebene die einzige ist, auf der Sie mit dem anderen verkehren, aber es ist die Ebene, auf die Sie zurückkehren müssen, sobald sie merken, daß Sie emotional oder angespannt werden. Sie bestimmt nicht Ihr ganzes Verhalten, sollte aber die Grundlage sein.“ (S.153)

Es bleibt nichts hinzuzufügen: „Die neue Beziehung wird von unschätzbarem Vorteil für Ihre Kinder sein. Sie werden Zeugen eines kleinen Wunders. Ihre Eltern – zwei Menschen, die sie sehr lieben – lernen zusammenzuarbeiten, trotz Gefühlen wie Wut und Enttäuschung. Mit diesem Verhalten sind Sie Ihren Kindern ein Vorbild. Sie zeigen ihnen an Ihrem Beispiel, wie es möglich ist, eine gute geschäftliche Beziehung aufzubauen, ohne dabei die persönliche Integrität zu opfern.“ (S.173)

Der zweite Schock

Die Welt der Scheidungskinder

Interview mit Klaus Hadamovsky

von Judith Pehrs

Dr. med. Klaus Hadamovsky, *geb. 1940 in Berlin, Schulzeit in Bad Pyrmont und Hamburg, Medizinstudium und Promotion in Freiburg und Kiel. Verheiratet, vier Kinder.*

1974 Niederlassung als anthroposophischer Allgemeinarzt in Kiel. Inner- und außerhalb der Praxis leidenschaftlich befaßt mit Kindern, Heilpädagogik und Sozialtherapie. Gründete 1985 gemeinsam mit einer Patienteninitiative das Johanni-Huus in Flintbek bei Kiel, eine Einrichtung zur Erneuerung von Krankenpflege und Therapie in familiärem Rahmen, mit Ehefrau Ursula als Leitender Schwester. Lebt und praktiziert seither im Johanni-Huus.

Veröffentlichungen: Der Trägerverein der Einrichtung vertreibt zwei Vortragsnachschriften von Klaus Hadamovsky: „Der Mensch ist Geist – vom anthroposophischen Umgang mit Heilpädagogik", Kiel 1990; „Der christliche Sozialimpuls und die Zukunft der Medizin", Kiel 1992. Beide Veröffentlichungen zu beziehen über das Johanni-Huus, Therapie- und Bildungsstätte Flintbek e.V., Hörn 6, D-24220 Flintbek. Ein erstes Kinder- und Jugendbuch, „Käptn Bullerjahn und der Walfisch", erscheint Herbst 1994 im Verlag Freies Geistesleben, Stuttgart.

Die Kinder – fraglos die traurigste Seite bei einer Trennung oder Scheidung. Das findet sich auch in der Bezeichnung „Scheidungswaise" wieder. Kinder, die einen Elternteil aus ihrem Alltag verlieren, sind Waisen. Sie haben keine Wahl, werden nicht gefragt, obwohl sich auch ihr Leben so entscheidend ändert. Sie lieben beide Eltern und wollen auch mit beiden zusammenleben, und zwar „auf Gedeih und Verderb", wie Klaus Hadamovsky in dem folgenden Interview sagt.

Viele Probleme, die meist erst an Scheidungskindern Beachtung finden, sind Folgen unserer Zeitverhältnisse und Probleme fast aller Kinder heutzutage. Nur haben Scheidungskinder es natürlich viel schwerer, weil für sie die Partnerschaftsprobleme der Eltern, für die sie sich auch oft verantwortlich fühlen, noch hinzukommen. Nichtintakte Ehen deshalb auf Dauer, nur der Kinder wegen, weiterzuführen, ist aber auch keine Lösung, die die Kinder vor Schäden schützt. Vielmehr werden wir, die Gesellschaft, es lernen müssen, ganz neue soziale Formen in der Verantwortung für unsere Scheidungskinder zu finden.

Scheidungswaisen müssen von Gruppen aufgefangen werden

Judith Pehrs: Jedes siebente Kind in der westlichen Welt ist heutzutage ein Scheidungskind. Pro Jahr werden in Deutschland 100.000 Kinder zu sogenannten Scheidungswaisen. Manche Schulklasse besteht bereits zu einem Drittel aus Scheidungskindern. Ist durch diese geänderte Familienstruktur eine neue Verantwortung der Gesellschaft entstanden, insbesondere für Ärzte und Lehrer?

Klaus Hadamovsky: Ja, ich denke schon. Aber der Personenkreis ist entschieden größer. Das Problem fängt bereits im Kindergartenalter an, und man muß die Erzieher miteinbeziehen. Priester sind auch von der besonderen Verantwortung betroffen, die auf uns zukommt. Als Arzt erlebe ich immer wieder schmerzhaft, wenn ich in eine solche Situation gerate, wie allein ich mit dem Problem eines Scheidungskindes bin. Oft habe ich sogar den Eindruck, daß ich alleine gar nichts zu einer sinnvollen Lösung beitragen kann, sondern daß eine bestimmte Form von Gruppenaktivität erforderlich ist. Ich schaue mich sofort, wenn mir als Arzt ein derartiges Schicksal begegnet, nach Helfern um.

Ein Scheidungskind ist in jedem Fall erst einmal ein gemeinschaftliches Problem, ähnlich wie bei einem heilpädagogischen Kind. Mittlerweile ist es für mich zu einer Art Diagnostikum geworden – wenn es darum geht, ob ein Mensch behindert ist oder nicht –, die Frage zu stellen, ob er den Zusammenhalt einer Gruppe braucht oder alleine leben kann. Mit denselben Kriterien kann man sich Scheidungswaisen anschauen. Bei ihnen habe ich oft den Eindruck, daß sie eigentlich den Schutz, die Hülle und die Aktivität einer ganzen Gruppe benötigen, aber derartige Lebensformen sind heutzutage fast unbekannt. Deswegen habe ich viele Schicksale erlebt, die sich auf Dauer nicht lösen lassen.

Die Scheidung ist der zweite Schock im Leben der Kinder

J.P.: Da Ehen nicht im Himmel geschlossen werden, die Form und der Verlauf der Ehe bzw. eine etwaige Scheidung also keineswegs vorbestimmt sein können, ist es den Kindern auch nicht im Vorgeburtlichen möglich, sich eine Scheidung der Eltern als Biographieknick auszusuchen. Trotzdem ist eine Scheidung für die Kinder ein gewaltiger biographischer Einschnitt. Können Sie diesen Biographieknick mit den entsprechenden Folgen charakterisieren?

K. Hadamovsky: Für viele Kinder sind es Geschehnisse, in denen sie ihr Urvertrauen verlieren, bei denen erstmals die Welt aus den Fugen gerät. Die Folge ist eine Jugendzeit, in der nicht mehr mit Selbstverständlichkeit gelebt wird und in der die Kinder, wenn man scharf hinschaut, immer mit mehr oder weniger bewußten Ängsten leben.

Die Bedrohung und die Erkenntnis, daß das Leben gefährlich und unsicher ist, sind heute viel stärker im Bewußtsein der jungen Menschen, als es jemals der Fall war. Die Methoden, um mit diesen Ängsten fertig zu werden, sind, sie zu kompensieren oder sie überzukompensieren, sie zu überspielen oder zu verdrängen. Das ist zumindest mein Eindruck. Diese Unsicherheit ist auf gar keinen Fall ausschließlich auf das Scheidungsproblem allein zu beziehen. Aber mit dem Erlebnis, daß das Leben seine Selbstverständlichkeit verliert, beginnt bei vielen Jugendlichen diese angsterfüllte Entwicklung.

Wenn man sagt, jede Geburt sei ein Schock – und es gibt viele Belege dafür, daß dem so ist –, so ist die Scheidung der Eltern sozusagen der zweite Schock, der in vielen Biographien die Größenordnung eines Geburtsschocks hat.

J.P.: Wenn man von dem Urbild ausgeht, daß das Kind mit beiden Eltern zusammensein will, dann wird es durch die Scheidung quasi zerschnitten!

K. Hadamovsky: Das ist ganz offensichtlich. Solange die Kinder noch keine Ahnung von Partnerschaft und Trennungsvorgängen haben – also etwa bis zur Zeit der späten Pubertät –, sind sie mit allen Mitteln engagiert, ihre beiden Eltern zusammenzuhalten. Mag die Mutter eine Hysterikerin sein oder der Vater ein Schweinehund, die Kinder versuchen trotzdem, dafür zu sorgen, daß ihre beiden Eltern zusammenbleiben. Sie leiden lieber unter ihnen, als daß sie es freiwillig geschehen lassen würden, daß sie auseinandergehen, selbst wenn das alltägliche Zusammenleben von Mutter und Vater zum unerträglichen Szenario geworden ist.

Skizze von Otto Fröhlich

Das versteht man nur dann, wenn man weiß, daß jedes Kind einen ganz tiefen Impuls mitbringt, mit diesen beiden Menschen zu leben, und zwar auf Gedeih und Verderb.

J.P.: Nun ist der Geburtsschock ein natürlicher, der zweite Schock aber nicht. Welche Unterschiede sehen Sie zwischen ihnen?

K. Hadamovsky: Der zweite Schock ist ein Erlebnis, das einem erheblichen Einbruch gleichkommt und das zu allen möglichen Erfahrungen führt, die entwicklungsgemäß überhaupt noch nicht an der Reihe sind, für die es kaum Auffassungsorgane, geschweige denn Verarbeitungsorgane gibt. Dieser zweite Schock bricht in die Welt der Kinder ein und prägt sich bis tief in die Leiblichkeit ein.

Das Kind liebt die Wunde der Mutter gesund

J.P.: Immer wieder hört man von Ehepartnern, daß sie nur der Kinder wegen ihre Ehe weiterführen; ohne Kinder bestünde die Ehe schon längst nicht mehr. Die Kinder werden dadurch zum Fundament einer Ehe. Führt das nicht zur Überbelastung der Kinder, da sie doch sicher diese Verantwortung spüren?

K. Hadamovsky: In Einzelfällen kann das wirklich so sein. Allerdings muß man das sehr differenziert ansehen, da es durchaus Perioden geben kann, in denen es in Ordnung ist, daß ein Kind oder mehrere Kinder eine Ehe zusammenhalten. Eine Ehe ist vielschichtiger strukturiert, als Mann und Frau sich das allgemeinhin vorstellen. Obwohl man sich heutzutage bemüht, daß Mann und Frau ein ähnliches Leben führen, sind sie doch sehr verschieden. Was sie zusammenhält, sind die verschiedensten Brückenschläge, die in unterschiedlichen Schichten ablaufen.

Mit dem Äußerlich-Physischen beginnt es: Man bezieht eine gemeinsame Wohnung und versucht, innerhalb dieser Wohnung Lebensgewohnheiten herauszubilden. Diese gemeinsamen Gewohnheiten sind nötig, um das Fundament einer Ehe mitzubilden. Das Ehepaar entwickelt dabei in diesem Raum Lebenstatsachen, eine eigene Lebensqualität; im Anthroposophischen sprechen wir von der gemeinsamen ätherischen Hülle. In dem Moment, in dem ein Kind geboren wird, wird es in diese Hülle hineingeboren. Aber es bildet auch an dieser Hülle mit, und zwar in einem Strom des Gebens und Nehmens. Man kann immer wieder Erlebnisse haben, die einen zu der Frage führen: Wer bildet eigentlich stärker an der Ätherhülle, die Mutter oder das Kind? Die Mutter zehrt sogar streckenweise von der Ätherhülle, die das Kind bildet. Das sind Lebensphasen, in denen es einfach Realität ist, daß die Kinder die Mutter stützen, und man es zulassen muß; z.B. wenn die Mutter nervlich-seelische Erlebnisse durchgemacht hat, die sie einfach nur gesundleben muß. Und dabei hilft jedes Kind! Es lebt und liebt die Wunde der Mutter gesund!

J.P.: Aber doch nur zeitweise.

K. Hadamovsky: Selbstverständlich. Aber man darf nicht sagen, daß das nie so sein dürfe. Ich glaube, daß es zumindest in unserem Jahrhundert in jeder Familie Krisenzeiten gibt, längere oder kürzere, in denen die Kinder diese Funktionen in irgendeiner Weise erfüllen. Wenn es nur zeitweise geschieht, dann ist das auch in Ordnung. Mir ist bisher keine Ehe begegnet, bei der ich nicht den Eindruck hatte, daß sie durch solche Krisenzeiten gegangen ist. Wäre dem nicht so, so würde das zwei völlig freie Ehepartner voraussetzen, die im vollen Bewußtsein ihre Ehe beginnen und führen. Aber so ein Paar ist mir noch nicht begegnet. Normalerweise heiratet man in einer Zeit, in der Mann und Frau noch kräftig an ihrer Ichentwicklung schaffen. Im besten Falle haben sie eine Ahnung von dem, was auf sie zukommen wird, nämlich daß das nicht nur konvergierende, sondern auch stark divergierende Kräfte sind, mit denen sie in ihrer Ehe umgehen müssen.

Dann kommen die Kinder, die vorgeburtlich angetreten sind, sich mit diesen Eltern zu verbinden. Eine Zeitlang läuft die Beziehung scheinbar wie von selbst, aber plötzlich gibt es aus heiterem Himmel einen Knall: Die Frau bekommt z.B. mit 28 Jahren einen Freiheitskoller, will aus der Partnerschaft ausbrechen, etwa um einen Beruf zu ergreifen bzw. zu erlernen. Mit einem Male ist die Beziehung der beiden Ehepartner an ein Ende gekommen. Solche Dinge passieren immer häufiger, obwohl man denkt, man habe alles gut durchschaut. Aber dann kommt irgendwann der eigene Entwicklungsschritt, den man als reifender Mensch zu machen hat.

Wenn jetzt das Kind ein lebenskräftiges ist, kann es diese Krise der Beziehung wahrscheinlich gut aushalten. War das Kind aber schon seit Jahren nur Klammer der Ehe, und kommt es dann zu der Krise und schließlich zur Scheidung, dann wird es höchstwahrscheinlich erheblichen Schaden nehmen.

Das Wichtigste, was man für das Kind tun kann, ist, sich zu ändern

J.P.: Wir können also festhalten, daß ein Kind in der Lage ist, eine kurze Ehekrise schützend zu umklammern, daß aber ein Kind, das über eine lange Zeit die einzige Klammer einer Ehe ist, durch eine Scheidung erheblich zu Schaden kommt.

K. Hadamovsky: So ist es. Natürlich gibt es dazwischen alle Differenzierungen. Eheprobleme lassen sich auch nicht dauerhaft vor dem Kind verbergen, denn es spürt sie doch. Wenn die Ehe keine Chance mehr hat, sollte man sich lieber trennen.

J.P.: Wie wirkt es auf das Kind, wenn man nur wegen ihm zusammenbleibt?

K. Hadamovsky: Das kann ein fürchterlicher Krampf werden, der nicht selten an Verlogenheit grenzt. Oft steckt auch etwas ganz anderes dahinter als die offenkundige Behauptung, wegen der Kinder zusammenbleiben zu wollen: Lebensangst, die Angst vor dem Alleinsein. Offiziell sagt man dann, man bliebe nur der Kinder wegen zusammen, aber eigentlich scheut man den Sprung ins kalte Wasser.

J.P.: Welche Folge hat diese Lebenslüge auf die Kinder?

K. Hadamovsky: Außer der Politik gibt es wohl kein Gebiet, auf dem so viel gelogen wird wie auf einem so gearteten Lebensumfeld Ehe. Das ist ein gewichtiger Punkt, weswegen die Kinder solcher Ehen einen Knacks bekommen. Mit Lügen meine ich nicht nur das, was man offenkundig sagt, denn die ganze Angelegenheit ist wesentlich subtiler. Die ganze Haltung und Einstellung der Eltern ist oftmals eine einzige Lüge. Man kann dem Kind sogar die scheinbare Wahrheit sagen, obwohl es in Wirklichkeit eine faustdicke Lüge ist.

J.P.: Können Sie das noch etwas konkretisieren?

K. Hadamovsky: Unter einer verlogenen Einstellung verstehe ich z.B., daß man einerseits dem Kind das Gefühl gibt: „Ich tue alles für Dich", daß man aber andererseits nicht bereit ist, das Wichtigste zu tun, was man für jedes Kind tun muß, nämlich sich zu ändern. Es soll alles weiterlaufen wie bisher, obwohl das Kind da ist; auch wenn Probleme da sind.

Ich sage ja nicht, daß man Kinder von Anfang an mit den Eheproblemen belasten sollte. Ich halte es aber für gesünder, wenn Kinder erleben: Vater und Mutter streiten sich heftig, sie können sich aber auch wieder vertragen, als wenn alles um der Kinder willen unter den Teppich gekehrt, nie ausgetragen wird, und plötzlich bricht die angeblich heile Welt zusammen. Plötzlich wird z.B. in der Sicht des einen Ehepartners der andere ein Monstrum, und das vermittelt er dem Kind. Das kann zwar die Wahrheit sein, und doch ist es eine Lüge, denn wie sich dieser Prozeß vollzogen hat, das wird nicht vermittelt, schon gar nicht, wo das eigene Verschulden beginnt, denn da ist man erschreckend blind.

Die Zeit der heilen Kinderwelt ist vorbei

J.P.: Noch vor 20 bis 30 Jahren gab es eine weitgehend gesunde Kinderwelt bzw. Kindergesellschaft. Die Kinder spielten den ganzen Tag miteinander, klärten Auseinandersetzungen untereinander, die Großen kümmerten sich um die Kleinen. Abends kam man nach Hause, und die Mutter tröstete gegebenenfalls und legte ein Pflaster auf etwaige Blessuren. Aber was den gesamten Nachmittag über geschah, blieb ihr weitgehend verborgen. Genauso blieben die Sorgen und Schwierigkeiten der Erwachsenenwelt fern von den Kindern. Heute sind diese Strukturen fast ganz aufgelöst. Haben die Kinder heute bei der Trennung ihrer Eltern größere Probleme, weil sie nicht mehr den Schutz dieser Kinderwelt um sich haben?

K. Hadamovsky: Jedes Problem, das ein Kind heutzutage hat, stellt im Grunde eine ganze Gruppe von Menschen vor Probleme. Diese Probleme sind kaum noch von einem einzigen Partner zu lösen.

J.P.: Weil die Sicherheit der Kinderwelt als tragende Kraft fort ist?

K. Hadamovsky: Ja, denn diese Sicherheit schirmte die Kinder früher auch vor der Erwachsenenwelt ab, schützte sie vor den unguten Einflüssen der Erwachsenenwelt. Man trat der Welt der Erwachsenen früher höchstens in spielerisch-neckender Weise gegenüber, man zupfte ein bißchen an ihr, forderte vielleicht mal einen Polizisten heraus, unternahm einige riskante Spiele mit der Eisenbahn und vieles mehr. Aber das waren nur Abgrenzungsverfahren der heranwachsenden Jugendlichen zu der Erwachsenenwelt, und im gleichen Atemzug wurde die eigene Welt geschützt. Heute ist das völlig anders.

J.P.: Sehen Sie deshalb die Probleme der Scheidungskinder heute größer als früher?

K. Hadamovsky: Ja, fast jedes Problem, das in das Leben des Kindes eingreift, ist dadurch größer geworden. Alle Dinge haben an Selbstverständlichkeit verloren und sind nicht mehr in die Kinderwelt eingebettet. Es gibt keine Räume mehr, in denen eine seelische Wunde einfach heilen kann, sondern heute muß an allem herummanipuliert werden. Das ist eine ganz andere Gebärde. Früher war diese Welt – auch wenn das ein wenig rosig klingt – ein Raum, in den man noch hineintauchen konnte. In vielen Kinderbüchern, wie z.B. denen von Astrid Lindgren, kann man noch erleben, daß diese Räume bestanden. Wenn man heute „Die Kinder von Bullerbü“ liest, so kann man sich diese damalige Welt kaum noch vorstellen. Zwar gehen die Kinder heute mit ihren Vorstellungen noch gern in diese Welten hinein, aber daß sie dabei das Erlebnis haben, daß das „ihre“ Welt ist, das gibt es nicht mehr. Ein ähnliches Phänomen entsteht, wenn sie heute Indianerbücher lesen: Zwar spielt man auch heute noch gerne Indianer, aber daß die Kinder erleben, daß das „ihre“ Welt ist, diese Zeiten sind vorbei.

J.P.: Werden die Kinder dadurch nicht ständig überfordert, weil die Verbundenheit mit den Eltern, und somit auch mit ihren Problemen heutzutage viel größer ist?

K. Hadamovsky: Fast alle Kinder leben heute unter einer ständigen Überforderung. Ich kenne nur noch ganz wenige Familien, bei denen es durch besondere Verhältnisse, vor allem durch größte Bemühung der Eltern oder einer Großfamilie noch eine Zeitlang glückt, ein bißchen von dieser Kinderwelt zu erhalten. Das sind dann Familien, die verhindern können, daß die Kinder – wie wir heute sagen – im Streß leben.

Vertrauensbrüche und Identifikationsprobleme

J.P.: Weil bei den Eltern oftmals ein Defizit an konstruktiver Streitkultur herrscht, werden Kinder häufig als Vertraute, Tröster, Anwalt oder Richter mißbraucht, sind hin und wieder bei harten Auseinandersetzungen sogar Zeugen von Gewalttaten. Welche Schäden entstehen bei den Kindern durch diesen Mißbrauch?

K. Hadamovsky: Ich bin kein Tiefenpsychologe, aber was mir dabei wesentlich erscheint, ist der Bruch des Vertrauens, daß die Kinder zu früh aufwachen und Bewußtseinskräfte entwickeln müssen, die nicht ihrem Alter entsprechen. Daraus entsteht eine Distanz zu ihrem ursprünglichen Eingehülltsein, sie müssen sich ihrer Kinderwelt gegenüberstellen und frühzeitig das Urteilen lernen, sogar Urteile in bezug auf sich selber bilden. Man findet dann neun- oder zehnjährige Kinder, die zu taktieren beginnen, was sie ihrer Mutter sagen und was nicht. Andere Kinder machen dieses Stadium erst während der Pubertät durch, indem sie das eigene Handeln überwachen. Zusammenfassend möchte ich sagen, daß durch dieses Defizit der Eltern die Kinder frühreife Impulse bekommen und zu früh auf ungute Weise aus ihrer Kinderwelt herausgerissen werden.

J.P.: Das Tragische ist, daß die Kinder immer beide Eltern lieben und bei einer Scheidungssituation bzw. bei starken Eheauseinandersetzungen gezwungen werden, über sie zu urteilen, vielleicht sogar zu richten, und sich für einen von beiden zu entscheiden.

K. Hadamovsky: Was ich dabei immer wieder erlebe, ist eine ungeheure Unsicherheit bei den Kindern, ferner die Tendenz, es beiden Elternteilen unter allen Umständen recht machen zu wollen. In vielen Fällen geht dabei sogar das Vermögen des Kindes, selber Auseinandersetzungen zu führen und seinen eigenen Willen durchzusetzen, verloren, weil es auf gar keinen Fall der Auslöser zusätzlichen Streits sein will. Es wird dadurch in vielerlei Hinsicht überangepaßt.

Wenn das Kind in dieser Weise mißbraucht wird, indem immer ein Elternteil versucht, das Kind auf seine Seite zu ziehen, so entwickelt es Probleme mit der eigenen Liebesfähigkeit. Je älter die Kinder werden, desto problematischer wird es für sie. Im fünften Lebensjahr kann ein Kind einem derartigen Verhalten der Eltern noch naiv gegenüberstehen, nutzt es auch in naiver Weise aus, indem es z.B. von beiden Eltern einen Bonbon bekommt. Mit zwölf oder vierzehn Jahren sieht das aber vollkommen anders aus, weil das Kind zunehmend Probleme bekommt und sich immer mehr mit einem der beiden Elternteile identifizieren muß, da es selbst zur Frau oder zum Mann heranreift. Normalerweise identifiziert sich der Jugendliche in dieser Zeit mit dem eigenen Geschlecht, aber bei Scheidungskindern entstehen Identifikationsprobleme mit der eigenen Geschlechterrolle, weil ihnen die Identifikation mit ihren Eltern kaum noch möglich ist.

In dieser Zeit entsteht bei den Jugendlichen eine Art Loch, und es ist schwer zu ergründen, was in solchen Zwölf- bis Vierzehnjährigen vorgeht. Diese Entwicklung beginnt bereits mit dem neunten Lebensjahr. Wenn die Jugendlichen zu mir in die Sprechstunde kommen, ist es sehr schwierig, an sie heranzukommen. Oft bemerke ich erst Jahre später, daß die Kinder währenddessen in einer Scheidungssituation gestanden haben.

„Vater kommt nicht wieder“

J.P.: Wann sollten Kinder von einer Scheidung erfahren? Ist es sinnvoll, alle Probleme so lange wie möglich vor dem Kind geheimzuhalten?

K. Hadamovsky: Hier sind wir wieder mitten in dem Lügenproblem. Grundlegend ist zu Ihrer Frage zu sagen, daß man jeden Menschen individuell betrachten muß. Für ein Kindergartenkind ist es angemessen, daß man es eines Tages vor das Faktum stellt: „Du, Vater kommt nicht wieder“, oder: „Wir ziehen jetzt woanders hin.“ Ein Kind im Alter von vier bis fünf Jahren ist nicht imstande, viel mehr zu verarbeiten, als daß man es eines Tages vor die vollendeten Tatsachen stellt. Für ein Kind in diesem Alter ist es dann so, als wenn der Geburtstag ausfiele, weil es krank ist. Es hat auch keinen Sinn, es zu verheimlichen, denn irgendwann muß man es doch erzählen. Es ist eine Katastrophe, die ertragen werden muß. Man kann dann irgendwie trösten, aber man kann das Kind nicht vorbereiten.

Brita und Ich!
Carl Larsson, 1895

Karin und Kersti
Carl Larsson, 1898

Wenn man aber mit älteren Kindern so verfahren würde, so wäre es ungerecht. Aber Regeln kann man dafür nicht aufstellen. Kinder spielen in diesem Prozeß eine wesentliche, oft auch eine heilsame Rolle. Vor allem bemerken sie im Bereich ihrer Lebenskräfte, daß etwas los ist. Ist eine Beziehung gespannt, können die Eltern noch so viel vertuschen, wirklich geheimhalten können sie es nicht. Wenn sie dann nicht völlig mit ihren Problemen in sich gefangen sind und ihre Kinder sowie ihren Partner noch im Blick haben können, sollten sie zu der Entscheidung kommen, ihren Kindern zu einem angemessenen Zeitpunkt die Wahrheit zu sagen. Und dann werden sie sehen, daß die Wirkungen des Ehekonflikts nicht spurlos an den Kindern vorübergegangen sind.

J.P.: Es ist also immer eine Gratwanderung, einerseits die Kinder nicht in den Ehezwist mit hineinzuziehen, andererseits sie objektiv über das Problem zu informieren?

K. Hadamovsky: So ist es, aber man kann es niemandem ersparen. Individuell muß man immer zur Vorsicht raten, wie man diese Angelegenheit behandelt. Denn für eine Gratwanderung ist eben charakteristisch, daß der nächste Schritt immer ein entscheidender ist und entweder zu einem Absturz oder auch in die richtige Richtung führen kann. Jeder kann an dieser Stelle nur seine ganz persönliche Entscheidung treffen. Vor allem muß man ein Bewußtsein von der Gesamtsituation entwikkeln, um größeres Unheil zu verhindern.

J.P.: Eine Schwierigkeit ist es wohl auch, sich dann als Erwachsener ganz herauszunehmen und nicht seine Enttäuschung oder seinen Haß auf den anderen Partner vor dem Kind auszuleben.

K. Hadamovsky: Wenn solche Haßgefühle zwischen den Eltern entstehen, werden die Kinder enorm belastet. Wir hatten bereits die bewußtseinsmäßige Verfrühung angeschaut, genauso kann man aber auch ein Kind überfordern, wenn man es verfrüht mit einer ihm fremden Gefühlswelt belastet. Ein Fünfjähriger reagiert ganz anders auf Haßgefühle als ein Zwölfjähriger oder ein Erwachsener. In der Regel reagieren die Kinder vor der Pubertät auf Haß mit Panik und totaler Angst, bekommen z.B. Weinkrämpfe, wenn jemand ihnen gegenüber Haß äußert. Daran erkennt man, daß dies ein anderer Vorgang ist, als wenn sie einen normalen Zorn auf einen anderen Menschen haben. Das hat eine andere Qualität als diese unverhüllte Negativität und Aggressivität, die bereits in der haßerfüllten Äußerung eines Erwachsenen liegt. Noch schlimmer ist es für sie, wenn sich dieser Haß zwischen Menschen abspielt, die sie lieben.

J.P.: Reagieren Jungen und Mädchen unterschiedlich auf die Trennung der Eltern?

K. Hadamovsky: Ich habe Unterschiede beobachtet, aber meist im Zusammenhang mit pubertären Entwicklungsverschiebungen bei Jungen und Mädchen. In dieser Zeit reifen und erwachen die Mädchen schneller, während die Jungen in diesem Alter dazu neigen, ihre Probleme zu überspielen, und sich in Gruppen und Cliquen flüchten. Mädchen neigen in diesem Alter eher dazu, Probleme hochzuspielen bzw. sich mit einem Elternteil zu identifizieren, den anderen aber abzulehnen.

Die Jungen versuchen, sich in diesem Alter noch verstärkt herauszuhalten und sich eine eigene Welt aufzubauen, die abgeschirmt ist.

J.P.: Stimmt es, wie oft behauptet wird, daß Mädchen eine Scheidung besser als Jungen verkraften können?

K. Hadamovsky: Das mag sein, obwohl ich ein Mann bin und nicht weiß, ob ich hierbei befangen bin. Allgemein habe ich den Eindruck, daß Mädchen alles besser verkraften können. Jungen halte ich für schwächer, zumindest was seelische Probleme betrifft. Problembewältigung ist deswegen eine Angelegenheit, die Mädchen besser aushalten können.

J.P.: Können Sie aus Ihrer persönlichen Beobachtung Verhaltensänderungen im Vergleich zu Altersgenossen aus intakten Ehen feststellen, und zwar beim Kleinkind, Kindergartenkind und beim Jugendlichen?

K. Hadamovsky: Das Problem ist schon die Frage, was intakte Ehen sind und ob es sie überhaupt noch gibt. Nur in den wenigsten Ehen werden die Probleme so bewältigt, daß sie nicht auf die Kinder durchschlagen. Auch die sogenannten intakten Ehen leben heute vollkommen anders als vor dreißig Jahren. Deswegen verwischen sich die Unterschiede, weil die gesamte Erwachsenenwelt – wie wir schon besprochen haben – in erheblichem Maße auf die Kinderwelt durchschlägt.

J.P.: Trotzdem werden Unterschiede festzustellen sein. Greifen wir ein Beispiel heraus: Welche typischen Verhaltensänderungen stellen Sie bei kleinen Kindern fest, wenn eine Scheidungssituation eintritt?

K. Hadamovsky: Ich kann im Einzelfall im Zuge solcher Auseinandersetzungen beobachten, daß Kleinkinder deutlich unruhiger werden und z.B. beginnen, sich nachts einzunässen. Das ist ein ganz typisches Phänomen. Bei Jungen im Kindergartenalter tritt es häufiger als bei Mädchen auf. Meist sind sie gerade trocken gewesen, und nun geht es wieder los.

Ferner kann ich an verschiedenen Biographien feststellen, daß die Infektionsanfälligkeit rapide ansteigt. Kinder kränkeln dann permanent an ganz banalen Sachen, die sich aber so stark häufen, daß sie beständig umsorgt werden müssen und sehr viel Zuwendung brauchen. Das kann an den starken Defiziten liegen, die während und nach der Scheidung entstanden sind. Trotzdem kann ich nicht mit Sicherheit behaupten, daß Scheidungskinder infektanfälliger sind als andere.

J.P.: Können Sie analog zur Unruhe des Kleinkindes bei Schulkindern erhöhte Aggressivität und Konzentrationsschwäche feststellen?

K. Hadamovsky: Selbstverständlich kann man diese Verhaltensauffälligkeiten heute weit gestreut beobachten. Hinzu kommen noch Lustlosigkeit und Antriebsstörungen bei Jugendlichen im zweiten Lebensjahrsiebt. Auch hört das selbstverständliche Spielen bei Kindern im Schulalter heutzutage meist auf. Das gehört zum Verlust der Kinderwelt dazu. Man hat für die Kinder immer ein randvolles Programm. Es hat ununterbrochen zu tun, muß sich permanent mit den verschiedensten Vorstellungen auseinandersetzen. Durch die Scheidungssituation entsteht das Phänomen des zusätzlichen Ausdünnens, so daß die Kinder oftmals nicht mehr wissen, was sie machen sollen: Sie sind dann besonders antriebsschwach, einfallslos und depressiv.

Ihre Eltern sollen nichts von der Intensität ihrer Störung erfahren

J.P.: Welche Unterschiede bemerken Sie bei den Schulkindern in der Oberstufe? Gibt es bei Scheidungskindern eine größere Tendenz zu Magersucht, Bulimie und Depressionen?

K. Hadamovsky: Diesen Eindruck habe ich. Hinzu kommt auch noch die Drogendisposition. Scheidungskinder versuchen offenbar früher, die sogenannten gesellschaftsfähigen Drogen – Tabak und Alkohol –, dann auch die bewußtseinsverändernden Drogen auszuprobieren. Allerdings betreue ich nur einige Jugendliche, die in dieser Problematik stehen. Wenn man mit ihnen spricht, erkennt man, daß sich die Jugendlichen dieser Zusammenhänge bewußt sind. Sie bitten einen als Arzt z.B., den Drogenkonsum ihren Eltern zu verschweigen. Das ist verständlich, aber sie möchten, daß ihre Eltern von der wirklichen Intensität ihrer Störung nichts erfahren, weil sie Angst haben, daß sich ihr Problem dadurch noch verstärkt. Das ist mir wiederholt begegnet.

J.P.: Das eigene oder das Problem der Eltern?

K. Hadamovsky: Ihr eigenes. Rauchen Jugendliche z.B. Haschisch oder leiden an Bulimie, so sind sie bestrebt, ihr Problem zu verbergen, weil sie nicht möchten, daß die ohnehin schon katastrophale Situation mit den Eltern noch schwieriger wird.

J.P.: Damit sich die Eltern nicht auch noch mit den Problemen der Jugendlichen beschäftigen müssen?

K. Hadamovsky: Ja, das ist dann wirklich rührend. Aber zugleich merkt man den Abgrund an Vertrauensverlust, der sich in solchem Verhalten ausspricht. Sie können sich nicht vorstellen, daß sich noch irgend etwas verbessern könnte, wenn man die Eltern noch zusätzlich belastet. Denn von ihnen erwarten sie ohnehin schon längst nichts mehr.

Wenn sich die Kinder in Krankheiten flüchten

J.P.: Gibt es typische körperliche Erkrankungen bei Scheidungskindern?

K. Hadamovsky: Typische Scheidungskrankheiten sind z.B. Alpträume, also Schlafstörungen, die sich so äußern, daß die Kinder nachts schreiend aufwachen. Zwar ist dieses Problem häufig, aber es ist nicht von Dauer. Darin spricht sich die ganze Problematik aus, daß die Scheidungssituation von den Kindern nicht im Wachzustand bewältigt werden kann. Deswegen werden die unbewältigten Probleme mit in den Schlaf genommen und wirken sich als Alpträume aus. Auch bemerke ich, daß sich Kinder immer wieder einnässen und einkoten, das Leben wird für sie also im wahrsten Sinne des Wortes beschissen. Wenn das bei Zehn- bis Zwölfjährigen geschieht, sollten natürlich bei allen Angehörigen die roten Lampen angehen.

Die Magersucht oder die Bulimie habe ich nur bei Jugendlichen erlebt, deren Eltern in Partnerkonflikten stehen. Das muß nicht unbedingt eine Scheidungssituation sein, sondern es reicht bereits eine Ehe, die um der Kinder willen fortgesetzt wird und bei der gewaltsam die Strukturen aufrechterhalten werden. Aber ich habe noch nie erlebt, daß diese Krankheit bei Kindern auftritt, die in einer intakten Ehe aufwachsen. Es ist also eine Krankheit, die mit der Problematik der Ehe der Eltern zu tun hat, und sie tritt sehr viel häufiger bei Mädchen auf. Die Anorexie/Bulimie ist 10 : 1 zwischen Mädchen und Jungen verteilt. Sie hängt ganz stark mit der Selbstidentifikation zusammen, also mit der Übernahme einer Geschlechterrolle während der Pubertät. Es kann z.B. für ein Mädchen schwerer geworden sein, sich mit seiner Mutter zu identifizieren, weil die Mutter es mit einer Gefühlswelt in Berührung gebracht hat, die es so nicht ertragen kann, bzw. weil sie das Mädchen zu zwingen versucht, den eigenen Vater zu hassen. Das sind Situationen, in denen solche Krankheiten entstehen.

J.P.: Gibt es auch die Flucht in eine Krankheit?

K. Hadamovsky: Das zeigt sich immer wieder an Infektionskrankheiten, in etlichen Fällen auch am Rheuma. Rheumatische Erkrankungen hängen ohnehin stark damit zusammen, wie das eigenständige Seelenleben in der Pubertät geboren wird und wie es sich in der Vorpubertät vorbereitet.

Man muß natürlich wiederum unterscheiden, daß viele Dinge nicht scheidungsspezifisch sind, sondern mit den konfliktgebundenen Verhaltens- und Reaktionsweisen der Kinder zusammenhängen. Die Scheidung ist allerdings einer der schwersten Konflikte, in die man Kinder bringen kann. Daß Kinder bei Konflikten in Krankheiten fliehen, ist eine Selbstverständlichkeit. Je jünger die Kinder sind, desto normaler ist diese Reaktion. Das dreijährige Kind reagiert auf echte existentielle Konflikte nicht primär mit seelischen Antworten, sondern körperlich. Das drückt sich in funktionellen Störungen wie Schlafstörungen, Rhythmusstörungen und Störungen der Verdauung aus. Es wird z.B. appetitlos. Im weiteren reagiert es aber nicht mit funktionellen Störungen, sondern mit Krankheiten, z.B. Infektionskrankheiten. Das ist ganz üblich. Diese Reaktionen gehen bis in das Erwachsenenalter. Innerhalb der Ganzheit von Körper und Seele sind die funktionellen Reaktionen Antworten auf die durchlebten Konflikte.

J.P.: Gibt es Anzeichen dafür, daß Scheidungskinder sich körperlich und seelisch früher entwickeln?

K. Hadamovsky: Dieses Feld ist so weit und unübersichtlich, daß ich dazu nichts Genaues sagen kann.

Die Willenskräfte kommen zum Erliegen

J.P.: Kinder werden oft viel zu früh aus ihrer Kindheit vertrieben und mit dem Elternwunsch konfrontiert, die Scheidung der Eltern zu verstehen und ihr zuzustimmen. Welche Folgen hat die frühe Übernahme von Verantwortung bei den Kindern?

K. Hadamovsky: Eine frühe Übernahme von Verantwortung ist ein Appell an das Ich. Immer, wenn ich ein Kind in eine Verantwortung stelle, appelliere ich nicht an sein Seelenleben, sondern an seinen Seelenkern, der noch gar nicht geboren ist.

Melancholie ist eine charakteristische Reaktion des Kindes darauf. Ein Neun- oder Zehnjähriger, der regelmäßig moralisch mit Verantwortung belastet wird, wird tendenzmäßig zum Melancholiker, auch wenn sein Temperament z.B. sanguinisch ist. Es ist unterschiedlich, wie Kinder die Melancholie ausleben, wenn sie temperamentsmäßig gar keine Melancholiker sind. Ich denke, daß sehr viel von der auftretenden Aggressivität Versuche sind, mit dieser Melancholie fertig zu werden, die sich wegen der zu frühen Verantwortung über ihre Kinderwelt ergießt. Aggressivität ist die Antwort des Kindes auf die Düsternis, die entsteht, wenn diese frühe Bewußtseinsanforderung an sein Ich kommt.

Temperamente haben ihre Entwicklungszeiten. In gewisser Weise ist ein Säugling ein Phlegmatiker, er schläft und trinkt. Ein Kind im Kindergartenalter muß eigentlich ein sanguinischer Mensch sein, der von einem Ding zum anderen geht und innerlich heiter gestimmt ist. Neunjährige Kinder sind von der Grundstimmung her Choleriker, sie sind ununterbrochen von ganz explosiver Energie durchsetzt, was sich z.B. in ihren Spielen äußert. Selbst der eigentliche Phlegmatiker wird dann beim Gruppenspiel zum Choleriker. Beim Kinderfasching mit Neun- oder Zehnjährigen haben sie nur Choleriker anwesend; wenn das Kind gesund ist, dann tobt es. Wenn die Kinder dürfen, dann toben sie. Die kindliche Cholerik bedeutet nicht, daß Fensterscheiben eingeschmissen werden, sondern daß die ganze Bande hopst.

Diese ganzen Temperamentsäußerungen verschwinden bei der zu frühen Übernahme von Verantwortung. Es legt sich dann etwas Melancholisches über das Kind, so daß es z.B. nur noch vor der Glotze sitzt. Es kommt ein ganz stark ablähmender, melancholisch machender Impuls in den Rhythmus der Entwicklung der kindlichen Temperamente. Diese Melancholie durch zu frühe Ichwirkungen geht in die Willensentwicklung. Ausgelöst wird es durch das Problem, daß das Kind nicht frisch und fröhlich seinen Eigenwillen durchsetzen kann, sondern daß es das, was es will, mit denjenigen Gedanken durchsetzt, die die anderen von ihm abverlangen.

Das ist einer der Faktoren, weswegen wir als Ärzte mit den Willensstörungen Heranwachsender oder Erwachsener nicht mehr fertig werden können. Auch die Depression als Zeitkrankheit hat rasant zugenommen. Den jungen Menschen fehlt die Willenskraft, sich selber zu finden, zu sich selber durchzustoßen. Die Willensüberschüsse, die die Menschen früher noch im vierten Lebensjahrsiebt – im Sturm-und-Drang der 20er Jahre – hatten, kommen bei den Scheidungskindern zum Erliegen. Hintergrund ist die zu frühe Übernahme von Verantwortung durch das Kind, daß die Gedanken nicht mit dem durchsetzt wurden, was das Kind eigentlich will, und daß sich seine Gedanken auf andere Ziele richteten, z.B. wie es zum ausgleichenden Faktor in der Beziehung seiner Eltern wird.

Wenn die Identifikationsmöglichkeit mit den Eltern fehlt

J.P.: Kinder brauchen die Identifikation mit den Eltern. Wenn die Eltern sich ständig streiten und die Kinder Zeugen von entfesselten Gefühlsausbrüchen der

Eltern werden, fehlt dem Kind die Identifikation mit einem harmonischen Elternhaus. Sind die vorher beschriebenen Symptome eine Folge der nicht mehr möglichen Identifikation mit in einer intakten Ehe lebenden Eltern?

K. Hadamovsky: Diese Identifikation kann als eines der umfassenden Entwicklungsziele genannt werden. Das Kind sieht in seinen Eltern sein Vorbild und ahmt sie nach. Dieses Vorbild wird ihm erst dann klar, wenn es mit ihm in Konflikt gerät. Es trägt innerlich ein Bild, dem es zu gleichen versucht, und es gestattet mit gewissen Einschränkungen, daß ein anderer es nach diesem Bild formt. Das nennen wir Erziehung. Es setzt die fraglose Anerkennung des Vorbildes zwischen dem, der erzogen wird, und dem, der erzieht, voraus. Es steht etwas Übersinnliches zwischen ihnen, das von beiden akzeptiert wird. Dieses Vorbild wird selbst bei heranwachsenden Jugendlichen noch akzeptiert, auch wenn sie schon mit den Grenzen des Vorbildes ringen. Es entsteht eine natürliche Selbstverständlichkeit der Entwicklungsbewegung, die das Kind freiwillig aus sich heraus macht. Dadurch werden auch im Einzelfalle die großen Eingriffe des Erziehers überflüssig. Kinder begeben sich bereitwillig in so ein Bild, ohne daß sie überangepaßt sind. Sie finden es z.B. gut, wenn es in der Familie bestimmte Regeln gibt. Sie sind dann auch bereit, bestimmte Arbeiten zu übernehmen, wenn sie sie als sinnvoll erkennen. Diese Selbstverständlichkeit wird aber fast gänzlich zerschlagen, wenn die Identifikationsmöglichkeit des Kindes mit seinen Eltern zerbricht.

J.P.: Mit streitenden Eltern kann sich kein Kind mehr identifizieren.

K. Hadamovsky: Jedenfalls nicht, wenn sie dauernd streiten. Sie müssen sich dann in die Gleichgültigkeit oder in eine eigene Welt zurückziehen. Kinder retten sich heute z.B. auf ganz primitive Weise, indem sie sich einfach eine Kassette anstellen. Stöpsel ins Ohr, dann sind sie weg vom Fenster, hören nichts und brauchen nur noch wegzuschauen, und dann sehen sie auch nichts mehr. Sie begeben sich einfach auf Tauchstation.

J.P.: Würden Sie die fehlende Identifikationsmöglichkeit als Hauptursache aller Probleme von Scheidungskindern sehen?

K. Hadamovsky: Es ist nicht die Ichentwicklung, die mit der Identifikation lebt, sondern die Seelenentwicklung.

Die Ichentwicklung hat wiederum mit der Beziehung zur Lüge und Wahrheit zu tun. Etwas für wahr halten, ist eine geistige Fähigkeit. Wenn das heranwachsende Kind latent von Lügenhaftigkeit umgeben ist, leidet sein Wahrheitsempfinden. Es treten dadurch Schwierigkeiten auf, sich selbst zu erkennen. Der Lebenswille des Ich, die Kraft, mit der man als Geist versucht, tatsächlich durchzustoßen, sich in diesem Leben zurechtzufinden und Anschluß an die Welt zu finden, läßt nach.

So wie wir vorhin von der Melancholie sprachen, die bei zahllosen Kindern heute die seelische Entwicklung lähmt, müßten wir jetzt die Resignation setzen. Enttäuschung am Seelischen ist das Problem der Identifikation. – Es besteht heute eine Seelenhypertrophie ersten Ranges, wir hypertrophieren das Seelische und haben nur das Seelische im Blick. Auf diesem Felde tritt das Problem der Identifikationsstörung auf.

Wir haben das Geistige aus dem Blick verloren; im Geistigen tritt zusätzlich das Problem der Willensstörung auf, der Störung des Ich-Lebenswillens und der Resignation. Deswegen erleben wir immer mehr Menschen, die sich noch mit 60 Jahren selbstverwirklichen müssen. Das sind meist Menschen, die ihr Ich nicht gefunden haben und ihre Selbstverwirklichung im Seelischen durchleben müssen.

Für das Kind geht nicht nur diese Identifikation verloren, sondern es entsteht ein Grundmißtrauen, das letztlich dazu führt, daß es an keine Wahrheit mehr glauben kann und sich selber nicht mehr als wahrhaftig erlebt, also eine Ichfindungs-Störung.

J.P.: Können Schuldgefühle der Kinder, daß sie für die Trennung der Eltern verantwortlich seien, nicht auch ein latenter Haß sein, weil keine Identifikation mit den Eltern mehr möglich ist?

K. Hadamovsky: Natürlich. Seelisch ist im Zusammenhang mit der Identifikationsstörung alles möglich. Ich habe oftmals erlebt, daß es für den Menschen um so schlimmer ist, je später der Haß durchbricht. Wenn es aber ein Mensch schafft, sich z.B. während der Pubertät mit den eigenen Gefühlsausbrüchen einzubringen, dann ist er noch verhältnismäßig gut dran. Ich kenne eine junge intelligente Frau aus einer solchen Ehe, die jedes Mal einen Wutausbruch bekommt, wenn man von ihrer Mutter spricht. Sie war bereits in ihrem vierten Lebensjahrsiebt, als sie festgestellt hat, was bei der Scheidung ihrer Eltern eigentlich passiert ist und daß sie immer noch nicht imstande ist, über ihre Mutter hinweg Frau zu werden. Sie erlebt ständig, daß ihre Gefühlsstörungen mit Haßgefühlen durchtränkt sind, und beginnt, ihre Haßgefühle in grotesker Weise auszuleben, indem sie sie anderen Menschen wie einen Müllkübel überschüttet.

J.P.: Wie ist es mit den Schuldgefühlen? Viele Kinder geben sich die Schuld an der Trennung ihrer Eltern. Sie meinen z.B., daß es zu keiner Scheidung gekommen wäre, wenn sie lieber, fügsamer oder lerneifriger gewesen wären.

K. Hadamovsky: Wenn ich einem Menschen gegenüber dauernd Schuldgefühle habe, ist es ganz schwierig, mich ihm gegenüber von latenten Haßgefühlen freizuhalten. Ist Haß nicht häufig eine Antwort auf Schuldgefühle, die mir jemand vermittelt und die ich nicht verarbeiten kann? Daraus erklären sich viele Phänomene, die man z.B. Hilfsbedürftigen gegenüber erlebt. Man fragt sich ja doch, warum Menschen mit Haß auf Behinderte reagieren, obwohl sie überhaupt nichts mit ihnen zu tun haben. Menschen in Schwächesituationen vermitteln offenbar anderen Menschen Schuldgefühle, und man kann erleben, daß den Schwachen unserer Gesellschaft Haß entgegenlodert, weil die anderen nicht wissen, wie sie mit ihren Schuldgefühlen ihnen gegenüber umgehen sollen.

Aus der Leiblichkeit steigen Erinnerungsbilder auf

J.P.: Wie reagieren die Kinder auf die Gewalt der Eltern untereinander?

K. Hadamovsky: Im Regelfall spontan mit Entsetzen. Oft treten dann Parteinahmen auf, meistens mit dem Schwächeren. Das ist deswegen auch ganz natürlich, weil die Kinder die Rolle einnehmen, die Familie zusammenzuhalten. Bei Gewalttätigkeiten kann man davon ausgehen, daß sie meistens von den Vätern ausgehen; in diesen Fällen werden sich die Kinder mit der Mutter solidarisieren und identifizieren. Sie werden sowohl mit ihr mitleiden, als auch sie zu schützen versuchen.

Diese Kindheitserlebnisse kann man nicht vergessen. Ich erlebe das immer wieder an Erwachsenen, daß sich diese Kindheitstraumata tief ins seelische Leben, aber auch in die Leiblichkeit eingegraben haben. Es gibt heute sehr differenzierte Erfahrungen im Umgang mit der eigenen Erinnerung. Die Tiefenpsychologie hat z.B. ein Verfahren entwickelt, daß alle möglichen Bilder der Vergangenheit langsam aufsteigen, die man normalerweise nicht selbstverständlich parat hat.

Viele dieser Erinnerungsbilder sind aber auch mit der Körperlichkeit verbunden. Wir erleben es z.B. hier bei uns im Johanni-Huus – wo wir eine sehr differenzierte Massage durchführen, z.B. rhythmische Massage und Bauchmassage im Rahmen einer Fastenkur –, daß bei dieser Massage ganz bestimmte Gedanken und Erinnerungsbilder auftauchen. Das sind Hinweise auf die sehr schwer zu verstehenden Erkenntnisse der anthroposophischen Menschenkunde, daß das Gedächtnis keine Gehirnangelegenheit ist, sondern sich wirklich im Leib einschreibt. Dieses Auftauchen der Erinnerungsbilder erleben wir ganz besonders, wenn man typische Störfelder anrührt, z.B. im Bereich des Darmes, also der Verdauungsorgane. Für viele Menschen wird der Darm zum „Problemverdauungsorgan", er ist entsprechend figuriert, und wenn man daran rührt, löst sich manche Spannung.

J.P.: Gibt es Unterschiede von sozial besser- oder schlechtergestellten Familien bei dem Umgang mit dem Problemfeld Scheidung?

K. Hadamovsky: Die sozial bessergestellten Familien haben selbst heute noch oft einen höheren Bildungsgrad, auch wenn man das nicht absolut setzen darf. Es ist in diesen Kreisen oft ein Bildungsideal, daß man derartige Konflikte wie die Scheidung ganz nüchtern und sachlich abhandelt. Der Anspruch, eine Trennung ohne Probleme zu schaffen, ist bei gebildeten Menschen auf jeden Fall vorhanden, aber die Praxis sieht dann vollkommen anders aus. Das glückt genausowenig wie bei sozial schlechtergestellten Familien, die diesen Anspruch vielleicht nicht so stark haben. Vielleicht ist es sogar schwieriger, weil einzelne Bewegungen des Taktierens und des Umgehens mit den Kindern immer noch auf dieses Ideal hinzielen, auch wenn das längst zerbrochen ist. Aber viele Menschen sind nicht in der Lage, das einsehen zu können. Deswegen kann ich mich meistens des Eindruckes nicht erwehren, daß es bei den sogenannten bessergestellten Familien schwerer und komplizierter ist.

„Die Kinder werden heute alle ungeheuer verwöhnt"

J.P.: Verwöhnen alleinerziehende Mütter ihre Kinder mehr als andere?

K. Hadamovsky: Das ist deswegen schwer zu sagen, weil die Kinder heute alle ungeheuer verwöhnt sind. Wenn ein Elternteil nach einer Scheidung mit einem Kind allein lebt, so entsteht immer eine Gratwanderung, dieses Kind zu mißbrauchen bzw. zu verwöhnen. Auf der einen Seite des Grates lauert immer die Verwöhnung. Verwöhnung bedeutet, daß ich das Maß dessen, was sein muß bzw. was nicht sein darf, ignoriere. Wenn der Elternteil dem Kind gegenüber auch noch ein schlechtes Gewissen hat, wird er oft geneigt sein, selber zurückzustecken, und das Kind verwöhnen.

Das Sorgerecht in neuzubildenden sozialen Gruppen entscheiden!

J.P.: Wolfgang Gädeke sagt in dem FLENSBURGER HEFT „Partnerschaft und Ehe“: „Ich halte von dem Besuchsrecht, wie es heute gehandhabt wird, gar nichts! Ich habe oft genug erlebt, daß für Kinder, die nach diesem Besuchsrecht z.B. überwiegend bei der Mutter sind, dann während der Ferien bei dem Vater, später wieder bei der Mutter, dieser Wechsel ungeheuer schwierig ist. Und so meine ich, daß die Kinder diese Lebenshülle, die sie mit ihren Eltern gemeinsam haben, wenigstens dann nur mit Vater oder Mutter haben sollten, und zwar ausschließlich.“ In der letzten Auflage des Heftes hat er seine Ansicht teilweise korrigiert und zurückgenommen. Wie stehen Sie zu diesem Problem?

K. Hadamovsky: Pragmatisch stehe ich dazu. Wir haben die Gruppe bzw. Institution, die dieses nach Lösung schreiende Problem regelt, noch nicht gefunden. Bisher ist es nur die staatliche Gesetzgebung, die dazu die äußerste Klammer bildet. Die gesamte Gesellschaft – repräsentiert durch einen Scheidungsrichter – versucht also zu entscheiden, wie dieses Familienproblem zu lösen ist. Meines Erachtens ist das aber die verkehrte Gruppe. Ich halte sie sogar für grundverkehrt. Aber es ist charakteristisch, daß wir nichts Besseres wissen, als daß dieses Problem von der Gesellschaft gelöst wird, da es die einzelnen Menschen scheinbar nicht können. Es ist aber ein mesosoziales Problem, kein makrosoziales. Das soziale Feld, auf dem das Sorgerecht entschieden wird, müßte noch gefunden werden und natürlich auch die Entscheidungskompetenz erhalten. Bei den heutigen Scheidungskindern entsteht eine seelisch-geistige Behinderung, die nach einer neuen Gruppenbildung mit Entscheidungsbefugnis schreit, damit diese Menschen getragen werden können. Konkret hieße dies, daß diese Gruppe zu entscheiden hätte, wo und auf welche Weise das Kind nach der Scheidung leben sollte. Beide Ehepartner müßten dieser Gruppe angehören, aber nicht allein. Mit so einem Hintergrund kann ich mir eine ganz individuelle Regelung zu dem von Ihnen angeschnittenen Problem vorstellen.

J.P.: Vater und Mutter reichen also nicht aus, um diese Entscheidung treffen zu können?

K. Hadamovsky: Nein, es müssen andere Menschen hinzukommen, denn die beiden haben schließlich bewiesen, daß sie als Gruppe insuffizient sind, ihr Kind auf die Welt zu bringen und aufzuziehen. Wenn sich ein Mensch inkarniert, so ist das immer ein Problem einer Gruppe. Für das sich inkarnierende Kind bräuchte man eine Art Bewährungshelfer, damit es nicht zerbricht und bestmöglichst beschützt und erzogen werden kann. Aber solche Ideen werden noch viel zu wenig in unserer Gesellschaft bewegt. Diese Gruppen könnten ganz verschieden gestaltet sein, je nachdem ob die Familie ein religiöses Leben führt oder nicht. Wenn Religion eine Rolle in der Familie spielt, wäre es gut, wenn ein Mensch hinzukommt, der religiöse Erfahrungen mitbringt, der dabei helfen kann, den Vertrauensverlust aufzufangen, den das Kind bei dieser Familienstörung erleidet. Auch Paten könnten in so einem Falle in Funktion treten. So etwas glückt auch schon manchmal, wenn beide Elternteile es gutheißen, daß Paten an so einer Gruppenbildung mitwirken. Dann entsteht ein neues Geflecht, und es ist möglich, daß diese kleine Zellenbildung die eigentliche Lebenshülle, die für ein Kind in einer Familie notwendig ist, ersetzt. Deswegen darf man nicht nur auf die beiden Elternteile schauen, denn dann fällt der Blick zu kurz.

J.P.: Auf jeden Fall sind Sie der Meinung, daß das Kind nicht ausschließlich bei einem der beiden Elternteile bleiben sollte, und zwar ohne Kontakt zu dem anderen?

K. Hadamovsky: Nein, das hielte ich nicht für gut, auch wenn es in Einzelfällen richtig sein mag. Kategorisch hat man gar nicht das Recht, so etwas zu entscheiden, weil der Bedarf der Menschen anders ist. Denn die Mutter ist eigentlich gar nicht imstande, alleine diese Hülle zu bilden. Das wäre sie nur, wenn sie zusätzlich Partner finden würde. Das muß kein neuer Lebenspartner sein, sondern kann ein Problempartner sein, der mithilft, die Situation der zerrissenen Familie zu unterstützen.

J.P.: In welcher Beziehung zu dieser von Ihnen angedachten Gruppe sehen Sie den alten Lebenspartner?

K. Hadamovsky: Da kann man sich die verschiedensten Modelle vorstellen: daß er herauskatapultiert wird, aber auch daß er konstituierendes Mitglied dieser Gruppe wird. Ich habe schon beides erlebt.

J.P.: Das hängt schließlich auch von der Reife der beiden Partner ab. Wenn ich Sie richtig verstehe, so zielen Ihre Gedanken auf ein gemeinsames Sorgerecht ab.

K. Hadamovsky: Das scheint mir der allererste Ansatz von dem zu sein, was ich eben gesagt habe, vor allem daß man nicht nur Sorgerecht, sondern auch Sorgepflicht hat. Die Sorgepflicht kann natürlich zu einem äußerst komplizierten Verfahren werden, indem es zu einem ständigen gerichtlichen schriftlichen Verkehr der ehemaligen Lebenspartner untereinander ausartet, weil es die Sorgepflicht mit sich bringt, daß z.B. der eine der beiden Lebenspartner ständig meint, in die Erziehung des Kindes eingreifen zu müssen. Aber dann greift er störend ein. An dieser Stelle merkt man, daß eine soziale Neuschöpfung gefordert ist, die dieses Problem lösen kann, die individuell und individuationsfähig sein muß, ohne Verordnung von oben.

Umgangsrecht

J.P.: Nachdem ein Elternteil das Sorgerecht für das Kind erhält, bleibt dem anderen das sogenannte Umgangsrecht. Die hierfür am meisten durchgeführte Praxis ist, daß das Kind den anderen Elternteil alle 14 Tage am Wochenende trifft oder besucht. Rhythmus ist aber ein wesentlicher Bestandteil der Erziehung, vor allem in den ersten Lebensjahren der Kinder. Rudolf Steiner beschreibt das unter anderem in GA 107 (11. Vortrag), wo er über den Rhythmus der menschlichen Wesensglieder spricht. Der Ätherleib hat einen Rhythmus von 4 x 7 Tagen, der Astralleib einen siebentägigen Rhythmus. Ein 14tägiges Besuchsrecht ist also ein unnatürlicher Rhythmus für den Menschen. Wird dadurch nicht die Ätherhülle, die sich zwischen Kind und Elternteil bilden sollte, erheblich gestört?

K. Hadamovsky: Das ist meine Vermutung. Ich kenne zwei Modelle, die dieses Problem erfolgreich gelöst haben. Das eine Modell war so, daß das Kind den Vater viel häufiger traf, und zwar führten die beiden eine Art Wochenendfamilie, insofern als daß das Kind jedes Wochenende beim Vater war. Der Vater lebte alleine und hatte sein Haus so eingerichtet, daß seine drei Kinder jedes Wochenende über viele Jahre hinweg bei ihm wohnten. Während das lief, machte es einen sehr guten Eindruck. Bei diesen Kindern fielen alle Störungen weg, die Scheidungskinder normalerweise bekommen, denn es war ein kontinuierlicher nahtloser Übergang von der Mutter zum Vater und wieder zurück. Natürlich kostete das sehr viel Einsatz, aber die Kinder merkten, daß sie nicht verstoßen wurden, es war kein Zusammenbruch des Wahrheitsgefühles, denn die Eltern machten verantwortlich das Beste aus der Situation, was sie daraus machen konnten. Das war eine verbindliche Regelung. Das jüngste der drei Kinder war damals noch im Kindergartenalter. Aber als die Kinder etwa 20 Jahre alt geworden waren, stellte sich heraus, daß sie doch alle einen Knacks bekommen hatten. Trotzdem machte dieses Modell in der Zeit, als es lief, einen sehr guten Eindruck. Mir schien, sie hatten seelisch einen Knacks, nicht in ihren Lebenskräften. Ich kenne eine Reihe anderer Familien, in denen die Väter nur Ferienväter sind. Die Kinder gehen während der Ferien über Wochen zu ihren Vätern. Auch dabei habe ich einige Male ein sehr gutes Gefühl gehabt.

Der 14-Tage-Rhythmus ist ein Unding

Der von Ihnen erwähnte 14-Tage-Rhythmus ist dagegen ein ganz unmöglicher. Ich sitze oft an meinem Schreibtisch und schreibe Gutachten, warum das nicht geht, denn die Kinder kommen regelmäßig krank wieder, weil sie bei diesem 14-Tage-Besuch oftmals ein Tages- und Nachtprogramm haben, das sie völlig überfrachtet. Sie „dürfen“ dann alles beim Vater, bekommen auch alles, sofern die Kinder bei der Mutter leben und den Vater besuchen. Ich habe es immer wieder erlebt, daß die Kinder bei diesem 14-Tage-Rhythmus krank nach Hause kommen, so daß ich immer rate, diese Besuche erheblich zu verringern, weil es einfach nicht zu verantworten ist. Wenn man diesen Rhythmus auf vier Wochen verlängern würde, wäre es einfacher und gesünder. Wenn es statt dessen aus den individuellen Gegebenheiten der Situation anders geregelt wird – z.B. Schulzeit bei der Mutter, Ferienzeit beim Vater –, dann halte ich das für wesentlich gesünder. Genauso wie man seine Ferien bei der Großmutter verbringen kann, kann man seine Ferien schön und intensiv bei einem Elternteil verbringen.

J.P.: Wenn die Kinder im 14-Tage-Rhythmus bei einem Elternteil das Wochenende verbringen, wird sich dieser mit besonderer Fürsorge – wie Sie schon ausgeführt haben – um das Kind kümmern, es werden Extratouren veranstaltet, wie z.B. Zoo-, Theater- und Kinobesuche, Eisessen usw. Das sind Erlebnisse, die der Alltag mit dem anderen Elternteil nicht ständig bieten kann. So kommt es fast automatisch zur Unzufriedenheit mit dem Alltagselternteil. Der aber erntet dann die gesamten Vorwürfe des Kindes: „Du schimpfst nur, immer muß ich bei Dir aufräumen, Schularbeiten machen ..." Wie bewerten Sie diese Alltagsunzufriedenheit, und wie kann man dem gesundend entgegenwirken?

K. Hadamovsky: Aus dieser Verwöhnung der Kinder entsteht natürlich eine Anspruchshaltung, auch wenn der Wochenend-Elternteil das nicht bewußt in Szene setzt. Im Grunde kann man alle Störungen, mit denen wir jetzt gesprächsweise umgehen, dergestalt subsumieren, daß heutzutage viel zu viel mit den Kindern gemacht wird und daß viel zu wenig natürlicher Raum geschaffen wird, in dem sie einfach nur leben können, ohne daß ich mich frontal um sie kümmern muß. Das ist ein starkes Problem derzeit, und es nimmt immer weiter zu. Die Situation zwischen mir und dem Kind basiert dann auf Haben oder Nichthaben, aber nicht auf Sein. Jedes Quentchen, bei dem sich dieses Ungleichgewicht des Verlustes der Seinsqualität weiter zum Haben verlagert, verstärkt alle Verfrühungen und Negativentwicklungen der Kinder. Dazu gehört auch das von Ihnen angesprochene Problem der Alltagsunzufriedenheit. Als Einzelphänomen ist es für mich nicht so wichtig, denn es ist nur einer der vielen, vielen Faktoren, die die Gesamtsituation der Scheidungskinder immer unhaltbarer machen. Die Selbstverständlichkeit, daß ein Raum gebildet wird, in dem ein Mensch einfach nur aufwachsen kann, ohne daß ständig etwas mit ihm gemacht wird, nimmt immer mehr ab. Hinzu kommt auch noch, daß die Kinder ständig an den Eltern herummachen, so daß man in einem ständigen gegenseitigen Verhältnis des Habenwollens und Verweigerns steht.

J.P.: Wie erlebt das Kind die gefühlsmäßigen Spannungen der einzelnen Elternteile?

K. Hadamovsky: Es begibt sich natürlich in ein emotionales Spannungsfeld, das die Unsicherheiten des Kindes verschärft. Wäre der Erwachsene, zu dem das Kind geht, dem ehemaligen Lebenspartner gegenüber emotional ausgeglichen, dann würde er nicht in der Unsicherheit leben, was er dem Kind genehmigen darf und was nicht. Die Dinge greifen an dieser Stelle ineinander: Je unsicherer sich der Wochenendpartner in der Beziehung verhält, desto weniger wird er in der Lage sein zu entscheiden, was er dem Kind durchgehen lassen darf und was nicht. Wäre er souverän, so würde er für das Kind einen Raum schaffen, in dem er das Kind aber auch zurechtweisen könnte, wenn es sich zu sehr aufführt. Der Vater, der alle 14 Tage sein Kind bei sich empfängt, ist in den meisten Fällen auch mit dieser Situation überfordert. Deswegen ist dafür eine Gruppe nötig, die mit dieser Situation fertig werden kann.

Eine entsprechende Gruppe könnte die Elternteile auch lehren, wie ein Scheidungskind aufzufangen ist. Denn alle Beteiligten einer auseinandergekrachten Ehe haben Lern- und Erfahrungsdefizite. Wie oft kommt es vor, daß gleich nach dem

Scheitern einer Ehe ein neuer Partner gesucht, aber sofort wieder der gleiche Fehler begangen wird. Und traurig muß man konstatieren, daß sie nichts gelernt haben. An diesen Verhaltensweisen erkennt man, daß ein Elternteil, z.B. der Vater, auch nicht in der Lage ist, sein Kind zu erziehen. Eine Lösung ist der vierwöchige Rhythmus natürlich ebenfalls nicht, man verhindert damit allerhöchstens größeren Schaden. Wenn ein Vater sein Kind wirklich liebt, wird er einen derartigen emotionalen Hunger haben, daß er das Kind total verwöhnt, wenn er es zu selten sieht, und das genau ist der falsche Weg. Deswegen präferiere ich eine Feriensituation, damit sich dieser emotionale Hunger wegen des längeren Zusammenseins schneller zurechtlebt. Vielleicht macht man dann zu Anfang enorm viel mit seinen Kindern, aber nach einer Woche wird sich alles beruhigen. Das halte ich deswegen für gesünder.

Lebenslügen der Eltern erzeugen latente Haßgefühle bei ihren Kindern

J.P.: Können sich Kinder noch ein realistisches Bild von dem einen Elternteil machen, wenn es ihnen von dem anderen vorenthalten bzw. ständig schlechtgemacht wird?

K. Hadamovsky: Das berührt verschiedene Bereiche, die wir schon besprochen haben. Ich kenne dieses Problem aus meiner eigenen Kindheit, und es begegnet mir auch heute oftmals durch Kinder, daß jemand, den ich liebhabe, die Unwahrheit sagt. Und er sagt die Unwahrheit nicht deswegen, weil er mich decken will, weil er für mich lügen will oder weil er mich aus einer Situation, in der ich Mist gebaut habe, raushauen will. So etwas würde mich normalerweise für ihn einnehmen. Ich klaue z.B. als Kind Äpfel, aber mein Vater kommt daher und behauptet, daß er genau gesehen hat, daß ich es nicht gewesen bin. Hinterher liest er mir dann zwar die Leviten, trotzdem gibt einem das das Gefühl der Geborgenheit. Daß der andere so etwas für mich macht, über seinen Schatten gesprungen ist, ist eigentlich ein Liebesbeweis, und dann kann er mir ruhig hinterher eine kleben.

Aber wenn meine Eltern in den existentiellen Fragen lügen und etwas Schlechtes über ihren Partner sagen, ich aber inwendig weiß, daß das überhaupt nicht stimmt, so weiß ich aus eigener Erfahrung: Das ist fürchterlich! Wenn ein Erwachsener eine Lebenslüge in die Welt setzt – z.B. über den anderen Partner –, entstehen in dem Kind latente Haßgefühle gegen diesen Elternteil. So etwas darf einem auch kein Lehrer antun. Wenn der Lehrer etwas sagt, von dem ich als Kind ganz genau weiß, daß es eine Lüge ist, so halte ich das als Kind nicht aus. Ich werde mich zu Hause und im Unterricht beschweren und werde dann vielleicht auch noch entsprechend behandelt, weil ein Lehrer nicht aushalten kann, etwas Falsches gesagt zu haben, aber ich bin als Kind nicht in der Lage, so etwas ertragen zu können. Wenn es deswegen laufend passiert, wenn ein Elternteil ständig Lügen über den anderen ausspricht, so entwickele ich als Kind natürlich Haßgefühle gegen denjenigen meiner Eltern, der lügt.

J.P.: Und der andere wird idealisiert.

K. Hadamovsky: Genau, er wird zum Idol. Denn er wird allein schon dadurch entschuldigt, daß ihm dieses Unrecht angetan worden ist. Dadurch tritt das Gegenteil von dem ein, was eigentlich gewollt ist.

Die neuen Partner

J.P.: Wie ist es zu erklären, daß es viele Kinder als Verrat empfinden, wenn sich ein Elternteil nach der vollzogenen Trennung einem neuen Partner zuwendet?

K. Hadamovsky: Zum ersten dadurch, daß das Kind einen Schicksalsbezug zu den beiden Eltern hat. Hinzu kommt, daß die Kinder lange nach der Scheidung immer noch in der Illusion leben, daß es mit der heilen Familie wieder klappen würde. Sie werden sogar versuchen, die Eltern wieder zu verkuppeln, und daß Kinder diplomatisch aktiv werden und versuchen, diese Ehe wieder zusammenzubringen, das gibt es nicht nur bei dem „doppelten Lottchen". Das ist eine ganz lebensgemäße Geschichte, in der versucht wird, die Eltern wieder zusammenzubringen. Aber wenn nun einer der beiden Eltern einen neuen Partner bekommt, so ist das eine Gegenbewegung. Haben beide einen neuen Partner, so ist es nicht so schlimm. Wenn die neuen Partner mit den Kindern gut umgehen können, kann man oft erleben, daß sich die Situation ein wenig entspannt. Aber wenn nur ein neuer Partner auftritt, so fällt er den Kindern und ihrem verständlichen Wunsch nach Harmonie im Elternhaus in den Rücken. Diese Spannungen erschweren die ohnehin schon schwer zu ertragende Situation der Scheidungskinder.

J.P.: Wird das Kind besser mit so einer Situation fertig, wenn der Vater keine Probleme damit hat, daß seine ehemalige Frau einen neuen Partner hat?

K. Hadamovsky: Jein. Es gibt individuell-enge Beziehungen zwischen Kind und Eltern. Wenn eine Tochter z.B. ein richtiges Vaterkind war, dann kann sie der Mutter den Treuebruch einfach nicht verzeihen, und zwar bis ans Ende ihrer Tage. Auch das habe ich erlebt. Es gibt Kinder mit einem angeborenen Gefühlstiefgang, bei denen in dieser Situation nichts mehr zu machen ist.

J.P.: Kann man es generalisieren, daß sich die Kinder immer auf die Seite des Schwächeren schlagen?

K. Hadamovsky: Das Resignative, von dem wir schon des öfteren gesprochen haben, führt dazu, daß man sich irgendwie einrichtet. Ich kenne Familien, bei denen die Kinder nach der Scheidung aufgeteilt worden sind: Ein Teil lebt bei dem Vater, ein anderer bei der Mutter. Der Vater lebt in einer neuen Ehe. Da die neue Ehe recht gut zu sein scheint, gedeihen die Kinder dort auch prächtig, so daß die Mutter sehr schweren Herzens ein weiteres Kind in diese Ehe abgegeben hat, weil sie wußte, daß das übriggebliebene Kind bei ihr nicht so gut gedeihen würde. Auch so etwas habe ich erlebt. Das sind echte Verdauungsbewegungen, die eingesetzt haben, und man merkt, daß sich in dieser Situation etwas von der Gruppe bildet, nach der ich immer verlangt habe. Zwar steht zu Beginn eine tragische Situation – die Scheidung –, aber es kommt ein neuer Lebenspartner hinzu, so daß sich eine entsprechende Gruppe bildet, in der die Scheidungskinder glücklich aufwachsen können.

„Ein Kind kann Haß nicht ertragen“

J.P.: Wenn ein Elternteil den Haß auf seinen alten Partner und seine eventuell vorhandene neue Familie über längere Zeit nicht in den Griff bekommen kann und immer wieder offen vor dem Kind seinen Haß auslebt, welche Konsequenzen hat das für das Kind?

K. Hadamovsky: Trennungskonsequenzen. Ein Kind kann Haß nicht ertragen. Weil Kinder diesen Haß nicht ertragen können, werden sie sich über kurz oder lang zurückziehen, denn letzten Endes ist der Haß ihrer Welt völlig fremd. Sie werden sich in irgendeiner Weise von dem Menschen distanzieren, der das Hassen nicht lassen kann.

J.P.: Auch wenn es die eigene Mutter ist?

K. Hadamovsky: Selbst dann. Das muß kein äußerlicher Rückzug sein. Es kann sich sogar so äußern, daß sich die Kinder für den armen hassenden Menschen verantwortlich fühlen und sich dabei innerlich in der moralischen Leistung weit über ihn erheben, während der andere – z.B. die eigene Mutter – in den eigenen Gefühlen verharrt und nur die eigenen Verletztheiten bemerkt. Das kann in der Konsequenz so weit gehen, daß das Kind die Schwäche der Mutter bemerkt und sie gerade deswegen nicht verläßt. Aber dabei entsteht eine ganz komplexe Symbiose, denn das Kind übernimmt die menschliche Führungsrolle und entwickelt eine schnellere Gefühlsreife als der Erwachsene. So etwas stellt die natürlichen Verhältnisse auf den Kopf, ist eine massive Überforderung des Kindes und wird wahrscheinlich die eigene Beziehungsfähigkeit dieses Menschen schwer beeinträchtigen. Denn wie soll sich so ein Kind, wenn es herangewachsen ist, schwachen bzw. starken Partnern gegenüber verhalten? Wahrscheinlich wird so ein Mensch immer entweder zu naiv oder zu stark belastet in entsprechende Verhältnisse eintreten. Das schafft ganz vehement Schicksal!

J.P.: Kann sich diese Fürsorge für den hassenden Elternteil auch ins Gegenteil verkehren?

K. Hadamovsky: Ich denke, daß diese Fürsorge bereits latent haßdurchsetzt ist.

Spätfolgen

J.P.: Gibt es Ihrer Erfahrung nach Fälle, bei denen die Probleme, die durch die Trennung der Eltern entstanden sind, viel später auftreten, wenn niemand mehr an die Scheidung denkt und es schon längst wieder einen neuen Alltag gibt?

K. Hadamovsky: Momentan ist mir kein Beispiel im Gedächtnis, obwohl ich sicher bin, daß mir mehrere solcher Fälle begegnet sind. Beim Behandeln von Erwachsenen gibt es immer wieder Situationen, bei denen Erinnerungen auftauchen, die 30 Jahre vergessen gewesen sind, aber jetzt mit einer akuten bzw. chronischen Krankheitssituation zusammenhängen. Wegen dieser Krankheit kommt der Mensch in Behandlung, Auslöser ist aber die seit 30 Jahren vergessene Erinnerung. Der Mensch bekommt Krebs, bevor ihm bewußt wird, was er eigentlich vor Jahrzehnten durchgemacht hat. In den letzten Jahren wird ja auch sehr viel Biographiearbeit gemacht: In diesen Sitzungen kommen die Menschen oft an Punkte, wo erst nach einer sehr langen Latenzperiode etwas wirksam wird.

J.P.: Haben Sie beobachtet, daß Scheidungskinder größere Probleme mit Drogen oder Sekten haben?

K. Hadamovsky: Das ist wohl so. Wobei sie keine größeren Probleme haben als Kinder aus schwierigen Ehen. Eine Ehe im Dauerclinch ist oftmals für das Kind noch problematischer. Wenn man der Kinder wegen, aus Angst vor materiellem Verlust oder aus Angst vor Trennung und Einsamkeit, rein äußerlich zusammenbleibt, so schafft man drogenprädestinierte Kinder bzw. Kinder, die in Sekten ausweichen, weil sie dort Geborgenheit empfinden. Wenn das Kind bei einem Elternteil lebt, so hat es immer noch einen Pol der Ruhe, in einer ewig konfliktträchtigen Ehe dagegen nicht.

J.P.: Gibt es die viel umschriebene Angst vor Bindungen bei späteren Partnerschaften der Scheidungskinder?

K. Hadamovsky: Selbstverständlich. Es gibt sowohl den Bindungsdrang als auch eine Art Bindungsnot. Es ist oft wie eine Sucht, ganz schnell eine Partnerschaft selber auszuprobieren. Drei Jahre später sind sie dann geschieden. Daran erkennt man, daß das gesamte Problem der Scheidung überhaupt nicht verarbeitet worden ist. Ich würde sogar sagen, daß eine verstärkte Bindungssucht eher vorkommt als die Bindungsangst. Es ist wie die Flucht vor der Angst.

J.P.: Haben Scheidungskinder eher Selbstmordgedanken als andere Kinder?

K. Hadamovsky: Das kann ich nicht beurteilen. Kinder haben zu einem bestimmten Zeitpunkt allgemein relativ leicht Selbstmordgedanken, vor allem in der Pubertät und Nachpubertät. Das sind Konflikte von existentiellem Stellenwert, die zur Suizidalität führen können. Bei Mädchen tauchen derartige Gedanken etwas früher auf, bei den Jungen etwas später. Das ist aber ein allgemeines Phänomen, und jeder Konflikt kann Auslöser dieser Selbstmordgedanken sein. Das hängt mit dem ganzen Nichtgehaltensein in unserer Zivilisation zusammen.

Man muß etwas von seinem Leben hineingeben

J.P.: Wenn jedes Kind rechtzeitig einen neutralen Gesprächspartner hätte, würden dann Ihrer Meinung nach viele Schäden zu verhindern sein?

K. Hadamovsky: Keinen neutralen, sondern einen verbindlichen Gesprächspartner. Ein Gesprächspartner allein wäre auch nicht ausreichend, denn Gespräche helfen oftmals nicht genügend. Als Arzt werden mir verhältnismäßig viele Problemkinder „angeboten“. Kinder, mit denen die Lehrer nicht mehr fertig werden, werden dann z.B. mit der Mutter zu mir geschickt. Was dann gesprächsweise geschieht, hat nicht den Stellenwert, was z.B. bei einem Hausbesuch geschehen kann. Denn wenn ein Kind wirklich krank ist, habe ich mit meinem Hausbesuch wirklich etwas für das Kind tun können. Natürlich hilft es auch etwas, wenn man über die Probleme reden kann, aber eigentlich ist es leichte Ware, denn reden kann man viel. Außerdem sind die Kinder nicht blöd, denn sie wissen ganz genau, daß es in der Regel ein berufsmäßiger Gesprächspartner ist. So ein Gespräch hat keine genügende Verbindlichkeit. Ich als Arzt übe dagegen Verbindlichkeit aus, wenn ich konkret etwas für das Kind tun kann. Ich helfe ihm z.B. gegen das Fieber, gegen starke Kopfschmerzen und Grippe, und was ich dann sage, hat eine stärkere Verbindlichkeit.

J.P.: Aber so ein Gesprächspartner könnte z.B. eine Tante sein.

K. Hadamovsky: Richtig, wenn sie unparteiisch wäre. Verbindlich könnte und müßte sie in dem Sinne sein, daß sie bereit ist, einen Teil ihres Lebens für das Kind herzugeben, so daß es nicht nur im Verbalen bleibt. Das berührt die Frage, wie verbindlich eine solche von mir vorgeschlagene Gruppe sein muß. Die Verbindlichkeit muß zur Lebenswirklichkeit werden, darf keine abgehobene Gesprächssituation im therapeutischen Sinne bleiben. Therapeutische Gespräche sind meines Erachtens das Schwächste, was man machen kann, denn sie verbessern nicht die Scheidungssituation und die Problematik dieser Kinder. So etwas entsteht nur durch neue soziale Formen, durch echte neue menschliche Beziehungen. Therapeutische Beziehungen sind für Kinder unzureichend, und das merken sie auch. Aber wenn man statt dessen einmal mit einem Jungen segeln geht, dann hat man bei ihm einen Stein im Brett, und dann kann man ihm auch mit Autorität etwas sagen, aber man muß vorher etwas von seinem Leben reingegeben haben. Man muß als Erwachsener auch Know-how entwickeln, denn Kinder haben Ansprüche an Verbindlichkeit, die durch die Ehescheidung massiv enttäuscht worden sind, weil die Eltern gerade die Verbindlichkeiten aufgekündigt haben.

J.P.: Werden von Scheidungskindern, dadurch daß man sie genauer beobachtet, mehr Probleme bzw. höhere Leistungen in der Schule erwartet?

K. Hadamovsky: Scheidungskinder sind natürlich aus dem Bereich der Selbstverständlichkeit in vielerlei Hinsicht herausgerückt, deswegen wundert man sich nicht darüber, daß sie Probleme haben. Vielleicht erwacht man auch eher für ihre Probleme, umgekehrt kann es aber auch sein, daß man von ihnen zu viele Leistungen fordert, wie es ohnehin der allgemeine Trend unserer Gesellschaft ist. Wir haben den Verlust der Kinderwelt in unserem Gespräch durch den Einbruch der Leistungsgesellschaft in diese Welt charakterisiert. Natürlich werden sich damit auch alle Dummheiten, Übergriffe und Unmenschlichkeiten, die das Leistungsprinzip in jedem Menschen anrichtet, auf das Kind übertragen. Der alleinerziehende Erwachsene steht in dieser Problematik und muß sehen, wie er damit fertig wird. Man muß einen Raum schaffen, indem man vermeidet, die Prinzipien der Leistungsgesellschaft – Haben und Nehmen – zu übernehmen. Zum Beispiel fahren in einer „Restfamilie“ die Kinder immer in den Ferien zum Großvater auf den Bauernhof und helfen ihm bei der Ernte, bekommen aber nichts dafür, denn sie durften ihm helfen. Zur

Belohnung fahren sie abends mit dem Trecker zum Strand. So etwas müssen die Kinder erleben, denn das ist das genaue Gegenteil der Leistungsgesellschaft. Aber dieser Einbruch der Leistungsgesellschaft in die Kinderwelt macht natürlich auch nicht in der Schule vor den Kindern Halt. Ein Lehrer weiß z.B., daß das Kind jahrelang zu Hause Schwierigkeiten hatte, die in den Eheproblemen seiner Eltern gründeten, nun aber kommt es zu einem Lehrer, der glaubt, höhere Leistungen von dem Kind fordern zu müssen, weil er meint, dies dem Vater schuldig zu sein. So etwas kommt vor. So etwas darf man aber nicht isoliert betrachten, denn das gehört zu dem ganzen Geflecht der Hilflosigkeiten unserer Gesellschaft. Daran läßt sich erkennen, daß der Lehrer in solchem Falle in die Gruppenbildung einbezogen werden müßte.

„Das doppelte Lottchen"

Eine Familie zerbricht ...

Yvonne Benkelmann

Seltsamerweise ist „Das doppelte Lottchen" heute wieder das Lieblingsbuch vieler Kinder und zugleich ein Bild für deren Erlebnisse: Alles war gut. Dann kamen die Kämpfe. Ein Traum, in dem das Bett zersägt und jedes Elternteil ein Kind erhält, wird Wirklichkeit. Durch List und Tücke und eine enge Verbundenheit der beiden Kinder wendet sich das Ganze wieder zum Guten. Wir sind wieder eine Familie – Happy-End!

So einfach sieht der Alltag der Kinder in Wirklichkeit nicht aus. Zumindest ein Happy-End läßt auf sich warten – gleich in welcher Form auch immer. Es gilt, einen langen Weg zu beschreiten, der zunächst den Höhepunkt in der Trennung hat. Aber damit ist der Weg nicht zu Ende – veränderte Situationen treten ein und müssen gelebt werden.

Das Leben scheint voller Trennungen zu sein. Zuerst werden wir Menschen geboren, und somit entsteht eine erste große Trennung – der Abschied aus der geistigen Welt in das irdisch-physische Dasein. Hier nun angekommen, getrennt von der schützenden Hülle der Mutter, greift das Leben unmittelbar zu – es ist kalt, hell, Stimmen umgeben das neugeborene Kind; und somit nimmt alles seinen Lauf! Trennung vom geliebten Schmusekissen, von Freunden, von der Mutter, wenn das Kind in den Kindergarten geht, in die Schule kommt usw. Immer wieder taucht Abschied, und dadurch ein Abtrennen seiner selbst von etwas anderem auf. Deswegen erscheint es notwendig zu üben, sich zu trennen, Trennung zu empfinden, um dann wieder strebend die verlorene Einheit auf anderer Stufe zurückgewinnen zu können. Doch jedes Mal ist dieser Vorgang mit Schmerzen verbunden und prägt sich in unsere Seelen ein.

Trotz dieser ganzen „Vorübungen" ist die Trennung der Eltern doch noch eine qualitativ anderer und viel schmerzhafterer Vorgang für das Kind; es kann sogar das Schmerzhafteste, Prägendste sein, das einem Menschen im Laufe seines Lebens begegnet und ihn vor eine schier unüberwindbare Mauer stellt. Weshalb? Die Familie ist der Ort, an dem sich das heranwachsende Kind aufgehoben fühlt. Dort findet es Halt und gehört einfach dazu. Bei einer Trennung der Eltern wird das Kind auf sich zurückgeworfen und empfindet sich meistens als allein, je nach Altersstufe entsprechend anders. Es tritt ein Prozeß des gewaltsamen Aufwachens ein, der von einem Kind seelische Qualitäten wie Loyalität, Verständnis, Geduld usw. erfordert, die es – je jünger, desto weniger – noch gar nicht ausgebildet haben kann.

Im ersten Jahrsiebt, in dem das Kind ganz darauf angewiesen ist, was sich in seiner Umgebung zeigt, und alles mit seinen Sinnen einsaugt, ist es doch eigentlich nicht denkbar, dem Kind ernsthaft erklären zu wollen, warum Mama und Papa sich nun nicht mehr lieb haben, streiten, nicht mehr miteinander reden, sich schlagen – auseinandergehen.

Im zweiten Jahrsiebt kann man vielleicht mehr Beispiel geben für das, was geschieht. Das Kind möchte gerne wissen, was in dem tragischen Geschehen wahr und richtig ist, aber kann es mangels Erfahrungshintergrund doch nicht begreifen.

Im Jugendalter wird es wohl am ehesten möglich sein, mit dem Jugendlichen zu sprechen, doch auch hier kann man nicht auf Verständnis hoffen. Das kann nur mit zunehmendem Alter und eigenen Erfahrungen wachsen.

Das Neutrum – Eltern, Mama und Papa – wird oftmals erst bei einer Trennung „vermenschlicht". Plötzlich gibt es einen Mann und eine Frau.

Wie ist es nun möglich, eine Art und Weise zu finden, damit das Trennen, die Scheidung, „gut" sein kann?

Probleme bei Trennungen in den verschiedenen Altersstufen der Kinder

Während der unterschiedlichen Altersstufen treten verschiedene Reaktionen ein, die verschiedene Umgangsarten von den Eltern bzw. allen Beteiligten erfordern. Denn wie oft mischen sich andere ein und können noch mehr Schaden anrichten, verwirren usw. Und doch ist es wichtig, daß trotz Trennung Freunde und Verwandtschaft erhalten bleiben. So kann das Kind hier noch Sicherheit in alter Beziehung fühlen, und es ist nicht gleich alles weg.

Die Katastrophe nicht in den Kopf drücken

Kinder im ersten Jahrsiebt leben noch in unmittelbarer Verbundenheit mit ihrer Umgebung. Sie haben noch keine Vorstellung von Ursache und Wirkung, von Zeit, von Entfernungen usw.

Prinzipiell sind die Kinder in diesem Alter völlig von den Eltern abhängig. Sie befinden sich im Mittelpunkt allen Geschehens, und alles hat mit ihnen direkt zu tun. Oft kommt es zu unbegründeten Ängsten, daß Mama und Papa sie verlassen könnten. So muß z.B. beim Einschlafen die Tür offen sein, damit sie die Geräusche mitbekommen oder sich durch Rufen versichern können, daß noch alle da sind. Jedes Kind hat seine eigenen Gewohnheiten, damit umzugehen.

Aber nun kommt es tatsächlich zu einer Trennung der Eltern. Kinder reagieren unterschiedlich darauf: Rückzug, Aggressionen, gesteigerte Ängste beim Einschlafen, Ablehnung des Vaters oder der Mutter, starkes Hingezogenfühlen und Verbinden mit dem übrigbleibenden Elternteil (meistens der Mutter!) können beobachtet werden. Ich habe erlebt, daß Kinder sich in solch einer Phase ganz schwer lösen können, sogar so extrem reagieren, daß sie z.B. gar nicht mehr in den Kindergarten wollen.

Wenn die Eltern es jetzt schaffen, trotz allem Schmerz, den sie ihrem Kind zufügen, ein gutes Bild des anderen Partners zu vermitteln, hat es eine Chance, ohne allzu großen Vertrauensverlust weiterzuleben. Das ist ein hoher Anspruch an die Eltern. Da das Kind alles unmittelbar erlebt, darf nicht zusätzlich zu der Trauer auch noch Schuld aufgeladen werden.

So wäre es gut, wenn es den Vater z.B. in der neuen Wohnung besucht, daß die Mutter mitkommt und das Kind erfährt, daß beide Sorge tragen, daß alles so seine Richtigkeit hat. Ich konnte erleben, daß sich Kinder mit eindeutigen Situationen besser und schneller einverstanden erklären können, so daß der neuen Situation gegenüber eine Selbstverständlichkeit eintritt.

Klarheit und Eindeutigkeit sind wichtig, Geduld und Zuneigung erforderlich, insbesondere während der Neuorientierungsphase.

Kinder nicht zerreißen. Schuld – Entscheidungsängste

Das zweite Jahrsiebt beinhaltet für das Kind selbst einen Konfliktpunkt, den sogenannten Rubikon zwischen dem 9. und 10. Lebensjahr. Hier vollzieht sich die Trennung in „Hier bin ich, und da ist die Welt“. Bis zu dieser Zeit ist der Erwachsene ein Mensch, zu dem das Kind aufschaut, Vertrauen hat, aber plötzlich wird der Erwachsene beobachtet, hinterfragt und seine Worte und Taten auf ihren Wahrheitsgehalt hin überprüft.

Die Welt wird vom Kind ab dem 9. Lebensjahr in Gut und Böse geteilt. Geht der Vater oder die Mutter, sind sie böse, und vielleicht fühlt sich das Kind auch noch schuldig, weil es meint, nicht immer artig gewesen zu sein oder dies und jenes nicht gemacht zu haben. Es weiß eigentlich nicht, was das alles zu bedeuten hat, und kennt keinen Ausweg. Beide Eltern werden gleichermaßen geliebt, und doch tun sie so etwas. Unbegreiflich stellt sich das Ganze dem Kind dar, und es möchte doch helfen und verstehen, aber es gelingt nicht.

Gerade in dieser Phase des Rubikons, in der ein Bruch in der eigenen Entwicklung geschieht, ist eine Trennung der Eltern wie eine Zerreißprobe. Die Kinder schließen sich anderen an, die ähnliches erleben, erlebt haben und fühlen dann, daß sie nicht alleine sind mit dem, was sie gerade durchleben.

Was dann oft wie ein Hammerschlag wirkt, sind die Befragungen beim Jugendamt, wo die Kinder gefragt werden, zu wem sie gehen wollen bzw. bei wem sie bleiben möchten. Psychologische Gutachten werden erstellt, und durch die ganze Prozedur wird der „Schwarze Peter“ dem Kind zugeschoben. Nicht die Eltern sollen wissen, was in dieser Situation gebraucht wird, sondern eine „neutrale Person“ wird dazwischengeschaltet und bestimmt mit. Meistens ist es aber so, daß beide Elternteile geliebt werden. Und für wen soll sich das Kind entscheiden, wenn es beide haben möchte?

Von den Eltern aus wäre es jetzt wichtig, mit dem Kind zu sprechen, Verständnis zu zeigen für seine Sorgen und Nöte und ihm nicht noch Druck zu machen oder es gar mit Versprechungen zu locken und somit auf die jeweilige Seite zu ziehen. Das Kind darf nicht dadurch noch mehr Schuldgefühle bekommen, daß es sich für den einen oder anderen entscheiden muß, weil sich ihm dann eine Welt der Lieblosigkeit eröffnet. Es kann mit der neuen Situation nicht so selbstverständlich umgehen wie kleinere Kinder, und da es die Erwachsenen schon mit seinem eigenen Maßstab messen kann, hat es den Anspruch, daß das, was ihm beigebracht wurde, auch von den anderen erfüllt werden muß.

Ist die Trennung vollzogen, lehnen Kinder meistens einen Elternteil vollkommen ab. Für diesen Teil ist es dann unentbehrlich, das Vertrauen wiederzugewinnen und eine neue Lebensnorm entstehen zu lassen. Diese Normen und Formen zu schaffen ist Angelegenheit der Erwachsenen. Das Kind darf nicht Verhandlungspartner werden.

In der Härte der Entscheidung die Wahrhaftigkeit vor dem Jugendlichen durchblitzen lassen

Kommt es zu einer Trennung im Jugendalter, wird oft von den Eltern angenommen, die Kinder könnten es verstehen. Sie werden daher als gleichwertige Gesprächspartner in die Trennungsprozesse miteinbezogen. Nun ist es jedoch so, daß gerade in dieser Zeit die ersten Erfahrungen innerhalb des eigenen seelischen Lebens gemacht werden. Die erste Verliebtheit, die aufbrechende Sexualität, das Problem, sich selbst finden zu wollen, sind eigentlich schon so große Anforderungen an den Heranwachsenden, daß eigentlich keine freie und verständige Aufmerksamkeit für die Problematik der Eltern übrig ist. Da die Auseinandersetzungen der Eltern obendrein oft genau diese Themen zum Inhalt haben, ist keine Orientierung am Erwachsenen möglich. Das eine will werden – das andere zerstört! Und jetzt soll der Jugendliche auch noch Verständnis zeigen. Dieser Anspruch ist zu groß. Eigentlich benötigen Jugendliche jetzt Stabilität, Rückendeckung für ihr eigenes „Experimentieren“ in der Welt. Kein Wunder, daß sie dann oftmals diese Instabilität ausnützen, um ihren eigenen Wünschen näherzukommen: Erpressungen finden statt, „alles hat seinen Preis“.

Wenn man nicht gerade als Eltern von seinem Kind Ratschläge erwartet, so ist es doch wichtig, über die eigenen Nöte zu sprechen. Die Erfahrung, als Jugendlicher für vollgenommen zu werden, kann allein schon seine Not lindern. Auf alle Fälle ist Ehrlichkeit besser als Verheimlichenwollen. Kommt alles auf Umwegen ans Tageslicht, vielleicht durch eine Frage der besten Freundin – „Ich habe gehört, Deine Eltern wollen sich trennen, scheiden lassen, stimmt das?“ –, dann entsteht ein Schmerz, ein Sich-Hintergangenfühlen, das jegliches Vertrauen zerstört. Ein Jugendlicher kann in dem Maße mit den Problemen der Eltern zurechtkommen, als er in ihrem Schicksalsringen Wahrhaftigkeit wiederfindet.

Ich habe Interviews mit Jugendlichen zu Scheidungssituationen gemacht, Schilderungen von Jugendlichen selbst gelesen und Analysen zur Problematik der Scheidungskinder durchgeführt. Dabei ist mir klargeworden, wie wichtig bestimmte Qualitäten im Umgang mit ihnen sind: Ehrlichkeit, Klarheit, Wahrhaftigkeit. Auch Alltagsrituale sollten sich nicht plötzlich ändern bzw. ganz entfallen, da sie wichtig sind, um dem Kind Halt und Orientierung zu geben. Versprechen sollten eingehalten werden, wenn nicht, sollte man besser keine geben.

Ferner sollte man sich bemühen, den jeweiligen anderen Elternteil nicht schlechtzumachen. Es ist Tatsache, daß das Kind den anderen Elternteil braucht und vermißt. Beide werden meist gleichermaßen geliebt. Dafür sollte man viel Verständnis und Geduld entwickeln, um eine positive Wandlung von der alten Situation in eine neue vollziehen zu können.

Es ist mir durch meine Gespräche mit Scheidungskindern klargeworden, daß man das Kind Kind sein lassen muß und es nicht zum Partner machen, ihm keine Schuld zuschieben darf. Das Kind ist unschuldig an der Situation der Eltern – denn die Aufgabe, Eltern zu sein, kann nicht abgelegt werden, und somit auch nicht die Verantwortung, die daraus erwächst.

Das Happy-End der Geschichte des „doppelten Lottchens“ bleibt für die allermeisten Trennungen heute ein schönes Märchen. Doch die Trennung kann zu einem Endpunkt geführt werden, wo das Kind eine klare Aussicht auf die Zukunft hat, die nicht durch übermäßige Belastungen verdunkelt ist. Wenn diese Stufe erreicht wird, wenn es geschafft wird, aus der „alten“ Familie eine „neue“ Vertrauenssituation entstehen zu lassen, dann gibt es zwar kein märchenhaftes Happy-End, aber die Eltern haben dem Kind den Weg in die Zukunft nicht versperrt.

Ohne Richter geht es nicht

Das Ende der Ehe und seine rechtlichen Aspekte

Michael Alberts

Das Maß ist voll. Zwei Menschen, die miteinander zu tun hatten, beschließen, auseinanderzugehen. Einmal reicht es beiden, ein andermal entscheidet nur einer der Beteiligten, den Schlußstrich zu ziehen. Konflikte, Streitigkeiten und Verletzungen, die in der Regel mit jeder Trennung einhergehen, werden entweder geklärt – untereinander bzw. vor den Gerichten – oder liegengelassen, zugedeckt. Je enger, je intimer diese Beziehungen sind, desto gravierender sind die Folgen, die Enttäuschungen, und die Wunden sind oft sehr viel tiefer.

Die anschaulichsten – und damit für den außenstehenden Betrachter erquickendsten – Beispiele geben die Trennungen von Paaren. Da offenbart sich die gesamte Bandbreite menschlicher Verhaltensweisen. Von der einvernehmlichen Einsicht, daß eine Beziehung nicht mehr weiterzuführen ist, bis zum gegenseitigen blanken Haß, der dann – und damit hört es auf, erquicklich zu sein – in nackte Gewalt umschlagen kann, reicht die Palette. Je mehr Haß, je mehr Enttäuschung sich angesammelt haben, desto schwieriger wird es, äußerliche Dinge wie Aufteilung des Haushaltes, Verbleib in der Wohnung etc. zu regeln. Paare, die ohne Trauschein zusammenleben, müssen Konflikte, die mit der Trennung einhergehen – soweit sie sie nicht im Vorfeld durch Verträge geregelt haben –, untereinander lösen. Hier gilt das Recht des Stärkeren, des Klügeren, der nachgibt, oder – auch das soll es geben – die einvernehmliche Klärung all dieser äußerlichen Angelegenheiten.

Da haben es die nach Recht und Gesetz verheirateten Menschen einerseits leichter: Die Folgen ihrer Trennung, aber auch ihres Zusammenlebens sind gesetzlich geregelt bzw. können durch gesetzliche Regelungen gemindert werden. Andererseits sind Paare mit Trauschein an diese Regelungen der Gesetze gebunden. Die Vorschriften für gesetzlich verheiratete Ehegatten finden sich in dem 1. Gesetz zur Reform des Ehe- und Familienrechtes (1. EheRG).

Die Ehe – so wollen es die Kirche und das Bürgerliche Gesetzbuch (BGB) – ist keine vorübergehende Interessengemeinschaft. Die Familie, deren Keimzelle die Ehe ist, gilt als Grundlage unserer gesellschaftlichen Ordnung und damit als ein besonders schützenswertes Gut. Das Grundgesetz Art. 6 Abs. 1 schützt die Ehe und Familie gesetzlich. Aus diesem Grunde – und das ist wohl einsehbar – kann man es nun wirklich nicht den Ehepartnern allein überlassen zu entscheiden, ob geschieden wird oder nicht. Damit darüber befunden werden kann, muß einer der Ehegatten – dieser wird dann der Antragsteller, wie bei jedem schönen Verwaltungsvorgang – einen Antrag auf Ehescheidung stellen. Gegenüber früheren finsteren Zeiten braucht er nun nicht mehr seinen Noch-Ehepartner zu verklagen. Dieser Noch-Ehepartner wird durch die Antragstellung – auch wenn er mit der Scheidung einverstanden sein sollte – zum Antragsgegner. Damit dann eine Ehe geschieden werden kann, muß nachgewiesen werden, daß sie wirklich richtig kaputt ist. Diese Tatsache wird ihr durch ein Scheidungsurteil bestätigt. Damit es zu diesem Urteil kommt, hat sich ein Familienrichter davon zu überzeugen, daß die Ehe *objektiv* gescheitert ist. Dies geschieht in der Regel durch den Nachweis, daß man sich als Ehepaar, bzw. ein Ehepartner den anderen, nicht nur nicht mehr ausstehen kann, sondern daß man auch nicht mehr zusammenlebt, statt dessen existiert man – so heißt es dann so schön – getrennt von Tisch und Bett nebeneinander her. Dafür ist es nicht einmal erforderlich, daß man unbedingt auseinanderzieht; gemeinsame Wäsche, gemeinsames Frühstück ist allerdings bis auf die die Regel bestätigenden bestimmten Ausnahmen vorbei.

So dürfen die Ehegatten, wenn sie es doch noch einmal miteinander probieren wollen, Versöhnungsversuche unternehmen, ohne daß die für eine Ehescheidung erforderliche Trennungszeit dadurch unterbrochen würde, sollte der Versuch vergeblich gewesen sein. Ein Einverständnis zur Scheidung einer Ehe muß unter den Ehegatten nicht erzielt werden. Zumindest ein Partner muß mit der Ehe soweit durch sein, daß er wirklich nicht gewillt ist, diese Ehe in irgendeiner Form wiederaufzunehmen bzw. fortzuführen und dann die aus den Bestimmungen der Trennungszeit resultierenden Konsequenzen zu tragen.

In der Regel läßt ein Scheidungsurteil – hier sind Ausnahmen möglich – ein Jahr auf sich warten. Voraussetzung ist, daß beide Partner mit der Scheidung einverstanden sind. Das Trennungsjahr muß als Beweis für das Scheitern einer Ehe eingehalten werden. Ist einem der Ehepartner allerdings aus Gründen, die in der Person des anderen Partners liegen, ein Zusammenleben nicht mehr zuzumuten, so kann eine Ehe auch schon vor Ablauf eines Jahres geschieden werden. Ist nur einer der Ehepartner scheidungswillig, so verlängert sich die Zeit des erforderlichen Getrenntlebens auf drei Jahre. Verhindern allerdings kann der scheidungsunwillige Partner die Scheidung nicht!

Konflikte, regelungsbedürftige Tatsachen allerdings lassen sich nicht immer ein bzw. drei Jahre lang bis zur Klärung auf Eis legen. Auf die Tatsache, daß die Ehepartner in der Zeit der Trennung keine Einigung darüber erzielen, wer aus der Wohnung ausziehen muß, bei wem die Kinder wohnen, wer Unterhalt zu zahlen hat u.ä., ist der Gesetzgeber vorbereitet. Schon im Vorfeld können strittige Punkte des Getrenntlebens durch das Familiengericht entschieden werden, ohne daß damit schon zwingend Festlegungen vorgenommen werden, die Regelungen für den Fall der eigentlichen Scheidung vorwegnehmen. Andererseits wird selbstverständlich von seiten der Familiengerichte versucht, diese praktischen Regelungen für die Trennungszeit so zu treffen, daß sie im Falle der Scheidung nicht revidiert werden müssen.

Endgültige Entscheidungen werden – sollten sich die Ehepartner nicht im Vorfeld einigen – durch das Scheidungsurteil des Familiengerichtes getroffen, wenn die Ehe gescheitert ist. Der Gesetzgeber legt in diesen Scheidungsverfahren Wert darauf, daß bestimmte Folgen einer Scheidung sowohl für die Partner als auch für eventuell vorhandene Kinder geregelt werden. Im Vordergrund stehen hier zunächst einmal die Fragen des Sorgerechts für die Kinder, des Umgangsrechts und der Versorgungsausgleich, insbesondere dann, wenn einer der Ehegatten zur Zeit der Ehe nicht berufstätig war. Oft sind auch noch vermögensrechtliche und unterhaltsrechtliche Fragen im Rahmen des Scheidungsverfahrens zu klären. Idealerweise werden diese Fragen bereits im Vorfeld der Verhandlung von den Eheleuten bzw. ihren Anwälten untereinander geklärt. Ist eine Klärung in einigen oder allen Punkten nicht möglich, gehen die Streitereien und damit auch die Schwierigkeiten für die Familienrichter/innen in den eigentlichen Scheidungsterminen los.

Detailliert geregelt sind die Vorschriften für den Versorgungsausgleich. Wer verheiratet und – vielleicht sogar auf Wunsch oder „Anordnung" des Ehepartners – nicht berufstätig war, hat während der Zeit der Ehe keine eigenständigen Ansprüche aus der Altersversorgung erworben. Mit dem Versorgungsausgleich (siehe auch das folgende Interview mit Christiane Malonek) wird diese Benachteiligung ausgeglichen. Gegenseitige Rentenanwartschaften werden ermittelt und für eine gerechte Verteilung auf beide Partner wird gesorgt. Die genauen Vorschriften für diese Ermittlungen und Aufrechnungen sind im BGB und VAHRG enthalten. Der Partner, der im guten Glauben in die Unauflöslichkeit der Ehe seine Lebensplanung aufgebaut hat, darf nicht bestraft werden, indem er im Alter keine Rente erhält. Daher dürfen von diesen Bestimmungen Ehepaare durch einvernehmliche Regelungen vor der Ehescheidung nur in Ausnahmesituationen abweichen.

Sind aus einer Ehe keine Kinder hervorgegangen, dann ist der Mittelpunkt des Streites die Aufteilung des gemeinsamen Vermögens. Da wird es oft genug kompliziert. Nicht automatisch gehört alles, was in der Ehe erworben wurde, beiden Partnern. Grundsätzlich ist das Vermögen der Ehegatten getrennt zu betrachten. Erst mit der Scheidung wird der Zugewinnausgleich interessant, wie er bei Ehen mit gesetzlichem Güterstand im Falle der Scheidung vorgenommen werden muß. Richtigerweise wird davon ausgegangen, daß alles, was in der Ehe an Zugewinn da ist, durch die Arbeit beider Ehegatten erreicht wurde; gerade auch dann, wenn eine Hausfrau bzw. ein Hausmann durch ihre/seine unentgeltliche hauswirtschaftliche Tätigkeit dem berufstätigen Partner den Rücken freigehalten hat. Auch für diesen Fall gilt, daß der Ehepartner, der nicht berufstätig war, für seinen guten Glauben nicht bestraft werden darf.

Für die Durchführung des Vermögensausgleiches müssen beide Ehegatten zunächst eine eigene Bilanz ziehen. Wie war der Vermögensstand eines jeden Ehepartners am Anfang der Ehe, über welches Vermögen verfügt jeder zur Zeit, als der Antrag auf Ehescheidung zugestellt wird? Im Anschluß daran werden die Differenzen ermittelt, das Vermögen verglichen und die Hälfte des Überschusses errechnet. Dieser Vermögensstand stellt dann die Ausgleichsforderung desjenigen dar, der am Ende einer Ehe unter Umständen mit leeren Händen dasteht. So einfach und logisch sich das in der Theorie anhört, so kompliziert ist die Praxis. Wer weiß schon nach zehn Jahren Ehe noch genau, wie hoch sein Anfangsvermögen einst war, und wer kann das darüber hinaus auch noch gerichtswirksam nachweisen?

Die Rechtsvorschriften für den Zugewinnausgleich sind eindeutig: wie zu beurteilen ist, wenn einer vor der Ehe Schulden hatte und jetzt am Ende der Ehe schuldenfrei ist, wie sich die Rechtslage darstellt, wenn einer der Ehepartner angesichts der Scheidung anfängt, das Vermögen auf die eine oder andere Art durchzubringen, wie mit gemeinsamen Schulden zu verfahren ist, ob etwas in den Vermögensausgleich gehört oder in die Verteilung des Hausrats. Schwierig – wie immer im menschlichen Leben – ist die Interpretation, und darum wird dann auch vor Gericht gestritten. In die Entscheidungen des Gerichts hinsichtlich des Verbleibens in der Wohnung und der Verteilung des Hausrats spielen auch immer andere Auseinandersetzungsgebiete der Scheidung mit hinein. So ist für denjenigen Ehepartner, der auch das Sorgerecht für die Kinder erhält, eine größere Wahrscheinlichkeit gegeben, in der Ehewohnung zu verbleiben. Auch der Anspruch auf nachehelichen Unterhalt ist mit der Sorgerechtsfrage verbunden, und zwar in einer Weise, die dem geforderten Wohl des Kindes nicht unbedingt zuträglich sein muß. Die Regelung des Unterhalts allein bringt schon jede Menge Munition für eine Auseinandersetzung mit sich. Daß eine Loslösung aus der Ehe noch keine Beendigung der wirtschaftlichen Verflechtung zwischen beiden Ehepartnern bedeutet, ist besonders dem zur Zahlung verpflichteten Ex-Ehepartner schwer begreiflich zu machen. Doch ist es nun einmal so, daß ein Unterhaltsanspruch besteht, wenn es einem der Ehepartner aufgrund seiner Person oder der Umstände nicht möglich ist, erwerbstätig zu sein.

Versorgung von Kindern, altersbedingte Unmöglichkeit, wieder berufstätig zu werden, können für den bisher berufstätigen Ehepartner bedeuten, daß er zahlen muß. Will er das nicht, so muß er nachweisen, daß es für seinen ehemaligen Partner durchaus Möglichkeiten der eigenen Erwerbstätigkeit gibt. Die Entscheidung liegt letztlich bei den Gerichten. Die verschiedenen Rechtsvorschriften über den nachehelichen Unterhalt versuchen, sowohl dem unterhaltspflichtigen als auch dem unterhaltenen Partner gerecht zu werden. So werden gewisse Unterhaltszahlungen nur für einen bestimmten Zeitraum zu leisten sein, andere werden lediglich so bemessen sein, daß sie die Mittel, die der andere Partner aus eigener Tätigkeit erhält, so ausgleichen, daß dieser Partner nicht in eine Notlage gerät. So wird letzterem auch durchaus zugemutet, z.B. Halbtagstätigkeiten neben der Erziehung von Kindern auszuüben.

Gemeinsame, aus der Ehe hervorgegangene Kinder stellen in Scheidungsverfahren häufig den Kernpunkt des Streites dar. Dabei ist die Verknüpfung von Erhalt des Sorgerechts, dem Verbleib in der Ehewohnung und der Höhe des Unterhaltsanspruchs, bzw. ob dieser überhaupt besteht, das Grundproblem. Auch wenn ein Elternteil vielleicht zu der Einsicht gelangt, daß das Kind bzw. die Kinder es bei dem ehemaligen Partner tatsächlich „besser" hätten, so muß er, da er die Unterhaltszahlungen nicht leisten kann oder will, um das Sorgerecht kämpfen. Erhält er das Sorgerecht für die Kinder, ist er von diesen Forderungen befreit.

Für den Richter, die Anwälte und die Sachverständigen bleiben die wirklichen Motive, warum um das Sorgerecht für die Kinder gestritten wird, oft genug im

Dunkeln. Grundsatz der richterlichen Entscheidung ist das Kindswohl, wobei in der Entscheidung darauf geachtet wird, daß das Kind bei dem Elternteil verbleibt, welcher die Pflege und die Fürsorge des Kindes am besten gewährleisten kann.

Einen weiteren Gesichtspunkt stellt das Aufrechterhalten bereits bestehender Lebensverhältnisse des Kindes dar. Das gemeinsame Sorgerecht, welches zunächst als ein Ausweg aus den Streitereien um das Sorgerecht vorschnell begrüßt und gefeiert wurde, hat eigene Problematiken. Zunächst muß, bevor ein Gericht sich für dieses gemeinsame Sorgerecht entscheidet, sehr genau geprüft werden, ob die Ausübung auch wirklich praktisch im Sinne des Wohles für das Kind gewährleistet werden kann. Das gemeinsame Sorgerecht, und das ist eine der ersten und wichtigsten Voraussetzungen, funktioniert nur dann, wenn die Partner kooperativ miteinander umgehen können. Dazu gehört, daß beide Partner dieses gemeinsame Sorgerecht beantragen und es miteinander auch inhaltlich leben können. Der eine Gesichtspunkt ist dabei die Beziehung der ehemaligen Eheleute zueinander. Ist eine nacheheliche Beziehung zwischen ehemaligen Ehegatten durch Haß und Streit gekennzeichnet, so ist ein gemeinsames Sorgerecht aus der Sicht der Gerichte nicht zum Wohle des Kindes, und sie werden ablehnend entscheiden. Auch praktische Gesichtspunkte müssen bei der Entscheidungsfindung für oder gegen ein gemeinsames Sorgerecht berücksichtigt werden. Lebt der eine Partner in Hamburg und der andere in München, so wird das gemeinsame Sorgerecht Illusion. Praktisch ist es dann nicht ausübbar.

Das Ergebnis der Sorgerechtsauseinandersetzung ist, daß ein Elternteil das Sorgerecht erhält. Der jeweils andere Elternteil bekommt ein Umgangsrecht, welches den persönlichen, telefonischen und brieflichen Kontakt mit dem Kind bzw. den Kindern beinhaltet. Bei der Regelung dieses Umgangsrechts ist es dann wieder gewünscht, daß die ehemaligen Ehegatten dies einvernehmlich festlegen. Kann eine Einigung dort nicht erzielt werden, so entscheiden wiederum die Gerichte „zum Wohl des Kindes“. Rechtliche Vorschriften des BGB regeln dann in allen Einzelheiten, wann z.B. ein Elternteil das Recht auf Umgang verwirkt, wie genau das Umgangsrecht sich gestaltet.

Was allerdings in den Kindern vorgeht, wie sie – abgesehen von der eigentlichen Tatsache der Scheidung – unter diesen Festlegungen leiden, das erleben diejenigen, die diese Entscheidung treffen müssen, in der Langfolge nicht mehr.

Entscheidungen das Sorgerecht betreffend können, wenn es die Sachlage erfordert, revidiert werden. Das bedeutet dann für das Kind eventuell wieder den Verlust eines Elternteils, Umzug, Verlust von Heimat, Freundschaft und Geschwistern (siehe auch das folgende Interview mit Christiane Malonek). Eine Scheidung an sich – das scheinen Studien zu belegen – muß nicht zwangsläufig eine Katastrophe für Kinder darstellen. Läuft die Trennung, die Scheidung und der spätere Umgang der Eltern „vernünftig“ ab, so brauchen Scheidungskinder nicht zwangsläufig auf immer geschädigte Psychopathen zu werden, wie dies von einigen Verfechtern der Aufrechterhaltung der Ehe um jeden Preis an die Wand gemalt wird. Negative Folgen sind allerdings dann zu erwarten, wenn die Auseinandersetzung der Eltern die Kinder belastet, wenn sie, im schlimmsten Fall, als Mittel der Auseinandersetzung mißbraucht werden.

Scheidung, Trennung von Paaren ist so individuell wie das Leben in den Beziehungen. Klärung von Beziehungen kann das Rechtssystem nicht leisten. Sobald das Rechtswesen den Bereich der materiellen Regelungen verläßt, werden seine Regelungen starr und können – besonders im Bereich des Sorgerechts – dasjenige, was mit ihnen erreicht werden sollte, geradezu verhindern.

Seelentröster, Rächer oder Rechtsbeistand?

Was Scheidungsanwälte leisten können, und was erwartet wird

Interview mit Christiane Malonek

von Michael Alberts

Christiane Malonek, geb. 1950 in Gettorf/Krs. Rendsburg/Eckernförde, aufgewachsen als Kind auf der Hallig Hooge. 1969 Abitur am Internatsgymnasium Schloß Plön. Studium von 1969 bis 1974 an der juristischen Fakultät in Kiel. 1974 1. Staatsexamen, 1977 2. Staatsexamen. Seit 1977 als Rechtsanwältin zugelassen, seit 1978 mit Ehemann in eigener Praxis in Flensburg-Harrislee, seit 1991 auch als Notarin zugelassen. Seit Oktober 1974 – immer noch mit dem gleichen Ehemann – verheiratet, zwei Töchter, zwei Katzen und Max, der Hund.

Der Weg zum Scheidungsanwalt wird immer häufiger gegangen. Mit dem Ende einer Ehe ist eine Scheidung noch lange nicht erfolgt. Auseinandersetzung auf den verschiedenen Ebenen des menschlichen Zusammenlebens werden nötig. Diese Auseinandersetzungen sind umso schwieriger, je verfahrener die Beziehungen zwischen den ehemaligen Ehepartnern sind. Da sind berechtigte Ansprüche, aber auch Vorstellungen und Rachegefühle, die dann auf einer anderen Ebene ausgetragen werden. Die Konsequenzen aus einer Trennung, aus einer Scheidung werden von dem Laien nicht mehr überblickt, besonders dann nicht, wenn sie Rechtsgebiete wie Rentenrecht, Sorgerecht etc. betreffen. Von den Anwälten wird oft genug erwartet, daß sie alle Probleme lösen, und zwar im Sinne ihres Mandanten. Daß rechtliche Vorschriften, Gesetze und die Rechtsprechung diesen Wunsch nach „Gerechtigkeit" beeinträchtigen, das zu vermitteln, ist ebenso Aufgabe des Anwalts. Aber auch die Anwälte bewegen sich zwischen den Vorschriften des Gesetzes, den Wünschen und den Anforderungen ihrer Mandanten und auch eigenen Vorstellungen. Einerseits zu betrachten, wie Scheidungsverfahren ablaufen, andererseits aber auch die Hintergründe zu beleuchten, war Anlaß für das folgende Gespräch.

Michael Alberts: Wenn jemand einen Termin vereinbart, um Fragen in bezug auf eine Scheidung zu klären, wie gehst Du dann vor? Wird von Dir verlangt, daß Du sofort den Antrag auf Ehescheidung diktierst, oder hast Du Möglichkeiten, einen Einfluß auszuüben?

Christiane Malonek: Zunächst einmal muß man unterscheiden zwischen denjenigen, die sich noch gar nicht sicher sind, die eigentlich von mir wissen wollen, ob sie sich scheiden lassen sollen oder nicht, und den anderen, die sagen, daß sie sich scheiden lassen wollen, jetzt und sofort. Ganz grundsätzlich kann und will ich über die Ehe anderer Menschen nicht urteilen. Ob eine Ehe gescheitert ist oder ob es eine weitere Chance gibt, das können eigentlich nur die beiden Beteiligten selbst wissen. Habe ich Mandanten vor mir, die unsicher sind, die eigentlich von mir eine Entscheidung erwarten, versuche ich, ihnen zunächst einmal den Weg zur Eheberatung aufzuzeigen. Es kann also passieren, daß einfach zu viel von mir erwartet wird. Ich bin Juristin und kann meinen Mandanten sagen, was juristisch möglich ist, was getan werden kann oder muß, um eventuelle Scheidungsfolgen zu begrenzen. Aber ob eine Ehe zu retten ist oder nicht, kann und will ich nicht entscheiden.

Denen, die zu mir kommen mit dem Anspruch, daß die Scheidung sofort beantragt werden sollte, die die Scheidung am liebsten morgen schon ganz hinter sich brächten, diktiere ich den Antrag auf Ehescheidung, wenn es denn sein soll, sofort. Aber ich teile ihnen mit, daß dieser Antrag frühestens in ca. vier Tagen zum Gericht geht, allein schon wegen der Schreibarbeiten. Damit verbunden sage ich ihnen, daß sie in dieser Zeit ihren Antrag zurückziehen können. Damit will ich ihnen einen Hinweis geben, daß sie die Sache noch einmal überschlafen und überdenken sollten.

Männer kommen immer alleine

M.A.: Wenn Menschen sich entscheiden, zum Anwalt zu gehen, dann ist ein bestimmtes Stadium in der Entwicklung der Beziehung erreicht. Kommen die Mandanten dann alleine oder gemeinsam?

C. Malonek: Ganz unterschiedlich. Auffällig ist bei den Frauen, daß sie meistens jemanden dabei haben, eine Freundin, Schwester, irgend jemanden zum Händchenhalten. Die Herren kommen eigentlich immer alleine, es sein denn, sie bringen die neue Partnerin mit. Ihr Scheidungswunsch hängt oft mit der Tatsache zusammen, daß sie eine neue Ehe eingehen wollen.

M.A.: Heißt das, die Frauen kommen, wenn aus ihrer Sicht die Ehe kaputt ist, Männer erst dann, wenn es außer dem Scheitern der Beziehung einen weiteren, äußeren Anlaß – wie z.B. eine neue Beziehung – gibt?

C. Malonek: Genau so. Männer können mitunter sogar jahrelang getrennt von ihrer Ehefrau leben, ohne auf die Legalisierung der Trennung durch Scheidung zu bestehen. Männer sind da unheimlich gleichmütig, vielleicht auch etwas gleichgültig; eine Tatsache, die im Rahmen einer inhaltlich schon beendeten Ehe natürlich finanzieller Wahnsinn ist.

Da werden die Herren der Schöpfung richtig blaß

M.A.: Oft wird aber doch vorgebracht, daß die Durchführung einer Scheidung finanzieller Wahnsinn sei.

C. Malonek: Diese Tatsache trifft in der Regel nicht zu. Zu jeder Ehescheidung gehört nach gültigem Recht die Durchführung eines Versorgungsausgleichs. Es kann keine Ehescheidung ohne Vornahme des Versorgungsausgleichs erfolgen, der Klärung der jeweiligen Rentenansprüche. Die Zeit, in der eine Ehefrau Ansprüche auf Teile des Rentenanspruchs des Mannes hat – oder auch umgekehrt –, ist die sogenannte Ehezeit. Diese Ehezeit beginnt ab Zeitpunkt der Eheschließung und endet mit der Einreichung des Antrags auf Ehescheidung, abzüglich eines Monats. Solange besteht also eine Ehe. Ob die Partner in der Zeit getrennt leben, ob sie sich gut verstehen oder nicht, ist dabei völlig unerheblich.

Nehmen wir einmal an, daß die Partner fünf Jahre getrennt leben. Man versteht sich nicht mehr, der Mann nimmt sich eine Wohnung, und die Ehefrau kann – wegen der Kinder – nur teilzeitbeschäftigt sein, bzw. es ist ihr überhaupt nicht möglich zu arbeiten. Vielleicht lebt sie sogar schon geraume Zeit mit einem neuen Partner zusammen, trotzdem, obwohl die Ehe inhaltlich nun wirklich nicht mehr besteht, läuft die Ehezeit weiter. Die Partner sind diese besagten fünf Jahre weiter miteinander verheiratet, auch wenn sie überhaupt nichts mehr miteinander zu tun haben. Diese Jahre rechnen wir aber beim Versorgungsausgleich mit. Das kann dann plötzlich viel Geld werden. Diejenigen Beträge, die der Frau im Versorgungsausgleich gutgeschrieben werden, die werden von dem Rentenversicherungskonto des Mannes abgebucht, die fehlen ihm nachher bei seiner Rente. So hat plötzlich derjenige, der das Geld für das Scheidungsverfahren sparen wollte, in seine schlechte Ehe noch eine Menge Geld in Form von Rentenanwartschaften investiert. Und das ist wirklich viel Geld, da werden die Herren der Schöpfung dann auch mal richtig blaß.

Mit jedem weiteren Monat wird bares Geld verdient

M.A.: Und die Frauen?

C. Malonek: Die wissen in der Angelegenheit meistens ganz genau Bescheid. Oft wissen sie auch ganz genau – wenn Ihnen nicht unbedingt daran liegt, daß diese Ehe geschieden wird –, daß sie jeden Monat, in dem sie „nur" von ihrem Mann getrennt leben, sie bares Geld in Form von Rentenansprüchen verdienen. Wenn es dann ganz garstig kommt, heißt es dann: „Leichter kann ich mein Geld ja wohl nicht verdienen!" Es sei denn – und das kommt gerade auch bei Frauen häufig vor –, sie wollen endlich einen Schlußstrich unter diese Ehe ziehen. Und der ist dann wirklich erst gezogen, wenn sie geschieden sind. – Umgekehrt gibt es diese Fälle natürlich auch, wenn auch sehr viel seltener, da meistens der Mann länger berufstätig gewesen ist.

M.A.: Daß Frauen sich in dieser – und vielleicht auch anderen – Angelegenheit, eine Scheidung betreffend, auskennen, hängt wohl damit zusammen, weil sie sich früher an eine Anwältin bzw. einen Anwalt wenden?!

C. Malonek: Bei den Frauen ist – gerade in solchen Fällen – ein unheimliches Sicherheitsbedürfnis vorhanden. Sie wollen, oft auch schon bevor eine Entscheidung über die Durchführung einer Scheidung ihrerseits überhaupt getroffen ist, ganz genau wissen, wie es dann weiter geht, wie hoch der Unterhalt sein kann oder wird, wer aus der Wohnung ausziehen muß etc. Wenn Frauen sich gedanklich bereits mit einer Trennung auseinandersetzen, haben die meisten von ihnen auch schon das Wort „Versorgungsausgleich“ gehört und sind sich dann über die Bedeutung insofern im klaren, als daß sie bei ihrem Besuch genauere Informationen haben wollen.

Die vorrangige Frage aber ist: Was ist mit den Kindern? Das ist bei den meisten Männern anders. Für die Frauen sind diese Fragen vorrangig: Wie wird die elterliche Sorge geregelt, welche Bedingungen sind mit dem Umgangsrecht verbunden? Wenn Kinder von den Folgen einer Scheidung mitbetroffen sind, kommen die Mandantinnen schon zu einem sehr frühen Zeitpunkt der Trennung. Sie wollen wissen, was sie im Falle der Scheidung bedenken müssen, was sie bereits im Vorfeld tun können, um bei sich und ihren Kindern – abgesehen von der Katastrophe, die eine solche Trennung sowieso bedeutet –, den Schaden möglichst gering zu halten.

M.A.: Das Ganze hört sich so an, daß Frauen – schon bevor die Männer überhaupt etwas ahnen – bereits eine Voruntersuchung über die Scheidung durchgeführt haben. Bereiten die Frauen eine Scheidung von langer Hand vor?

C. Malonek: Die meisten bereiten sie zumindest sinnvoller vor. Sie informieren sich sehr viel früher über mögliche Folgen und nutzen die Chance, um in Ruhe zu überlegen, z.B. wegen eines Versorgungsausgleichs. Für andere ist das überhaupt keine Frage: „Und wenn ich noch 1.000 DM im Monat draufzubekommen würde, nichts wie weg!“

Es gibt auch Überlegungen, ob es unser Rentensystem überhaupt noch lange gebe, wie alt man werde, daß Geld auch nicht glücklich mache. Frauen gehen dann unter Umständen sehr planmäßig vor, regeln Unterhaltsfragen, Fragen der elterlichen Sorge etc., nur das Scheidungsverfahren warten manche ab, bis der Ehegatte es selbst einleitet. Einzelne Punkte für eine Trennung kann man schließlich vorher festschreiben, entweder im anwaltlichen Schriftwechsel, als Ehevertrag oder auch indem sich beide Partner einfach so einigen. Dann kann eine Ehe noch viele Jahre bestehen, ohne daß man sich scheiden lassen muß, und die wichtigsten Fragen des Getrenntlebens sind geregelt. Wenn allerdings die Männer mitbekommen, daß die Frau all die Jahre bereits vorher gewußt hat, welche rechtlichen Konsequenzen diese Form der Trennung für den Versorgungsausgleich hat, dann hat man auf der Gegenseite den garstigsten Gegner, den man sich vorstellen kann. Der fühlt sich über den Löffel barbiert.

M.A.: Das ist aber auch verständlich!

C. Malonek: Eben, deshalb sage ich das meinen Mandanten auch. Bevor ich aber überhaupt über finanzielle Gesichtspunkte rede, frage ich vorher immer: „Glauben Sie wirklich, daß Ihre Ehe unwiderruflich gescheitert ist?“ Wenn die Mandanten dann erzählen wollen, lasse ich sie ein wenig erzählen, um mir ein Bild zu verschaffen, wobei ich – wie gesagt – über die Ehe anderer nicht urteilen kann und will. Ist das Ergebnis aber, daß sie der Meinung sind, die Ehe sei gescheitert oder sie stehe doch sehr auf der Kippe, dann kläre ich selbstverständlich über den Versorgungsausgleich auf. Meiner Ansicht nach ist die Überlegung zum Versorgungsausgleich das letzte Argument, weswegen eine Ehe dann letztendlich geschieden oder aufrechterhalten wird. Ganz bewußt aber erwähne ich finanzielle Überlegungen nie am Beginn eines Gesprächs, damit die Unterhaltung nicht von vornherein eine Richtung bekommt, die falsch ist bzw. mir falsch vorkommen würde.

Aber wenn dann klar wird, welche Folgen beispielsweise eine lange Phase des Getrenntlebens hätte, ohne daß dieses Getrenntleben mit einer Perspektive verbunden ist, so wollen sie so schnell wie mögliche die Ehe beenden. Bei Männern erlebe ich so gut wie nie das Phänomen, daß es ihnen gleichgültig ist, ob die Frau Ansprüche aus ihrer Rentenversicherung bekommt oder nicht. Es gibt nicht das Phänomen, daß sie sagen: „Bis dahin lebe ich sowieso nicht mehr“ etc. Dabei ist für Frauen aber das Problem einer mangelnden Altersversorgung oft sehr viel größer. Sie sind meist jünger, haben vor und in der Ehe weniger bzw. gar nicht verdient und arbeiten oft nach der Scheidung – insbesondere wenn ihnen die Versorgung der Kinder obliegt – in diesen 560 DM-Jobs und sind auch noch stolz darauf, weil sie glauben, sie würden damit den Staat bzw. auch ihren Ex-Ehemann austricksen.

Probleme mit dem Mietvertrag

M.A.: Ein eigentliches Scheidungsrecht in dem Sinne gibt es ja gar nicht. Je nach Gehalt der Ehe sind die unterschiedlichsten Lebensbereiche zu regeln. Welche Rechtsgebiete sind im Scheidungsrecht enthalten?

C. Malonek: Es ist einfacher, diejenigen Rechtsgebiete aufzuzählen, die nicht zumindestens indirekt davon betroffen sind. Sind Kinder aus der Ehe hervorgegangen, dann kommt die elterliche Sorge ins Spiel. Das sind Fragen von Schule, von Konfirmation oder nicht Konfirmation, von Arztbesuchen usw. – diesen ganzen großen Kreis betrifft die elterliche Sorge. Weiterhin müssen Hausrat, Ehewohnung geregelt werden. Bei der letzteren ist man mit Bestimmungen des Mietrechts befaßt.

Ein Beispiel: Beide Eheleute haben den Mietvertrag unterschrieben, wie das in der Regel von den Vermietern – vielleicht auch gerade aus Vorsorge für den Fall einer Scheidung – gewünscht ist. Einer alleine kann den Mietvertrag nicht kündigen, beide Partner sind für die Verpflichtungen, die sich aus dem Mietvertrag ergeben, verantwortlich. Dabei ist es nicht entscheidend, ob wirklich beide Partner in der Wohnung wohnen. Entläßt der Vermieter im Fall einer Trennung oder Scheidung den einen Partner nicht aus dem Vertrag, kommt der ohne Gerichtsverfahren aus diesem Vertrag auch wirklich nicht heraus. Da ist eine Frau nun 10 Jahre geschieden und betet jeden Abend, daß es ihrem Ex-Ehemann gutgehen möge, damit er seine Miete bezahlen kann, denn ansonsten hätte der Vermieter das Recht, sich bei ihr die Miete zu holen.

Das eigentliche Scheidungsrecht ist ein formelles Recht, es regelt z.B., welche Fristen eingehalten werden müssen. Aber im Rahmen einer Ehescheidung findet sich fast kein Rechtsgebiet mehr, welches nicht davon betroffen ist.

M.A.: Also ist das Scheidungsrecht mehr ein Verfahrensrecht?

C. Malonek: So in der Art, ja. Es regelt, welcher Antrag gestellt werden muß, daß die entsprechenden Angaben vollständig und möglichst richtig gemacht werden, damit der Antrag auf Ehescheidung rechtsgültig ist und die Ehe auch erst dann rechtsgültig geschieden werden kann. Die Bestimmungen des Scheidungsrechts einzuhalten ist, besonders wenn das Familienrecht der jeweilige Arbeitsschwerpunkt ist, wirklich reine Routinesache. Wenn man den 200sten Antrag auf Ehescheidung geschrieben hat, dann macht man das im Schlaf.

Eigentlich spannend an den Scheidungsverfahren ist die Vielfältigkeit der damit zusammenhängenden Rechtsgebiete. Im Verkehrsrecht z.B. ist es sehr viel einfacher: A fährt B hinten eine Beule ins Auto, wer ist schuld? Abgesehen von dem Streit, hinsichtlich der in Frage kommenden Rechtsgebiete ist das relativ einfach. Aber A verläßt B, oder B säuft und schlägt, und A muß ins Frauenhaus: Das ist sehr viel spannender. In all diesen Fällen „menschelt" es. Aus diesem Grunde werden mir diese Scheidungsverfahren auch nicht langweilig. Jede Scheidung gestaltet sich auch anders.

Ganz deutlich sieht man es nach dem Termin, wenn die Parteien den Gerichtssaal verlassen. Es kommt vor, daß beide weinen; andere wiederum fallen sich in die Arme, freuen sich, daß sie es hinter sich gebracht haben, und gehen dann zusammen frühstücken. Dann gibt es Paare, die nach dem Scheidungstermin – hier in Flensburg müssen sie aus der gleichen Tür heraus, der Saal verfügt nur über diese eine Tür – auf dem Absatz kehrtmachen, wobei der eine nach links geht, der andere nach rechts. Sie sprechen kein Wort mehr miteinander und verlassen das Gerichtsgebäude – denn das wiederum ist möglich – durch getrennte Ausgänge.

Andere wiederum – und das ist für mich persönlich das Schlimmste – sind total gleichgültig, verabschieden sich voneinander, wie man seinen Friseur verabschiedet, nachdem er einem die Haare geschnitten hat. Diese Menschen haben nun überhaupt keine Beziehung mehr zueinander, nicht einmal mehr Wut, obwohl auch sie sich einmal geliebt haben.

Keine Scheidung ohne Anwalt

M.A.: Das Scheidungsrecht ist ein Verfahrensrecht. Die Mandantin bzw. der Mandant kommt zu Dir, Du diktierst den Antrag auf Ehescheidung. Wie geht es jetzt im Scheidungsverfahren weiter? Könnte dieser Antrag auch erfolgen, ohne daß ein Anwalt eingeschaltet wird?

C. Malonek: Formell ist der Weg so: Der Scheidungsantrag wird beim Familiengericht eingereicht. Das Familiengericht ist eine Unterabteilung des Amtsgerichts, also vergleichbar mit der Mahnabteilung, der Registerabteilung etc. Damit aber ist es nicht ausreichend charakterisiert, denn jeder, der ein Scheidungsverfahren einleiten, fördern und beenden will, muß anwaltlich vertreten sein. Also derjenige, der eine Scheidung aktiv betreiben will, braucht einen Anwalt. Der andere Partner wird sozusagen zum Objekt des Verfahrens, er wird immer weiter vorangeschoben, und irgendwann ist er geschieden, wenn er sich nicht anwaltlich vertreten lassen will. Das ist in den Scheidungsverfahren durchaus auch üblich, wenn die Ehepartner noch nicht lange miteinander verheiratet waren und es quasi nichts zu regeln gibt. Die Ehewohnung ist gekündigt, der Unterhalt – beide arbeiten – ist auch nicht strittig, hinsichtlich des Versorgungsausgleichs sind gegenseitig keine großen Ansprüche zu stellen, und Kinder sind aus der Ehe nicht hervorgegangen. In solchen Fällen hat häufig nur der antragstellende Teil einen Anwalt. Will der andere Partner der Ehescheidung sowieso zustimmen, und die Dinge sind zur Zufriedenheit beider geregelt, dann braucht er keinen Anwalt.

M.A.: Könnten da nicht unter Umständen finanzielle Überlegungen eine Rolle spielen? Daß eine Scheidung teuer ist, ist ja gängige Meinung. Es verzichtet nun jemand vielleicht auf anwaltlichen Beistand, da er – neben den sowieso auf ihn zukommenden Kosten – Angst vor den Honorarforderungen hat.

C. Malonek: Die Kostenseite des Rechtsbeistands sollte kein Argument für den Verzicht auf den Rechtsanwalt darstellen. Jeder hat das Recht, sich anwaltlich vertreten zu lassen, besonders da der Antragsteller sich anwaltlich vertreten lassen muß. Ist nun ein Teil anwaltlich vertreten, so hat der andere Partner selbstverständlich auch das gleiche Recht. Er kann in diesem Fall eventuell auch Prozeßkostenhilfe beantragen, und darüber wird er auch aufgeklärt werden.

Höhere Instanzen

M.A.: Und in diesem Familiengerichtsverfahren werden alle mit einer Scheidung zusammenhängenden Fragen geklärt? Nun haben wir schon darüber gesprochen, daß eventuell einer der Partner die Entscheidung, das Urteil nicht akzeptiert. Welche Instanzen können noch angerufen werden?

C. Malonek: Grundsätzlich läuft zunächst alles, vom Sorgerecht, Zugewinnausgleich, Ehewohnung bis zum Versorgungsausgleich unter „F" wie Familiengericht. Wenn nun die Entscheidung des Familiengerichts von einer der beteiligten Parteien nicht akzeptiert wird, so ist, abweichend von anderen Amtsgerichtsverfahren, das Oberlandesgericht (OLG) zuständig.

M.A.: Mit der Einschaltung des OLG bekommt ein Rechtsstreit eine andere Qualität. Angenommen das Scheidungsurteil wird nicht akzeptiert und das OLG angerufen, was ändert sich für die Parteien?

C. Malonek: Zunächst einmal ändert sich die anwaltliche Vertretung. Sie brauchen dann einen Anwalt, der beim OLG zugelassen ist. Den können sich die Mandanten frei wählen, meistens werden wir da aber nach einem entsprechenden Kollegen befragt.

M.A.: Gesetzt den Fall, auch dort wird keine Einigung erzielt, wie weit können Scheidungsverfahren gehen, bzw. wie weit gehen sie in der Praxis?

C. Malonek: Beim OLG ist normalerweise Schluß. Es gibt natürlich spannende Verfahren, die vor den Bundesgerichtshof kommen. Dafür gibt es zwei Kriterien.

Entweder wird die Revisionssumme erreicht, und dabei handelt es sich um Beträge, an die ein Normalsterblicher gar nicht herankommt, oder aber – und das sind die spannenden Fälle – es wird eine Revision vom OLG zugelassen. Das OLG wird normalerweise dann eine Revision vor dem BGH zulassen, wenn dadurch eine Fortschreibung des Rechts erreicht wird, wenn also mit der Verhandlung vor dem BGH Sachverhalte durchgeurteilt, rechtlich eindeutiger geklärt werden, die es bis dato nicht sind, bzw. auch dann, wenn sich das OLG vom BGH eine Klärung eines konkret vorliegenden Sachverhalts verspricht. Der BGH ist verpflichtet, die vom OLG zugelassenen Revisionsverfahren auch durchzuführen. Bei uns hier am OLG ist das relativ selten. Unser OLG bemüht sich spätestens in dieser Instanz, ein Urteil zu erreichen, das von beiden Parteien akzeptiert wird. Es holt sich, was ja sonst beim OLG unüblich ist, dann auch die Parteien in die Verhandlung, um eine Klärung zu erreichen.

M.A.: Wie sieht es denn bei den höheren Instanzen mit der Kostenfrage aus, je höher das Gericht, desto höher die Kosten?!

C. Malonek: Ja, das stimmt schon, so ein BGH-Verfahren kostet viel Geld. Es gibt zwar auch hier die Prozeßkostenhilfe, aber dazu muß man wissen, daß diese nur für die eigenen Anwaltskosten, nicht aber für die Kosten des gegnerischen Anwalts gilt. Bevor man ein Verfahren in einer höheren Instanz anstrebt, sollte man sich seiner Sache doch schon einigermaßen sicher sein. Selbst die OLG-Verfahren sind schon sehr teuer. Wenn der Prozeß vor dem OLG verloren ist, und man erhält die Rechnung des gegnerischen OLG-Anwalts, so wird man sich sehr genau überlegen, ob man nun auch noch den Bundesgerichtshof anrufen wird. Denn dieses Verfahren wird dann anwaltlich durch Kollegen betreut werden müssen, die am BGH zugelassen sind, und das wird um ein Vielfaches teurer.

Prozeßkostenhilfebewilligungsverfahren

M.A.: Das heißt, daß abgesehen von den zu regelnden Sonderfällen und vielleicht ein paar Prozeßwütigen beim OLG Schluß ist?

C. Malonek: In der Regel sogar noch früher. Es gibt bestimmte Fälle, da will man wirklich eine Entscheidung getroffen wissen. Ein Beispiel sei genannt: Ein Ehepaar läßt sich scheiden, der Mann hatte in der Ehezeit einen Autounfall gehabt und ein nicht unerhebliches Schmerzensgeld kassiert. Nun ist doch die Frage, ob dies ein Teil des ehelichen Zugewinns ist – mithin anteilig zu teilen – oder eine Zahlung, die nur ihm allein zusteht. Das Amtsgericht entschied sich in der Form, daß es meinte, dieses Geld stünde nur dem Unfallopfer zu. Wir haben das anders gesehen, denn auch die Mandantin war in gewisser Weise durch die Folgen des Unfalls für ihren Mann mitbetroffen.

M.A.: Geht eine Entscheidung für einen Mandanten seitens des Gerichts negativ aus, so ist, wie in diesem Fall, doch ein hohes Risiko in Form der auf ihn im Unterliegensfall zukommenden Kosten gegeben.

C. Malonek: So etwas kann man in gewisser Weise „austesten". Man testet mit Hilfe des Prozeßkostenhilfebewilligungsverfahrens eine Rechtsmeinung aus. Prozeßkostenhilfe wird nur dann gewährt, wenn die Klage Aussicht auf Erfolg hat. Wird also offensichtlicher Unsinn eingeklagt, wird der Antrag auf Bewilligung von Prozeßkostenhilfe durch die betreffende Instanz zurückgewiesen. Damit hat man dann einen ersten Hinweis auf die Aussicht auf Erfolg. Dieses Verfahren hat den Vorteil, daß es nicht teuer ist, der Mandant spart sich die hohen Anwaltskosten. Einen Prozeßkostenhilfeantrag kann auch der Anwalt der ersten Instanz beim OLG stellen. Die Entscheidung über Gewährung oder Ablehnung der Prozeßkostenhilfe kommt an das Familiengericht zurück, und der Mandant kann sich überlegen, ob er wirklich vor das OLG ziehen will, was ich ihm bei Ablehnung der Prozeßkostenhilfe wirklich nicht empfehlen würde.

Was in Zusammenhang mit Scheidungsverfahren noch vor das OLG geht, sind die sogenannten Beschwerdeverfahren. Das ist oft reiner Papierkrieg. So etwas kommt vor, wenn z.B. bei einem Versorgungsausgleich irgendeine Zahl falsch gerechnet worden ist, und sei es aufgrund eines Zahlendrehers. Die Rentenversicherungsanstalten haben ein Beschwerderecht, von dem sie auch ausgiebig Gebrauch machen. Diese Fälle landen dann vor dem OLG. Meiner Ansicht nach würde oft ein einfacher Hinweis an das Amtsgericht ausreichen. Auf der anderen Seite ist es gerade in dem Fall der Renten so, daß sich zwei Pfennig unter Umständen erheblich auswirken, da sind die Rentenversicherungsanstalten dann ganz genau.

„Ich will meine/n Ex nicht in der Kirche sehen"

M.A.: Ein Scheidungsverfahren beansprucht, da z.B. auch Trennungsfristen eingehalten werden müssen, sicherlich einige Zeit. Doch kann ich mir vorstellen, daß, besonders wenn eine Ehe viele Jahre gehalten hat, viele Faktoren vielleicht auch im Juristischen nicht so schnell zu klären sind. Ist nach Scheidungstermin die Scheidung wirklich vollständig vollzogen, gibt es nichts mehr, was die Partner miteinander noch zu klären hätten, oder gibt es Dinge, die offenbleiben, die im Scheidungsverfahren gar nicht geklärt werden können?

C. Malonek: Die Mehrzahl der geschiedenen Paare ist dann wirklich auseinander, jedenfalls was das rein Juristische angeht. Hier und da muß noch eine Lebensversicherung auseinandergerechnet werden, aber in der Regel war es das – mit einer Einschränkung: Wenn Eheleute gemeinsame Kinder haben, dann bleiben sie auf diesem Gebiet solange aneinander gebunden, wie es diese Kinder gibt. Sie nehmen zusammen an der Einschulung teil, feiern gemeinsam die Konfirmation, die Verlobung und die Hochzeit, und irgendwann sind sie dann auch vielleicht einmal „gemeinsame" Großeltern.

Wenn sie diesen Aspekt der Ehescheidung nicht bewältigen, dann schaden sie sich selbst vielleicht nicht, außer daß sie sich gegenseitig aufregen. Geschadet aber wird in diesen Fällen den Kindern. Da gibt es zum Teil irrsinnige Auswüchse. So wird schon mal verlangt, daß wir dem nichtsorgeberechtigten Elternteil die Teilnahme an der Konfirmationsfeier in der Kirche verbieten sollen, verbunden mit der Aussage: „Ich will meine/n Ex nicht in der Kirche sehen." Das sind die Fälle, in denen ich mir vorstellen kann, daß die Kinder schrecklich leiden.

Deshalb finde ich den Begriff der Scheidungswaisen auch total verkehrt. Verliert ein Kind aufgrund eines Verkehrsunfalls einen Elternteil, hört es über diesen Verstorbenen sein Leben lang nur Gutes: Er hat hart gearbeitet, sein Baby auf dem Arm gehabt, gewickelt und und ... In dem bemitleidenswerten Fall des Scheidungskindes wird das betreffende Kind so etwas nie über den anderen Elternteil hören. Da kann man dann schon von Glück reden, wenn es nicht *nur* Schlechtes und Negatives über ihn hört.

Kinder und die elterliche Sorge sind für mich der Dreh- und Angelpunkt einer „guten" Scheidung, zumindest versuche ich, sie dazu zu machen. Wenn die Eltern nur noch Haß aufeinander haben, so will ich ihnen doch deutlich machen: „Eltern bleiben Eltern. Also benehmt Euch!" Viele – das muß man dann fairerweise auch sagen – benehmen sich auch vernünftig. Wenn allerdings keine Einigung möglich ist, dann kommt es zu unheimlichen Schwierigkeiten.

M.A.: Im Sorgerecht gibt es bestimmt verschiedene Ebenen. Der Hauptstreit entsteht wohl dann, wenn es zu keinem Einvernehmen darüber kommt, bei wem das Kind bleiben soll.

C. Malonek: Zum Teil hat man den Eindruck, daß man, wenn es nach den Parteien ginge, das Kind am besten in der Mitte durchschneiden solle.

„Wir Anwälte stellen dem Richter zwei ideale Elternteile vor"

M.A.: Wie und auf welcher Grundlage wird dann entschieden?

C. Malonek: Da heißt es dann so schön: „dem Wohl des Kindes entsprechend". Das hat so etwas von Kaugummi. Die Regelung der elterlichen Sorge ist das Schwerste überhaupt. In solchen Fällen bin ich froh, daß ich Anwältin bin, also nur die eine Seite der Medaille sehen muß, und keine Richterin. Man weiß oft selbst nicht, wo das Kind es denn nun wirklich besser hat. Ich höre ja immer nur die eine Seite meiner Mandanten. Mandanten erklären mir mit langen Ausführungen und phantastischen, überzeugenden Argumenten, warum das Kind es gerade bei ihnen besser hat als beim ehemaligen Ehepartner. Mein Kollege auf der Gegenseite hört genau das gleiche, mit genauso phantastischen Argumenten.

Wir als Anwälte sind dann beide wirklich in der Regel davon überzeugt, daß das Kind es gerade bei unserem Mandanten besser hätte. Also legen wir die Begründungen dann Seite um Seite schriftlich nieder und „beschmeißen" das Gericht mit Papier. Der arme Richter hat dann wirklich zwei ideale Elternteile, muß aber irgendwann entscheiden, daß diese oder jene Möglichkeit richtig und für das Kind die bessere ist. Er kann und wird sich für diese Entscheidung natürlich Hilfe holen, denn auch er kennt die Verhältnisse schließlich nur durch unsere Schreiben.

M.A.: Welche Stellen kann er dafür ansprechen, und wie hilfreich sind die Auskünfte für eine Entscheidungsfindung?

C. Malonek: Da sind zum einen die Jugendämter, die aber, das muß man bedenken, wenn nach der Qualität der Hilfe gefragt wird, grenzenlos überlastet sind, die eigentlich die Zeit, die sie für eine Stellungnahme, in der sie beurteilen sollen, wo das Kind verbleiben soll, gar nicht haben. Dazu müßten sie für den Einzelfall viel mehr Zeit haben, genauer gesagt müßten viel mehr Leute in den Jugendämtern für solche Aufgaben vorhanden sein.

M.A.: Inwieweit können Jugendämter dann den Richtern bei ihrer Entscheidung helfen?

C. Malonek: Wenn die Jugendämter eingeschaltet werden – und das müssen sie in jedem Fall –, dann sind sie auch verpflichtet, einen Bericht zu schreiben. Sie gehen in die Elternhäuser, schauen sich das Kind in der Beziehung zu dem einen und dem anderen Elternteil an, schauen, ob die Kinderzimmer kindgerecht sind usw. Wie gesagt, für viel mehr ist dann auch keine Zeit. Das ist dann ganz, ganz schwierig für die Jugendämter, die Sachlage zu beurteilen. Das Ergebnis sind dann manchmal – bedingt durch den Zeitdruck – Berichte von wenigen Zeilen, obwohl sowohl die Jugendämter als auch die Richter wissen, daß die wahren Verhältnisse sehr viel komplizierter zu beurteilen sind. Besonders problematisch ist es, wenn zwei Jugendämter aus verschiedenen Bezirken beteiligt sind und beide jeweils den in ihrem Zuständigkeitsbereich wohnenden Elternteil für den geeigneteren halten. Dann hat der Richter zusätzlich zu den Ausführungen der Anwälte auch noch zwei Stellungnahmen, die letztlich die gleiche Aussage haben wie die Anträge der jeweiligen Rechtsanwälte.

Die Richter können, wenn die Kinder nicht mehr ganz klein sind, versuchen, die Kinder mit einzubeziehen. Das ist selbstverständlich ein ganz schwieriges Unterfangen. Dabei muß vieles berücksichtigt werden, auch und vor allem der Einfluß, unter dem Kinder zum Zeitpunkt der Befragung stehen. Deshalb kann es sein, daß auch das eher zur weiteren Verwirrung denn zur Klärung beiträgt. Die Prozeßbeteiligten, die Richter und wir, die Anwälte, sind keine Kinderpsychologen, keine Kinderärzte, wir sind nur Juristen. Die Richter wollen ja „dem Wohl des Kindes entsprechend" entscheiden. Spätestens zu diesem Zeitpunkt werden dann die Sachverständigen, die Gutachter, zum Verfahren mit hinzugezogen. Dieses Gutachten wird eine Empfehlung aussprechen. Entscheidet dann der Richter entsprechend dem Gutachten, dann wird der Elternteil, der nun nicht die elterliche Sorge bekommt, ein Obergutachten bestellen. Dieses Spielchen kann sich so oft wiederholen, daß irgendwann das Kind den Familienrichter anstrahlt und sagt: „Du, wenn ich wieder begutachtet werden soll, dann schick mich bitte wieder zu dem, der hat das schönere Spielzeug." Das ist dann schon wirklich tragisch. Abgesehen davon ist es fraglich, welchen Wert solche Gutachten dann noch haben, wenn die Kinder das Spiel schon längst durchschauen.

„Die Eltern erwarten, daß wir ihre Probleme regeln“

M.A.: Und von Euch erwarten die Mandanten dann, daß Ihr dafür sorgt, daß sie das Sorgerecht bekommen?

C. Malonek: Die Eltern erwarten von uns, daß wir die Probleme für sie lösen, die sie selber nicht lösen konnten. Das eigentlich Schlimme aber ist, daß keiner von den beiden in diesem Moment ehrlich genug – auch zu sich selber – ist, um zu sagen: „Ich weiß, eigentlich hätte sie oder er es bei Dir besser.“ In der Regel aber ist es doch so, daß sich die Eltern, wenn auch erst nach vielem Hin und Her, einigen können, weil sie sich einigen müssen. Irgendwann ist der Punkt erreicht, an dem einer von den beiden die Entscheidung des Richters, wenn auch zähneknirschend, akzeptiert.

Aber auch das muß nicht so sein, da gibt es wirklich extreme Fälle. Dann hat man Menschen vor sich – beide sind so uneinsichtig, da ist so viel ungeklärte Problematik –, daß man sich manchmal fragt, ob es nicht besser ist, daß wir das Kind ganz aus dieser Familie herausnehmen. Sagt man das aber seinem Mandanten, so ist klar, daß man ihn los ist, daß er den Anwalt wechselt! Die Wahrheit bzw. das, was man in diesem Moment vielleicht persönlich für das Richtigere hält, will der Mandant von uns nicht hören. Da kann man dann nur hoffen, daß das Gericht von sich aus auf die Idee kommt zu entscheiden, daß es dem Wohle des Kindes entsprechen würde, zum gegenwärtigen Zeitpunkt bei keinem der Elternteile zu verbleiben. Das ist natürlich eine Entscheidung, die selten getroffen wird, da wir ja so gute Argumente bringen, warum gerade unser Mandant das Sorgerecht erhalten solle. Das Sorgerecht ist das schwerste Problem überhaupt. Ob jemand eine Blumenvase mehr oder weniger erhält, ob es etwas mehr oder weniger Unterhalt gibt, darüber kann man streiten. Überhaupt kann man über Geld gut streiten, ich tue das auch sehr gerne. Aber über Kinder? Die können sich ja nicht wehren. Da wird zunächst verfügt, daß das Kind bei der Mutter bleibt, dann kommt eine weitere Verfügung, dadurch kommt das Kind zum Vater. Irgendwann ist ein erstes Urteil gefällt, das OLG hebt dann wieder alles auf. – Das alles wird auf dem Rücken der Kinder ausgetragen.

Kein Detektiv mehr im Schlafzimmerschrank

M.A.: Worum wird in den Scheidungsverfahren – außer um die Kinder – noch gestritten? Je nach den Verhältnissen der Partner wird der Unterhalt gesetzlich geregelt, und einen Schuldigen sucht man bei einer Scheidung nicht mehr.

C. Malonek: Richtig, den schuldig geschiedenen Teil einer Ehe haben wir Gott sei Dank jetzt nicht mehr. Der Detektiv im Schlafzimmerschrank spielt in den gegenwärtigen Scheidungsverfahren keine Rolle mehr. Deshalb sind die Scheidungsakten für unsere Lehrlinge auch so schrecklich langweilig geworden, sie enthalten gar nichts Interessantes mehr. Wenn mir Mandanten erzählen, warum sie auseinander sind, dann kann das für sie persönlich erleichternd sein, in die Akte allerdings gehört es nicht mehr. Es ist auch für das Gericht nicht wichtig, warum die Ehe gescheitert ist. Das interessiert genau genommen überhaupt nicht. Schlimm genug, daß sie überhaupt gescheitert ist. Viele Mandanten sind auch froh darüber, daß keine schmutzige Wäsche mehr gewaschen werden muß. Es kommt daher auch vor, daß viele sagen, ich möchte über meine Ehe nichts erzählen, und das ist auch in Ordnung. Die meisten allerdings erzählen. Aber für das Scheidungsverfahren sind das keine Punkte, die dem Gericht offenbart werden müssen.

Häuser – Auslöser für die Trennung!?

M.A.: Es gibt Neubaugebiete, die werden in der jeweiligen Region Scheidungsviertel genannt; da, wo die Paare im Grunde genommen alles erreicht haben, Kinder sind gezeugt, Häuser gebaut und Bäume gepflanzt. Dann die gähnende Leere. Da geht der Streit dann um Grund und Boden. Wer darf bleiben, wer muß gehen?

C. Malonek: Es geht weniger darum, wer drin bleiben darf oder nicht. Es ist doch heute im Regelfall so, daß die Häuser finanziert sind. Da lasten auf den Häusern hohe Zins- und Tilgungslasten. Die Ehefrau ist z.B., da sie kleine Kinder versorgen muß, nicht berufstätig, und dann betreiben sie die Quadratur des Kreises. Das Geld, das Familieneinkommen, das vor der Scheidung vielleicht sogar recht gut ausgereicht hat, soll nun plötzlich für zwei „halbe Familien" reichen. Das funktioniert nun nicht mehr. Denn zusätzlich zum Zins- und Tilgungsdienst, der in der Regel auf den Häusern lastet, kommt nun die Miete für die andere Hälfte der Familie hinzu. Dann ist das Dilemma groß, denn solange Haus- und Grundbesitz vorhanden ist, zahlt auch Vater Staat nicht. Die Folge sind diese sogenannten Notverkäufe von Häusern, um sie loszuwerden. In der Regel reicht der erzielte Verkaufspreis nicht einmal zur völligen Ablösung der Verbindlichkeiten, und so bleiben oft noch Schulden nach.

Meiner Ansicht nach sind diese Häuser oft auch der Auslöser für eine Trennung. Es geht in diesen Partnerschaften, in diesen Ehen dann nur noch um das Haus. Es bleibt nichts mehr – weder gedanklich noch finanziell – für andere Dinge des Lebens übrig, es heißt nur noch: das Haus, das Haus, das Haus! Es ist ganz typisch, daß Frauen aus solchen Situationen fliehen. Nur noch raus aus diesem Haus, aus dieser Ehe, damit man nicht mehr über dieses Haus reden muß. Familien engen sich dadurch furchtbar ein. Sie können ihren sozialen Verpflichtungen nicht mehr nachkommen, weil man sich z.B. nichts mehr leisten kann, und damit ist die Katastrophe schon vorprogrammiert. In solchen Fällen allerdings schicke ich die Mandanten nicht zur Ehe- sondern zur Schuldnerberatung. Die böse Schwiegermutter gibt es nicht, es gibt nur böse Häuser, komischerweise keine bösen Eigentumswohnungen, da habe ich das noch nie gehört. Aber in Fällen, wo die finanziellen Belastungen, die Häuser, den Auslöser für einen Scheidungsantrag darstellen, kann, wenn sonst in der Ehe noch alles halbwegs in Ordnung ist, eine Rettung der Ehe durch Klärung der Schuldensituation erreicht werden, wenn die Familie durch diesen damit zusammenhängenden Nervenkrieg noch nicht völlig zerstört ist.

Alkohol als Ehezerstörer

M.A.: Was sind Deiner Erfahrung nach die Gründe für Scheidungen, insbesondere diejenigen, bei denen es kaum einen Ausweg, kaum eine Lösung außer der Scheidung gibt?

C. Malonek: Meiner Ansicht nach ist der Alkohol der größte Ehezerstörer. Bei Schulden läßt sich durch Schuldenberatung und Umschuldung meistens noch etwas machen, aber bei Alkohol ist alles Zureden, alle Eheberatung umsonst. Mit dem Alkohol geht auch viel mehr als nur die Ehe kaputt. Die sozialen Bezüge gehen verloren, es kommt zu Tätlichkeiten, die Kinder lassen sich entweder gar nicht mehr sehen oder bleiben nur noch zu Hause, um die Mutter vor dem schlagenden Vater zu schützen. Wenn Alkohol im Spiel ist, läßt sich nichts mehr machen. Da rede ich den Frauen auch nicht zu, sich die Sache noch besonders lange zu überlegen, insbesondere dann nicht, wenn es zu Tätlichkeiten in der Ehe – gleich welcher Art – kommt. Da heißt es nichts wie weg, lieber gestern als heute. Daß Ehen am Alkohol kaputtgehen, ist sehr viel häufiger, als daß eine Ehe an einer neuen Freundin bzw. einem neuen Freund scheitert.

Aber ich will da nicht einseitig sein und nur die Männer in Verbindung mit gescheiterten Ehen und Alkohol bringen. Was meiner Ansicht nach zunimmt, ist die Tatsache, daß Ehen scheitern, weil die Ehefrau trinkt. In diesen Fällen fehlt allerdings die mit dem Alkoholmißbrauch verbundene Tätlichkeit, denn das findet man doch häufiger bei Alkoholmißbrauch von Männern. Die Männer gehen aus der Ehe, wenn die Ehefrau trinkt, weil sie es nicht mehr mit ansehen können und wollen.

M.A.: Bei Alkohol gibst Du der Ehe also keine Chance mehr?

C. Malonek: Es gibt natürlich auch dann noch eine Chance, aber die ist äußerst minimal. Wie gesagt, ich rate den Frauen, sich unter den Arm zu klemmen, was auch nur unter den Arm zu klemmen ist, und mit Kindern, Hauskatze und Haushund ins Frauenhaus zu ziehen. Für den „Gatten" darf tatsächlich nur noch so viel übrigbleiben, daß er gerade überleben kann. Dann schreibt sie – oder besser ich schreibe: „Wenn Du nicht so gesoffen hättest, wäre unsere Ehe noch in Ordnung und ich noch hier. Entweder Du hörst auf zu saufen, oder es ist vorbei." Wenn ich schreibe, benutze ich dann auch wirklich häßliche Wörter. Dann besteht vielleicht noch eine klitzekleine Chance, daß der Partner zur Besinnung kommt. Viele Frauen sind dann auch bereit, wenn der Partner sich ernsthaft bemüht, vom Alkohol loszukommen, zumindest versuchsweise einen neuen Anfang zu wagen, wenn sie auch skeptisch bleiben. Reagiert der Ehepartner nicht einmal auf meine Drohungen, dann ist es um diese Ehe wirklich geschehen und wahrscheinlich auch nicht mehr schade um sie. Die Frauen sind dann auch sehr schnell mit dieser Ehe durch. Für mich wird es nur in den Fällen problematisch, wenn die betreffenden Partner soweit heruntergekommen sind, daß sie bei der Scheidung nicht mehr mitwirken können.

M.A.: Das heißt, nicht nur zur Ehe, sondern auch zur Scheidung gehören zwei?

C. Malonek: Eigentlich ja. Denn auch anläßlich des Scheidungstermins werden beide Partner gefragt, ob sie wirklich geschieden werden wollen.

M.A.: Und plötzlich heißt es „Nein".

C. Malonek: Das passiert, haben wir alles schon gehabt. In diesem Fall guckt man dann ziemlich verdutzt. Vor 48 Stunden hatte man noch ein „Ja" mit dem Mandanten abgesprochen, und plötzlich heißt es „Nein". In allen Fällen, die ich bisher erlebt habe, folgt dann erst einmal allgemeines betretenes Schweigen. Das muß so ähnlich sein, als wenn einer in der Kirche bei der Trauung „Nein" sagt.

M.A.: Damit ist das Scheidungsverfahren aber doch nicht zu Ende, nur weil einer „Nein" sagt.

C. Malonek: Die Verhandlung ist auf jeden Fall erst einmal zu Ende. Man setzt das Verfahren in der Regel dann für einige Zeit aus, damit die Partner das Ganze nochmals in Ruhe klären können, um eine Entscheidung in die eine oder in die andere Richtung zu finden. Das Nein gibt es allerdings auch als Druckmittel, besonders dann, wenn der eine Partner sich bereits neu orientiert hat und mit dieser neuen Verbindung eine Schwangerschaft einhergeht. Dann kann die Hochzeit mit dem neuen Partner erst nach Beendigung des Scheidungsverfahrens erfolgen. Der alte Partner kann nun sein Ja an bestimmte Bedingungen knüpfen. Das ist zwar häßlich, aber das gibt es.

Gegen eine Scheidung kann man sich nicht wehren

M.A.: Unter welchen Bedingungen kann denn ohne Mitwirkung des Partners geschieden werden?

C. Malonek: Spätestens nach dreijähriger Trennung auf jeden Fall.

M.A.: Auch dann, wenn jemand sich ganz und gar verweigert?

C. Malonek: Dann wird es schwierig. Zu jeder Ehescheidung gehört zwangsläufig der Versorgungsausgleich. Damit der durchgeführt werden kann, ist es erforderlich, daß von beiden Partnern die entsprechenden Fragebögen ausgefüllt und unterzeichnet werden. Es gab da mal einen Fall, wo eine Frau sich aus religiösen Gründen weigerte, an der Scheidung mitzuwirken. Dazu gehörte unter anderem, daß sie die entsprechenden Schritte für die Festsetzung des Versorgungsausgleichs nicht einleitete. Die Gegenseite klagte daraufhin auf Auskunft, bekam ein Auskunftsurteil, und das Urteil wurde vollstreckt. Das heißt, zunächst wurde ein- bis zweimal Zwangsgeld festgesetzt, und irgendwann gab es dann sechs Monate Zwangshaft. Doch auch die Androhung des Freiheitsentzugs konnte sie nicht zur Mitwirkung bewegen. Ihre religiöse Überzeugung ließ eine Mitwirkung an einer Scheidung nicht zu: „Was sind sechs Monate Haft gegen ewige Verdammnis?" Nun plötzlich war in gewisser Weise das Grundgesetz in dieses Scheidungsverfahren miteinbezogen. Denn nun galt es abzuwägen: Religionsfreiheit nach Art. 3 des Grundgesetzes gegen Auskunftspflicht. Ich bin überzeugt, daß diese Frau auch sechs Monate in Haft gegangen wäre. Aber man kann sich gegen eine Scheidung nicht wehren. Da geht weltliches Recht vor Kirchenrecht.

M.A.: Und wie ging es in dem betreffenden Fall weiter?

C. Malonek: Unter einem Vorwand wurde die Versicherungsnummer besorgt, mit Zustimmung des Familienrichters die anwaltliche Vollmacht den Akten entnommen und dann wurden die entsprechenden Dokumente bei der Rentenversicherung besorgt, alles ohne Wissen der Mandantin. Sie wurde erst nach Erhalt der Dokumente über den Vorgang aufgeklärt, mit dem Hinweis darauf, daß sie an der Scheidung nicht mitgewirkt habe. Sie selbst hat sich dann wohl auch bei ihrem Geistlichen versichert, daß dies tatsächlich nicht der Fall sei. Anläßlich des Scheidungstermins hat sie dann eine Stellungnahme zu ihrem Nein zur Ehescheidung abgegeben. Eine Begründung, in der sie anhand von Bibelstellen nachwies, warum eine Scheidung ewige Verdammnis bedeutete. Sie wies darauf hin, daß es ihr sehr deutlich sei, daß diese Ansprache nichts an dem Vorgang ändern würde. Aber sie hat alle Anwesenden mit ihrem Mut, ihre religiöse Überzeugung so zu vertreten, sehr beeindruckt.

Wenn zwei Menschen auseinandergehen

Interview mit Ingolf Schulz

von Thomas Höfer

Ingolf Schulz, *geb. 1948 in Berlin, Studium der Rechtswissenschaft in Hamburg und Tübingen. Seit 1976 Rechtsanwalt in Ahrensburg, seit 1978 Notar. Ab 1985 Zusatzausbildung in psychologischer Gesprächsführung (vor allem NLP – Neurolinguistisches Programmieren) und Mediation.*

Mitglied im Deutschen Anwaltsverein und dessen Arbeitsgemeinschaft „Fachanwälte für Arbeitsrecht" sowie der Bundesarbeitsgemeinschaft für Familienmediation und der Association Internationale des Jeunes Advocats.

Tätigkeitsschwerpunkte: Familien-, Immobilien- und Arbeitsrecht.

Im folgenden Interview geht es um ein alternatives Verfahren, die rechtlichen Aspekte, die bei einer Scheidung zum Tragen kommen, zu regeln: Mediation. Statt Entscheidungen über Scheidungsfolgen – Unterhalt, Sorgerecht, Aufteilung des Hausrates – durch einen gerichtlichen Streit herbeizuführen, geht es hier um die Entwicklung von Lösungen in kooperativer Form, d.h. die Ehepartner bemühen sich gemeinsam mit Hilfe eines unabhängigen Dritten – des Mediators – um eine Einigung hinsichtlich der Scheidungsfolgen.

Thomas Höfer: Auf welchen Prinzipien baut das heutige Scheidungsrecht auf?

Ingolf Schulz: Das Scheidungsrecht ist im Bürgerlichen Gesetzbuch (BGB) geregelt und beruht in der momentan gültigen Fassung auf einer Gesetzesänderung aus dem Jahre 1977. Bis dahin stellte das Scheidungsrecht auf dem Schuldprinzip ab, an dessen Stelle nun das Zerrüttungsprinzip trat. Das ist in § 1565 Abs. 1 BGB so gefaßt: „Eine Ehe kann geschieden werden, wenn sie gescheitert ist." Das Wort „gescheitert" ist hier der Fachbegriff für den Scheidungsgrund.

T.H.: Die Frage, die sich natürlich sofort anschließt, ist, wann eine Ehe als gescheitert zu betrachten ist.

Das Scheitern einer Ehe

I. Schulz: Im Gesetz heißt es weiter: „Die Ehe ist gescheitert, wenn die Lebensgemeinschaft der Ehegatten nicht mehr besteht und nicht erwartet werden kann, daß die Ehegatten sie wieder herstellen." Die Lebensgemeinschaft ist beendet, wenn die Eheleute auf Dauer getrennt leben. In der Regel ist eine Scheidung nur dann möglich, wenn die Trennung bereits ein Jahr gedauert hat.

T.H.: Ein Scheitern der Ehe ist also dann anzunehmen, wenn die Lebensgemeinschaft seit einem Jahr oder länger nicht mehr besteht?

I. Schulz: Ja, jedenfalls dann, wenn beide Ehegatten die Scheidung wollen. Das ist der Fall der einvernehmlichen Scheidung, wozu es im Gesetz in § 1566 Abs. 1 BGB heißt: „Es wird unwiderlegbar vermutet, daß die Ehe gescheitert ist, wenn die Ehegatten seit einem Jahr getrennt leben und beide Ehegatten die Scheidung beantragen oder der Antragsgegner der Scheidung zustimmt." Ist dieser Sachverhalt gegeben, wird über das Scheitern der Ehe nicht weiter gesprochen. Es wird davon ausgegangen, daß sie gescheitert ist.

T.H.: Was geschieht, wenn einer der Eheleute der Auffassung ist, die Ehe sei nicht gescheitert?

I. Schulz: Dann muß der Richter durch Zeugenaussagen und Beweise, psychologische Gutachten etwa, feststellen, ob noch eine Chance besteht, die eheliche Lebensgemeinschaft wiederherzustellen oder nicht. Das kommt aber selten vor, denn wenn ein Ehepartner ernsthaft die Scheidung will und die Trennung herbeigeführt hat, ist kaum noch Aussicht, daß die Eheleute wieder zusammenkommen.

Scheidungsfolgen

T.H.: Was wird durch das Scheidungsrecht geregelt?

I. Schulz: Neben der Frage, ob eine Ehe geschieden werden kann, beschäftigt sich das Gesetz vor allem mit den sogenannten Scheidungsfolgen. So muß, wenn minderjährige Kinder da sind, über das Sorgerecht entschieden und eine Umgangsregelung gefunden werden. Wenn einer der Ehegatten nicht allein für seinen Unterhalt sorgen kann oder auch, wenn unterhaltsbedürftige Kinder vorhanden sind, muß über Unterhaltsfragen entschieden werden. Weiter muß der Hausrat aufgeteilt und über die gemeinsame Wohnung entschieden werden. Diese Punkte müssen bei einer einverständlichen Scheidung dem Richter als Vereinbarung vorgelegt werden. Von Amts wegen hat das Gericht den Versorgungsausgleich durchzuführen, also die während der Ehe erworbenen Rentenansprüche aufzuteilen.

Neben diesen Fragen kann das Ehepaar das Gericht auch noch um die Aufteilung des gemeinsamen Vermögens bitten, indem entsprechende Anträge gestellt werden. Das ist der sogenannte Zugewinnausgleich beim gesetzlichen Güterstand. Wenn keine Anträge vorliegen, beschäftigt sich der Richter mit dieser Frage nicht.

Die einverständliche Scheidung

T.H.: Wie läuft ein normales Scheidungsverfahren?

I. Schulz: Die meisten Ehen werden einverständlich geschieden, d.h. beide Ehepartner wünschen die Scheidung, und mindestens einer von beiden reicht den Antrag über einen Rechtsanwalt beim Gericht ein. Das Gericht achtet darauf, daß zusammen mit den Anträgen oder im Laufe des Verfahrens eine Einigung über die eben genannten fünf Punkte erzielt wird. Wenn das Paar nicht schon allein die Scheidungsfolgen geregelt hat, führt der das Verfahren betreibende Anwalt in einem Gespräch mit dem Ehepartner oder dessen Anwalt die notwendige Einigung herbei.

Der Richter hat bei der einverständlichen Scheidung nur darauf zu achten, daß die Scheidungsfolgen durch Vereinbarung formgerecht geregelt sind. Obwohl der Richter hierbei relativ wenig zu tun hat, dauert solch ein Scheidungsverfahren in der Regel ein Jahr. Unter anderem liegt das daran, daß die Versorgungsträger, die die für den Versorgungsausgleich notwendigen Informationen geben müssen, im allgemeinen sehr langsam arbeiten. Auch die Eheleute lassen sich oft mehr Zeit als notwendig, um dem Versorgungsträger Angaben und Belege zu liefern. Wenn einzelne Scheidungsfolgen nicht außergerichtlich geregelt werden können, muß das Gericht entscheiden. Dann handelt es sich nicht mehr um eine einverständliche Scheidung.

T.H.: Kommt es vor, daß Mandanten sich durch das Scheidungsverfahren übergangen oder entmündigt fühlen, daß also das Empfinden laut wird, es werde über die Köpfe der Eheleute hinweg entschieden?

I. Schulz: Wenn die Eheleute die Scheidungsfolgen ohne Hilfe Dritter regeln, wird dieses Gefühl kaum auftreten, denn hier sind es die Eheleute, die die Einigung erzielen. Wenn allerdings in einem Punkt gestritten wird, z.B. in der Frage des Unterhalts, und das Gericht eine Entscheidung fällt, kann bei den Eheleuten das Gefühl entstehen, nicht an der Entscheidungsfindung beteiligt gewesen zu sein. Das ist insbesondere dann der Fall, wenn die Anwälte ihren Mandanten das Heft aus der Hand nehmen und ihre tatsächlichen Interessen nicht wahrnehmen. Dies kann auch bei der außergerichtlich von den Anwälten erzielten Einigung geschehen.

Äußere und innere Scheidung

T.H.: Ein Gesichtspunkt, der mir bei der Vorbereitung zu diesem Interview in der Literatur mehrfach unterkam, ist, daß Menschen den Weg zum Anwalt gehen, damit dieser die Scheidung einreicht, daß sie dabei aber eigentlich weniger an das juristische Verfahren denken, sondern sich vielmehr Hilfe für die Bewältigung ungelöster Ehekonflikte versprechen. Der Rechtsweg wird gewählt, weil man die psychische Loslösung nicht aus eigener Kraft schafft. Können Sie diese Erfahrung bestätigen?

I. Schulz: Wenn jemand den Scheidungsantrag einreicht, bedeutet das in der Regel, daß die psychische Trennung von ihm bereits vollzogen wurde. Der Schritt zum Anwalt ist ein deutlicher Ausdruck des Wunsches, mit dem Ehepartner, mit dem man viele Jahre gemeinsam verbracht hat, nun nichts mehr zu tun haben zu wollen.

Nun ist es oft so, daß die Ehepartner die Scheidung nicht in gleichem Maße wünschen, so daß einer eigentlich nicht gewillt ist, sich scheiden zu lassen. Er kann sich dann mit juristischen Mitteln gegen die Scheidung stemmen, was dazu führen kann, daß die Eheprobleme auf juristischem Felde ausgetragen werden.

Ich denke deshalb, daß das Motiv selten ist, daß sich jemand des Rechts bedient, um von seinem Partner loszukommen.

Eine Beobachtung, die ich machen konnte, ist, daß die Tatsache, daß ein Richter die Scheidung ausspricht, auch eine psychische Wirkung hat. Die Trennung ist nun offiziell, die Eheleute sind nicht mehr verheiratet und jeder kann seiner Wege gehen. Oftmals bringt dies eine gewisse Ruhe in die Auseinandersetzung zwischen den Ehepartnern, die mit der Scheidung nicht immer abgeschlossen ist. Die richterlich sanktionierte Scheidung schafft auch innerlich Distanz.

T.H.: Haben Sie die Erfahrung machen können, daß der Scheidungsspruch eine Ehe zwar offiziell beendet, daß aber die Ehepartner innerlich die Trennung noch gar nicht richtig vollzogen haben?

I. Schulz: Das dürfte höchstens für einen der Ehepartner gelten. Daß der Richter die Scheidung gegen den Willen beider Eheleute ausspricht, ist kaum denkbar. Es kann aber vorkommen, daß ein Ehepartner resigniert. Er möchte zwar noch verheiratet sein, sieht aber, daß es keine Möglichkeit des Zusammenlebens mehr gibt und daß die Rechtslage nicht mit seinen Wünschen konform ist. Und der Richter entscheidet aufgrund der Rechtslage.

Die Scheidungsgründe spielen keine Rolle

T.H.: Daß eine Scheidung vollzogen wird, weil tatsächlich keine Lebensgemeinschaft mehr besteht und beide Eheleute seit längerer Zeit jeder für sich seiner Wege geht, halte ich für unproblematisch. Die gesetzliche Scheidung paßt dann lediglich die rechtliche Basis den Lebenstatsachen an. Ich kenne aber Fälle, in denen zwischen den Eheleuten jahrelang Konflikte ausgetragen wurden, bis es z.B. der Frau zu viel wurde und sie auszog, um einfach ihre seelische Gesundheit zu schützen. In die Auseinandersetzung kehrte dann, bedingt durch die räumliche Trennung, Ruhe ein, und nach einiger Zeit wurde die Scheidung vollzogen. Das Problem ist nun, daß die Konflikte, die die Ehe zerstörten, gar nicht in dem Scheidungsverfahren thematisiert wurden, so daß die Ehe ähnlich wie der gordische Knoten zerschnitten wurde, eine Konfliktentflechtung aber nicht stattgefunden hat.

I. Schulz: Das ist der Normalfall. Der Richter interessiert sich nicht für die Scheidungsgründe. Wenn die Scheidungsfolgen geregelt sind, spielen die Scheidungsgründe keine Rolle. Selbst aus der Sicht des Anwaltes sind die konkreten Ursachen, die zur Scheidung führten, unerheblich. Oft kommen diese zwar indirekt zur Sprache, wenn es um Fragen des Sorgerechts oder des Unterhaltes geht. Wenn jemand aber mit der Bitte, die Scheidung einzureichen, zu mir kommt, und über die Scheidungsfolgen besteht Einigkeit, dann frage ich nicht nach den Gründen.

Wenn hingegen um die Frage, ob 50 DM mehr oder weniger Unterhalt gezahlt werden oder vier statt fünf Besuchstage im Monat eingeräumt werden, seitenlange Schriftsätze angefertigt werden, wird der Anwalt vermuten, daß es nur vordergründig um diese Sachfragen geht und daß im Hintergrund andere Beweggründe stehen. Hierbei muß es sich aber nicht immer um unbewältigte Ehekonflikte handeln, es können auch Gründe sein, die in der psychischen Struktur des einzelnen Menschen selbst liegen. So kann jemand schon immer in seinem Leben das Gefühl gehabt haben, zu kurz gekommen zu sein. Oder jemand neigt dazu, immer über andere dominieren zu müssen.

Wenn mir ein Mandant seine ganze Lebensgeschichte erzählt, um mir zu erläutern, warum er fünf statt vier Besuchstage im Monat beansprucht, bringe ich nicht die ganze Lebensgeschichte in den Schriftsatz, sondern ich versuche, die Argumente herauszufiltern, die für den entsprechenden Antrag juristisch bedeutsam sind. Das kann dazu führen, daß ich mich mit meinem Mandanten auseinandersetzen muß und viel Überzeugungsarbeit zu leisten habe, weil er meint, der Richter könne den Antrag nur verstehen, wenn alles zu Papier gebracht wird.

Mediation

T.H.: Was ist Mediation?

I. Schulz: Mediation – zu deutsch: Vermittlung – ist ein Weg, zu einer einvernehmlichen Regelung der Scheidungs- oder Trennungsfolgen zu kommen. Sie zielt nicht unbedingt auf eine Scheidung. Ein Paar, das seit einiger Zeit getrennt lebt und sich unschlüssig ist, wann und ob es sich scheiden lassen will, kann das Bedürfnis haben, Fragen des Unterhaltes, der Kinderbetreuung usw. verbindlich zu regeln. Das Ziel der Mediation ist eine schriftliche Vereinbarung darüber, wie die Trennungsfolgen geregelt werden.

Das Verfahren der Mediation besteht in einem sich über mehrere Sitzungen erstreckenden Gespräch mit beiden Ehepartnern und einem oder zwei Mediatoren, die vermittelnde Funktion haben. Mehr Personen tauchen im Verfahren selbst nicht auf, es kann sein, daß beide Ehepartner auch noch Rechtsanwälte um Rat fragen, was wir auch empfehlen, oder in speziellen Fragen Steuerberater oder andere Fachleute gehört werden.

Das Mediationsverfahren

T.H.: Wie läuft ein Mediationsverfahren?

I. Schulz: Es gibt eigentlich nicht *das* einheitliche Mediationsverfahen, sondern verschiedene Modelle. In der Fachliteratur wird der Ablauf des Verfahrens unterschiedlich aufgegliedert.

Sicher ist aber, daß zu Beginn ein Eingangsgespräch geführt wird, das dazu dient, die Motivation der Eheleute abzuklären und sie über das, was sie erwarten können, zu informieren. Sollte das Mediationsverfahren gewünscht sein, wird ein Mediationsvertrag geschlossen, der Regeln, Kosten usw. festschreibt.

Am Ende des Verfahrens, darüber sind sich auch alle Autoren einig, steht ein Vertrag, der die Trennungs- und Scheidungsfolgen regelt. Was dazwischen geschieht, ist variabel.

Ich selbst orientiere mich an dem Modell von Friedmann und Himmelstein, die von einem fünfstufigen Modell ausgehen. Die drei mittleren Stufen, die wir noch nicht besprochen haben, heißen „Themenbereiche entwickeln", „den Konflikt lösen" und „Übereinstimmung erreichen".

Im zweiten Schritt geht es also zunächst darum, die Themenbereiche, die Gegenstände der Vermittlung festzulegen. Wichtig ist, den Eheleuten klarzumachen, daß es zunächst nur darum geht, Informationen zu sammeln und nicht, Bewertungen vorzunehmen oder schon Lösungsmodelle zu diskutieren. Das ist oftmals nicht leicht, denn die Partner kommen meistens mit ganz bestimmten Vorstellungen und vorgefaßten Meinungen in die Sitzung. Sie hiervon abzubringen, Übereinstimmung über die Grundinformationen herzustellen und auf bestimmte Themen zu zentrieren, erfordert Geduld, Einfühlungsbereitschaft und Überzeugungsvermögen. Sich trennende Paare neigen außerdem dazu, vom Hundertsten ins Tausendste zu kommen, so daß der Mediator die Gesprächsleitung klar strukturieren muß.

Im dritten Schritt geht es im wesentlichen darum, dem einen Ehepartner verständlich zu machen, was der andere eigentlich will. Häufig reden die Eheleute aneinander vorbei und können schon allein deshalb keine Lösungen für ihre Konflik-

Mediation-Vertrag

zwischen den Eheleuten ...

und

Herrn Ingolf Schulz, Rathausplatz 25, D–22926 Ahrensburg als Vermittler

§ 1 Vorbemerkung

Mediation (Vermittlung) ist ein Verfahren zur Lösung von Konflikten. Es wird insbesondere eingesetzt, um Streitigkeiten zwischen sich trennenden Eheleuten beizulegen. Hierbei entscheiden die Ehepartner selbst in eigener Verantwortung. Die Rolle des Vermittlers beschränkt sich darauf, den Prozeß der Entscheidungsfindung zu unterstützen.

§ 2 Neutralität des Vermittlers

Die Eheleute haben ihre Interessen selbst zu vertreten. Der Vermittler wendet sich beiden Eheleuten gleichermaßen zu und bleibt neutral. Das gilt auch für die Zeit nach Abschluß der Mediation. Der Vermittler wird also nicht für einen Ehepartner gegen den anderen als Anwalt tätig werden, und zwar weder gerichtlich noch außergerichtlich. Im Ehescheidungsverfahren wird er deshalb auch keinen der Ehepartner vertreten.

Wenn die Eheleute es wünschen, kann der Vermittler als Notar – in dieser Rolle ist er ebenfalls zur Neutralität verpflichtet – die gefundene Vereinbarung beurkunden.

§ 3 Aufgaben des Vermittlers

Die Gespräche werden von dem Vermittler geführt, wobei Inhalt und Tempo von den Eheleuten mitbestimmt werden. Der Vermittler sorgt für eine gute Verhandlungsatmosphäre. Er hilft den Eheleuten, eigene Bedürfnisse auszudrükken und zugrundeliegende Prinzipien zu erkennen. Er klärt über Rechtsansprüche auf und erläutert rechtliche Konsequenzen möglicher Entscheidungen. Zusammen mit den Eheleuten erarbeitet er gemeinsame Prinzipien und gibt der gefundenen Vereinbarung die korrekte rechtliche Form. Der Inhalt einer von den Eheleuten gewünschten Vereinbarung wird vom Vermittler nur dann kritisiert, wenn dieser gegen zwingendes Recht verstößt oder ihm grob unfair erscheint.

§ 4 Dauer der Mediation

Das Verfahren ist beendet, wenn die Streitfragen gelöst sind und das Ergebnis in Form einer schriftlichen Trennungs- oder Scheidungsvereinbarung niedergelegt ist.

Jeder Beteiligte hat aber die Möglichkeit, das Verfahren vorher zu beenden, wenn er es wünscht.

§ 5 Offenheit und Vertraulichkeit

Die Ehepartner erklären, daß sie sich zu den Streitfragen mit größtmöglicher Offenheit und Ehrlichkeit äußern. Alle Beteiligten verpflichten sich, das, was im Laufe des Verfahrens gesagt wird, vertraulich zu behandeln und bei späteren Auseinandersetzungen nicht gegeneinander zu verwenden.

§ 6 Die Rolle des Rechts

Die Eheleute streben eine Lösung ihrer Konflikte an, die für beide Seiten fair ist. Hierbei ist das geltende Recht nur ein Maßstab unter mehreren möglichen.

Der Vermittler ist Rechtsanwalt und Notar. Er wird den Eheleuten die für sie wichtigen Rechtsauskünfte geben. Er wird insoweit nicht als Notar, sondern als Anwalt tätig.

§ 7 Beteiligung Dritter

Den Eheleuten steht es frei, nach Absprache jeweils einzeln oder gemeinsam weitere Berater außerhalb des Mediationsverfahrens hinzuziehen. Hierbei kann es sich um Rechtsanwälte sowie kaufmännische oder technische Fachleute handeln. Der Vermittler empfiehlt jedem Ehepartner, jeweils die gefundene Vereinbarung durch einen außenstehenden Rechtsberater überprüfen zu lassen.

Auf Wunsch kann auch eine Psychologin oder ein Psychologe als weiterer Vermittler am Mediationsverfahren teilnehmen.

§ 8 Kosten

Der Vermittler berechnet pro Stunde DM ..... zuzüglich Mehrwertsteuer. Die Eheleute sind sich darüber einig, daß jeder die Hälfte der Kosten trägt, sofern sie keine andere Lösung vereinbaren. Wenn zusätzliche Kosten entstehen, soll über die Verteilung im einzelnen entschieden werden.

te erzielen. Der Mediator hat in diesem Schritt vor allem Übersetzungs- und Vermittlungsarbeit zu leisten.

Darüber hinaus geht es in diesem Schritt auch darum, auf die den Positionen zugrunde liegenden Interessen zurückzugehen. Wenn jemand einen bestimmten Betrag an Unterhalt beansprucht, wird hinterfragt, weshalb es gerade dieser Betrag sein soll, welcher Lebensentwurf dahintersteht, was womöglich noch an Ausbildung absolviert werden soll usw. Wenn man die tieferliegenden Interessen kennt, kann man leichter zu einer für beide Seiten einsichtigen und zufriedenstellenden Lösung finden.

Im vierten Schritt werden schließlich konkrete Lösungen entwickelt, auch hier zunächst ohne zu bewerten. Erst werden für die einzelnen Probleme unterschiedliche Lösungen besprochen, die Konsequenzen werden durchgegangen, so daß die Partner auch wissen, wohin sie eine bestimmte Lösung in Zukunft führen wird. Wenn das geklärt ist, wird erst die Bewertung vorgenommen. Hat man vorher gut gearbeitet, stellt dieser Schritt kein großes Problem mehr dar.

Das mag sich jetzt ziemlich glatt und unkompliziert anhören, in der Realität aber sind die einzelnen Schritte und die konkreten Erörterungen von starken Gefühlsschwankungen der Eheleute begleitet, und der Mediator hat damit zu tun, die Zielstrebigkeit des Verfahrens aufrechtzuerhalten. Die Grundregel lautet, daß das Paar für den Inhalt verantwortlich ist, der Mediator hingegen für die Struktur.

T.H.: Haben Sie Kriterien, nach denen Sie beurteilen können, ob sich ein Paar für ein Mediationsverfahren überhaupt eignet?

I. Schulz: Im ersten Gespräch, das ich mit einem Paar führe, stelle ich das Mediationsverfahren vor, erkläre, was Mediation leisten kann und was das Paar an Bereitschaft mitbringen muß. Gleichzeitig lerne ich das Paar kennen und entscheide für mich, ob ich mit ihm arbeiten kann oder nicht. Dabei sind zwei Aspekte von entscheidender Bedeutung: Sind beide in der Lage, ihre Interessen zu vertreten? Sind beide bereit, Lösungen zuzulassen, die auch für den jeweils anderen von Vorteil sind?

Falls diese beiden Fragen nicht positiv beurteilt werden können, rate ich von Mediation ab und empfehle statt dessen z.B. psychotherapeutische Beratung – für den Fall, daß noch keine Klarheit darüber besteht, ob sich das Paar überhaupt trennen will – oder rate dazu, jeweils einen Anwalt aufzusuchen, der die Interessen seiner Mandanten vertritt. Das ist immer dann angesagt, wenn einer der Ehepartner seine eigenen Interessen nicht vertreten kann und juristischen Schutz braucht.

Die Qualifikation des Mediators

T.H.: Welche Qualifikationen braucht ein Mediator?

I. Schulz: Die Bundesarbeitsgemeinschaft für Familienmediation hat in mühevoller Arbeit „Richtlinien für Mediation in Familienkonflikten“ herausgegeben, die auch etwas über die Qualifikation von Mediatoren aussagen. Dort heißt es unter Punkt VII, Qualifikationen: „Im Hinblick auf den ganzheitlichen Ansatz des Mediationsprozesses setzt die Tätigkeit als Mediator/Mediatorin profunde Kenntnisse, Fähigkeiten und Fertigkeiten auf dem Gebiet der Psychologie der Familie, der Grundzüge des Familienrechts und der interessengerechten Verhandlungsführung in der Einschmelzung auf den Mediationsprozeß voraus. Der Erwerb der Qualifikation als Mediator ist durch eine Zusatzausbildung sicherzustellen.

[...] Die Teilnahme an der Zusatzausbildung zum Mediator setzt grundsätzlich eine juristische Ausbildung (2. Staatsexamen) oder eine Ausbildung im psychosozialen Bereich (diplomierter Abschluß) sowie Praxis auf einem dieser Felder voraus. Im Hinblick auf den persönlichen Einsatz des Mediators, namentlich seiner Neutralität, gehört zu dessen Tätigkeit laufende Supervision und Fortbildung."

Wenn es nicht weitergeht

T.H.: Was machen Sie, wenn in einem Punkt keine Einigung erzielt wird?

I. Schulz: Es bleibt nichts übrig, als weiterzuarbeiten. Wenn man sich an einer Stelle festgefahren hat, kann man zunächst zu einem anderen Punkt springen. Wenn es der letzte Punkt ist, muß man tatsächlich weitermachen, indem man wieder auf die zugrunde liegenden Interessen zurückgeht oder eine Pause einlegt.

Es gibt verschiedene Techniken, um das Gespräch in eine konstruktive Richtung zu lenken.

T.H.: Sie haben also noch nicht erlebt, daß eine Mediation abgebrochen wurde, weil in einem einzigen Punkt keine Einigung erzielt werden konnte?

I. Schulz: Nein, eigentlich nicht. Wenn es tatsächlich vorkommen sollte, daß jemand sagt: „Wenn dieser Punkt nicht in meinem Interesse geregelt wird, dann breche ich die Mediation ab", dann könnte man ihn fragen, weshalb er das Verfahren überhaupt begonnen hat. Über die Frage der Motivation könnte die starre Position aufgelöst werden.

Ich könnte mir denken – obwohl das noch nie vorgekommen ist –, daß sich in der dritten oder vierten Stunde herausstellt, daß ein Ehepartner von vornherein nur die Absicht hatte, den anderen über den Tisch zu ziehen, und sich dachte, im Gewand der Mediation ließe sich das am elegantesten erreichen. Dann bliebe mir nichts anderes übrig, als die Mediation zu beenden.

T.H.: Wenn es nach Abschluß des Mediationsverfahrens zu einer Scheidung kommt, ist dann die vertragliche Vereinbarung der Mediation die Grundlage für das Scheidungsverfahren?

I. Schulz: Ja, denn zusammen mit dem Scheidungsantrag reichen die Anwälte eine Vereinbarung über die Regelung der Scheidungsfolgen ein. Wie sie erzielt wurde, ist gleichgültig. Nach erfolgreicher Mediation ist nur ein Anwalt für das Scheidungsverfahren nötig.

T.H.: Wenn ein Paar das Mediationsverfahren abbricht und die Scheidung vor Gericht einreichen will, dann stehen Sie als Anwalt weder dem einen noch dem anderen zur Verfügung. Ist das richtig?

I. Schulz: Ja, aber das ist nicht der einzige Aspekt meiner Neutralität: Wenn ich einen der Partner bereits familienrechtlich vertreten habe, kann ich nicht mehr Mediator sein, und wenn ich Mediator war, kann ich hinterher keinen von beiden in hiermit zusammenhängenden Konflikten vertreten.

Andere Lösungen auf außergerichtlichem Weg

T.H.: Ein Merkmal der Mediation ist, daß sie Lösungen für Trennungsfolgen ermöglicht, die vor Gericht nicht zu erreichen sind. Können Sie dafür ein Beispiel geben?

I. Schulz: Wenn die Scheidungskonflikte vor Gericht ausprozessiert werden, bekommt man für jeden Konflikt ein Urteil, ohne daß ein inhaltlicher Zusammenhang hergestellt wird. Über den Unterhalt, den Zugewinnausgleich usw. wird jeweils gesondert entschieden.

Außergerichtliche Lösungen können demgegenüber anders aussehen, wobei das Paar sich außergerichtlich selbst einigen kann, oder es einigt sich mit Hilfe zweier Anwälte, oder es geht den Weg der Mediation. Diese drei Wege eröffnen im Prinzip die gleichen Lösungsmöglichkeiten. So ist es z.B. möglich, die Vermögensfrage mit der Unterhaltsfrage zu koppeln. Der Ehemann kann etwa der Ehefrau seinen Anteil am gemeinsamen Haus überlassen, und im Gegenzug verzichtet sie auf Unterhaltsansprüche.

Ein anderes Beispiel: Die Frau hat eine Ausbildung, möchte ihren Beruf aber nicht ausüben, sondern eine andere Ausbildung machen, mit der sie später dann vielleicht sogar mehr Geld verdienen könnte, als in ihrem bisher erlernten Beruf. Der Ehemann könnte ihr nun die Ausbildung bezahlen, und im Gegenzug verzichtet die Frau auf Unterhaltsansprüche für die Zeit nach der Ausbildung. Solche Lösungen sind im Gerichtsverfahren nicht zu erzielen. In letztem Fall würde der Richter davon ausgehen, daß die Frau ihren erlernten Beruf ausübt, den erzielbaren Lohn zugrunde legen und den Ehemann, der z.B. doppelt soviel verdient, auf lange Sicht zur Zahlung eines Aufstockungsunterhaltes verpflichten.

Man kann also sagen, daß die außergerichtlichen Wege eher geeignet sind, die tatsächlichen Bedürfnisse der Eheleute zu berücksichtigen und mehr Phantasie zu entwickeln. Dies ist aber kein spezifisches Merkmal der Mediation. Ein Vergleich kann sogar auf Anregung des Gerichtes angestrengt werden, wenn der Richter entsprechend flexibel ist und nach für alle Seiten sinnvollen Lösungen sucht.

Der Vorteil der Mediation ist aber, daß die Ehepartner wissen, was sie tun. Sie sind an der Entscheidungsfindung direkt aktiv beteiligt und können mit ihrem eigenen Erleben und Verstehen an die erzielten Einigungen anknüpfen. Das ist das stärkste Argument für Mediation: Weil dem Paar klar ist, worauf es sich einläßt, sind diese Vereinbarungen stabil. Die Partner haben nicht das Gefühl, daß das Gericht oder ein Rechtsanwalt ihnen die Entscheidung abgenommen oder einen Vergleich, den sie nicht ganz verstanden haben, oktroyiert haben.

Psychische Aspekte in der Mediation

T.H.: Kommt es vor, daß sich herausstellt, daß ein Paar im Grunde keine juristische Lösung sucht, sondern sich Hilfe zur Rettung der Ehe verspricht?

I. Schulz: Die Gefahr besteht natürlich, aber im Eingangsgespräch mache ich ganz deutlich, daß ich keine therapeutischen Funktionen erfüllen werde. Psychische Aspekte kommen zwar zur Sprache, aber immer nur ergebnisorientiert, also nur, wenn sie eine Problemlösung behindern oder etwas mit dem Ergebnis zu tun haben. Meine Rolle sehe ich aber nicht darin, alte Ehekonflikte aufzuarbeiten. Hierfür ist Mediation nicht geeignet.

T.H.: Kann es vorkommen, daß zu einem einzelnen Punkt, der innerhalb der Mediation auftaucht, ein Therapeut hinzugezogen wird oder daß die Bearbeitung dieses speziellen Punktes einem Therapeuten übergeben wird?

I. Schulz: Es kann sinnvoll sein, für eine oder mehrere Sitzungen einen Psychotherapeuten als zweiten Mediator hinzuzuziehen. Fraglich ist aber, ob das Paar einverstanden ist. Ich habe einen Fall erlebt, in dem es um das Sorgerecht für ein behindertes Kind ging und ich vorschlug, einen Kindertherapeuten in die Sitzung zu bitten. Das Paar lehnte dies ab, schließlich hätte es sich an mich als kompetenten Mediator gewandt und erwartete, daß ich allein ihm helfe, das Problem zu lösen.

Die Tendenz besteht allgemein, weitere Personen aus dem Verfahren herauszuhalten. Ich denke mir, dies hat zum einen Kostengründe, zum anderen könnte die Angst bestehen, daß der vertraute Rahmen, den man einmal gefunden hat, durch das Hinzukommen weiterer Personen gesprengt werden könnte.

Andererseits bin ich als Jurist schon punktuell in Mediationsverfahren einbezogen worden, die von Psychologen geleitet wurden. Das ging immer ganz unproblematisch. Der Grund liegt vielleicht darin, daß das Paar mit einem Hinweis auf die Rechtslage leicht davon überzeugt werden kann, daß Rechtsberatung nicht in den Kompetenzbereich von Psychologen fällt, ihm die Rechtsberatung sogar verboten ist.

Wenn das Paar sich weiter streitet

T.H.: Nehmen wir an, ein Paar kommt zu Ihnen und ist gewillt und geeignet, Mediation durchzuführen. Im Gespräch stellen Sie aber fest, daß die beiden sich ständig in die Wolle kriegen, der eine den anderen nicht zu Wort kommen läßt o.ä., so daß Sie vermuten können, daß hier ein Ehekonflikt schwelt und weitergeführt wird. Wie verhalten Sie sich in solch einem Fall?

I. Schulz: Wenn ein Paar zu mir kommt, spricht allein diese Tatsache dafür, daß eine starke Motivation vorhanden ist, gemeinsam etwas zu erreichen. In der Regel gelingt es mir, das Paar auf diese Ursprungsmotivation zurückzuführen. Wenn es wiederholt zum Streit kommt, kann ich das Paar eine Weile streiten lassen, um es dann zu fragen, ob es meint, daß es sinnvoll sei, den Streit, den sie auch zu Hause sicherlich schon des öfteren geführt haben, in meiner Gegenwart weiterzuführen, um dann auch noch Geld dafür bezahlen zu müssen.

Ich bemühe mich außerdem darum, die Verhaltensmuster deutlich zu machen und Gesprächsregeln zu vereinbaren, die eine sinnlose Wiederholung derartiger Streitmuster ausschließen. Ein einfaches Mittel ist es, sich von beiden die Erlaubnis geben zu lassen, sie jederzeit unterbrechen zu dürfen.

T.H.: Haben Sie schon erlebt, daß ein Paar im Laufe eines Mediationsverfahrens soweit zueinander gefunden hat, daß es die Absicht, sich scheiden zu lassen, aufgibt und es noch einmal miteinander versucht?

I. Schulz: Das ist die ganz große Ausnahme, aber ich weiß aus dem Kollegenkreis, daß dieser Fall schon vorgekommen ist. Ob aber die Mediation das auslösende Moment war, läßt sich nicht klären. Eigentlich kann aber Mediation erst dort sinnvoll ansetzen, wo zwei Menschen entschlossen sind, sich auf Dauer zu trennen.

Zeit und Kosten

T.H.: Wie lange dauert ein Mediationsverfahren?

I. Schulz: Es gibt keine vorgegebene Zeitstruktur, die Dauer hängt davon ab, wie die Probleme gelagert sind, wie das Paar mit den Konflikten umgeht und auch, wie der Mediator arbeitet. Die meisten Verfahren dürften zwischen fünf und 15 Sitzungen dauern.

T.H.: Bleibt noch die Kostenfrage. In einem *Spiegel*-Bericht wurde ja einmal etwas polemisch unterstellt, Mediation sei im Grunde nichts anderes als ein Zusatzgeschäft für Rechtsanwälte und Psychologen. Wie sieht es tatsächlich mit den Kosten aus?

I. Schulz: Dieser *Spiegel*-Artikel wurde im Kreis der Mediatoren diskutiert und stieß nicht auf große Gegenliebe, zumal er sehr provokativ aufgemacht war. Von einer zusätzlichen Einnahmequelle für Anwälte kann man nicht sprechen, denn allenfalls könnte ein Teil der Honorare von Anwälten, die konventionell arbeiten, auf Anwälte, die als Mediator tätig sind oder auf Mediatoren mit psychologischer Ausbildung, verlagert werden.

Wie die Kosten zu bewerten sind, hängt auch davon ab, was man miteinander vergleicht. Wenn Sie auf der einen Seite eine Scheidung haben, in der alle Konflikte vor Gericht ausgetragen werden und das Verfahren vom Paar selbst bezahlt wird, dann ist dies mit Sicherheit teurer als eine Scheidung, die von einem Mediator und eventuell zwei Beratungsanwälten, von denen einer das Scheidungsverfahren betreiben kann, vorbereitet und durchgeführt wird. Hat ein Paar kein Geld, so kann durch Prozeßkostenhilfe das Verfahren vor Gericht für das Paar selbst billiger sein, als es ein Mediationsverfahren wäre. Das gilt aber nur aus der subjektiven Sicht des Paares, denn die Prozeßkostenhilfe muß der Steuerzahler aufbringen.

In gerichtlichen Verfahren wird nach der Höhe des Streitwertes abgerechnet. Mediatoren rechnen aber zumeist nach Stunden ab, sofern sie freiberuflich arbeiten und nicht innerhalb von Beratungsstellen. Wenn es um hohe Vermögenswerte geht, kann Mediation allein aufgrund der unterschiedlichen Bewertungsweisen kostengünstiger sein. Allerdings hat genau dieser Punkt standesrechtliche Bedenken ausgelöst, da Anwälte in der Regel nicht unterhalb der durch die Rechtsanwaltsgebührenordnung festgelegten Gebührensätze arbeiten dürfen.

So hängt es immer sehr von der jeweiligen Konstellation ab, wie hoch die entstehenden Kosten im Vergleich sind. Ich denke aber, daß in den meisten Fällen das Mediationsverfahren, in dem ein Mediator und zwei beratende Anwälte tätig sind, billiger ist als eine gerichtliche oder außergerichtliche Auseinandersetzung mit zwei vertretenden Anwälten.

T.H.: Wie hoch liegt der Stundensatz eines Mediators?

I. Schulz: Die Freiberufler erheben Kosten zwischen 200 und 300 DM pro Stunde. Das klingt zunächst recht teuer, ist aber angesichts der hohen Ausbildungskosten und des laufenden Aufwandes für eine Praxis angemessen. Obwohl es noch nicht vorgekommen ist, ließe sich über den Stundensatz reden, wenn das Paar nach seinen wirtschaftlichen Verhältnissen das übliche Honorar nicht aufbringen kann. Im allgemeinen kommen in meine Praxis jedoch Leute, deren Probleme im vermögensrechtlichen Bereich liegen und die durch die hohen Streitwerte ohnehin mit hohen Kosten zu rechnen haben, so daß die Stundensätze ohne weiteres akzeptiert werden.

Weiterführende Literatur:

J. M. Haynes: Scheidung ohne Verlierer. München 1993

Heiner Krabbe (Hg.): Scheidung ohne Richter. Neue Lösungen für Trennungskonflikte. Reinbek 1991

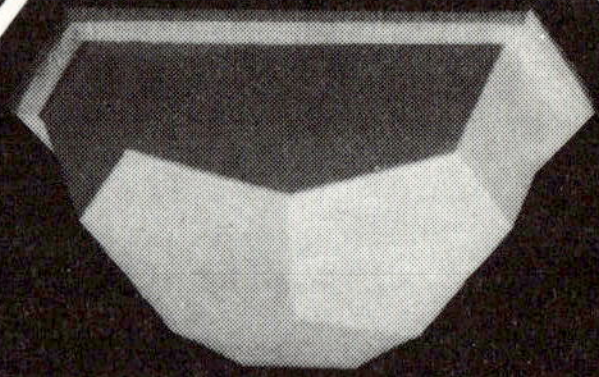

Lanzarote
auf der Vulkaninsel die Lebenskräfte stärken ...
◆ ganzjährig mildes Heilklima ◆ vielseitig kulturelles Programm
◆ Vollwertrestaurant ◆ Bioladen ◆ im THERAPEUTIKUM auf Wunsch
medizinisch-therapeutische Betreuung ◆ Information (deutsch 16-20 Uhr):
Telefon 00 34 28-51 28 42 · Fax 00 34 28-51 28 44
CENTRO DE TERAPIA ANTROPOSOFICA
Calle Salinas 12 · E-35510 Puerto del Carmen

Flensburger Hefte Verlag – Lieferbare Titel, Frühjahr 1994

Johannes Rogalla von Bieberstein:
Die These von der Verschwörung 1776–1945
216 S., kart., DM 33,– / ISBN 3-926841-36-2

Carola Cutomo:
Medialität – Besessenheit – Wahnsinn
188 S., kart., DM 19,80 / ISBN 3-926841-19-2

Klaus Engels:
Destruktive Kulte im Spannungsfeld von Kirche und Gesellschaft
212 S., kart., DM 28,– / ISBN 3-926841-46-X

Hans-Diedrich Fuhlendorf:
Rückkehr zum Paradies oder Erbauen des Neuen Jerusalem?
352 S., kart., DM 39,– / ISBN 3-926841-37-0

Wolfgang Gädeke:
Anthroposophie und die Fortbildung der Religion
448 S. Leinen DM 48,– / ISBN 3-926841-23-0
kart. DM 36,– / ISBN 3-926841-24-9

Johannes Kiersch:
Fragen an die Waldorfschule
148 S., kart., DM 19,80 / ISBN 3-926841-33-8

Peter Krause:
Das Judasproblem
128 S., kart., DM 19,80 / ISBN 3-926841-38-9

Peter Krause:
Feuer in Tschernobyl
168 S., 37 farb. Abb., kart., DM 28,00
ISBN 3-926841-58-3

Peter Krause, Faustus Falkenhahn (Hg.):
Einsam – gemeinsam
192 S., kart., DM 22,80 / ISBN 3-926841-43-5

Ernst-Martin Krauss:
Holzwege, Steinwege ...
92 S., Großformat, 13 farb. Abb., geb., DM 56,–
ISBN 3-926841-35-4

Jukka Kuoppamäki:
Einsam – gemeinsam
Musikkassette, DM 22,–
Liederheft zur Musikkassette, DM 7,–

Andreas Meyer (Hg.):
Seele und Geist
160 S., kart., DM 26,– / ISBN 3-926841-47-8

Heinz Schimmel (Hg.):
Tanz der Seelen
108 S., 14 farb. Abb., kart., DM 25,–
ISBN 3-926841-53-2

FH 11
Über Tod und Sterben
3. Aufl., 264 S., kart., DM 24,80 / ISBN 3-926841-11-7

FH 13
Hexen, New Age, Okkultismus
3. Aufl., 196 S., kart., DM 19,80 / ISBN 3-926841-08-7

FH 14
Erneuerung der Religion. Die Christengemeinschaft
4. Aufl., 184 S., kart., DM 16,80 / ISBN 3-926841-07-9

FH 15
Waldorfschule und Anthroposophie
3. Aufl., 132 S., kart., DM 9,80 / ISBN 3-926841-00-1

FH 16
Kulturvergiftung: Rauschgift, Sucht und Therapie
2. Aufl., 228 S., kart., DM 16,80 / ISBN 3-926841-21-4

FH 17
Kulturvergiftung: Alkohol
2. Aufl., 160 S., kart., DM 16,80 / ISBN 3-926841-34-6

FH 18
Bio.-dyn. Landwirtschaft, Ökologie, Ernährung
2. Aufl., 184 S., kart., DM 19,80 / ISBN 3-926841-03-6

FH 19
Musik
2. Aufl., 184 S., kart., DM 16,80 / ISBN 3-926841-06-0

FH 20
Sexualität, Aids, Prostitution
2. Aufl., 170 S., kart., DM 14,80 / ISBN 3-926841-09-5

FH 21
Aids
164 S., kart., DM 14,80 / ISBN 3-926841-10-9

FH 22
Erkenntnis und Religion
132 S., kart., DM 14,80 / ISBN 3-926841-13-3

FH 23
Engel
2. Aufl., 172 S., 9 farb. Abb., kart., DM 19,80
ISBN 3-926841-15-X

FH 24
Direkte Demokratie – 1789–1989
240 S., kart., DM 14,80 / ISBN 3-926841-16-8

FH 25
Rechtsleben und soziale Zukunftsimpulse
244 S., kart., DM 16,80 / ISBN 3-926841-17-6

FH 26
Michael / Januskopf Bundesrepublik
184 S., 8 farb. Abb., kart., DM 16,80
ISBN 3-926841-22-2

FH 27
Strafprozeß, Strafvollzug, Resozialisierung
224 S., kart., DM 16,80 / ISBN 3-926841-20-6

FH 28
Naturwissenschaft und Ethik
204 S., kart., DM 16,80 / ISBN 3-926841-25-7